L'AME RELIGIEUSE
DE MONTAIGNE

NIHIL OBSTAT

Paul Sevestre, S. J.

IMPRIMATUR

Parisiis, die XVª Nov. 1951

P. Brot, v. g.

CLÉMENT SCLAFERT

L'AME
RELIGIEUSE
DE MONTAIGNE

NOUVELLES ÉDITIONS LATINES
1, RUE PALATINE - PARIS-VIe

*La gravure de couverture reproduit un portrait de Montaigne
par Thomas de Leu (1560-1612)*

PRÉFACE

*T*OUT *est dit et l'on vient trop tard depuis qu'il y a des hommes qui écrivent sur Montaigne et qui pensent avec plus ou moins de rectitude.*

Parler encore de Montaigne semble une impertinence ; prétendre dire du nouveau, une gageure. Il ne reste qu'à glaner, et encore, quelques épis dédaignés par les éclatants moissonneurs. Qui apporterait un fond de cuissard déterré aux alentours du vieux château, celui-là mériterait vraiment les honneurs d'une découverte sensationnelle. Mais l'âme de Montaigne n'est plus à découvrir.

Et cependant, quelle cacophonie dans le chœur des critiques ! Aux yeux de ses contemporains il est « un pilier de l'Eglise », un « défenseur de la vraie religion ». Aux yeux de la plupart de nos contemporains, c'est un « sceptique », un « homme irréligieux ». Certains critiques modérés affirment qu'il ne s'est point préoccupé de religion sans expliquer pourquoi ce qui nous préoccupe et nous divise c'est sa religion.

D'autres reconnaissent que sa vie est très catholique mais sa pensée fort peu chrétienne. Ceux-ci, sans y prendre garde, en font ou un gribouille ou un tartufe : gribouille s'il sape par la base la religion qu'il pratique assidument ; tartufe s'il pratique une religion à laquelle il ne croit pas. Ils ne sauraient par aucune casuistique échapper à cette alternative. On a vu naguère d'éminents critiques affirmer qu'il a une âme chrétienne ; on n'en a point vu qui l'ait prouvé par l'analyse de son livre.

Dans cette incertitude, nous avons entrepris de lire Montaigne sans aucune pensée d'en rien dire, à plus forte raison d'en rien dire de nouveau, sans aucun espoir de déchiffrer l'énigme, prévenus comme tout le monde par l'épithète « sceptique » inséparable de son nom.

Il nous est apparu peu à peu que la religion tient dans ce livre une place centrale et que la théologie la plus orthodoxe s'y trouve respectée ; que, sans la religion et sans la théologie, ce livre ne saurait se comprendre ; que jamais peut-être aucun laïque n'a si bien exposé dans sa complexité, ni si bien résolu le problème religieux ; que ce « docte profane » est le meilleur

apologiste par la profondeur de ses vues sur l'âme et que Pascal
n'a fait que le copier ; que Mademoiselle de Gournay qui l'appelait un pilier de l'Eglise n'était pas une sotte et que Montaigne
n'était pas un sot ni un fourbe quand il assurait que cette « fille »
était celle qui l'avait le mieux compris.

Nous avons constaté que tant de critiques qui dissertent sur
la religion de Montaigne n'ont eux-mêmes, de leur propre aveu,
à peu près aucune expérience vécue de religion et que beaucoup
parlent de sa théologie sans aucune notion des textes authen-
tiques qui servent de fondement à sa théologie. Les plus avertis
s'en tiennent au catéchisme de Pascal et à la morale de Port-
Royal. Chacun le tire à son système : c'est Orphée en proie
aux Bacchantes.

Nous avons été surpris de vérifier que beaucoup de prétendues
hardiesses ne sont que des manières de voir différentes des
nôtres et qu'aucune d'elles ne dépasse les limites d'une judicieuse orthodoxie. On a tort de lui reprocher des erreurs qui
ont pris corps après lui, de laisser tomber certains textes fort
lumineux qui éclairent l'apparente obscurité de certains autres.

On a tort surtout de prendre tel paradoxe et telle boutade
pour affirmations dogmatiques et de retenir l'objection sans
prendre garde à la réponse.

Ce qui rend ce livre passionnant, capiteux et toujours actuel
c'est qu'il est dominé tout entier par cette préoccupation religieuse, souci de tout homme qui pense. Il est, comme un vrai
livre d'apologie, tout en objections et en réponses. La plupart
n'y veulent lire que les objections ; les réponses en sont l'essentiel ; elles sont non pas historiques ni exégétiques, ni métaphysiques : elles sont toutes psychologiques, d'autant moins simples
au premier abord, d'autant plus profondes et inépuisables.

Ce livre est l'âme même de Montaigne, « consubstantiel à son
auteur » disait Mademoiselle de Gournay ; « nous allons d'un
même train mon livre et moi » disait Montaigne. Il est « ondoyant
et divers », c'est-à-dire tout en interrogations, oppositions et
apparentes contradictions. Ce livre est un drame, le drame
d'une pensée qui se cherche sans cesse. « Nous sommes, je ne
sais comment, doubles en nous-mêmes, qui fait que ce que nous
croyons nous ne le croyons pas et ne nous pouvons défaire de
ce que nous condamnons. » (I, 392 A). « Je me désavoue sans
cesse et me sens partout flotter et fléchir de faiblesse. » (I, 414 A).

Quand Montaigne dit que nos actions et aussi nos pensées
« se contredisent de si étrange façon qu'il semble impossible
qu'elles soient parties de même boutique. » (I, 4 A), quand il
répète, et après lui Pascal, « qu'aucuns nous songent deux
âmes... qui nous accompagnent et agitent chacune à sa mode,
vers le bien l'une, l'autre vers le mal » (I, 8 C), il parle de lui-
même, mais aussi de tout homme. Quel homme réfléchi mécon-

naîtrait en lui-même cette dualité ? N'est-il pas absurde de parler
ici de duplicité ?

Nous reconnaissons ici l'opposition intérieure mise en scène
avec tant d'esprit par Paul Claudel, le dissentiment perpétuel
entre Animus et Anima :

Animus, l'esprit inquiet, fureteur, hypercritique, ennemi de
tout dogme imposé, de tout crédit à l'autorité ;

Anima, l'âme éprise de tranquillité, qui se moque avec une
douce ironie des intempérances d'Animus, de ses présomptions
et de ses vaines recherches ;

Animus, l'aventurier qui se lance sur les grands chemins de
l'Europe à l'enquête des mœurs diverses et des différentes
doctrines.

Anima, l'ermite qui préfère la retraite du château périgourdin
et les longues méditations solitaires sur les vérités essentielles,
épris d'ignorance et d'incuriosité.

Animus, vaniteux et parfois vantard, fier de la science et de
l'érudition, du cordon de Saint-Michel et du brevet de citoyen
romain.

Anima, qui se moque de la vanité, qui condamne toute forme
de vaine gloire.

Qui l'emporte ? Voilà l'essentiel problème. Insoluble, nous
dit-on. Le mérite de Montaigne est de le poser dans toute sa
complexité, en pleine vie. C'est surtout de le résoudre. Tout
divers que soit Montaigne par tempérament et par richesse
d'esprit, il est un par volonté et profondeur d'âme. « Mon livre
est un ». (II, 241 C). Divers par la variété des doutes et des interrogations, un par son objet unique et par sa finale réponse.
« C'est l'indiligent lecteur qui perd mon sujet, non pas moi. »
(III, 283 C). Ce livre n'est pas une forêt vierge, mais un bois de
France où les sentiers sinueux aboutissent toujours à quelque
lumineuse clairière. « Tous ces labyrinthes, dit justement
M. Strowski, aboutissent à un même carrefour. » (1)

Pour découvrir dans cette diversité l'unité, notre premier devoir
est de confronter, de méditer tous les textes sans exception. Il
faut ensuite, de toute nécessité, faire un choix si l'on veut déga-
ger l'impression d'ensemble, « l'air universel » (I, 4). Il faut enfin
grouper.

On nous dira que la méthode des citations ne vaut pas cher.
C'est souvent vrai, nous en avons fait l'expérience. Mais nous
savons aussi par expérience que la méthode des brillantes syn-
thèses vaut beaucoup moins encore.

La première a du moins l'avantage de nous donner « la matière nue et informe : chacun en peut faire son profit autant
qu'il a d'entendement » (II, 118 A). La seconde nous impose les

---

(1) F. Strowski, *Montaigne*, 1906, p. 5.

jugements tout faits des constructeurs de systèmes. Montaigne juge sévèrement le ton tranchant de ces oracles. « Ceux-là, qui est la plus commune façon, nous gâtent tout ; ils veulent nous mâcher les morceaux ; ils se donnent loi (pouvoir) de juger et, par conséquent incliner l'histoire à leur fantaisie... Ils omettent pour choses incroyables celles qu'ils n'entendent pas... Qu'ils nous laissent de quoi juger après eux. » (II, 118 A).

Juger ! Nous tenons le lecteur pour un juge, non pour un écolier. Notre rôle à nous critiques est de lui présenter les pièces du procès. Non pas en vrac (autant vaudrait-il lui remettre le livre si touffu et apparemment si confus), mais en ordre, classées comme sont les pièces d'un procès. Le critique doit déployer toute la diligence et toute l'impartialité d'un juge d'instruction. Du classement comme des pièces elles-mêmes le lecteur sera le juge définitif ; cet arbitre dira si notre enchainement est arbitraire. La méthode des citations est la moins mauvaise, car il faut que le critique s'efface derrière l'auteur et le laisse parler ; la meilleure manière de savoir ce que celui-ci a pensé est de savoir ce qu'il a dit ; et, dans un auteur comme Montaigne, la parole est « consubstantielle » à la pensée. Elle offre aussi l'avantage de faire lire Montaigne comme il doit être lu ; car ses pensées doivent être dégustées lentement, par petites gorgées, ainsi qu'une liqueur fortement corsée et parfois capiteuse. « Quelqu'un pourrait dire de moi, avouait Montaigne, que j'ai fait seulement ici un amas de fleurs étrangères, n'y ayant fourni du mien que le filet à les lier (III, 366 B). » On pourrait le dire aussi de nous, car nous n'avons pas eu d'autre dessein : notre livre est une sorte d'anthologie raisonnée.

Mais cette méthode implique plusieurs conditions : La première est de n'omettre aucun texte qui paraisse « incroyable » c'est-à-dire ici incompatible avec le système que l'on a préjugé. Bien des lecteurs seront surpris de rencontrer dans cette étude des pages de Montaigne qu'ils n'ont jamais trouvées dans les morceaux choisis. Ils trouveront par contre tous les textes réputés vénéneux : nous avons apporté la plus grande attention à n'en omettre aucun qu'on nous puisse objecter.

La seconde condition est de citer exactement.

La troisième est de citer intégralement, de ne point, sous préexte d'abréviation, pratiquer des coupures qui faussent totalement le sens d'un morceau.

La quatrième est d'éclairer les textes par les contextes. Tel passage, tel mot d'apparence imprécise prend une signification toute différente selon qu'il est rattaché au système préconçu d'un critique doué de verve ou qu'il est précisé par les phrases ambiantes.

Nous rencontrerons, chemin faisant, beaucoup de falsifications courantes produites par des citations inexactes ou tronquées ou faussement interprétées.

La cinquième est d'éclairer les textes par les dates. Chacun sait que Montaigne a complété d'innombrables ajoutes les différentes éditions de son livre. Nos références indiqueront soigneusement les contextes et les dates. Nos lecteurs jugeront ce que valent les théories simplistes, commodes pour les écoliers, qui font passer l'auteur du stoïcisme à l'épicurisme, qui fixent le moment capital d'une « crise sceptique ».

Il faut enfin donner aux mots le sens exact qu'ils avaient à l'époque et sous la plume de Montaigne. C'est ici peut-être une des tâches les plus importantes et les plus délicates.

Pour faciliter la lecture de ces textes savoureux, nous avons supprimé la difficulté tout artificielle de l'orthographe, dont les règles d'ailleurs étaient alors assez incertaines, en adoptant l'orthographe moderne.

Nous avons naturellement respecté les vieilles formes syntaxiques auxquelles le lecteur s'habitue très vite et qui ont le charme délicat et désuet des meubles Henri II. Reste le vocabulaire, hélas ! archaïque.

Nous avons traduit trois sortes de mots : d'abord ceux qui ont, malheureusement, disparu de la langue.

Ensuite ceux dont le sens était alors indécis et flottant. Ils sont assez nombreux, car le français du XVIᵉ siècle est en pleine évolution et les grands écrivains ne l'ont pas encore fixé. Montaigne a eu lui-même l'intuition remarquable de cette « volubilité » d'une langue en pleine formation : « J'écris un livre à (pour) peu d'hommes et à peu d'années... Il l'eût fallu commettre à une langue plus ferme... La nôtre écoule tous les jours de nos mains et, depuis que je vis, s'est altérée de moitié. (III, 266 A).

Ces mots ne sont pas toujours aisés à traduire : ils ont tantôt un équivalent moderne, tantôt un autre. C'est ici que le caprice ou le préjugé du lecteur pourrait se donner libre cours et qu'une rigueur scientifique est difficile à pratiquer (1). D'autant plus que Montaigne semble tirer bénéfice de cette imprécision pour exprimer certains paradoxes et, comme il pense en latin, il aime souvent donner aux mots, sans tenir compte de l'usage qui est ici le grand maître, le sens qu'ils avaient dans la langue d'Horace ou de Cicéron. Il faut parfois, pour traduire exactement Montaigne, se reporter au dictionnaire latin-français.

La troisième sorte de mots sont ceux qui ont complètement changé de sens. Quelques-uns, par l'usure, ont perdu la vigueur de leur sens premier : ils ont subi une dévaluation, comme la monnaie. Quelle différence entre les mots étonnement, gêne, aise, fâcherie, etc., dans la langue de Montaigne et dans la

(1) Nous nous référons le plus possible au précieux *Lexique de la langue de Montaigne* de Pierre Villey, Bordeaux, 1933.

nôtre ! D'autres ont pris au contraire un sens beaucoup plus fort et le plus souvent péjoratif, tels débauche, accident, nonchalance, mou, etc.

Inutile de dire combien l'attention à ce vocabulaire est importante si l'on veut se garder d'un interprétation involontairement tendancieuse. Après le soin de remettre les textes dans leur contexte il n'en est pas de plus nécessaire que celui de remettre les mots dans leur sens d'autrefois.

Pascal est inséparable de Montaigne qu'il suit pas à pas et les Pensées ne sont souvent que des annotations en marge des Essais, nous dirions des plagiats si les Pensées étaient autre chose que des notes personnelles. Il nous a paru très utile d'éclairer les Essais par les Pensées, d'abord pour rendre à chacun son dû ; ensuite parce que Pascal est censé plus connu et que sa religion est moins discutée ; enfin parce que les endroits même où Pascal condamne Montaigne, particulièrement dans l'Entretien avec M. de Saci, nous servent à mieux les situer l'un par rapport à l'autre et, partant, à mieux les comprendre l'un et l'autre.

Il nous a paru également nécessaire de confronter ici et là le texte des Essais avec celui de Raymond Sebond dont Montaigne a traduit le livre et dont il a entrepris l'éclatante apologie. Il ne pouvait manquer d'en inspirer sa pensée religieuse.

Enfin Montaigne, dans les discussions religieuses, se couvrait, nous assure-t-on, de l'autorité du grand théologien Maldonat, son ami. Nous indiquerons les rapprochements les plus suggestifs.

Le texte critique auquel nous renvoyons nos lecteurs est celui des Essais de Pierre Villey (Alcan, 1922-1923).

Les trois livres de Montaigne correspondent respectivement aux trois volumes de cette édition. Les chiffres romains renvoient aux volumes, et les chiffres arabes aux pages.

Les lettres A, B, C, placées en marge indiquent les différents textes que nous distinguons comme Villey :

La lettre A signifie que, dans ses traits essentiels, le texte correspondant date de l'édition de 1580 ou de celle de 1582.

La lettre B désigne le texte de 1588.

La lettre C désigne le texte postérieur à cette date.

Le lecteur pourra, de la sorte, reporter à sa date chacune des citations.

La lettre P renvoie aux Pensées de Pascal, manuel publié par Léon Brunschvicg, cinquième édition, librairie Hachette.

La lettre S renvoie à la Théologie naturelle de Raymond Sebond traduite par Montaigne, Paris 1569, chez Michel Sonnius, édition originale. Ce livre n'étant paginé qu'au recto, les lettres r et v renvoient respectivement au recto et au verso.

La lettre M renvoie à la quatrième édition du Commentaire de Maldonat sur les Quatre Evangiles, Lyon 1607. Les lettres A, B, C, D, E, marquent les divisions dans chaque page.

DATES PRINCIPALES
DE LA VIE DE MONTAIGNE (d'après P. VILLEY)

1533 (29 février)	— Naissance de Michel au château de Montaigne.
1533-39	— Michel apprend le latin à la manière d'une langue vivante, sous la direction d'un pédagogue allemand. (I, XXVI).
1539 (?)-46	— Il étudie au collège de Guyenne à Bordeaux. Il y a, comme précepteurs, Groucchi, Guerente, Bucanan, Muret. (I, XXVI).
1554	— Il est conseiller à la Cour des Aides de Périgueux.
1557	— Il entre au Parlement de Bordeaux où la Cour des Aides de Périgueux est incorporée.
1558-59	— Rencontre d'Etienne de La Boétie, son collègue au Parlement.
1559	— Montaigne vient à Paris et accompagne le roi François II jusqu'à Bar-le-Duc.
1561-62	— Nouveau voyage à la Cour qu'il suivit au siège de Rouen.
1562 (12 juin)	— Montaigne prête serment de fidélité à la religion catholique pour être admis à siéger au Parlement de Paris.
1563 (août)	— Mort d'Etienne de La Boétie.
1565 (23 septembre)	— Mariage de Montaigne avec Françoise de la Chassaigne, qui appartient à une famille de bourgeois riches et de parlementaires bordelais.
1568 (juin)	— Mort de Pierre Eyquem de Montaigne : Michel est l'héritier du nom et de la terre.
1569	— Montaigne publie la traduction de la *Théologie Naturelle* de Sebond, entreprise à la demande de son père.
1570 (24 juillet)	— Il cède sa charge de Conseiller au Parlement.
1571 (28 février)	— Il fait graver sur les murs de sa bibliothèque une inscription : « L'an du Christ 1571, à l'âge de 38 ans, la veille des calendes de mars, anniversaire de sa naissance, Michel de Montaigne, depuis longtemps déjà ennuyé de l'esclavage de la Cour, du Parlement et des charges publiques, se sentant encore dispos, vint à part se reposer sur le sein des doctes Vierges, dans le calme et la sécurité ; il y franchira les jours qui lui restent à vivre. Espérant que le destin lui permettra de parfaire cette habitation, ces douces retraites paternelles, il les a consacrées à sa liberté, à sa tranquillité et à ses loisirs. »
1571 (octobre)	— Montaigne est fait chevalier de l'ordre de Saint-Michel.

1572-73 (environ)	— Il commence à écrire son ouvrage.
1575 (?)	— Lecture des *Hypotyposes* de Sextus Empiricus.
1576 (février)	— Montaigne fait frapper à son effigie une médaille : une balance dont les deux plateaux restent en parfait équilibre et l'on y lit sa devise « que sais-je ? »
1577 (novembre)	— Montaigne devient gentilhomme de la chambre du roi de Navarre.
1578	— Il est atteint de la maladie de la pierre.
1580 (mars)	— Avis *Au Lecteur,* placé en tête de la première édition. Peu après, publication des deux premiers livres des *Essais,* à Bordeaux, chez Simon Millanges.
1580-81	— Voyage de Montaigne dans l'Europe Centrale et en Italie.
1581 (1ᵉʳ août)	— Montaigne est élu maire de Bordeaux pour deux ans. (III, x).
1582	— Deuxième édition des deux premiers livres des *Essais,* imprimée comme la première à Bordeaux chez Millanges.
1583 (1ᵉʳ août)	— Montaigne est réélu maire de Bordeaux pour une nouvelle période de deux ans.
1584 (19 décembre)	— Séjour d'Henri de Navarre avec toute sa suite au château de Montaigne.
1585 (seconde moitié)	— Après la guerre civile, la peste ravage le Périgord.
1587 (24 octobre)	— Le roi de Navarre, après la victoire de Coutras, dîne à Montaigne.
1588 (juin)	— Nouvelle édition des *Essais,* à Paris, chez Langelier, contenant pour la première fois le troisième livre et de nombreuses additions aux deux premiers.
1588 (févr.-oct.)	— Pendant son séjour à Paris, Montaigne fait la connaissance de Marie Le Jars de Gournay, qu'il appellera sa « fille d'alliance ».
1588 (oct.-nov.)	— Il se rend aux Etats-Généraux de Blois où il rencontre de Thou et Pasquier.
1592 (13 septembre)	— Mort de Montaigne. Il laissait un exemplaire de la cinquième édition des *Essais* couvert d'additions marginales et tout prêt pour une sixième édition.
1595	— Publication à Paris, chez Langelier, de l'édition posthume des *Essais,* par les soins de Pierre de Brach et de Mˡˡᵉ de Gournay. Elle a été faite d'après une copie de l'exemplaire manuscrit laissé par Montaigne.

PREMIERE PARTIE

LA FOI CHRÉTIENNE DE MONTAIGNE

CHAPITRE PREMIER

L'INEVITABLE PROBLEME

Définition préalable.

COMMENÇONS par définir ce que nous entendons par une âme religieuse. C'est notre première tâche et la plus importante, car il nous faut une définition acceptée de tous, si nous voulons justifier le titre de ce livre et ne pas laisser une fois de plus s'égarer le débat. C'est une tâche délicate, car bien des équivoques peuvent se cacher sous ces mots. Elle nous est facilitée par le contradicteur le plus extrême que nous rencontrions sur notre chemin.

M. Tavera pose bien le problème et son livre le résout en termes fort clairs. Montaigne est, selon lui, tout simplement « l'un des hommes les plus irréligieux qui aient existé (1). Il est irréligieux à un degré presque effrayant. » (p. 320). Quelle est la preuve décisive de cette irréligion ? « Il écarte en tout l'idée religieuse et lui substitue en tout l'idée humaine. » Cette *idée humaine*, pour employer le langage un peu particulier du critique, consiste en ceci : « L'homme se suffit à lui-même ; il n'a nul besoin de Dieu pour accomplir pleinement sa destinée. » Selon le critique et, d'après lui, selon Montaigne, l'idée de Dieu est non seulement la plus inutile, mais elle est la plus dangereuse. Cette affirmation est la formule de la plus parfaite irréligion.

(1) François Tavera, *L'Idée humaine dans Montaigne*, Paris, Champion 1932, p. 39.

Notre intention n'est pas directement de réfuter cette opinion de M. Tavera, dont nous n'avons lu le livre qu'après avoir longuement étudié les *Essais* ; mais nous lui sommes reconnaissant de nous fournir, par opposition, une définition très exacte de ce qu'est un homme religieux. C'est, de toute évidence, un homme qui a pleinement conscience de ne pas se suffire, que Dieu lui est nécessaire ; qui prie Dieu, se confie à Lui, attend de Lui la lumière dans l'obscurité, le secours nécessaire pour atteindre à la perfection de son être et accomplir toute sa destinée. Plus il a le sentiment de son impuissance et plus il cherche Dieu, plus il est religieux.

Montaigne est-il religieux dans ce sens à la fois très large et très précis ? Les textes répondront au lecteur qui se pose la question, comme ils ont répondu à nous-même. Nous concluerons que si être religieux c'est avoir le sentiment aigu et constant de l'impuissance de l'homme sans Dieu, Montaigne est une des âmes les plus profondément religieuses qui aient existé.

Le problème n'est pas des plus simples puisque nous rencontrons, dès le seuil de cette étude, deux solutions si diamétralement opposées. Il est cependant des plus importants, d'abord si nous voulons connaître la vraie pensée de Montaigne ; et qui ne le veut, à en juger par le nombre toujours croissant des critiques attirés par ce livre ? Ensuite, si nous voulons savoir quelle réponse nous devons faire nous-mêmes aux essentiels problèmes que nous rencontrons, exposés ou latents, tout le long de ce livre. Mais il nous faut bien prendre garde de tordre à nos solutions acquises avant toute lecture les solutions suggérées par l'auteur.

Le problème religieux étant celui qui nous passionne le plus, le seul au fond qui nous divise, il est de toute rigueur ici d'écarter tout préjugé, tout système, d'éplucher les textes avec la plus grande attention et de nous soumettre à eux avec la docilité la plus sincère et la plus détachée.

D'aucuns, récemment, ont essayé d'écarter le problème. Arbitre conciliant et d'une impressionnante sérénité, M. Gonzague Truc nous engage à laisser de côté cette question litigieuse, qu'il déclare insoluble et d'ailleurs accessoire : « Montaigne, dit-il, a cru comme il a pu et manifesté sa croyance comme il a voulu : ce n'est pas à nous à chercher à cet égard dans son livre plus qu'il n'a voulu y mettre. » (1).

Encore nous faut-il chercher ce qu'il y a mis. C'est sur le problème de la foi de Montaigne que les critiques sont le plus partagés. C'est donc que le problème se pose et ce n'est pas le résoudre que de répondre que Montaigne a cru comme il a

(1) Gonzague Truc, *Montaigne*, 1946, pp. 135, 136.

pu, car la question est de savoir s'il a cru et ce qu'il a cru ;
la question est de savoir si ce qu'il a dit est inspiré ou non par
ce qu'il a cru. Pourquoi Montaigne jouit-il donc du privilège
étrange de diviser la critique sur ce point précis ? On est
acculé de toute nécessité à le dire ou défenseur ou ennemi de
la religion. Et le plus piquant, c'est que M. Gonzague Truc
lui-même, qui veut se maintenir au-dessus du débat, prend
position dans le débat. Il s'inspire, sans le dire, d'une formule
de Sainte-Beuve et il conclut : « Montaigne très catholique
était très peu chrétien. « Cette phrase, si elle a un sens, signifie ou bien que Montaigne pratiquait la religion sans avoir la
foi, ou du moins qu'il se souciait peu d'accorder ses principes
moraux avec sa foi. Autant dire, plus simplement, qu'il était
irréligieux. Mais d'où tire-t-on cette conclusion sinon du livre
même qu'on doit interpréter, paraît-il, en dehors de toute
préoccupation religieuse ? Evitons donc, pour le moment, les
mots *catholique, chrétien,* qu'on a tendancieusement opposés
et répondons à cette seule question : Montaigne avait-il une
âme religieuse, c'est-à-dire une âme à la recherche de Dieu ?

Variations de la critique.

Il faut bien que la question se pose puisqu'aucun critique,
malgré qu'il en eût, ne l'a évitée et que ceux-là même qui
pensaient l'éviter l'ont tranchée.

Il est bien regrettable qu'une mort prématurée ait empêché
Pierre Villey de poursuivre l'enquête qu'il avait commencée
sur *Montaigne devant la postérité.* Son livre s'arrête avant le
XVIIᵉ siècle et ne nous donne que les opinions des contemporains. Nous ne pouvons que rappeler à vol d'oiseau la position
des critiques les plus autorisés qui se sont succédé depuis et
voir combien, sous d'apparentes différences, ils dépendent la
plupart les uns des autres, copistes plutôt que critiques.

Aux yeux de ses contemporains, Montaigne a été non seulement un homme religieux mais un apologiste de la religion
traditionnelle. N'en citons que trois. Le premier en date et le
plus important de ces témoins est Mˡˡᵉ de Gournay, celle qui,
de l'avis de l'auteur, a le mieux compris son livre. « Le jugement qu'elle fit de mes premiers *Essais,* et femme, et en ce
siècle, et si jeune, et seule en son quartier (sa région qui est
Paris)... c'est un accident (*un événement*) de très digne considération. » (II, 449 C). Ces premiers *Essais* sont la première
édition qui comprend les deux premiers livres parus en 1580,
et notamment l'*Apologie de Sebond* qui est, avec *Les Prières,*
le seul chapitre d'intention nettement religieuse.

Or, Mˡˡᵉ de Gournay, dans la préface de l'Edition des *Essais*
qu'elle a publiée en 1595, rend « à son père », cet hommage

à ses yeux essentiel : « Je remercie Dieu d'étayer son Eglise
d'un si puissant pilier humain. »

Le second témoin est saint François de Sales. Le grand évêque, loin de critiquer les idées religieuses de Montaigne, se
fait de lui un allié dans ses Controverses et emprunte aux
Essais, nous le verrons, quelques traits mordants contre les
abus de l'exégèse protestante.

Le troisième est le P. Nicolas Bouzonnier, jésuite, qui écrit,
en 1697, l'Histoire de l'Ordre des Religieuses Filles de Notre-
Dame. Ce n'est donc pas un contemporain de Montaigne,
mais c'est un témoin de la première heure, le seul qui nous
ait fourni des renseignements de première main sur Jeanne de
Lestonnac, la nièce de Montaigne, fondatrice de cette congré-
gation. Il a eu la bonne fortune de pouvoir interroger les com-
pagnes et confidentes de la sainte, morte en 1640. Placé à cette
source unique, il ne s'inquiète guère des polémiques dont l'ouvrage est déjà l'objet, ni de la mise à l'index qui s'en est suivie en 1676. Il n'a d'autre souci que de recueillir les faits et
dits de cette femme remarquable par ses qualités de jugement
et de cœur, de cette nièce dont son oncle « était contraint de
dire qu'elle n'avait rien de la fille ».

Or, aux yeux du P. Bouzonnier comme aux yeux de Jeanne,
Montaigne est avant tout un apologiste : « C'est à l'abri de
ces deux asiles d'autorité et de science (le père et l'oncle) que
Dieu plaça l'innocente Jeanne. Ces deux ardents défenseurs
de la religion catholique qui combattaient souvent avec succès
les ennemis étrangers (à la famille) l'armèrent principalement
contre l'erreur domestique (de la famille) soutenue des caresses d'une mère et d'une tante, dont le mari et le frère surent
pourtant triompher. »

Mais c'est l'oncle qui met le plus de zèle et de compétence
à prémunir sa nièce contre l'hérésie ambiante : « Il eut soin
de répandre dans son âme quelques-unes de ces lumières dont
les livres qu'il a écrits pour la défense de la religion sont remplis. Il s'y appliquait avec d'autant plus de plaisir qu'il était
charmé de la beauté de l'âme de cette fille dont il remarquait
les traits en juge des esprits parfaitement intelligent. »

C'est donc à Montaigne que Jeanne attribue sa conversion,
ou, si l'on veut, sa préservation, et les arguments qui l'ont
convaincue, qui l'ont amenée à devenir une sainte, sont ceux-
là mêmes que nous lisons dans les Essais.

Il est nécessaire d'ajouter un quatrième témoin qui est Montaigne lui-même. Nous n'accordons peut-être pas assez d'attention ou d'importance au fait que Montaigne se donne en
quelque sorte le titre d'apologiste. S'il a « pris la peine, comme
il dit, d'étendre un si long corps », à savoir le chapitre de
l'Apologie de Sebond, bien au-delà des limites qu'il s'est pres-

crites pour les autres chapitres des deux premiers livres, c'est qu'il a voulu enseigner à la jeune princesse à qui sont dédiées ces pages « la fuite de la nouvelleté et de l'étrangeté ». « Si quelqu'un de ces nouveaux docteurs entreprend de faire l'ingénieux en votre présence, aux dépens de son salut et du vôtre... ce préservatif (le présent chapitre) empêchera que la contagion de ce venin n'offense ni vous ni votre assistance. » (II, 310 A).

Si nous rapprochons ces paroles de celles du P. Bouzonnier, nous comprenons mieux que la jeune nièce ait pu, de son côté, soit par la lecture de ces pages, soit par la conversation de son oncle, se préserver de la contagion d'hérésie qui la menaçait dans sa propre famille. En tout cas, l'intention apologétique de l'auteur est formelle.

Nous apprenons cependant que les contemporains diffèrent dans leurs appréciations sur un livre si étrange et si difficile à classer.

Dominique Baudier, jurisconsulte flamand, notait déjà, vers 1607 : « Il n'y a aucun écrivain sur lequel on porte des jugements aussi divers ou plutôt aussi contraires que Michel de Montaigne. Certains, dans leurs éloges, portent aux nues son talent, son style, son jugement ; d'autres le ravalent à terre et, pour eux, Montaigne mérite tout au plus d'être regardé par les savants comme un de ces brouillons qui gâchent l'étude et les lettres en s'y adonnant à tort et à travers. » (1) Baudier concède lui-même que Montaigne est rempli de défauts, mais, ajoute-t-il, « de ces défauts que l'on ne trouve que chez les esprits brillants et supérieurs ».

Les opinions des contemporains sont donc déjà divergentes. Mais ces divergences ne portent que sur la forme littéraire. Pasquier loue et blâme tour à tour le manque d'ordre ; il condamne le « ramage gascon ». La plupart des « savants » d'alors réprouvent cette marche à bâtons rompus où le souci de dire des choses prime celui de les enchaîner.

Montaigne pourrait alléguer l'excuse spécieuse dont se couvrira Pascal : « J'écrirai ici mes pensées sans ordre et non pas peut-être dans une confusion sans dessein... Je ferais trop d'honneur à mon sujet si je le traitais avec ordre puisque je veux montrer qu'il en est incapable. » (P. 499).

Pascal avait donc des raisons personnelles de ne pas s'arrêter aux défauts de forme. Nul n'a été plus que lui sensible au charme littéraire de Montaigne et le bel éloge écrit par l'inconnu Baudier a trouvé sous sa plume un écho retentissant. « Ce que Montaigne a de bon ne peut être acquis que difficilement. Ce qu'il a de mauvais, j'entends hors les mœurs, pût être corrigé en un moment. » (P. 345).

(1) P. Villey, *Montaigne devant la postérité*, p. 57.

Mais nul n'a été surtout plus sensible à l'influence de sa pensée.

Le lecteur le plus pénétrant de Montaigne, c'est sans aucun doute l'auteur des *Pensées*, et c'est lui qui a le mieux montré quel problème religieux se pose devant cet homme et devant son livre. Pascal est très embarrassé, semble-t-il, car il se trouve partagé entre une grande admiration et un égal mépris : il admire la foi de Montaigne et il méprise sa morale.

De tous les chapitres des *Essais* celui qu'il aime le plus c'est l'*Apologie de Sebond*. Montaigne, dans ce chapitre, aborde, de biais il est vrai, mais il aborde le problème religieux par excellence, le problème des rapports de la raison et de la foi. Non seulement Pascal admet sans réserve, mais il approuve avec enthousiasme la thèse soutenue par notre apologiste. Il salue « cet homme qui combat avec une fermeté invincible les hérétiques de son temps », qui « foudroie vigoureusement l'impiété horrible de ceux qui sont assurés que Dieu n'est point », qui « gourmande si fortement et si cruellement la raison dénuée de la foi ». Cet homme « est tout à fait son homme ». « Je vous avoue que je ne puis voir sans joie dans cet auteur la superbe raison si invinciblement froissée (brisée) par ses propres armes. » (P. pp. 152, 154, 157).

Non seulement cet homme est son homme, mais les idées de cet homme seront ses idées. Les « emprunts » qu'il lui fait, déclarés quelquefois et le plus souvent non déclarés, sont innombrables. Les *Pensées* de Pascal devraient être annotées de références perpétuelles aux *Essais* de Montaigne. Nous aurons à signaler au passage les plus importantes. Mais de tous ces emprunts le plus notable n'est-ce pas cette vue péné- trante de la *misère de l'homme sans Dieu* qui semble le fond même de l'Apologétique projetée ? L'auteur, s'il eût vécu, se fût sans doute contenté d'ajouter l'autre terme de l'antithèse : *grandeur de l'homme avec Dieu...*, bien plus difficile à écrire.

Aux yeux de Pascal, les arguments de Montaigne contre la raison humaine sont valables ; ils sont même « invincibles ». Ils le sont aussi aux yeux de ses amis et nul des Solitaires de Port-Royal ne songeait à chicaner une foi appuyée selon eux sur un aussi solide mépris de la raison.

Ce qui indigne Pascal et les Solitaires, c'est que Montaigne ne mette pas ses principes moraux en harmonie avec sa foi. « J'aurais aimé de tout cœur le ministre d'une si grande ven- geance si, étant disciple de l'Eglise par la foi, il eût suivi les règles de la morale en portant les hommes qu'il avait si utile- ment humiliés à ne pas irriter par de nouveaux crimes Celui qui seul peut les tirer de ceux qu'il les a convaincus de ne pas seulement connaître. » (P. 157).

La phrase est un peu embrouillée et même contradictoire, car qui admettra, en dehors des Jansénistes, qu'on puisse commettre des crimes qu'on ne peut pas connaître ? « Mais, ajoute Pascal, il agit au contraire de cette sorte en païen. » Voilà le mot lâché ; voilà le verdict de Port-Royal : Montaigne est chrétien par la foi ; par la morale il est païen.

L'anathème jeté sur la morale va rejaillir sur la foi, la rendre suspecte aux yeux de Pascal, inadmissible aux yeux des autres solitaires.

Nicole va jusqu'à expliquer le doute de Montaigne et de ses pareils ou de ses disciples de la façon suivante : « Ces personnes... tombent dans une incertitude volontaire à l'égard des choses de la religion, parce que cet état de ténèbres qu'ils se procurent leur est agréable et leur paraît commode pour apaiser les remords de leur conscience et pour contenter librement leurs passions. » (1)

C'est un fait qu'à cette époque les *Essais* commencent à devenir l'arsenal des « *libertins* » qui tirent de ce livre les maximes à leur convenance et les interprètent à leur manière. Montaigne avait, dirait-on, prévu cette mésaventure quand il écrivait en marge des *Essais* cette remarque : « On couche (*on interprète*) volontiers les écrits d'autrui à la faveur des opinions qu'on a préjugées en soi et un athéiste se flatte de ramener tous auteurs à l'athéisme, infectant de son propre venin la matière innocente. » (II. 159 C).

De sorte qu'au XVIIe siècle, Montaigne se trouve avoir contre lui les Jansénistes unis aux Réformés et, pour lui, les « athéistes » qu'il a, de l'aveu de Pascal, invinciblement combattus.

Cette faveur des libertins inquiète les consciences pieuses.

En 1676, les censeurs romains interdisent ce livre que leurs prédécesseurs ont approuvé et le mettent à l'*index*. Nous ignorons les motifs de cette interdiction ; mais nous avons le droit de penser qu'ils estiment ce livre dangereux puisqu'on en fait un si mauvais usage : on interdit les liqueurs aux enfants. Mitton, l'ami de Pascal, écrivait dans ce sens : « Qu'il n'en fallait pas faire (des *Essais*) son ordinaire, mais en user sobrement comme on boit des vins de liqueur qui sont trop fumeux et qui feraient mal à la tête. » (2)

De ces enfants était Ninon de Lenclos, qui disait que Montaigne « lui apprenait à décider de tout selon sa fantaisie. » (3) Et cette fantaisie allait loin !

Mgr Camus avait-il donc raison d'écrire en 1613 : « Beaucoup parlent des *Essais* et en font parade qui n'en ont ni le goût ni l'intelligence. Quand j'entends une dame y faire la suffisante je m'en moque. Ce n'est pas son gibier, ni viande

(1) *Logique*, 1664, p. 12.
(2) Cité par Dreano, l. c. *La pensée religieuse de Montaigne*, p. 451.
(3) *Ibid.*

à si faibles mâchoires. » (1) Ces mots peu galants viseraient-ils Mademoiselle de Gournay ? Le digne évêque manquerait non seulement de courtoisie, mais aussi de clairvoyance.

Au siècle de Louis XIV, en effet, ce n'est pas seulement La Bruyère qui définit Montaigne : « un auteur qui pense beaucoup ». Trois des plus grandes dames d'alors, qui sont aussi des plus grands esprits, disent la même chose d'une manière moins grave, plus vive, plus primesautière, féminine en un mot, mais aussi juste. « Il y aurait plaisir d'avoir un voisin comme lui ! » (2) s'écriait Madame de La Fayette. « Mon Dieu ! que ce livre est plein de bon sens ! » écrivait Madame de Sévigné. Et Madame de Sablé : « C'est un écrivain qui dit des choses. »

Montaigne, qui désirait tant de voir son livre admis « au cabinet (*au boudoir*) des dames », qui adresse à des dames les plus beaux chapitres de son livre, eût été singulièrement flatté de l'hommage de cette comtesse et de ces deux marquises en qui se résume la finesse et l'esprit du grand siècle. Ces trois intimes amies qui savaient unir dans leur affection Port-Royal et les Jésuites, Nicole et Bourdaloue, ne paraissent pas avoir été troublées le moins du monde dans leur foi religieuse par la lecture des *Essais*. Elles n'y cherchaient du reste que le bon sens, lequel leur semblait aussi incompatible avec la mauvaise foi que compatible avec la foi tout court.

Ni Madame de Sévigné, ni ses amies ne lisaient Montaigne du même œil que Ninon et, puisqu'il est question de vin capiteux, le viel adage toujours si opportun : *ad modum recipientis recipitur* pourrait ici se traduire : l'effet de la liqueur dépend de l'estomac.

C'est encore Mademoiselle de Gournay qui nous donne sobrement le conseil le meilleur : « Ne t'en mêle pas ou sois sage ! » (3). Le censeur romain de 1676 n'a fait que traduire ce mot à sa manière. Convaincu que les sages ne sont pas la majorité, que même, selon le mot de l'Ecriture « le nombre des fous est infini » (Eccle. I, 15), il a pris la mesure la plus opportune et la plus radicale.

En France, des interprétations comme celle de Ninon et de sa cour libertine mettaient en éveil de bons esprits. Ne parlons pas du laïque Balzac, ni de l'oratorien Malebranche, de qui La Bruyère disait finement : « L'un ne pensait pas assez pour goûter un auteur qui pense beaucoup ; l'autre pense trop subtilement pour s'accommoder de pensées qui sont natu-

---

(1) Villey, *Montaigne devant la postérité*, p. 368.
(2) Au XIXᵉ siècle, une autre femme, Marceline Desbordes-Valmore. a exprimé en vers sur Montaigne un sentiment analogue :
    Il est doux, en passant un moment sur la terre,
   D'effleurer les sentiers où le sage a vécu.
(*Voyage à Bordeaux*).
(3) Cité par P. Villey, l. c. p. 368.

relles. « Mais Bossuet semblait justifier les libertins d'accapa-
rer Montaigne : il le leur abandonnait et lançait contre lui ses
foudres oratoires : « Dites-moi, subtil philosophe, qui vous riez
si finement de l'homme qui s'imagine être quelque chose,
compterez-vous encore pour rien de connaître Dieu ?... » (1)
Le grave et majestueux Bourguignon était visiblement décon-
certé par les paradoxes ironiques du Périgourdin, comme il
le sera par les analyses subtiles d'un autre Périgourdin qui
s'appelle Fénelon. Que nous sommes loin de Pascal ! Ce
rabaissement de l'homme qui enthousiasme l'auteur des
Pensées indigne l'auteur des *Sermons*. Un livre est vraiment
« dangereux » qui expose de tels esprits à de tels écarts d'interprétation. Il paraît d'ailleurs probable que Bossuet n'a pas
lu Montaigne attentivement et n'en parle que par ouï-dire.

Le fossé se creuse de plus en plus entre le XVIe et le
XVIIe siècle. Non seulement la langue a évolué au point que
celle du XVIe siècle paraît gothique et difficile à comprendre
et que La Bruyère s'amuse à composer des pastiches de Montaigne comme d'un parler archaïque, mais la pensée du
XVIe siècle aussi est difficile à comprendre ; un contemporain
de Louis le Grand ne goûte ni le lyrisme pédantesque de Ronsard ni le bon sens terre à terre et paysan de Montaigne. Un
admirateur de Le Brun ne saurait admirer Le Nain.

En résumé, si nous laissons à part Pascal tourmenté entre
l'admiration et le mépris, les opinions à l'égard de Montaigne
pourraient se classer en trois groupes. Il y a d'abord les libertins qui le détournent à leur sens et l'accaparent. Il y a ensuite
les esprits fins, délicats, indépendants, qui cherchent des pensées et des choses, des matières à infinie réflexion. Ce sont,
en général, des gens du monde, des laïques, chrétiens sincères,
soucieux de la question religieuse, même dans l'entraînement
des obligations mondaines ou des passions passagères. Ceux-là
cherchent une pensée solide, humaine, à leur portée, où s'accrocher. C'est pour eux que Montaigne a écrit, car il est l'un
d'eux, inquiet des mêmes problèmes, et il les a conquis. Ils
constituent avant la lettre la société des amis de Montaigne.

Il y a enfin des âmes pieuses, des âmes de prêtres, influen-
cées souvent à leur insu par Condren, Bérulle et quelques-unes
par Port-Royal. Ceux-là ne lisent pas Montaigne ; ils ont des
nourritures plus célestes où ils trouvent des affirmations nettes
et des dogmes solides. Les questions que soulève Montaigne
ne pourraient que les troubler. A leurs oreilles parvient l'écho
de paroles déconcertantes : « Que sais-je ? » « Le mol oreiller
du doute. » « Il ne faut rien recevoir par autorité »... On col-
porte l'histoire plaisante de l'oison qui se croit le roi de la
création.

(1) *Sermon de la Toussaint*. 1669.

Les libertins brandissent ces traits et les lancent contre l'Eglise, contre la foi. Il suffit ; pour des âmes droites effrayées des progrès de l'incroyance, Montaigne est jugé. S'il se dit catholique, il n'en est que plus redoutable, étant l'ennemi dans la place. Et s'il n'est qu'illogique, il n'en est pas moins dangereux, aux yeux d'hommes épris de la droite raison.

Pour mesurer la route parcourue depuis le XVI° siècle, nous avons comme des jalons.

Montaigne et le jésuite Maldonat, le plus grand exégète de l'époque et le plus religieux, sont deux amis intimes, tout à fait d'accord sur les grands problèmes qui préoccupent notre penseur et pleins d'estime l'un pour l'autre.

Nous savons par Pierre de Lancre, conseiller au Parlement de Bordeaux († 1630), que « Maldonat était *le cœur et l'âme* du sieur de Montaigne. Celui-ci le tenait pour si suffisant (*savant, capable*) qu'étant à Rome ensemble, lorsque le dit sieur soulevait quelque avis et point de religion qu'il ne pouvait défendre, il pensait bien échapper disant que c'était l'avis du Père Maldonat, le croyant le plus suffisant théologien de son temps et de sa connaissance et son *intime ami* ; il appuyait tout à fait sa créance sur ses opinions. » (1)

Cette amitié intime était évidemment réciproque : il y avait entre eux une communauté de sentiments et de pensées qui s'était affirmée en de nombreux entretiens. Nous aurons l'occasion de la souligner au long de cette étude et de montrer que l'humaniste en ses propos religieux suivait docilement les leçons du théologien. Nous ne pouvons trouver garant plus précieux et plus autorisé de l'orthodoxie de Montaigne. (2)

En 1622, un autre jésuite moins savant, moins pénétré de l'atmosphère religieuse si particulière du XVI° siècle, le Père Garasse, fait l'éloge des *Essais* : mais il attaque certaines idées attribuées à Montaigne et vulgarisées sans aucune nuance par Pierre Charron. Il ajoute cette remarque pleine de justesse : « Charron est un Michel de Montaigne dévalisé et mis en mauvaise posture, faisant dire à son maître ce qu'il ne pensa jamais. » (3) Tant il est vrai que l'exégèse de Montaigne n'est pas facile.

En 1676, l'année même de la mise du livre à l'index, un troisième jésuite, le Père Rapin, défigure l'auteur des *Essais* au point de lui prêter une attitude d'âme qui est exactement le contraire de sa position : « C'est une faiblesse ordinaire aux

(1) *Tableau de l'inconstance des mauvais anges*, 1612, T. II, p. 81.
(2) Voir notre étude préalable sur *Montaigne et Maldonat* (Bulletin de Littérature ecclésiastique de l'Institut Catholique de Toulouse, 1951).
(3) Cité par Dreano, p. 440. Comparer la pénétrante étude de P. Villey (*Montaigne devant la postérité*) qui confirme la pensée du P. Garasse.

petits esprits qui ne croient que ce qu'ils comprennent. Montaigne est un philosophe de ce caractère. Il est assez souvent incrédule pour vouloir être trop naturel et il est d'autant plus dangereux pour la religion qu'il affecte davantage de ne pas l'être. » (1)

C'est déjà le reproche d'insincérité appelé à une grande fortune.

Désormais, les catholiques abandonnent Montaigne aux incroyants. Par un destin ironique, l'ennemi de la raison humaine devient le grand homme des rationalistes, de quelque nom qu'on les désigne.

Au XVIII° siècle, les « philosophes » admirent en lui le premier et le patron des philosophes. Pour ces hommes dénués de tout sens religieux et, semble-t-il, de toute inquiétude religieuse, atrophiés du désir de Dieu, l'âme religieuse de Montaigne est indéchiffrable. Ils ne prennent pas en lui ce qu'il affirme, qu'ils ne comprennent pas, mais ce qu'il critique, qu'ils comprennent. Ses critiques si libres, si aiguës, si pittoresques sur les notions de miracle, de coutume, de loi, sont adoptées comme des négations moqueuses de tout miracle et de toute loi. Dans cet amas un peu confus d'observations géniales, d'affirmations pour et contre, ils laissent le pour, ils retiennent le contre.

Montaigne, à les entendre, pense comme eux ; mais n'ose le dire ; il ne peut le dire. Tous ces hommages à la religion épars dans son livre, ne sont que parade et précaution. Il n'a pas assez de foi pour adopter la religion réformée ; pas assez de courage pour abandonner la religion catholique. Dans la querelle, il se tient « métis » ou neutre, ce qui veut dire, d'après eux, indifférent. C'est l'ancêtre de l'indifférence en matière religieuse, mais d'une indifférence consciente et raisonnée.

Quant à la vie chrétienne de cet homme, ou ils l'ignorent de bonne foi, ou ils affectent de l'ignorer, ou ils n'y attachent aucune importance : précaution ici encore, selon eux ; gestes qui n'engagent pas la conscience ; insincérité ou, pour mieux dire, duplicité ! Montaigne est « catholique » en son château, à peu près comme Voltaire à Ferney.

Rousseau se représente un Montaigne ami de la nature, chrétien à la manière du *Promeneur solitaire*, mais « ennemi de tout fanatisme » et aussi de tout dogme.

De son côté, le solitaire de Ferney voit l'ermite de Montaigne, bon vivant, jovial, narquois et persifleur, maître en l'art

(1) Cité par Dreano, p. 469.

de douter, bref, un autre lui-même et il le peint à la légère en
vers légers :

> Montaigne, cet auteur charmant,
> Tour à tour profond et frivole,
> Dans son château paisiblement,
> Loin de tout frondeur malévole
> Doutait de tout paisiblement
> Et se moquait très librement
> Des bavards fourrés de l'Ecole.

La position des « philosophes » à l'égard de Montaigne n'a
guère changé jusqu'à nos jours. Qu'ils s'appellent libres-pen-
seurs, rationalistes, matérialistes, laïcistes, ils descendent en
droite ligne, et ne s'en cachent pas, des « athéistes » que
Montaigne terrassait, disait Pascal ; qu'il faisait semblant de
pourfendre, disent-ils.

Le spectacle rétrospectif est assez divertissant. Le dogme reçu
est en général celui-ci : Montaigne est un incroyant.

« Sainte-Beuve l'a dit : croyons-en Sainte-Beuve. »

Au XIXᵉ siècle, c'est, en effet, Sainte-Beuve qui donne le la.
Poète méconnu en vers et qui a tant souffert d'être méconnu,
Saint-Beuve a écrit un poème épique en prose : *Port-Royal*,
le second du siècle. Chateaubriand avait chanté le Génie du
Christianisme, Sainte-Beuve a chanté le Génie du Jansénisme.
Il n'y manque ni les tirades lyriques, ni les morceaux de bra-
voure, ni les épisodes ; et les héros se signalent par leurs hauts
faits ; des rapprochements, d'heureux contrastes les font valoir.
Chacun a son caractère : Saint-Cyran, le Grand Arnauld,
M. le Maître, M. d'Andilly, M. de Saci... Mais le grand'
homme, le héros, l'Achille, c'est Pascal. Il occupe le centre
de l'épopée. Jusqu'à lui on monte doucement ; après lui on
va lentement vers le déclin.

Naturellement, Sainte-Beuve, qui n'est ni catholique ni chrétien, mais qui a la nostalgie de la foi, se fait, de toute son âme,
janséniste. Ceux qui n'ont pas l'esprit de Port-Royal lui sont
au moins suspects. Ceux que déteste Port-Royal, il les déteste.
Montaigne, au premier des « bêtes noires » (1) de Port-Royal,
devient la bête noire de Sainte-Beuve. Il sert de socle pour
exalter Pascal, ou mieux, dans cette œuvre d'art, il sert
d'ombre pour faire valoir la lumière.

L'antithèse est sans nuances. « Montaigne, c'est tout simplement la nature... la nature au complet sans la Grâce... Ce que
les Jansénistes haïssent le plus dans Montaigne, c'est qu'il est,
par excellence, l'homme naturel. » (p. 409).

Montaigne, c'est le paganisme : « Le paganisme... se peint

---

(1) Le mot est de Sainte-Beuve. *Port-Royal*. Edition Hachette. 1888.
T. II, p. 397.

et brille dans sa réflexion la plus lucide en tout Montaigne. » (p. 420).

Païen, l'accusation est énorme. Elle fait écho à Pascal. Mais voici qui est plus chargé de venin et qui dépasse Pascal : « La méthode (de Montaigne) peut se qualifier à bon droit perfide... on peut dire de lui qu'il est d'autant plus *fourbe* qu'il ne l'est pas toujours. » (p. 426).

Enfin, le mot qui conclut tout, qui résume tout, le mot appelé à faire fortune : « Il peut bien avoir paru très bon catholique, sauf à n'avoir pas été chrétien. » (p. 428).

En face de Montaigne, Pascal est la contre-nature, l'homme spirituel, le chrétien.

Telles sont les vues à vol d'oiseau de cet aigle romantique qui ne daigne effleurer que les sommets. Qu'est-il besoin de disséquer les textes ? Sainte-Beuve n'analyse pas, il voit. Il ne discute pas, il vaticine.

Mais, s'objecte-t-il à lui-même, Montaigne s'indigne contre les « malheureux fanatiques d'orgueil... » Erreur ! Il *fait semblant* d'être en colère... Il y a toute une *comédie* qu'il joue et dont il ne prétend faire dupe que qui le veut bien. » (p. 434).

Mais enfin, objecterons-nous à notre tour, Pascal suit Montaigne, il l'approuve, il l'admire, il le transcrit sans cesse... Exalté par son lyrisme, Sainte-Beuve ne s'embarrasse pas de si peu. « Dans l'*Apologie de Sebond*, tout est ménagé, calculé, tortueux... (p. 431).

Par contre, « quand Pascal emploie les mêmes mots..., comme on sent que c'est franc chez lui, tout de bon, à bonne fin ! Quand il parle de ces misères qui nous tiennent à la gorge, comme on sent qu'il en veut réellement finir avec elles, tandis que l'autre a toujours l'air de vouloir plutôt s'en caresser le menton ! » (p. 438).

Comble du lyrisme, ce n'est point Pascal qui rappelle Montaigne, c'est Montaigne « qui rappelle directement la pensée de Pascal ! ». (p. 439).

Mais voici soudain un aveu du critique qui détruit tout l'édifice du poète lyrique : « Les *Pensées de Pascal ne sont, à les bien prendre, que le chapitre de l'Apologie de Sebond refait avec prud'homie.* » (p. 439). A part les mots *avec prud'homie*, que rien n'explique ni ne justifie, nous souscrivons à ce jugement. Et du coup nous déclarons non avenue la thèse de *Port-Royal*. L'aveu échappé dans un moment de distraction a tout renversé.

En somme, des injures pour Montaigne, de l'encens pour Pascal. Le parallèle est escamoté, un parallèle qui s'impose et que nous tenterons au moment voulu. Mais il reste des mots, des images sentimentales : « Sphinx moqueur », « Démon malin », « enchanteur maudit », « ironiques ricanements », « venin », etc. L'antithèse est acquise : Pascal est chrétien,

Montaigne est païen. Et les critiques impressionnés par ce verdict, n'osent tenter, semble-t-il, de le réviser. On ne discute
pas les oracles du voyant. Mais les admirateurs de Pascal se
garderont bien de reconnaître que les *Pensées*, c'est du Montaigne « refait ».

« Bon catholique, mauvais chrétien ». Cet aphorisme reçu et
transmis avec tant de docilité étonne sous la plume de Sainte-
Beuve. Comment cet esprit si fin n'a-t-il pas senti le ridicule
de s'ériger en arbitre du christianisme des gens, y compris les
évêques et les saints ?° L'enthousiasme égare les meilleures
têtes, ici l'enthousiasme pour Port-Royal. Notre censeur a pris
la mesure *exacte* de « la loi évangélique » ; tout ce qui dépasse,
ou qui manque, « c'est du Montaigne ». Il promène sa toise
avec une fatuité, qui confond de la part d'un écrivain si peu
naïf : « Prenez garde, ô La Bruyère... Prenez garde, Monsieur
l'évêque d'Avranches... Prenez garde, aimable saint, cher
saint François de Sales, votre plume involontairement s'égare
et s'amuse : c'est du Montaigne. » « Je prétends que, sincères
et peut-être très religieux d'ailleurs, ces hommes échappent
par cette tangente (personnifiée en Montaigne) à l'*exact christianisme* ! et retombent plus ou moins à la bonne loi naturelle ! » (1)

Laissons cet homme réputé subtil à ses chères et simplistes
antithèses : catholicisme-christianisme ; loi du Christ-loi naturelle ; païen-chrétien ; nature-grâce. Nous verrons, et avec
l'aide de Montaigne, que la réalité est autrement complexe,
bien plus nuancée. Les dociles disciples redisent la phrase
fameuse, sans l'analyser, sans l'expliquer, comme une vérité
première, une sorte de truisme. En quoi bon catholique ? en
quoi mauvais chrétien ? on ne sait.

Mais leur plume est moins légère, et moins insidieuse que
celle de Sainte-Beuve. Celui-ci affecte de se scandaliser de
l'irréligion de Montaigne. Eux ne se voilent pas la face ; quelques-uns excusent et la plupart admirent le « mauvais chrétien ». Nous avons le regret de ne pouvoir leur décerner pour
autant le prix de parfaite sincérité. Qu'on nous excuse d'appeler chat un chat... Plût à Dieu qu'ils en fissent autant !

Avec plus ou moins de nuances, de précautions et d'euphé-
mismes, ils disent unanimement que Montaigne est un menteur,
un homme double. Non de cette dualité inhérente à nous tous,
que nous avons signalée en lui et qu'il a tant de fois reconnue,
mais de cette duplicité qui est hypocrisie.

Il est foncièrement irréligieux, disent-ils ; mais, par précaution, il se dit religieux ou, pour retrouver la fameuse antithèse :
il est antichrétien dans l'âme mais de la plume il se dit bon
catholique.

(1) *Port-Royal*. T. II, p. 418, 419.

Le Docteur Armaingaud y va sans détour : « Nous espérons montrer... que des deux personnages que Montaigne représente sous son nom dans le cours des *Essais* et à toutes les époques, il n'en est qu'un qui soit le vrai Montaigne et que l'autre, en grande partie fictif, est là pour permettre au premier de développer sans trop de danger ses idées. » (1)

« Montaigne écrit avec une habileté consommée tout le contraire de ce qu'il juge vrai. » (p. 178).

Le bon Docteur donne ici, sauf erreur, sous les traits de Montaigne, le portrait d'un véritable disciple d'Escobar. Le fameux casuiste est bien dépassé ; ce n'est pas le danger pressant qui autorise la restriction mentale : la crainte d'un danger hypothétique suffit à justifier la plus parfaite hypocrisie. Mais alors, pourquoi contre Escobar de si grandes moqueries et pour Montaigne tant de benoîtes absolutions ?

Il est vrai, nous dira-t-il, que le mensonge est ici transparent : n'est dupe que qui veut bien l'être. Il est décevant, voire désespérant, de voir sur quels indices le Docteur établit son diagnostic d'incrédulité qui est ici, par surcroît, insincérité. Voici, entre tant d'autres, deux raisonnements que le critique prête à l'auteur des *Essais* : « Si Dieu nous avait réellement parlé (Montaigne a écrit : « Si nous avions envers Dieu une vraie foi »), au moins marcherait-il en même rang de notre affection que les richesses, les plaisirs, la gloire et nos amis... Une si divine institution ne marque les chrétiens que par la langue. » (II, 154 A). Autrement dit, selon Armaingaud, les chrétiens se conduisent mal, donc Dieu ne leur a rien révélé.

Ailleurs, le commentateur résume trop brièvement une page très profonde de Montaigne (II, 316 B) : « C'est toujours un homme qui nous prêche », lui fait-il dire. Il conclut : tout homme étant faillible, notre foi n'a aucune assise. En d'autres termes : C'est notre curé qui nous enseigne la religion ; donc cette religion n'a qu'un fondement humain. Il suffit. Docteur, parlez-nous de la vessie de Montaigne qui était tourmentée par la gravelle. « Chaque expert, vous souffle-t-il, doit être cru en son art. » (II, 284 A). Mais laissez sa religion. Le plus grave est que le « critique » ne paraît pas se douter de la sanglante injure qu'il fait à son « ami » Montaigne en lui prêtant cette hypocrisie née de couardise. Le pavé est lourd.

André Gide commente à sa manière l'oracle de Sainte-Beuve qu'il adopte. « Avec le catholicisme, Montaigne pouvait s'entendre ; avec le protestantisme, point. Il acceptait la religion pourvu que celle-ci se contentât du semblant. » Pour le prouver, Gide transcrit sur le plan de soumission aux autorités ecclésiastiques ce que Montaigne écrit sur le plan de l'obéissance

(1) Dʳ Armaingaud. *Œuvres complètes de Montaigne*, Paris 1926. Préface.

« aux plus suffisants princes » : « Toute inclination et soumission leur est due, sauf celle de l'entendement ; ma raison n'est pas duite (*façonnée, accoutumée*) à se courber et fléchir, ce sont mes genoux. » (III, 201 B.) (1). Et voilà.

Pour lui aussi, les professions de foi sont « fichées dans le livre en manière de paratonnerres ». Le critique ne s'indigne pas trop de ces « cauteleuses palinodies » car il pense « qu'il en était peut-être besoin pour faire parvenir jusqu'à nous cette marchandise ».

Gide écrit : « Chacun peut glaner dans les *Essais* ce qui lui plaît. » Il en abuse. Dans les « pages immortelles » qu'il a recueillies, c'est en vain qu'on chercherait une page religieuse. A quoi bon ? Ce sont « paratonnerres », autrement dit mensonges. Tout ce qui, dans Montaigne, déplaît à Gide est mensonge, y compris la mort même. « Il fit semblant de mourir chrétiennement » ; sans doute que la religion catholique l'y autorisait. Cette rouerie énorme et quelque peu enfantine, ou plutôt cette absence totale de communion à l'inquiétude religieuse de Montaigne surprend d'un homme qu'une génération a pris au sérieux.

M. Tavera, de son côté, trouve l'irréligion de Montaigne « effrayante ». Nous sommes plutôt effrayé de lire sous la plume de ce critique à quelques pages d'intervalle : « Son grand attrait c'est d'être sincère... La sincérité et la droiture de la pensée sont chez Montaigne des qualités instinctives et de tempérament (p. 25. » Et d'autre part : « Il est visible, comme l'a remarqué Sainte-Beuve, que d'un bout à l'autre il joue la comédie. » (p. 41). Mais ce petit défaut de dissimulation mérite d'être absous : « Au moins, l'habileté de Montaigne lui a réussi. » (p. 31). La fin, n'est-ce pas, justifie les moyens.

Une réaction s'est produite contre cette critique simpliste et tendancieuse, devenue en quelque sorte officielle, aussi préjudiciable à Montaigne qu'à l'histoire de la véritable pensée française, cette critique qui « infecte du venin de son athéisme la matière innocente ». Des chercheurs, comme M. Dreano (2) nous ont montré que la vie de Montaigne est loyalement, courageusement catholique et chrétienne, car le critique refuse de distinguer les deux termes. M. Gitoleux (3), d'une plume alerte et vengeresse, défend la sincérité de Montaigne et son information théologique. Il a peut-être tort d'en faire un « théologien », car le penseur, quoique très sûr de son catéchisme, s'en défend à bon droit et ne veut être qu'humaniste. Mais il bouscule pêle-mêle, à la hussarde, les faiseurs de systèmes et prouve par de bons arguments l'orthodoxie de son héros.

(1) André Gide, *Les Pages immortelles de Montaigne*. Edition Correa, Paris.
(2) M. Dreano, *La pensée religieuse de Montaigne*, 1936.
(3) Marc Citoleux, *Le vrai Montaigne, théologien et soldat*. Paris, Lethielleux, 1937.

De bons critiques comme MM. Lamandé, Plattard, Coppin, Dedeyan, admettent la sincérité chrétienne de Montaigne. M. Strowski (1) lui attribue « une âme religieuse » et nous sommes heureux de pouvoir patronner notre étude d'un si éminent parrainage.

Mais il nous semble que cette âme religieuse reste encore à démontrer non seulement par la vie de l'auteur mais par ses textes, tous ses textes. Il nous reste de lui un livre ; c'est ce livre qui est discuté. On soutient qu'il est disparate, contradictoire. Nous en convenons. On s'en dispute les morceaux. Nous croyons découvrir que ces morceaux s'enchaînent fort bien et que, sous l'apparent désordre, se manifeste la parfaite unité d'une âme chrétienne, « laïque, non cléricale, mais religieuse toujours ». (I, 410 C.)

Difficulté de juger Montaigne : « Le moqueur ».

Tout homme impartial qui écoute ces voix discordantes reste impressionné par le nombre et aussi par la qualité des critiques qui accusent Montaigne de jouer la comédie aux dépens du lecteur de bonne foi comme aux dépens de la foi elle-même. Une telle duplicité apparaît d'autant plus scandaleuse que l'auteur des *Essais* se montre lui-même plus exigeant en matière de sincérité. Il commence sa préface par ces mots : « Ceci est un livre de bonne foi... Je veux qu'on m'y voie en ma façon simple, naturelle et ordinaire, sans contention et artifice, car c'est moi que je peins. » D'un bout à l'autre du livre, il fait profession d'étaler ses pensées les plus intimes, les plus secrètes, jusqu'au scrupule, jusqu'à l'impudence. D'un bout à l'autre, il attaque le mensonge comme le vice le plus honteux et le plus dommageable à la société. Voici, entre tant d'autres, un passage qui sonne clair : « Je hais capitalement la dissimulation et, de tous les vices, je n'en trouve aucun qui témoigne tant de lâcheté et de bassesse de cœur. C'est une humeur couarde et servile de s'aller déguiser et cacher sous un masque et de n'oser se faire voir tel qu'on est. » (II, 429 A.)

Il est particulièrement exigeant sur le chapitre de la sincérité religieuse. « Celui qui, se confessant à moi, me récitait (*racontait*) avoir tout un âge (*un temps*) fait profession et les effets (*la pratique*) d'une religion damnable selon lui et contradictoire à celle qu'il avait en son cœur, pour ne pas perdre son crédit et l'honneur de ses charges, comment patissait-il ce discours en son courage (*accommodait-il ce raisonnement dans sa pensée*) ? De quel langage entretiennent-ils sur ce sujet la justice divine ? » (I, 406 A.)

(1) Fortunat Strowski, *Montaigne*, 1906, p. 5.

Nous sommes ici d'accord avec M. Tavera : « En Montaigne, ce qui plaît au lecteur, c'est la sincérité. » C'est ce qui plaisait à Henri de Navarre.

Mais alors, comment parler de duplicité ? Cette accusation doit avoir quelques semblants de base. Nous allons essayer de les découvrir.

Une première explication nous est suggérée par Montaigne lui-même. Il est à croire que quelques-uns de ses contemporains nourrissaient à son égard un soupçon de fausseté, car il écrit vers la fin de son livre : « Que l'imagination me semblait fantastique de ceux qui, ces années passées, avaient en usage de reprocher à chacun en qui reluisait quelque clarté d'esprit, professant la religion catholique, que c'était à feinte. Ils tenaient même, pour lui faire honneur, quoiqu'il dît par apparence, qu'il ne pouvait faillir au-dedans d'avoir sa créance réformée à leur pied (à leur mesure). Fâcheuse maladie de se croire si fort qu'on se persuade qu'il ne se puisse croire au contraire. (I, 406 C). Cette maladie devait être fort répandue, car Florimond de Roemond, successeur de Montaigne au Parlement de Bordeaux et son ami, éprouve le besoin, en 1594, de transcrire presque mot à mot cette observation pour son propre compte. Les protestants étaient si assurés de leur science et de la valeur de leurs raisonnements qu'ils ne pouvaient croire que leurs contradicteurs, s'ils étaient instruits et intelligents, fussent sincères. Le mal n'a pas disparu : nous en faisons la vérification à la lecture de bien des commentaires.

Bien des critiques ont pensé « lui faire honneur, quoiqu'il dise par apparence », en lui prêtant leurs propres opinions. Est-il possible qu'un esprit si indépendant puisse en toute sincérité se soumettre à un dogme ? Qu'un juge si pénétrant de la vanité des lois puisse sans ironie prêcher la soumission aux lois ? L'excès même de sa docilité n'est-il pas des plus suspects ? Lui-même s'avoue moqueur et semble nous mettre en garde : « On prend à certes (au sérieux) ce que je dis à gausserie. » Si l'on détache du contexte une telle phrase on peut se demander où s'arrête la moquerie ? Où commence le sérieux ? Montaigne, est-il sérieux quand il attaque si furieusement la raison ou bien quand il prétend se conduire par la seule raison ? L'excès même de ses assauts n'est-il pas un indice de moquerie ? En somme, quand se moque-t-il et de qui se moque-t-il ?

Les textes seuls peuvent répondre : mais remis dans les contextes.

« L'Humaniste ».

Il est de cette discordance une autre raison plus grave. Montaigne n'admire que les païens. Pour lui, Homère, Alexandre, Epaminondas sont trois « des plus excellents hommes ». La

femme de Pline, Arria, Paulina sont « trois bonnes femmes »,
et toutes les trois se sont suicidées. A ces deux trios remarquables il convient d'ajouter d'autres noms : Scipion, Caton le
Jeune, Socrate, surtout Socrate, « le plus sage homme qui fut
oncques ». Or, ces hommes, les plus hauts exemplaires d'humanité, sont devenus grands sans avoir connu l'Evangile. M. Tavera
nous assure qu'aux yeux de Montaigne ils sont devenus grands
parce qu'ils n'ont pas connu l'Evangile : « La vertu antique,
pourvu qu'elle soit ce qu'elle doit être, essentiellement païenne,
c'est-à-dire... ne relevant que d'elle-même, et ne s'appuyant
que sur elle-même, Montaigne s'incline devant elle, la salue en
termes respectueux, souvent émus, où qu'il la rencontre, sous
quelque forme qu'elle se manifeste. » (p. 136).

Ajoutons nous-même que Montaigne admire les cannibales,
ces sauvages du Nouveau Monde, qui observent exactement
toutes les lois naturelles sans avoir entendu parler du christianisme. Il oppose leurs vertus aux vices des chrétiens et notamment des conquérants avides qui les ont anéantis.

Les *Essais*, par contre, font à peine allusion aux héros du
christianisme, aux ascètes, aux martyrs, aux saints. Ils sont loin
en tout cas d'en faire le même éloge. « La vertu chrétienne,
affirme M. Tavera, trouve Montaigne indifférent et sceptique,
ironique et railleur toujours, violent parfois... Elle n'est ni désin-
téressée dans son but ni raisonnable en son inspiration ; dès lors
elle n'existe pas pour Montaigne. » (p. 138). Nous verrons plus
loin, dans leurs contextes, les « invectives » auxquelles nous
pensons que M. Tavera fait allusion. Elles ne dépassent pas,
elles annoncent plutôt, celles d'un Bourdaloue, « qui frappe
comme un sourd », d'un Massillon, qui minimise le nombre des
élus, celle de tout prédicateur qui fustige les vices de son audi-
toire ?

Reconnaissons que Montaigne parle peu des héros de l'Eglise
chrétienne. Nous pourrions faire observer simplement que cet
écrivain est de son temps ; qu'il a été séduit, enthousiasmé avec
toute la Renaissance par la lecture des *Vies* de Plutarque traduites par Amyot ; que cet enthousiasme a étouffé dans ses
contemporains tout esprit critique et en lui, chose plus notable,
tout scepticisme. N'avoue-t-il pas lui-même avec bonhomie que
« tout ce qui est loin l'attire et le fascine » ? C'est dans cet état
d'esprit qu'il a lu et docilement transcrit les merveilleux récits
des explorateurs. Tous ces récits de temps ou de pays lointains
lui fournissent des armes précieuses pour accabler de témoignages incontrôlables la vilenie trop vérifiable des « basses âmes »
qui l'entourent, et surtout l'orgueil des raisonneurs.

Mais enfin pourquoi parle-t-il tant des héros antiques et si peu
des héros chrétiens ? La raison en est très simple : non seulement le contenu et les fruits de la Révélation sont hors de son
dessein, mais il a conçu le dessein formel de ne pas en parler.

Décidé à se tenir strictement sur le plan humain, il n'a voulu mettre en compte que les vérités et les vertus humaines. Il a été humaniste et a voulu n'être qu'humaniste.

Humaniste ; le mot prend sous sa plume un sens original et profond. Quelque critique prévenu lui a sans doute fait de son temps reproche de cette exclusion systématique des sciences divines. Il y répond dans une phrase ajoutée après coup dans l'édition de 1588. « J'ai vu, de mon temps, faire plainte d'aucuns écrits, de ce qu'ils sont purement humains et philosophiques, sans mélange de théologie. Qui dirait au contraire (*si l'on faisait la plainte contraire*), ce ne serait pourtant sans quelque raison : que la doctrine (*la science*) divine tient mieux son rang à part. comme reine et dominatrice, qu'elle doit être principale partout, point suffragante et subsidiaire..., qu'il se voit plus souvent cette faute que les *théologiens* écrivent trop humainement, que cette autre que les *humanistes* écrivent trop peu théologalement. » (I,(410 B.)

Il ressort d'abord de ce texte que l'humaniste est un homme qui « écrit humainement ». Dans la pensée des anciens qui avaient inventé les mots *humanitas, humaniores litterae,* l'homme vaut selon ce qu'il écrit, et donc, selon ce qu'il pense. Mieux il écrit, mieux il pense et, mieux il pense, plus il est homme. L'art d'écrire n'est pas une vaine activité : il révèle l'homme et, en même temps, il le perfectionne ; il le rend plus homme. Cette pensée grisait les Renaissants si attachés à rechercher, dans les œuvres antiques, la forme, et si appliqués à la reproduire.

Montaigne, en ce sens, est un des plus grands humanistes, bien qu'il se défende d'en faire profession. Plus favorisé que les latinistes les plus renommés, il a sucé le latin avec le lait de sa nourrice : la langue de Rome est sa langue maternelle. Tout enfant, il a fait de l'*Enéide* et des *Métamorphoses* ses livres de chevet, des romans qu'on lit en cachette. Cicéron, Tacite, Horace, Lucrèce et tant d'autres sont ses familiers. Toute pensée lui paraît vide à côté de leur pensée et tout style fade à côté de leur style. Il a écrit sur des *vers de Virgile* un commentaire d'artiste : la mélodie des sons a fait vibrer tous ses sens comme l'harmonie des idées a fait vibrer toute son âme.

Il n'est pas seulement admirateur des anciens : il est l'un d'eux, compatriote de Lucullus, de Métellus, contemporain de Scipion...

Mais le texte que nous avons cité suggère autre chose de bien plus profond : il oppose les *humanistes* aux *théologiens*. Ceux-ci se donnent pour objet de leur étude le Dieu révélé ; ils se proposent de comprendre et de commenter le « parler divin ». Leur tort, au gré de Montaigne, est d'abandonner trop souvent ce parler divin pour un parler humain, de se livrer à des discussions métaphysiques, de descendre de la théologie à la philosophie. C'est un abus que Maldonat condamne avec vigueur et contre lequel il réagit victorieusement.

Les humanistes par conséquent sont ceux qui se proposent pour objet de leurs réflexions et de leurs écrits, tout ce qui n'est pas le Dieu révélé, à savoir les sciences humaines au sens très large que le mot science avait alors.

Parmi ces sciences, Montaigne se délimite un « lopin » bien circonscrit quoique très vaste : l'homme. « C'est sa physique, sa métaphysique », ou mieux c'est son humanisme à lui. Il se borne même, assure-t-il, a vouloir étudier un seul homme : Michel Montaigne. Mais il sait bien que qui en étudie un, les étudie tous.

L'humaniste est donc, en ce sens très défini, celui qui étudie l'homme, à la lumière d'abord de son expérience personnelle, et aussi de tous les documents : livres, voyages, entretiens, qui peuvent révéler l'homme.

Ecoutons avec quelle précision il délimite son programme : « Je propose les fantaisies (*opinions*) humaines et miennes ; je les propose simplement comme humaines fantaisies, considérées en elles-mêmes... matières d'opinion, non matière de foi. J'expose ce que je discours (*sur quoi je raisonne*) selon moi, non ce que je crois selon Dieu, comme les enfants proposent leurs *essais,* instruisables, non instruisants, d'une manière laïque, non cléricale, mais religieuse toujours. » (I, 410 C.)

Ces lignes qui sont d'après 1588 ne font que confirmer celles qu'il avait écrites avant 1580 : « Je propose des fantaisies informes et irrésolues (*indécises*) comme font ceux qui publient des questions douteuses à débattre aux écoles, non pour établir la vérité, mais pour la chercher. » (I, 405 A.)

La ligne de démarcation est nettement tracée : d'un côté, la théologie ; de l'autre, la philosophie.

La théologie, c'est-à-dire « les prescriptions réglées par l'ordonnance céleste, incapables de doute et d'altération, matière de foi. » Son but est d'*établir* la vérité.

La philosophie, c'est-à-dire le domaine des « fantaisies » ou opinions humaines, matière de raisonnement humain, questions douteuses à débattre. Son but est de *chercher* la vérité.

Le choix de Montaigne est fait et il lui est imposé par son état, car cet homme est *laïque,* ce qui veut dire du peuple, non *clérical,* non du clergé : « instruisable non instruisant ».

Mais voici la difficulté. Nul ne conteste à un La Rochefoucauld, à un La Bruyère, à un Vauvenargues et à tant d'autres le droit de se tenir exclusivement sur le plan humain ; la matière est assez abondante : les mœurs, les défauts, les vices de l'humanité.

Nul ne refuse à tant de moralistes et de philosophes le droit d'étudier l'homme à la lumière de la seule raison et d'aller dans cette voie aussi loin qu'ils peuvent aller ! Pourquoi refuser à

Montaigne ce droit qu'il revendique avec tant de justice ? C'est
que ce penseur ne se contente pas d'étudier l'homme à la sur-
face. Il va droit aux questions les plus poignantes que se pose
tout homme, païen ou chrétien : l'origine, la destinée. Il y revient
sans cesse. Il se demande que vaut la morale, quels sont l'esprit
et le fondement des lois, quelles sont les possibilités et les limites de la raison, en quoi consiste le vrai bonheur, quel est le
fondement dernier de la vérité. Il se demande d'où vient
l'homme « cet inconnu » et où il va. A ces questions il se propose d'apporter des solutions humaines.

Ces tentatives, ces « essais » déconcertent les critiques et nécessairement les partagent. La position de Montaigne paraît contradictoire et suscite au premier abord le soupçon d'une moquerie.

D'une part il omet par système la solution théologique. D'autre part, il admet, il s'efforce même de démontrer avec un luxe
de preuves qu'à la plupart de ces problèmes il n'y a point de
réponse en dehors de la solution théologique. Il se dit philosophe et nul philosophe ne s'est moqué comme lui de la philosophie. Il fait profession de s'en tenir à l'humain ; et il reconnaît
que l'humain est inexplicable sans le divin.

Certains critiques se hâtent de conclure qu'il nous met sur le
chemin d'un scepticisme absolu et universel.

Mais ne pourrait-on conclure plus justement qu'écarter ainsi
la solution théologique est peut-être la manière la plus originale
et la plus efficace de nous acculer à la solution théologique ?
Qu'il y a, latent à travers tout ce livre, mais très en lumière dans
l'*Apologie de Sebond,* un raisonnement par l'absurde ? Que
l'humanisme est absurde et dangereux s'il s'obstine à s'enfermer en lui-même et que l'homme est inexplicable à l'homme
sans une autre lumière que celle de la raison.

Montaigne résume sa pensée dans une belle image : « La philosophie, d'après saint Jean Chrysostome, n'est pas admise à
franchir le sacraire (*le sanctuaire*) des saints trésors de la doctrine céleste. » (I, 410 B.)

Le poète Sainte-Beuve substitue à cette image une métaphore
tendancieuse qui contredit celle-là et qui prouve que le commentateur n'a pas compris : « Plus la porte du temple est haute
et moins on risque de s'y heurter le front. » (1).

Pascal a compris et il conclut magnifiquement dans son entretien avec M. de Saci : « Je vous demande pardon, Monsieur, de
m'emporter avec vous dans la théologie au lieu de rester dans
la philosophie qui était mon sujet. » (p. 160). « M'emporter »,
le mot est très beau. Mais, à la vérité, ce n'est point Pascal qui
s'emporte dans la théologie, c'est Montaigne qui emporte Pascal, de son propre aveu : « *Il m'y a conduit insensiblement.* »
(ibid.) La raison de cet insensible emportement, ce sont juste-

(1) L. c. p. 426.

ment les problèmes sans cesse posés par l'auteur des *Essais*. « Il est difficile de ne pas entrer dans la théologie, quelque vérité qu'on traite, parce qu'elle est le centre de toutes les vérités. » (p. 160).

Montaigne nous détourne-t-il du temple insensiblement, ou bien insensiblement nous amène-t-il jusqu'au parvis ? L'analyse attentive du livre nous répondra.

Le pour et le contre.

Une autre difficulté, la même sous une autre forme, c'est que Montaigne oppose sans cesse le pour et le contre, et qu'il s'abstient le plus souvent de choisir. « La loi (*la possibilité*) de parler et pour et contre est pareille. » (II, 236 A.) Cette sentence qu'il prête aux Pyrrhoniens, mais qui se rencontre déjà dans Homère (Iliade, XIX, 249) lui paraît tellement importante qu'il l'a gravée sur les poutres de sa « librairie » à côté de cette autre pensée de Sextus Empirious : « Il n'y a nulle raison qui n'en ait une contraire. »

Opposer le pour et le contre c'est douter. Montaigne est celui qui doute. Mais avant de lui en faire un reproche, prenons garde que la vraie difficulté n'est pas là. Le mot *doute* n'est pas un terme aussi simple qu'il en a l'air : il est des plus équivoques. Il y a un doute bienfaisant et un doute malfaisant ; un doute qui vivifie et un doute qui tue.

Le premier est celui que nous appellerions le *doute initial*.

Au commencement de toute recherche, il y a nécessairement un doute. L'esprit qui ne doute pas ne cherche pas : il s'étiole et meurt. Il y a des cerveaux ainsi faits qu'ils ne doutent de rien ni surtout d'eux-mêmes. Cette manie d'affirmation n'est pas un bon signe. Montaigne la poursuit de ses invectives tout le long de son livre et il lance contre elle des aphorismes du genre de celui-ci « Affirmation et opiniâtreté sont signes exprès de bêtise. » (III, 349 B.)

On peut ne pas douter ni chercher pour deux sortes de raisons. La première, c'est qu'on ne réfléchit pas. Le « divertissement » dont parle Pascal est la maladie de la grande majorité des hommes. L'Esprit-Saint l'avait déjà dit : « *desolata est terra quia nullus est qui recogitat corde* » (Jérémie, XII, 11). « La terre est désolée parce qu'il n'y a personne qui réfléchisse. » Et Jésus nous donne le conseil de nous asseoir et de réfléchir « *sedeat et computet* » (Luc, XIV, 28). Ces esprits, pour nombreux qu'ils soient, ne comptent pas : ce sont des lampes sans huile.

La seconde raison, c'est qu'on admet sans démonstration un certain nombre d'affirmations qui flattent notre passion, correspondent à notre sentiment ou à notre tempérament, aux idées de notre milieu, aux tendances de notre éducation. Les fanatiques de tous les partis sont d'excellents modèles de cette opiniâtreté. Peut-on, à la vérité, établir une distinction entre ces deux catégories d'esprits, les superficiels et les passionnés, ceux qui ne pensent pas et ceux qui ne pensent que par le cœur ?...

Montaigne est un chercheur parce que c'est un douteur. Le mot *sceptique* qui d'abord, en son sens étymologique et original, a voulu dire *chercheur*, a fini par signifier *douteur*, au mauvais sens du mot. Montaigne est sceptique dans le vrai sens. Le titre même de son livre : *Essais*, équivaut à peu près à *Recherches* (1).

Pour lui, « philosopher c'est douter » : opposer le pour et le contre, l'affirmation et la contradictoire, l'épreuve et la contre-épreuve. « Il nous apprend à douter », dit Voltaire qui l'en félicite à la légère et joue sur le double sens du mot.

Heureuse science, dont Montaigne d'ailleurs n'est pas l'inventeur. Socrate, « toujours demandant et émouvant la dispute », ne pratiquait d'autre méthode que celle d'interroger et de provoquer le doute initial. Il amenait peu à peu les esprits à se mettre en contradiction avec leurs préjugés, les idées reçues sans contrôle, les définitions toutes faites, et de ce pénible effort naissait une pensée sinon certaine, au moins plus nette. Il illustrait cette méthode d'un nom pittoresque : la *maïeutique* ou art de guider l'accouchement.

Le Moyen Age ne connaissait pas d'autre pédagogie. Abélard, au XIIᵉ siècle, a écrit un livre fameux intitulé *Sic et non*, c'est-à-dire *Oui et non*, ou, en termes plus intelligibles pour nous *Le pour et le contre*. C'était une sorte de vade-mecum pour étudiants en vue des disputes scolaires.

Il a groupé, au sujet de la plupart des dogmes chrétiens, les textes de l'Ecriture et des Pères qui favorisent une opinion et ceux qui favorisent l'opinion contraire, et il les a opposés sans commentaire. Certains esprits superficiels pour qui examiner le pour et le contre est synonyme de nier n'ont pas manqué de le rapprocher de Montaigne et de voir dans son livre un modèle de scepticisme universel, le cri d'une conscience émancipée au milieu d'un Moyen Age asservi.

Mais les critiques objectifs savent que cet esprit génial, par ailleurs très religieux, a posé dans ce livre les fondements de la méthode scientifique. Tous les maîtres qui l'ont suivi ont adopté le procédé des *Disputationes* ou *Discussiones*, autrement dit des *criblages*. Le plus célèbre est saint Thomas d'Aquin qui, dans ses ouvrages, propose toujours le *non* : « *Videtur quod non* » avant de proposer le *oui* : « *Sed contra* » et n'admet le *oui* qu'après avoir éliminé le *non*.

---

(1) Sainte-Beuve (*Port-Royal*, p. 446, note) reproche à de Thou de traduire *Essais* : *conatus* ; il propose *lusus*. C'est substituer un contre-sens à un faux sens. Nous proposerions *tentamenta*. Que le contre-sens de Sainte-Beuve est tendancieux ! Quand essai a-t-il voulu dire jeu ?

Montaigne est donc à bonne école. Mais, peu au courant de la scolastique, ou plutôt défiant à l'égard d'une méthode qui, s'éloignant peu à peu des vrais problèmes et du souci des réalités, a fini par dégénérer en discussions verbales, il préfère se référer aux arrêts des cours de justice qu'il connaît bien : « Les arrêts de nos parlements... prennent leur beauté non de la conclusion, qui est à eux quotidienne et qui est commune à tout juge, tant comme de la disceptation (*discussion*) et agitation des diverses et contraires ratiocinations que la matière du droit peut souffrir. » (II, 243 C.)

Pascal adopte d'enthousiasme la méthode du pour et du contre. « Les choses sont vraies ou fausses selon la face par où on les regarde. » (p. 375). Bien plus : « Chaque chose est vraie en partie, faussée en partie. Rien n'est sûrement vrai. » (p. 504). Ainsi « on va du pour au contre, selon qu'on a plus de lumière ». (p. 485).

C'est peut-être saint Paul qui a donné la meilleure formule de cette constante recherche : « Eprouvez tout, retenez le bon. » (I Thessal. V, 21.) Si Montaigne n'est pas l'inventeur de la méthode d'épreuve et d'essai, il l'inculque sans cesse et l'illustre à son tour d'images inoubliables.

La première, celle de l'*étamine* ou du tamis, rappelle saint Paul : « Il ne faut rien recevoir par autorité et à crédit mais tout faire passer par l'étamine » (I, 194 A), qui laisse passer la poussière et retient le bon grain.

La seconde, plus célèbre encore, est celle de la *balance*. Il l'aime tellement qu'il en a fait sa devise, c'est-à-dire son arme parlante, et non sans une raison profonde, car qui dit *penser* dit, au sens originel du mot, *peser*. Cette vulgaire image nous rappelle que penser c'est, selon le peuple, peser le pour et le contre.

On ne doit donc pas, bien au contraire, reprocher à Montaigne d'avoir douté. Mais voici la difficulté : on peut se demander si son doute n'est qu'initial et si le doute n'est pas au terme de sa recherche comme il était au début ; s'il n'a pas abouti au doute *final*, à l'agnosticisme.

Pour employer ses métaphores, l'étamine ne retient-elle aucun grain et *tout* s'en va-t-il en poussière ? Le fléau de la balance est-il dans une oscillation que rien ne peut arrêter ? Ressemble-t-il au « pendule éternel » de Sully-Prudhomme et le chercheur « Doit-il dans l'horreur se balancer sans fin ? » (1).

Il semble à la plupart des critiques que Montaigne se soit mis dans cette situation, et que, « souriant », selon Voltaire, « moqueur », selon Sainte-Beuve, il n'ait pas, comme Sully-Prudhomme, pris conscience du tragique de sa position : « Toutes

---

(1) Sully-Prudhomme, *Les Epreuves*, Ed. Lemerre. T. II, p. 35.

choses produites par notre discours (*raisonnement*) sont sujettes
à incertitude et à débat. » (II, 301 A.)

Mais attention ! cette phrase désenchantée contient une
expresse restriction : *toutes choses produites par notre discours*.
L'étamine et la balance ne sont pas pour tous usages, elles ne
doivent servir que pour cribler ou peser les raisonnements
humains, non les paroles divines. « Notre outrecuidance veut
faire passer la divinité par *notre étamine*. » (II, 268 A.) « Il est
malaisé de ramener les choses divines à *notre balance* qu'elle
n'y souffre du déchet. » (I, 280 A.)

En résumé, il faut tout mettre à la balance, tout faire passer
à l'étamine, excepté les articles de foi.

Cette affirmation est-elle une précaution habile pour se mettre
à l'abri du reproche d'incroyance, de doute final universel ? La
ruse apparaît un peu grosse pour un esprit aussi fin. Au surplus,
comment Sainte-Beuve sauvera-t-il Pascal qui adopte et fait
siens tous les doutes de Montaigne sur la valeur de la raison
seule ? De quel droit pourra-t-il, puisqu'il s'agit de balance,
utiliser deux poids et deux mesures ?

Montaigne s'est-il sauvé par un fidéisme aveugle ou bien a-t-il
trouvé des raisons supérieures qui l'autorisent à mettre hors de
doute les vérités célestes ? Qui sait si à ses yeux le doute humain
n'est pas un chemin pour aboutir à la foi divine, si se défier
de soi n'est pas à ses yeux une condition préliminaire indispensable pour croire en Dieu d'une foi vitale ; s'il ne faut pas se
démettre de *tout* soi pour se « commettre » *tout* à Dieu, et si
l'abnégation requise ne vas pas à ses yeux jusque-là ? Qui sait
en un mot, pour employer sa métaphore, si la porte du sanc-
où il nous amène n'est pas la seule issue pour échapper à
l'inquiétude humaine ?

Toutes ses variations sont-elles des incertitudes de la pensée
ou sont-ce variations sur un thème unique bien arrêté ? Et quel
est ce thème ? Montaigne dit quelque part : « Mon livre est toujours un » (III, 241 C) et ailleurs : « J'ai engendré en moi quelque constance d'opinions. » Dans quel sens faut-il chercher cette
constance et cette unité ? Ici encore, l'analyse attentive du livre
nous répondra.

Le doute au sens de constante interrogation est pour Montaigne une méthode et nous venons d'entrevoir combien il la justifie. Mais le doute est ici autre chose de bien plus émouvant,
de bien plus poignant : il nous révèle une âme, une âme très
humaine et très religieuse à la fois.

Beaucoup de lecteurs qui reprochent à Montaigne de douter
et beaucoup qui lui en font un mérite, semblent se faire de la
foi une idée bien trop simpliste. Partant de cette définition
abstraite que la foi est une adhésion du cœur à une vérité certaine sur le témoignage de Dieu on conclut que la vérité étant
certaine le cœur doit jouir en tout repos de sa possession. C'est

là une vue de chrétiens bien superficiels, mais plus souvent de critiques fort étrangers à l'expérience chrétienne. Ils n'ont pas, avant de juger, « pénétré ce que c'est que croire », selon le mot profond de Montaigne. Ils disent tout de go : qui croit ne doute pas ; qui doute ne croit pas.

Croire, c'est lutter. Engager toute sa vie sur une foi, c'est l'engager dans un combat incessant : tous en ont fait l'expérience depuis les plus humbles chrétiens jusqu'aux plus hauts mystiques. Et nous ne parlons pas seulement des combats nécessaires pour conformer sa morale à sa foi, nous parlons des luttes encore plus âpres nécessaires pour maintenir sa foi.

La vie remet toujours la foi en question, non pour la détruire, mais pour l'éprouver et l'affermir. Ceux qui ont le plus trouvé Dieu sont ceux qui le cherchent le plus selon le mot de Pascal : « Tu ne me chercherais pas si tu ne m'avais pas trouvé », qui n'est sans doute qu'un écho du psalmiste : « Cherchez Dieu et votre âme vivra », et de la parole plus décisive encore de Jésus-Christ : « Cherchez et vous trouverez. » Le mot d'ordre est : « Chercher ! »

Montaigne se dit « ondoyant et divers », et ce dernier mot signifie en sa langue : opposé à lui-même, plein de contradictions. Que celui qui ne l'est pas lui jette la première pierre, ou plutôt qu'il craigne de ne pas se connaître lui-même. Ce que Montaigne remarque le plus en son âme c'est une perpétuelle opposition et diversité. Il lui semble impossible que non seulement nos actions, mais nos pensées « soient sorties de même boutique ». « Notre façon ordinaire est d'aller après les inclinations de notre appétit, à gauche, à dextre, contremont, contrebas, selon que le vent des occasions nous emporte. » (II, 6). Il ajoute, après 1588 : « Cette variation et contradiction qui se voit en nous, si souple, a fait qu'aucuns nous songent deux âmes... une si brusque diversité ne se pouvant bien assortir à un sujet simple. » (II, 8). « Nous sommes doubles. » (II, 393 A.) Pascal a transcrit et développe cette pensée : « Cette duplicité (nous dirions, dualité) de l'homme est si visible qu'il y en a qui ont pensé que nous avions deux âmes. » (p. 515). Et le poète Paul Claudel, d'une vue encore plus pénétrante, oppose dans un drame d'humour très réaliste *Animus* et *Anima*. Ces trois penseurs sont trop chrétiens pour n'avoir pas perçu l'antagonisme des deux lutteurs toujours aux prises dans une âme qui vit sa foi.

L'*Animus* de Montaigne toujours chercheur et interrogateur, toujours fureteur, toujours en voyage dans le monde des livres, des idées, des choses, à travers l'histoire et la géographie et les villes d'Europe, ne laisse pas cette pauvre *Anima* jouir en paix de la retraite qu'elle a choisie. Montaigne, d'une parfaite sincé-

(1) Voir notre Préface.

rité, nous livre le drame intime d'une âme aux prises avec la foi.

Chez d'autres, *Anima* ne lutte que contre les sens ; la lutte est plus visible. Chez Montaigne *Anima* lutte surtout avec l'esprit, car cet homme est encore plus cérébral que sensuel. Elle lutte avec les sens, nous le verrons, mais le combat principal sur un plan plus intérieur, laisse l'autre dans l'ombre et semble un peu le négliger : il n'est pas moins pathétique.

Vouloir séparer *Animus* et n'écouter que lui, car il parle beaucoup, c'est « déchirer un homme tout vif » et se condamner peut-être à ne pas comprendre tout l'homme.

M. Tavera a perçu cette dualité, mais il la transpose à sa manière. Il distingue dans Montaigne d'une vue aussi audacieuse qu'injustifiée, la raison vulgaire que Montaigne est censé mépriser et la raison philosophique que Montaigne est censé vénérer comme si la raison philosophique était autre chose ici que la raison vulgaire. Sur quoi fonder cette distinction que Montaigne désavoue : « J'appelle *toujours* raison cette apparence de discours (*raisonnement*) que chacun forge en soi..., instrument de plomb et de cire... » (II, 318 A.) Non, l'âme de Montaigne n'est pas du tout tiraillée entre la raison vulgaire et la raison philosophique. On doit dire, si l'on veut les distinguer, qu'il raille beaucoup plus celle-ci que celle-là et qu'il estime le peuple, nous le verrons, bien plus que les philosophes.

Cette âme est tiraillée entre la raison et la foi, tout simplement. La façon magistrale dont il éreinte cette pauvre raison montre qu'il est bien assuré du triomphe final de la foi.

N'appelons pas duplicité cette dualité. Il ne faut pas confondre finesse et dissimulation.

CHAPITRE II

LA VIE CHRETIENNE DE MONTAIGNE

A VANT d'étudier la pensée de Montaigne, il semble indispensable de jeter un regard sur sa vie. Il a écrit : « Le vrai miroir de nos discours (*pensées*) est le cours de nos vies. » (I 216 C.) Il serait logique et loyal de lui appliquer ce principe. Nous savons bien, et lui-même l'affirme, qu'il faut « considérer à part le prêche et le prêcheur » et qu'un homme de vie médiocre peut enseigner une excellente doctrine. Mais quand la doctrine d'un homme correspond à sa vie, celle-ci est la garantie de celle-là, et d'un tel homme on peut dire justement qu'il a des convictions.

Le livre de Montaigne est toujours un. Sa vie aussi est toujours une. « Nous allons du même train mon livre et moi. »

« Bon catholique, mauvais chrétien. » L'inventeur et les admirateurs de la belle antithèse supposent nécessairement que d'être catholique devait offrir alors des avantages substantiels ; que c'était une attitude lucrative ou, pour le moins, honorable ; bref, qu'un intérêt majeur devait pousser les gens avisés à se montrer catholiques alors qu'ils n'étaient pas chrétiens. Mais une enquête un peu plus clairvoyante et indépendante oblige de constater qu'au temps de Montaigne, comme aujourd'hui d'ailleurs, être catholique c'est adopter une position peu favorisée, une position de combat à la fois intérieur et extérieur ; c'est avoir le souci de protéger son idéal aux dépens de son intérêt, aux dépens d'une certaine indépendance de sa pensée et de ses mœurs. Il n'est pas habile, si l'on n'est chrétien, d'être bon catholique.

Tout devait au contraire attirer ce « bon catholique » vers la religion réformée, la « religion » tout court, comme ils disaient.

Les attraits et les risques du protestantisme.

Montaigne compte, parmi ces attraits, celui d'un certain risque. « Ils m'en peuvent croire : si rien eût dû tenter ma jeunesse (à s'engager dans cette voie nouvelle) l'ambition du hasard et de la difficulté qui suivait cette récente entreprise y eût eu bonne part. » (I, 406 C.) Le risque, nous l'allons voir, n'était pas bien grand.

A un tempérament comme le sien, ami de la quiétude, attaché
au passé, aux usages reçus, il devait semble-t-il répugner de suivre les hasards d'un parti révolutionnaire, c'est pourquoi, aux
yeux de maints critiques, sa fidélité n'était que paresse et routine. Cependant, il affirme qu'il avait ressenti, en sa jeunesse,
un certain goût du risque et nous pouvons l'en croire.

Mais, si risque il y avait, bien des attraits devaient l'engager à
le courir. D'abord l'attrait de la « nouvelleté » qui exerce sur
tout esprit, et en particulier sur tout esprit jeune, une fascination.
Chaque génération qui monte regarde avec dédain les doctrines
et les mœurs du passé. Il faut tout renverser, tout détruire, ou
du moins tout réformer. Les ancêtres n'ont rien vu, rien compris ; ils n'ont rien fait de bon. A temps nouveaux il faut une
méthode nouvelle (1).

Aucune génération peut-être dans l'histoire n'a éprouvé le
mépris d'hier et l'aspiration vers un nouveau demain comme
celle qui atteignait vingt ans vers 1550. Mais, en regardant l'époque contemporaine, on peut se demander s'il y a rien de nouveau sous le soleil et conclure à rebours que chaque époque
aide à mieux comprendre celles qui l'ont précédée, à condition
toutefois de lire et de vouloir comprendre.

Vers 1550, les jeunes esprits sont grisés par de prodigieuses
découvertes : découverte de l'imprimerie, découverte du monde
antique, découverte du nouveau monde avec Christophe Colomb,
découverte du monde tout court avec Copernic et Galilée, découverte d'une nouvelle médecine avec Paracelse... C'est un apport
immense de faits nouveaux inconnus des malheureux prédécesseurs. C'est aussi un apport d'art nouveau venu d'Italie. Il faut
tout rebâtir. Le monde dormait, ou plutôt il était mort ; il faut
renaître : c'est la *Renaissance*. Le mot sera créé plus tard, mais
il exprime bien les aspirations et aussi les réalisations de ce
grand moment.

Tel est cependant notre besoin de nous rattacher au passé :
les Humanistes prétendaient ramener le siècle de Périclès et
d'Auguste ; les Réformateurs prétendaient faire revivre le premier siècle chrétien.

Montaigne était avec les Humanistes ; il était naturel qu'il fût
avec les Réformés. Il était attiré vers ce que ceux-ci avaient de
commun avec ceux-là : le mépris du Moyen Age et de son grand
docteur Aristote ; le dégoût des discussions verbales et de la
logique elle-même, de la logique formelle s'entend ; la déception profonde devant une science qui piétinait depuis des siècles.
« Qui a pris de l'entendement en la logique ? Où sont ses belles
promesses ? Voit-on plus de barbouillage au caquet des haren-
gères qu'aux disputes publiques des hommes de cette profession ? Qu'il ôte son chaperon, sa robe et son latin, qu'il ne

(1) Maldonat : « *Il est facile d'être hérétique.* » (l. c. 154 B).

batte pas nos oreilles d'Aristote tout pur et tout cru, vous le prendrez pour l'un de nous, ou pis. » (III 190 B.) « La logique... une si vaine matière ! » (Pl. 257.)

Montaigne devait être plus attiré encore vers les Réformés que vers les Humanistes ; car ceux-ci s'attachent aux mots comme les Scolastiques, quoique d'un autre point de vue ; éplucheurs de syllabes les uns et les autres ; les Réformés s'intéressent aux idées et aux mœurs. Les premiers s'en tiennent à la forme ; les seconds vont au fond.

Les Réformés disssèquent les vieux textes pour en découvrir le sens original. Ils se moquent des superstitions populaires dont se gausse doucement Montaigne. Ils exercent sur les miracles une critique défiante. Ainsi fait Montaigne. Ils fulminent enfin contre les abus, contre les désordres de toute sorte que tolère la hiérarchie ecclésiastique quand elle ne les pratique pas. Montaigne s'élève aussi contre tous les abus.

Quoi de plus prestigieux que ce titre de réformateurs, de rénovateurs ? La foule les suit avec enthousiasme car qui dit nouveauté dit, n'est-ce pas, amélioration. Les esprits d'avant-garde lorgnent vers eux avec tendresse, car ils vont dans le sens de l'histoire. Les catholiques font pâle figure de conservateurs, de gens bien-pensants, nous dirions de conformistes. Ils ont les yeux figés sur un passé mort. Les autres regardent vers un avenir vivant. Les premiers asument le rôle ingrat de défenseurs ; les autres ont le privilège et l'ardeur, la foi des assaillants. La victoire appartient à l'offensive. La tournure d'esprit de Montaigne devait décupler l'intérèt qu'il avait à se porter au secours de la victoire.

Montaigne parle du hasard et de la difficulté de cette nouvelle entreprise. Les risques sont égaux des deux côtés, car le sort des armes change tous les jours. Aujourd'hui que la fumée de ces batailles est tombée depuis si longtemps, nous avons quelque peine à nous représenter l'état d'une âme placée par la Providence, durant vingt ans, au milieu du combat. Il nous est facile à nous de prévoir l'issue des événements. Montaigne sait une chose : que la plupart des seigneurs ses voisins ont opté pour le calvinisme ; le hasard et la difficulté ne sont donc pas si grands que l'on croirait. Ce qui le distingue des autres c'est justement la vieille religion qu'il s'obstine à pratiquer ; le risque est donc de son côté. « La situation de ma maison et l'accointance des hommes de mon voisinage me présentaient d'un visage (protestant), ma vie et mes actions d'un autre (catholique). » (III 350 B.)

Il demande seulement qu'on lui « condonne » la liberté de pratiquer son culte et il l'obtient, non sans peine, au prix de quelques concessions toutes matérielles : il consent à abriter en cas de péril les vaches et les épouses des religionnaires. (III 234 B.) Il aurait pu, dans cet état d'alerte perpétuelle, s'abstenir et demeurer coi. La prudence lui conseillait de se montrer le moins « bon catholique » possible.

Le calvinisme avait pour lui d'autres attraits que nous pourrions appeler des attraits du cœur.

Des sept frères et sœurs qu'il eut, quatre nous sont un peu mieux connus. Or, de ces quatre, deux sont restés catholiques, deux se sont faits protestants. C'est dire avec quelle liberté chacun choisissait sa religion et nous ne sachions pas que ce choix ait entraîné pour aucun de mésaventure.

Jeanne, la plus jeune sœur de Michel, avait opté pour le calvinisme, et s'était jetée avec fougue dans cette religion nouvelle, ce qui ne l'empêchait pas d'être l'épouse du catholique Richard de Lestonnac, conseiller au Parlement de Bordeaux. Michel devait éprouver pour elle une sympathie pleine d'admiration, car elle était « grandement savante » et ne parlait pas seulement « son latin » comme son frère, mais « son grec ». Elle était de ces intellectuelles que la science des novateurs avait conquis.

Quant à Thomas, sieur de Beauregard, s'il n'était pas pleinement acquis à la Réforme, nous savons qu'il était bien près de l'embrasser.

Autre raison de cœur : au moment le plus aigu des troubles qui ensanglantent la France, et particulièrement le Périgord, les fameux *trois Henri* se disputent le pouvoir : Henri de Guise, chef de la Ligue ; Henri III, roi de France, et Henri de Navarre, le futur Henri IV. Bien qu'il admire « la grâce » du duc de Guise, Montaigne se sent avec le Béarnais une grande affinité d'humeur : il a reconnu en lui les qualités d'un chef et il ne peut s'empêcher de faire des vœux pour lui, mais sous condition. Il lui écrira en 1590, quand la mort des deux autres Henri aura rallié autour de l'héritier légitime tous les Français de bon sens : « J'ai, de tout temps, regardé en vous cette même fortune où vous êtes et vous peut souvenir que lors même qu'il m'en fallait confesser à mon curé, je ne laissais de voir aucunement de bon œil vos succès. A présent, avec plus de raisons et de liberté, je les embrasse de pleine affection. » (1).

Cependant, il reste attaché à Henri III dans les mœurs duquel « il trouvait à dire ». Pourquoi reste-t-il attaché ? Par pur loyalisme.

« Il faut prendre parti ».

Un homme pris entre deux adversaires acharnés peut adopter une position d'attente, prêt à se rallier au vainqueur ; nous avons connu naguère de pareils *attentistes*. Tel n'est pas l'avis de Montaigne.

Sans doute, il est d'esprit modéré. « La cause générale et juste

(1) *Essais*. Edition J.-V. Le Clerc, IV, p. 262.

(la cause catholique) ne m'attache que modérément et sans fièvre. » (III 9 B.) La neutralité n'est-elle pas le refuge précieux
des esprits subtils et des âmes couardes ?

Montaigne ne confond pas modération avec neutralité, et il le
dit nettement : « De se tenir chancelant et métis (*neutre*), *de*
tenir son affection immobile et sans inclination aux troubles de
son pays, je ne le trouve ni beau ni honnête. Cela peut être
permis envers les affaires des voisins (*des peuples voisins*). Mais
ce serait une espèce de trahison aux propres et domestiques
(*intérieures*) affaires auxquelles *nécessairement il faut prendre
parti par application de dessin* », (III 10 B), c'est-à-dire d'un
dessein bien arrêté.

Catholique en sa vie publique.

Il faut prendre parti. Montaigne a fait son choix dans la vie
publique. Cette vie est une et le choix n'a pas varié.

Conseiller au Parlement de Bordeaux de 1557 à 1570, Montaigne a pris parti officiellement pour la religion catholique contre
la religion réformée ; aucun critique sérieux ne le met aujourd'hui
en doute. Des faits nombreux prouvent que cette prise de position exprimait ses sentiments intimes.

Quelques présidents et conseillers firent défection. Plusieurs
femmes de ces magistrats assistaient aux prêches et suivaient
docilement les nouveaux docteurs. Nous en connaissons uns :
la propre sœur de Montaigne.

Dans un différend entre les conseillers et le Premier Président
Lagebaston, suspect « à cause de l'affection qu'il portait aux
religionnaires » Montaigne s'oppose ouvertement au Premier
Président (1).

Fait encore plus significatif : malgré l'estime qu'il professe
pour le chancelier Michel de l'Hôpital, qu'il classe parmi « les
gens suffisants (*capables*) et de vertu non commune », Montaigne
n'hésite pas à réprouver l'Edit de Janvier 1562 qui accorde la
liberté de culte aux Réformés. Pour marquer sa désapprobation,
il sanctionne par son exemple la prestation de serment catholique exigé du Parlement. (II 448 A.)

La paix de Beaulieu (1576) est une nouvelle concession aux
Calvinistes, moins grave que celle de l'Hôpital, et cette fois-ci
c'est le roi lui-même qui la fait et Montaigne est plein de défé-
rence pour le roi. Mais les lignes qu'il écrit vers cette date trahissent l'inquiétude d'un cœur catholique devant ce triomphe
de l'hérésie. Il pèse le pour et le contre ; il cherche une excuse
au traité : « On peut dire d'un côté que de lâcher la bride aux
partis, d'entretenir leur opinion, c'est répandre et semer la division... Mais d'autre côté on dirait aussi que de lâcher la bride

(1) Nous renvoyons à l'étude très documentée de M. Dreano, l. c.
pp. 133 et suivantes.

aux partis d'entretenir leur opinion, c'est les amortir et relâcher (*détendre*) par la facilité et par l'aisance, et que c'est émousser l'aiguillon qui s'affine par la rareté, la nouvelleté et la difficulté. » (II 462 A.)

Après tout, les rois sont comme les autres : ils font ce qu'ils peuvent ; de leur mieux et pas toujours pour le mieux : « Je crois plutôt, pour l'honneur de la dévotion (*religion*) de nos rois, que n'ayant pu ce qu'ils voulaient ils ont fait semblant de vouloir ce qu'ils pouvaient. »

Fidèle à ne jamais séparer la cause catholique de la cause royale, il réprouve presque autant que la Réforme qui s'est dressée contre l'Eglise, la Ligue qui s'est dressée à ce moment contre le roi. Les Réformateurs ont commencé ; les Ligueurs, pour les punir, ont commis les mêmes excès : « Si les inventeurs sont plus dommageables, les imitateurs sont plus vicieux de se jeter en des exemples desquels ils ont senti l'horreur et le mal. » (I 152 C.)

Il ne trouve chrétiens ni les protestants qui ruinent la nation pour imposer leurs opinions, ni les catholiques qui ruinent la nation pour contrecarrer ces opinions. Bons catholiques peut-être à leur gré ; mais, au gré de Montaigne, mauvais chrétiens.

Henri de Guise donnait au huguenot qui avait voulu l'assassiner cette marque qui distingue les catholiques bons chrétiens des réformés mauvais chrétiens : « Je vous veux montrer combien la religion que je tiens est plus douce que celle de quoi vous faites profession. La vôtre nous a conseillé de me tuer sans m'ouïr, n'ayant reçu de moi aucune offense. La mienne me commande que je vous pardonne tout convaincu que vous êtes de m'avoir voulu homicider sans raison. Allez-vous-en... et si vous êtes sage prenez dorénavant en vos entreprises des conseillers plus gens de bien que ceux-là. » (I 159 A.)

Cet Henri de Guise était « un prince des *nôtres*, et nôtre était-il à très bonnes enseignes, encore que son origine fût étrangère. » (I 158 A.) Il était Lorrain ; mais il était des nôtres, c'est-à-dire du juste et légitime parti. La qualité de catholique prime, aux yeux de Montaigne, celle de Français.

Catholique en sa vie privée.

Montaigne, nous le verrons, demande qu'on juge un homme beaucoup moins sur sa vie publique que sur sa vie privée.

C'est sur la vie privée de Montaigne qu'il faut juger sa religion.

Il sera donc très utile, il est indispensable de jeter un coup d'œil sur ce « miroir » ; de voir si la distinction « bon catholique, mauvais chrétien » trouve en sa vie quotidienne le moindre fondement. Nous ne parlons pas pour le moment de sa vie morale au sens étroit où parfois l'on entend ce mot, mais de son sentiment religieux au sens où nous avons essayé de le définir.

La pratique religieuse d'un homme peut toujours être discutée. Il n'y a aucune différence apparente, du moins au premier coup d'œil, entre la prière de Tartufe et la prière de Monsieur Vincent. Montaigne a dit : « Je ne trouve aucune qualité si aisée à contrefaire que la dévotion, si on n'y conforme les mœurs et la vie ; son essence est abstruse et occulte ; les apparences faciles et trompeuses. » (III 38 B.)

Mais, pour contrefaire, encore faut-il avoir quelque intérêt, de quelque nature qu'il soit, comme Tartufe qui voulait « édifier » Orgon ou comme Voltaire à Ferney qui voulait « édifier » le peuple en pratiquant la religion bonne pour le peuple.

Nous n'avons pas l'intention de rappeler ici sa biographie. Ce travail a été fait et bien fait en de récents ouvrages, encore qu'il reste certains points obscurs du plus haut intérêt mais qu'il faut, semble-il, après tant de savantes recherches, désespérer d'éclaircir.

Dans sa vie privée, comme nous avons fait dans sa vie publique, nous voudrions trier et mettre en lumière les détails les plus significatifs et d'une interprétation indiscutable, ceux qui nous expliquent non seulement pourquoi, mais surtout comment il était catholique, la place que tenait en son activité la religion.

La mort d'Etienne de la Boétie.

Au moment où il va se retirer en sa solitude, un document nous révèle son âme. C'est la lettre qu'il écrit à son père en 1570 pour raconter la mort d'Etienne de la Boétie. Il avait alors trente-sept ans et son ami était mort depuis sept ans. L'âge, l'expérience, les lectures, les fonctions exercées ont fait de lui un homme en pleine possession de sa pensée.

Ce qu'il importe de remarquer c'est que cette pensée se trouve en pleine et absolue conformité avec celle de l'ami qu'il pleure. Il ne cesse de le répéter, et de toutes les manières, tout au long des *Essais :* « Tout étant par effet (*dans la réalité*) commun entre eux, volontés, pensements, jugements, biens, femmes, enfants, honneur et vie et leur convenance (*union*) n'étant qu'une âme en deux corps, selon la très propre définition d'Aristote, ils ne se peuvent ni prêter ni donner rien. » Les sentiments exprimés par le mourant sont donc très exactement ceux de Montaigne et, dans la mesure où l'on contesterait l'objectivité du récit, on accuserait davantage la pensée personnelle de l'auteur. L'accent héroïque du morceau où se mêlent, dans un si curieux amalgame, l'humanisme et le christianisme, nous donne de précieux renseignements sur l'âme des deux personnages et nous montre comment se mariait en eux le culte du Christ et le culte des héros antiques.

Nous sommes d'abord frappés par les sentiments de foi profonde qui animent les deux acteurs du drame : « Et puis, mon frère, par aventure (*peut-être*), dit la Boétie, n'étais-je point né si inutile que je n'eusse moyen de faire service à la chose publique (*de servir l'Etat*) : mais, quoi qu'il en soit, je suis prêt à partir quand il plaira à Dieu, étant tout assuré de l'aise (*du bonheur*) que vous me prédites. Et quant à vous, mon ami, je vous connais si sage (notons au passage le sens du mot) que, quelque intérêt (*dommage*) que vous y ayez, si (*cependant*) vous conformerez-vous volontiers et patiemment à tout ce qu'il plaira à la Sainte Majesté d'ordonner de moi. » (1). L'*aise* ici prédite est le bonheur du ciel.

Après avoir réglé ses affaires, la Boétie pense à une affaire plus importante. « Ayant mis ordre à mes biens, encore me faut-il penser à ma conscience. *Je suis chrétien, je suis catholique ;* tel j'ai vécu, tel suis-je délibéré de clore ma vie. Qu'on me fasse venir un prêtre, car je ne veux faillir à ce dernier devoir d'un chrétien. » (2)

Montaigne, devant le courage de son ami, exprime une réflexion personnelle qui nous sera utile pour comprendre ses méditations sur la mort : « Jusqu'alors je n'avais pas pensé que Dieu nous donnât si grand avantage sur les accidents humains et croyais malaisément ce que quelquefois j'en lisais parmi les histoires ; mais en ayant senti une telle preuve, je louais Dieu de quoi ç'avait été en une personne de qui je fusse tant aimé et que j'aimasse si chèrement, et cela me servirait d'exemple pour jouer ce même rôle à mon tour. » (3)

La pensée qui soutient le mourant est celle-ci : « Quant à moi, j'en suis certain, je m'en vais trouver Dieu et le séjour des bienheureux. » (4). Pascal, à de telles paroles, eût frémi d'horreur.

M. Radouant accole à ce passage une curieuse annotation mais qui révèle bien l'état d'esprit inconsciemment janséniste de certains critiques : « Il y a ici un peu plus de fermeté et d'assurance philosophiques que d'humilité chrétienne. » Combien la suite du récit dément une telle interprétation, d'ailleurs si peu justifiée par le texte ! « Le lundi matin, il se confessa à son prêtre. Mais, parce que le prêtre n'avait pas apporté tout ce qu'il lui fallait, il ne lui put dire la messe. Mais, le mardi matin, M. de la Boétie le demanda pour l'aider, dit-il, à faire son dernier office chrétien. Ainsi, il ouït la messe et fit ses pâques (*communia*). Et, comme le prêtre prenait congé de lui, il lui dit : « Mon père spirituel, je vous supplie humblement et vous et ceux qui sont sous votre charge, priez Dieu pour moi. »

---

(1) Radouant, *Montaigne*. Morceaux choisis, p. 11.
(2) Radouant, *Montaigne*, Morceaux choisis, p. 14.
(3) Ibid. p. 15.
(4) Idib. p. 16.

« S'il est ordonné par les très sacrés trésors des desseins de Dieu que je finisse à cette heure mes jours, qu'il ait pitié de mon âme et me pardonne mes péchés qui sont infinis, comme il n'est pas possible que *si vile et si basse créature* que moi ait pu exécuter les commandements d'un si haut et si puissant maître ; ou, s'il lui semble que je fasse encore besoin par deçà et qu'il veuille me réserver à quelque autre heure, suppliez-le qu'il finisse bientôt en moi les angoisses que je souffre et qu'il me fasse la grâce de guider dorénavant mes pas à la suite de sa volonté et de me rendre meilleur que je n'ai été. » (1).

C'est cette humilité si pleine de conviction qui inspire au mourant la confiance chrétienne, aux antipodes de l'orgueil stoïcien. Dans le même sentiment, il dit à un nouveau visiteur : « Monsieur, mon bon ami, j'étais ici à même pour payer ma dette (en train de me confesser) ; mais j'ai trouvé un bon créditeur (*créancier*) qui me l'a remise. » (2). Encore une assurance que les jansénistes réprouveraient.

La Boétie termine par une profession de foi d'un style assez imprévu où l'accent est mis singulièrement sur l'idée de fidélité à une tradition : « Je proteste (*proclame*) que, comme j'ai été baptisé, ai vécu, ainsi veux-je mourir sous la foi et religion que Moïse planta (*établit*) premièrement en Egypte, que les Pères (*les Apôtres*) reçurent depuis en Judée et qui, de main en main, par succession de temps a été apportée en France. » Il finit « priant son oncle et moi de prier Dieu pour lui car ce sont, dit-il, les meilleurs offices (*services*) que les chrétiens puissent faire les uns pour les autres ». (3).

Telle est la foi de la Boétie et telle est aussi la foi de Montaigne.

Mais voici, dans cet émouvant récit, un autre aspect, une nouvelle mise en lumière, de cette même foi, par opposition avec la foi calviniste. Nous allons voir comment ces hommes réfléchis, tout en comprenant la nécessité urgente des réformes, prétendaient se maintenir dans une tradition qui leur était si chère. Il y a là une sorte de défense et illustration de la foi catholique, une apologétique pour chrétiens du monde fondée sur des arguments qui paraissent de circonstance, mais qui ont leur racine profonde dans le sentiment le plus essentiel de la religion : l'humilité, la soumission pleine d'abnégation aux enseignements de l'Eglise.

Thomas de Beauregard, le frère de Montaigne, que nous appellerions le réformisant, est introduit dans la chambre. La Boétie lui adresse cet appel plein de cœur : « Je vous jure que, de tous ceux qui se sont mis à la réformation de l'Eglise, je n'ai jamais pensé qu'il y en ait eu un seul qui s'y soit mis avec meilleur

(1) Ibid. p. 18.
(2) Ibid. p. 19.
(3) Ibid. p. 18.

zèle, plus entière, sincère et simple affection (*ardeur*) que vous. Je crois certainement que les seuls vices de nos prélats, qui ont sans aucun doute besoin d'une grande correction, et quelques imperfections que le cours du temps a apportées en notre Eglise, vous ont incité à cela. Je ne vous en veux pour cette heure démouvoir (*détourner*), car aussi ne priè-je pas volontiers personne de faire quoi que ce soit contre sa conscience. »

Après ces concessions si pleines de délicatesse et si instructives pour nous, le mourant adjure son visiteur « par égard pour la bonne réputation qu'a acquise la maison dont vous êtes, par une continuelle concorde ; par égard pour la volonté de votre père, ce bon père à qui vous devez tant... pour vos frères, fuyez ces extrémités. Ne soyez point si âpre et si violent ; accommodez-vous à eux ; ne faites point de bande et de corps à part ; joignez-vous ensemble ».

Le moribond passe à d'autres considérations : « Vous voyez combien de ruines ces dissensions ont apporté en ce royaume et je vous réponds qu'elles en apporteront de bien plus grandes. »

Il conclut : « Comme vous êtes sage et bon, gardez-vous de mettre ces inconvénients (*malheurs*) parmi votre famille, de peur de lui faire perdre la gloire et le bonheur dont elle a joui jusqu'à cette heure. » (1).

Désunion de la famille, ruine de l'Etat ; ces considérations ne vont pas au fond du problème religieux, mais elles frappent alors les cœurs vraiment religieux ; elles les orientent vers la solution.

Au cours de cette même année, 1570, Montaigne écrivait à sa femme : « Et de vrai, la nouvelleté coûte si cher jusqu'à cette heure à ce pauvre Etat, et si (*cependant*) je ne sais si nous en sommes à la dernière enchère qu'en tout et partout j'en quitte le parti. Vivons, ma femme, vous et moi, à la vieille française. » (2). Il le répètera souvent dans les *Essais :* et il ira sans pitié, nous le verrons, jusqu'à la racine du mal : l'orgueil.

Mais ici, il s'agit de conquérir une âme et l'art de persuader exige plus de doigté. Il est probable que le sieur de Beauregard n'est pas resté insensible à cet émouvant appel.

Le chrétien pratiquant.

Montaigne, dans sa solitude périgourdine, est très attaché aux pratiques du culte catholique, et principalement à celles qui heurtent le plus les Réformés. Mais est-il, dans le papisme, pratique qui ne leur inspire mépris ou dégoût ? Comme nous ne pouvons évidemment soupçonner de sa part ni provocation ni brimade, nous nous assurons que toute sa conduite est inspirée par la conviction.

(1) Ibid. p. 17.
(2) Cité par Dreano, p. 142.

C'est d'ailleurs par hasard et par de fortuites allusions que nous retrouvons dans les *Essais* trace de ces pratiques. « L'accoutumance hébète nos sens... Je loge chez moi en une tour où, à la diane (*au réveil*) et à la retraite, une fort grosse cloche sonne l'*Ave Maria*. Ce tintamarre qui effraye ma tour même et, aux premiers jours me semblait insupportable, en peu de temps m'apprivoise, de manière que je l'entends sans offense (*sans en être incommodé*) et souvent sans m'en éveiller... » (I 138 C.)

Cette cloche insolente devait irriter bien des tympans huguenots. Mais il n'en a cure. « Comme maison de tout temps libre, de grand abord et officieuse (*serviable*) à chacun... sa maison a mérité assez d'affection populaire et il serait malaisé de gourmander ce coq sur son fumier. » Il aime la liberté, mais il lui déplaît qu'on lui laisse sonner sa cloche par condescendance, et de vivre « plus qu'à demi de la faveur d'autrui, qui est une rude obligation... car quoi, si j'étais autre ? ».

Cette cloche qui persiste à sonner l'angélus, cette chapelle debout parmi tant de ruines sont le témoignage de sa fidélité catholique. Il lui déplaît qu'elles soient aussi le témoignage de la tolérance de ses adversaires.

Ce service divin, qu'on lui « condonne » c'est la messe, exécrée des antipapistes ; et, qui plus est, la messe quotidienne. Car il assiste à la messe à peu près tous les jours. C'est beaucoup de zèle pour un catholique mauvais chrétien. Singulier passe-temps dans un temps si singulier ! Cette messe est la protestation la plus éloquente contre le vice religieux essentiel de la « nouvelleté » aux yeux d'un catholique : la négation du sacrifice eucharistique.

Montaigne a passé vingt-deux ans de sa vie, recueilli et solitaire, dans « sa librairie », lisez : bibliothèque, au-dessous de laquelle se trouvait « sa chapelle », cette chapelle où il entendait la messe tous les jours et où le Saint Sacrement était conservé en permanence. « Elle est au troisième étage d'une tour. Le premier, c'est ma chapelle, le second une chambre et sa suite où je couche souvent... C'était, au temps passé, le lieu le plus inutile de ma maison. Je passe là et la plupart des jours de ma vie et la plupart des heures du jour. » (III 58 C.) Il est, avec le Christ qu'il croit présent dans l'Eucharistie, le seul hôte de cette tour isolée et, la nuit, il couche au-dessus du Saint Tabernacle. Quel anachorète pieux ne rêverait de se procurer un tel voisinage ! S'il ne l'a pas choisi, nous constatons du moins qu'il ne l'a pas écarté ; et la messe quotidienne nous indique assez quels sont les sentiments qui l'animent. Ne soyons point surpris qu'il ne les ait point exprimés puisque, délibérément, dans les *Essais*, il choisit de s'entretenir avec les hôtes de sa librairie et non avec l'hôte de « sa chapelle ».

(1) *Journal*, p. 127.

Les oraisons de Montaigne.

Dans quel état d'âme Montaigne fait-il « ses oraisons » ? Ici encore, il nous est aisé de conjecturer ce qu'il exige de lui-même d'après ce qu'il demande aux autres. « Il faut avoir l'âme nette, au moins en ce moment auquel nous prions Dieu et déchargée de passions vicieuses ; autrement nous lui présentons nous-mêmes les verges de quoi nous châtier. » (I 404 C.)

Le *frater* qui a examiné les *Essais* à Rome a fait une remarque, une « animadversion, sur ce que celui qui priait devait être exempt de vicieuse inclination pour ce temps (où il priait). » Montaigne aurait eu la partie belle pour répondre. Il aurait pu s'appuyer sur ce passage de l'évangile : « Si, lorsque tu présentes ton offrande à l'autel, tu te souviens que ton frère a quelque chose contre toi, laisse là ton offrande devant l'autel, et va d'abord te réconcilier avec ton frère ; puis viens présenter ton offrande. » (Math. V, 23, 24.) C'est bien dans ce sens que l'auteur entendait « avoir l'âme nette ».

Car, pour lui, il n'y a qu'une prière sur laquelle toutes les autres doivent être calquées. « Je ne sais si je me trompe, mais puisque, par une faveur particulière de la Bonté divine, certaine façon de prière nous a été prescrite et dictée mot à mot par la bouche de Dieu, il m'a toujours semblé que nous en devions avoir l'usage plus ordinaire que nous n'avons.

« Et, si j'en étais cru, à l'entrée et à l'issue de nos tables, à notre lever et coucher, et à toutes actions particulières auxquelles on a accoutumé de mêler des prières, je voudrais que ce fût le patenôtre que les chrétiens y employassent, sinon seulement (*uniquement*), au moins toujours. L'Eglise peut étendre et diversifier les prières selon les besoins de notre instruction ; car je sais bien que c'est toujours même substance et même chose. Mais on devrait donner à celle-là ce privilège que le peuple l'eût continuellement en la bouche : car il est certain qu'elle dit tout ce qu'il faut et qu'elle est très propre à toutes occasions. C'est l'unique prière de quoi je me sers partout et la répète au lieu d'en changer. D'où il advient que je n'en ai aucune aussi bien en mémoire que celle-là. » (1).

De fait, il nous apprend incidemment qu'il la récite chaque soir avant de s'endormir. (III 250 B.)

Or, un des articles de cette prière se formule ainsi « Pardonne-nous, disons-nous, comme nous pardonnons à ceux qui nous ont offensés. Que disons-nous par là sinon que nous lui offrons notre âme exempte de vengeance et de rancune ? Toutefois nous appelons Dieu au complot de nos fautes, et le convions à l'injustice. » (III 411 A.)

---

(1) Sainte-Beuve résume à sa manière : « Le simple patenôtre est assez. » (*Port-Royal*, 1. c. 426). Et l'auteur de *Port-Royal* dit dans la même page : « La méthode de Montaigne peut se qualifier à bon droit perfide. » Comment qualifier celle de Sainte-Beuve ?

« ...Au lieu de rhabiller (*réparer*) notre faute, nous la redoublons, présentant à Celui à qui nous avons à demander pardon une affection (*un sentiment*) pleine d'irrévérence et de haine. » (III 404 A.)

Il n'y a rien à dire à cette exégèse. Montaigne ne demande pas que celui qui prie soit sans faute. Qui prierait ? Il est plus humain et n'a rien de janséniste avant la lettre. « Il n'est rien si aisé, si doux et si favorable que la loi divine : elle nous appelle à soi aussi fautiers et détestables que nous sommes : elle nous tend les bras et nous reçoit en son giron, pour vilains, ords et bourbeux que nous soyons et que nous ayons à être à l'avenir. Mais encore, en récompense, la faut-il regarder de bon œil. » C'est l'œil simple, c'est-à-dire l'intention droite dont parle l'Evangile (Math. VI 23.) « Encore faut-il recevoir ce pardon avec action de grâces ; et, au moins pour cet instant que nous nous adressons à elle, avoir l'âme déplaisante (*repentante*) de ses fautes et ennemis des passions qui nous ont poussés à l'offenser. » (III 413 A.) « Voilà pourquoi je ne loue pas volontiers ceux que je vois prier Dieu plus souvent et plus ordinairement si les actions voisines de la prière ne me témoignent quelque amendement et réformation. » (III 404 A.)

Incidemment, nous apprenons qu'il éprouve de la dévotion pour le signe de la croix, geste réprouvé des Réformés. Il n'en reproche l'abus qu'à ceux qui ne voient pas dans ce geste une sorte d'engagement. « Et me déplaît de voir faire trois signes de croix au benedicite, autant à grâces et plus m'en déplaît de ce que *c'est un signe que j'ai en révérence et continuel usage*, mêmement au bailler (*quand je baille*) ; et cependant, toutes les autres heures du jour, les voir occupées à la haine, l'avarice, l'injustice. Aux vices leur heure, son heure à Dieu, comme par compensation et composition. » (I 405 B.)

Cet homme qui multiplie les signes de croix, qui met le signe de la croix en tête de chacune de ses lettres, sait à quoi l'engage cette profession de foi. Il ne voudrait pas mêler le symbole de l'amour de Dieu aux sentiments de la haine des hommes.

Incidemment aussi, nous apprenons qu'il professe un culte qui est honni des Protestants, le culte de la Sainte Vierge. Un jeune homme ayant voulu séduire une jeune fille et « lui ayant demandé son nom qui était Marie, se sentit si vivement épris de dévotion et de respect de ce nom sacrosaint de la Vierge, mère de notre Sauveur que, non seulement il la chassa soudain, mais en amenda tout le reste de sa vie. » (I 352 A.) L'anecdote jetée en passant parmi des fantaisies sur l'origine des noms n'offre d'intérêt que par cet accent « de dévotion et de respect » qui se trouve dans le récit du narrateur comme dans l'âme de son héros. De cette dévotion, nous ne connaissons par le *Journal de voyage* que quelques témoignages tout extérieurs ; mais ils sont assez caractéristiques. Rappelons seulement ce pèleri-

nage à Notre-Dame de Lorette. « Un jésuite allemand m'y dit
la messe et me donna à communier. » Il se fit un devoir pieux
« d'y loger (dans la santa casa) un tableau dans lequel il y a
quatre figures d'argent attachées : celle de Notre-Dame, la
mienne, celle de ma femme, celle de ma fille... »

Il est si heureux de son geste qu'il nous fournit le moyen de
le vérifier et de repérer le tableau : « Entrant donc par là en
cette chapelle, mon tableau est logé à main gauche contre la
porte qui est à ce coin, et je l'y ai laissé très curieusement (*soigneusement*) attaché et cloué. » (1).

La fin de la vie a-t-elle été conforme à la vie et le dernier
jour semblable aux autres jours ?

La mort de Montaigne.

La fin de son ami La Boétie était pour Montaigne la meilleure
occasion d'apprendre à mourir. On peut dire qu'il est mort en
deux fois. Ne l'a-t-il pas écrit en termes équivalents ? « Depuis
le jour que je le perdis, affirme-t-il en 1580, dix-sept ans après
le douloureux adieu, je ne fais que traîner languissant, et les
plaisirs même qui s'offrent à moi, au lieu de me consoler, me
redoublent le regret de sa perte. Nous étions à moitié de tout :
il me semble que je lui dérobe sa part. J'étais déjà si fait et si
accoutumé à être deuxième partout qu'il me semble n'être plus
qu'à demi. » (I 249 A.)

Il avait eu sous les yeux une belle fin, couronnement normal
d'une belle carrière ; il ne pouvait rêver pour lui-même que la
même fin. « Je louais Dieu de ce que... cela me servirait d'exemple pour jouer ce rôle à mon tour. »

Il s'en était souvenu sans doute encore quand il avait écrit
en 1572, neuf ans après : « Le bonheur de notre vie qui dépend
de la tranquillité et contentement d'un esprit bien né et de la
résolution et assurance d'une âme réglée ne se doit jamais attribuer à l'homme, qu'on ne lui ait vu jouer le dernier acte de sa
comédie, et sans doute le plus difficile. En tout le reste, il peut
y avoir du masque : ou ces beaux discours de la philosophie ne
sont en nous que par contenance, ou les accidents ne nous
essayant (*éprouvant*) pas jusques au vif, nous donnent loisir de
maintenir toujours notre visage rassis. Mais à ce dernier rôle de
la mort et de nous, il n'y a plus que feindre ; il faut parler français ; il faut montrer ce qu'il y a de bon et de net dans le fond
du pot... « *eripitur persona, manet res* (Lucrèce) », « le masque
tombe ; la réalité demeure. » « Voilà pourquoi se doivent à ce
dernier trait toucher (*vérifier à la pierre de touche*) et éprouver
toutes les autres actions de notre vie. C'est le *maître jour* ; c'est

---

(1) *Journal*, pp. 256-262. Montaigne décrit longuement ce lieu « où il
se plut fort » et « où il y a plus d'apparence de religion, dit-il, qu'en
nul autre lieu que j'aie vu. »

le jour juge de tous les autres ; c'est le jour, dit un ancien (Sénèque) qui doit juger toutes mes années passées. Je remets à la mort l'essai du fruit de mes études. Nous verrons là si mes discours me partent de la bouche ou du cœur... Je me garderai, si je peux, que ma mort dise autre chose que ma vie n'ait premièrement dit. » Il ajoutait en 1588 : « Au jugement de la vie d'autrui, je regarde toujours comment s'en est porté le bout et (l'un) des principaux études (*soins*) de la mienne, c'est qu'il se porte bien, c'est-à-dire quiètement et sourdement (*paisiblement et sans bruit*). » (I 98 C.)

De quoi est faite cette constance ? De philosophie ? Sans doute. Il a toujours sous les yeux les exemples et les textes anciens. Mais d'autre chose aussi, d'autre chose surtout, comme celle de La Boétie.

Montaigne nous a donné assignation à son lit de mort. Nous aurions mauvaise grâce à nous y refuser et déloyauté à ne pas accepter cette épreuve. Il est équitable de lui appliquer ce que lui-même dit d'Epaminondas : « On déroberait beaucoup à celui-là qui le pèserait sans l'honneur et la grandeur de sa fin... » (I 98 B.)

C'est Pasquier qui nous sert de garant et qui doit sans doute tenir ses renseignements d'un témoin oculaire. « Il souffrait d'une esquinancie sur la langue, de telle façon qu'il demeura trois jours entiers plein d'entendement, sans pouvoir parler... » Dieu lui a donc refusé cette grâce de pouvoir, comme La Boétie, faire d'admirables discours à la Socrate. « Au moyen (*à cause*) de quoi, il était contraint d'avoir recours à la plume pour faire entendre ses volontés. » Que n'avons-nous ces *novissima scripta* ! « Et comme il sentit sa fin approcher, il pria par un petit bulletin sa femme de semondre quelques gentilshommes siens voisins afin de prendre congé d'eux... Arrivés qu'ils furent, il fit dire la messe en sa chambre et, comme le prêtre était sur l'élévation du *corpus Domini*, ce pauvre gentilhomme s'élança du moins mal qu'il put, comme à *corps perdu*, sur son lit, les mains jointes et, en ce dernier acte, rendit son âme à Dieu : (geste) qui fut un beau miroir de son âme. » (I).

« Ce dernier acte »... Pasquier reprend, sans le savoir, le mot de Montaigne lui-même : « le dernier acte de la comédie. » Ici un lecteur goguenard pourrait sourire. Il n'entendrait pas le mot comédie au sens complexe où l'entendait Montaigne et dont nous avons laissé tomber tant de nuances ! Quel chemin a parcouru ce mot depuis « la Divine Comédie » de Dante jusqu'à sa signification actuelle !

Au XVIe siècle, le terme est à mi-course et veut encore dire drame. Nous ne sommes d'ailleurs pas gênés, au contraire, si

(1) *Lettres* d'E. Pasquier Amsterdam, 1723. T. II. L. 18, lettre 1, in fine, p. 518.

nous trouvons ici la nuance narquoise si familière à notre Gascon. Comédie ou tragédie, le dernier acte est le plus difficile, le plus révélateur aussi.

Ce corps qui s'élève en même temps que le Corps du Christ quelle force le soulève sinon la foi ? Ces mains, qu'est-ce qui les joint, sinon la prière ? Il y a là un élan qui nous surprend de cet homme « nonchalant », un élan que nous comprendrons peut-être mieux après la lecture des *Essais*.

Il a bien tenu la promesse qu'il s'était faite et qu'il avait inscrite en marge de la dernière édition : « Je me garderai, si je puis, que ma mort dise chose que ma vie n'ait premièrement dit. » (I 35, C.) Nous allons vérifier que le livre, comme la vie, avait premièrement dit ce que la mort a confirmé.

CHAPITRE III

LE PROBLEME RELIGIEUX SELON MONTAIGNE

INTRODUCTION A L' « APOLOGIE DE SEBOND »

C'EST dans l'*Apologie de Sebond* que nous trouvons la pensée religieuse de Montaigne. Tout le monde en convient, et beaucoup de critiques sont même d'accord, nous l'avons vu, pour y trouver plutôt l'expression de sa pensée irréligieuse.

C'est le chapitre-clé, c'est le « nœud du débat » dirions-nous, pour employer une formule chère à Montaigne. M. Plattard, bon juge, l'appelle avec raison, « une somme de la doctrine de Montaigne, la plus exacte expression de sa pensée philosophique » (1). C'est le chapitre de beaucoup le plus long et le plus riche d'aperçus : à peu près toutes les « fantaisies » exprimées à travers le reste du livre s'y trouvent annoncées ou développées. C'est aussi le chapitre le mieux composé. Tandis que, dans les autres, l'auteur laisse errer ses idées sans liaison apparente et, le plus souvent, sans lien visible avec le titre, il présente ici sa doctrine d'une manière aussi didactique que le comporte son mobile génie.

Nous trouvons donc en ces pages sa pensée dominante, le résultat bien enchaîné de ses méditations solitaires. Les additions même, si nombreuses, dont il a allongé chacun des éditions successives prouvent son intention d'éclairer et de préciser sa pensée. Il est utile de noter la date de tous ces ajoutés. Mais on verra que, loin de modifier l'orientation première de ce chapitre si bien cousu, ils ont tous pour but de renforcer sa thèse. La réflexion et l'expérience ont confirmé l'auteur dans la doctrine qu'il avait adoptée des rapports de la raison et de la foi.

Pascal admire sans réserve ce chapitre et les nombreux emprunts qu'il y fait justifient le mot de Sainte-Beuve que nous avons cité : « Les *Pensées* de Pascal ne sont que le chapitre de l'*Apologie* refait avec prud'homie. » Mais autant Sainte-Beuve

(1) Jean Plattard, *Montaigne et son temps*, Paris 1933, p. 184.

estime les idées dans la copie, autant il les méprise dans l'original.

C'est que, pour lui, Montaigne ne se prend pas au sérieux, ou plutôt il se moque et de nous, et de Sebond et de la religion. Cette prétendue apologie n'est en réalité qu'une réfutation. « Montaigne ne s'aperçoit pas, ou plutôt il s'aperçoit très bien qu'il ne fait autre chose que réfuter ce même Sebond dont il prétexte l'apologie. » (P. R., p. 436.) Il joue la comédie et bien naïf qui se laisse prendre.

Tel est le thème repris et orchestré par la plupart des critiques, et M. Coppin lui-même, relevant entre Montaigne et Sebond de prétendues oppositions que nous aurons à discuter, confirme d'une certaine manière cette interprétation (I).

Nous sommes empêché de l'admettre par une sorte de raison à priori. Montaigne a passé de longues veilles à traduire en français cet auteur inconnu, dont la langue n'est qu'un « espagnol baragouiné en terminaisons latines ». Le fin dégustateur des vers de Virgile n'a pas été rebuté par ce latin barbare, par ce style sans couleur, sans chaleur, par cette longue suite de redites, de longueurs et de piétinements. La pensée l'a dédommagé de sa peine. Il professe pour cet écrivain une admiration dont ailleurs il n'est prodigue qu'à l'égard des anciens : « Je trouvai belles les imaginations (pensées) de cet auteur, la contexture de son ouvrage bien tissue et son dessein plein de piété. » Il en arrive à penser que « ce livre soit quelque quintessence tirée de saint Thomas d'Aquin car, de vrai, cet esprit-là, plein d'une érudition infinie était seul capable de telles imaginations. » (II, 149 A.)

On veut donc nous faire admettre qu'après avoir tant médité Sebond ligne à ligne et l'avoir tant admiré, Montaigne entreprend, du jour au lendemain, de le réfuter et de le contredire. Il nous faut accepter que cet auteur s'acharne sur son premier ouvrage, son premier-né, et le tourne en ridicule. Il faut trouver naturel qu'il se moque de la haute princesse à qui il envoie cet ouvrage quand il lui dit : « Vous ne refuirez point de maintenir (vous ne manquerez pas de défendre) votre Sebond par la forme ordinaire d'argumenter. » (II, 308 A.) Il faut admettre en un mot que l'ami d'hier soit soudain devenu un rival et que Montaigne ne l'embrasse que pour l'étouffer.

On est tenté de se demander qui se moque de nous, de ladite princesse et de la religion. Est-ce Montaigne ou sont-ce de pareils critiques ?

Ils nous répondront sans hésiter : ces éloges eux-mêmes ne sont qu'une comédie, un nuage protecteur ajouté aux autres, car voici quelle est l'opposition fondamentale entre le vieil auteur et son prétendu apologiste :

(1) Joseph Coppin, *Montaigne traducteur de Raymond Sebond*, Lille, 1925.

Sebond se fait fort de prouver la religion par la raison.

Montaigne, sous couleur de le défendre, entreprend de démontrer que la raison ne prouve rien. Il volatilise du même coup et les arguments de Sebond et la religion elle-même.

Nous aurons à vérifier si ces vues simplistes et cavalières correspondent à la réalité, s'il est exact que Sebond ait prétendu démontrer la religion par la raison seule et si c'est cette raison-là que Montaigne attaque avec une perfide furie. Nous aurons en somme à nous poser avec l'auteur de l'*Apologie* le problème des rapports de la raison et de la foi, qui est, en matière religieuse, le problème fondamental.

— Ce problème se ramène à trois questions fondamentales :

Dieu existe-t-il ?

Dieu a-t-il parlé aux hommes ?

Qu'a-t-il dit et comment interpréter sa parole ?

D'aucuns soutiennent que tout problème, y compris le problème religieux, relève de la raison seule : on les appelle aujourd'hui rationalistes.

D'autres affirment que le problème religieux, et même la plupart des essentiels problèmes, relève de la foi seule : on les nomme à présent fidéistes.

Les catholiques orthodoxes répondent que les deux premières questions sont du ressort de la seule raison ; que la troisième ressortit à la foi et à la raison.

Bien que Montaigne ne l'ait pas dit avec la précision que comporte le langage théologique actuel, il est essentiel de constater, après une attentive lecture, que le chapitre de l'*Apologie* ne répond ni à la première ni à la deuxième question mais seulement à la troisième et qu'il n'a d'autre dessein que de protéger l'Ecriture contre tout commentaire subjectif et présomptueux.

Il s'agit ici d'interpréter la parole divine inscrite dans les Ecritures. Quel est dans cette interprétation le rôle de la raison et quel est le rôle de la foi ? Voilà tout le problème et nul doute qu'il ne soit essentiel. Voilà aussi le partage du chapitre en deux parties bien marquées par l'auteur.

Nul n'a mieux que Pascal résumé en quelques mots lumineux tout le plan de l'*Apologie* : « Deux excès : exclure la raison ; n'admettre que la raison. » (p. 451).

Exclure la raison, c'est être fidéiste. Donnons à ce mot, tout à fait inconnu de Montaigne, une définition précise. On nous propose (1) celle du P. Bainvel : « Une tendance à donner trop peu à la raison, trop à la croyance. »

Mais qui ne voit que cette définition si vague implique un procès de « tendance » ? Elle ouvre la porte à d'infinis débats et ne nous donne aucun moyen de les résoudre. Il est facile de la jeter à la tête de Montaigne. Mais serait-il difficile de lancer

(1) Herman Janssen, *Montaigne fidéiste*, 1934.

l'épithète fidéiste à bien des mystiques et à saint Paul lui-même :
« Que notre foi repose non sur la sagesse des hommes mais sur
la puissance de Dieu. » (I Cor. II 5.) Où finit le rôle de la raison
humaine ? Où commence celui de la foi ? C'est justement la
question à élucider. Nous avons vu d'éminents théologiens la
résoudre selon des « tendances » bien différentes ; et ils ne
laissaient pas d'être orthodoxes.

Nous préférons la définition bien précise proposée par M. Baudin : « Le fidéisme est une doctrine qui soustrait la foi au contrôle de la raison. » (1).

Il apparaît par le chapitre de l'Apologie que Montaigne étudie
le problème dans toute son ampleur. Et il apporte des réponses
si remarquables qu'on peut se demander s'il ne s'est pas inspiré
de quelque théologien, par exemple Maldonat. Il est en tout
cas à peu près certain que cet ami de Montaigne a lu l'*Apologie*
et son amitié même prouve assez qu'il l'a approuvé.

Avant d'entrer dans l'objet même du chapitre : Raison et Foi
devant la Révélation, essayons de voir comment Montaigne a
répondu pour son compte aux deux questions préliminaires.

Dieu existe-t-il ?

L'existence de Dieu est objet de foi. Nous disons : je crois
en Dieu. Mais l'existence de Dieu est en même temps objet de
raison. Le concile du Vatican, en 1870, a prononcé la définition
suivante : « La sainte Mère Eglise tient et enseigne que Dieu,
principe et fin de toutes choses peut être connu avec certitude
en partant des choses créées, par la lumière naturelle de la raison humaine. »

Comment Dieu peut-il être à la fois la conclusion d'un raisonnement et l'objet d'un acte de foi, c'est un problème délicat qui
partage les théologiens et qui dépasse la préoccupation autant
que la compétence de Montaigne. Nous n'y entrons pas. Notons
en passant qu'Etienne Pasquier, ami de Montaigne, reproche à
Maldonat comme une impiété « transcendante », d'avoir affirmé
que Dieu pouvait être connu par les seules forces de la raison
humaine.

Il nous suffit de savoir que Montaigne est sur ce point, comme
sur bien d'autres, disciple de Maldonat ; que, sous l'influence
peut-être de cet ami éminent, il se trouve d'accord avec la thèse
de saint Thomas d'Aquin et d'avance avec la décision du Vatican. C'est être à coup sûr fidéiste et, aujourd'hui, hérétique, de
s'élever contre une proposition définie par le Concile. Montaigne, sur ce point essentiel, n'est pas fidéiste.

On est étonné de lire sous la plume de Pascal : « Jamais auteur
canonique ne s'est servi de la nature pour prouver Dieu. » « Eh !
quoi ! s'objecte-t-il, ne dites-vous pas vous-même que le ciel et

(1) E. Baudin, *La philosophie de Pascal*, 1946, p. 238.

les oiseaux prouvent Dieu ? — Non. — Et votre religion ne le
dit-elle pas ? — Non, car encore que cela est vrai en un sens
pour quelques âmes à qui Dieu donne cette lumière, néanmoins
cela est faux à l'égard de la plupart. » (p. 446, 447). Pascal n'a-
t-il pas lu le texte où saint Paul affirme que tous les païens, sans
exception, « sont inexcusables puisque, ayant connu Dieu, ils ne
lui ont pas rendu la gloire qui lui était due » ? Et comment l'ont-
ils connu ? « Dieu leur a manifesté ce qui de lui est connaissa-
ble ; car ses perfections infinies, son éternelle puissance et sa
divinité sont, depuis la création du monde, rendues visibles par
le moyen de ses œuvres à quiconque réfléchît. » (Rom. I, 20.)
Pascal a lu ces lignes, mais le préjugé janséniste l'oblige à dire :
« On ne comprend rien aux œuvres de Dieu si on ne prend pour
principe qu'il a voulu aveugler les uns et éclairer les autres. »
(p. 585).

Le Concile du Vatican donnera ce fondement scripturaire à sa
définition. Montaigne avait tiré du même texte les mêmes conclusions et nous trouvons dans l'*Apologie* les méditations que le
passage lui suggère : « Il n'est pas croyable que cette machine
n'ait quelques marques empreintes (*imprimées*) de la main de
ce grand Architecte et qu'il n'y ait quelque image ès choses du
monde rapportant (*ayant rapport*) aucunement à l'ouvrier qui les
a bâties et formées. Il a laissé en ces hauts ouvrages le caractère (*l'empreinte*) de sa divinité. »

Si l'homme ne voit pas, ce n'est pas, comme dira Pascal, que
Dieu l'aveugle. « Il ne tient qu'à notre imbécillité (*faiblesse de
jugement*) que nous ne le puissions découvrir. » Ici Montaigne
se réfère à saint Paul : « C'est ce qu'il nous dit lui-même que
ses opérations invisibles il nous les manifeste par les visibles.
Sebond s'est travaillé à ce digne étude et nous montre comment
il n'est pièce du monde qui démente son facteur. »

Montaigne, sans employer le mot théologique d'*analogie*, montre qu'il a bien compris et qu'il adopte cette notion d'analogie
si bien mise en œuvre par son modèle. M. Coppin ne devrait
pas opposer ici les deux écrivains. « Ce serait faire tort à la bonté
divine si l'univers ne consentait (*concourait*) à notre créance. Le
ciel, la terre, les éléments, notre corps et notre âme, toutes choses y conspirent ; il n'est que de trouver le moyen de s'en servir.
Elles nous instruisent si nous sommes capables d'entendre. » (II,
157 A.) Il n'est pas nécessaire que nous soyons « prédestinés »
au sens étroit des Jansénistes ; il suffit que nous soyons réfléchis
et raisonnables.

Dans l'édition de 1588, Montaigne renchérit, avec une éloquence d'accent religieux qui montre bien un homme habitué à
contempler Dieu dans la nature : « Car, ajoute-t-il, ce monde
est un temple très saint dans lequel l'homme est introduit pour
y contempler des statues non ouvrées de mortelle main, mais
celles que la divine Pensée (le *Logos* de saint Jean) a faites

sensibles : le soleil, les étoiles, les eaux et la terre, pour nous représenter les intelligibles. » Ici encore, une traduction fort intéressante du texte fameux : « Les choses invisibles de Dieu, dit saint Paul, apparaissent par la création du monde, considérant sa sapience éternelle et sa divinité par ses œuvres. » (II, 157 A.)

Naturellement, l'humaniste Montaigne cherche et trouve chez un stoïcien, le poète Manilius, ce sentiment de Dieu présent dans la nature. Essayons de traduire ces vers dont l'auteur des *Essais* se trouve si épris qu'il en eût voulu, dit-il, « garnir le front de son livre », dans l'intention sans doute d'en marquer lui-même le caractère religieux : « Dieu ne dérobe pas à la terre la face du ciel : en le faisant rouler continuellement sur nos têtes, il dévoile son visage et son corps ; il s'imprime lui-même en nous et il s'offre à nous, afin de se faire bien connaître, de nous apprendre sa nature et de nous faire méditer ses lois. » Montaigne, dira-t-on, ne fait qu'adopter le vague panthéisme des stoïciens. Fera-t-on le même reproche à saint Paul qui invoque lui aussi, devant l'Aréopage, le témoignage analogue d'un autre poète stoïcien : « En Dieu nous vivons, nous nous mouvons et nous sommes ? » (Actes XVII, 28.) Et la liturgie ne nous offre-t-elle pas une traduction abrégée de Manilius : « Verbe, ouvrier du monde, tu livres à Adam, dès l'origine, l'image de ta face. » (*Hymne de matines au temps pascal.*)

Non seulement les philosophes païens pouvaient arriver à la connaissance du vrai Dieu, mais Montaigne admet qu'en fait quelques-uns y sont arrivés. « De toutes les opinions humaines et anciennes touchant la religion, celle-là me semble avoir eu plus de vraisemblance et plus d'excuse qui reconnaissait Dieu comme une puissance incompréhensible, origine et conservatrice de toutes choses, toute bonté, toute perfection, recevant et prenant en bonne part l'honneur et la révérence que les humains lui rendaient, sous quelque nom et en quelque manière que ce fût. » (II, 247 A.) Le censeur romain a froncé le sourcil devant cette finale ; mais il n'a pas pris garde que justement le « Dieu inconnu » à qui les sages d'Athènes avaient raison de rendre hommage a été identifié par saint Paul avec le seul vrai Dieu.

Dieu en effet a plus d'une fois favorisé les religions qui s'adressaient à lui sans le connaître. « Daignant à l'aventure (*peut-être*) par sa miséricorde fomenter (*encourager*) par ces bénéfices (*bienfaits*) temporels les tendres principes (*débuts*) d'une telle quelle brute *connaissance que la raison naturelle nous a donnée de lui* au travers des fausses images de nos songes. » (II 248 c.) Voilà bien affirmée la possibilité de la raison naturelle. Mais voilà aussi bien marquées ses étroites limites. L'histoire des religions anciennes, Montaigne n'aura pas de peine à le montrer, n'est que l'histoire des plus ridicules billevesées.

Sur la masse des foules ignorantes quelques sages ont éminé.

« Protagoras adumbra (*représenta*) la vérité de plus près, jugeant
que la connaissance de cette cause première et Etre des êtres
devait être indéfinie, sans prescription (*limitation*) sans déclaration (*définition arrêtée*) ; que ce n'était autre chose que l'extrême
effort de notre imagination (*pensée*) vers la perfection, chacun
en amplifiant l'idée selon sa capacité. » Il semble que Montaigne trouve ici dans Protagoras le premier crayon du fameux
argument de saint Anselme. Il en avait trouvé la formule même
et la défense dans Sebond. Lui-même, sans aucun doute, l'avait
trouvé convaincant, encore que dans les *Essais* il n'y fasse
aucune autre allusion, car une telle démonstration ne rentrait
guère dans le cadre qu'il s'était fixé.

Dieu a-t-il parlé ?

Que Dieu ait parlé aux hommes dans les saintes Ecritures, cela
ne fait aucun doute pour Montaigne non plus que pour Calvin
ou de Bèze. « Dieu a dit », « la Divinité nous apprend », etc.
sont formules qui viennent constamment sous sa plume. Il cite
la « divine parole » comme il cite Aristote ou Platon avec la
même certitude quoique avec plus de révérence. Sur quelle
base reposait cette conviction ? Il ne viendra, pensons-nous, à
l'esprit de personne de prétendre qu'il croyait à la révélation
divine sur la garantie d'une révélation divine. Le cercle vicieux
serait trop évident. Cependant l'existence d'une révélation pourrait se déduire de la nécessité et se fonder sur le raisonnement
suivant : la raison humaine est tellement incapable d'arriver
seule à une vérité essentielle et même à n'importe quelle vérité
simplement humaine et naturelle que la révélation s'avère
nécessaire.

C'est bien là, semble-t-il, la pensée de Montaigne implicite
en toute son œuvre. Et c'est une pensée logique, une argumentation solide pour qui admet comme lui que la raison seule suffit
à démontrer l'existence d'un Dieu « toute bonté, toute perfection ». Ce Dieu ne doit-il pas la lumière à ses fils qui marchent
dans les ténèbres ? N'est-il pas le Dieu dont parle saint Jean
« qui éclaire *tout homme* venant en ce monde » (Jean I, 9). Ce
raisonnement vaut pour lui. Il ne vaudrait pas pour Pascal dont
le Dieu n'éclaire que « quelques âmes ». Ce raisonnement n'est
pas a priori : il part du fait de l'aveuglement universel dont
Montaigne alignera les preuves innombrables. Cependant, ce
raisonnement Montaigne ne le fait pas de manière explicite,
car il en voit évidemment l'insuffisance. Il resterait à prouver
que la révélation divine est contenue tout entière et exclusivement dans nos saintes Ecritures, à moins d'admettre avec les
protestants que la révélation se fait à chaque homme en particulier. Mais Montaigne n'admettra jamais cette opinion, principe d'anarchie, et c'est contre elle qu'il luttera de toute sa
force.

Il croit donc à l'inspiration divine des saintes Ecritures simplement en bon catholique, parce que cette inspiration est garantie par la sainte Eglise. Il en apprécie la nécessité, il en médite la grandeur et la beauté. Il se contente, après un long exposé des sottises humaines, de remercier Dieu « de nous avoir déniaisés. »

L'inspiration divine de nos Saintes Ecritures ne saurait donc se démontrer directement et par une sorte de critique interne. Quelque opinion que l'on ait de leur sagesse, de leur poésie, de leur hauteur apparemment transcendantes, cette opinion pourra toujours être discutée et apparaître toute subjective. L'inspiration divine doit avoir pour garantie une autorité divine, mais celle-ci visible, tangible, démontrable. C'est parce qu'il s'est prouvé à lui-même par des arguments que nous verrons plus loin, l'origine divine de l'Eglise catholique, que Montaigne croit à l'inspiration divine de nos Ecritures garantie par l'Eglise catholique (1).

Une fois admise cette garantie, la position de Montaigne qui peut paraître à un incroyant, illogique, hasardeuse ou même suspecte d'habileté intéressée, devient solide, irréfutable et la lumière se fait sur le point le plus délicat et le plus controversé de sa pensée. « Il faut tout mettre en la balance », « il faut tout faire passer par l'étamine », « il ne faut rien recevoir par autorité ou à crédit », hormis ce que Dieu a dit.

Comment interpréter la parole de Dieu ?

Chacun doit-il interpréter l'Ecriture selon son esprit personnel ou selon l'Esprit qui anime l'Eglise et sous le contrôle de la Hiérarchie ?

Tel est le problème qui est posé et qui est résolu dans l'*Apologie*. Ce chapitre est un réquisitoire contre les Protestants. Pascal l'a vu avec sa pénétration coutumière : « Il combat avec une fermeté invincible les hérétiques de son temps sur ce qu'il s'assuraient de connaître seuls le véritable sens de l'Ecriture. » (p. 152). Montaigne, de son côté, avait reconnu dans le livre de Sebond un puissant moyen de défense contre les hérétiques : « Le théologien Pierre Bunel le recommanda à mon père comme très utile et propre à la saison en laquelle il le lui donna : ce fut lorsque les nouvelletés de Luther commençaient d'entrer en crédit et ébranler en beaucoup de lieux notre ancienne créance. » (II, 147 A.)

L'Eglise catholique rencontre, avons-nous dit, deux contradicteurs situés à l'extrême opposé l'un de l'autre : d'un côté le

---

(1) Maldonat : « Les hérétiques ont coutume de frémir d'horreur (*cohorrescere*) quand nous disons que les Evangélistes et tous les autres écrivains sacrés tiennent de l'Eglise leur autorité comme si nous mettions l'Eglise au-dessus de Dieu. Il ne comprennent pas, ces hommes si perspicaces à leurs propres yeux, que lorsque nous disons : l'Eglise donne aux Ecritures leur autorité, cela signifie : elle déclare et confirme qu'elles ont été dictées par Dieu. » (l. c. 5).

« fidéiste » qui « exclut la raison » ; de l'autre, le « rationaliste » qui « n'admet que la raison ». Le livre de Sebond a rencontré les mêmes contradicteurs. L'*Apologie* répond tour à tour à l'un et à l'autre.

Cette double réfutation partage le chapitre en deux parties de longueur fort inégale, car ce sont les derniers adversaires qui apparaissent de beaucoup les plus dangereux. Montaigne ignore le mot rationaliste : on disait alors les libertins. Mais quelque différence, quelque opposition même qu'il parût y avoir entre un libertin et un religionnaire, Montaigne n'est pas dupe des apparences, car une fois posé le principe du libre examen dans l'interprétation des Ecritures, on aboutit logiquement, selon lui, à l'athéisme.

« Bunel avait un très bon avis, prévoyant bien par discours de raison (*par un raisonnement judicieux*) que ce commencement de maladie déclinerait aisément en un exécrable athéisme. Car le vulgaire... après qu'on lui a mis en main la hardiesse de mépriser et contrôler les opinions qu'il avait eues en extrême révérence, comme sont celles où il va de son salut, et qu'on a mis aucuns (*quelques*) articles de sa religion en doute et à la balance, il rejette tantôt (*bientôt*) après apaisement en pareille incertitude toutes les autres pièces de sa créance... » (II 147 A.)

Maldonat est ausi d'avis que, de soi, le protestantisme mène à l'athéisme (1).

Pascal qui a sans doute reconnu après expérience que, fort heureusement, les conséquences pratiques ne suivent pas toujours les prémisses théoriques, distingue les hérétiques et les athées, mais il range aussi les athées parmi les victimes de Montaigne : « Il foudroie plus vigoureuement l'impiété horrible de ceux qui assurent que Dieu n'est point. Il les entreprend particulièrement dans l'*Apologie de Sebond*. » (p. 152).

Parti en guerre contre les protestants, Montaigne s'en prend surtout aux athées, tant il lui paraît évident que le libre examen aboutit fatalement à la libre pensée. Nous emploierons le mot venu depuis : rationalisme qui exprime avec clarté le système des adversaires visés par l'auteur. A voir les choses en gros et avec le recul qui nous est possible, il est bien arrivé ce que Bunel et Montaigne et Maldonat avaient prévu. Au XVIe siècle on discute avec passion ce que Dieu a dit. Au XVIIIe on doute que Dieu ait parlé. Au XIXe on nie que Dieu existe.

PREMIERE PARTIE DE L'APOLOGIE.

ELOGE DE LA RAISON « ACCOMPAGNANT LA FOI ».

« La première répréhension qu'on fait de son ouvrage c'est que les chrétiens se font tort de vouloir appuyer leur créance

(1) l. c. col. 590.

par des raisons humaines (créance) qui ne se conçoit que par foi et par une inspiration particulière de la grâce divine. » (II, 149 A.)

Ces contradicteurs ne sont pas les sceptiques de l'école padouane qui poussaient à l'extrême le mépris de la raison dans l'intention plus ou moins avouée chez quelques-uns de saper la foi elle-même. Ce sont de pieux chrétiens imbus de tendances mystiques, fidéistes avant la lettre, qui croyaient exalter la foi en déprimant la raison. Ceux-là sont sincères et il les faut traiter avec égard : « En cette objection il semble qu'il y ait quelque zèle de piété et, à cette cause, nous faut-il avec autant plus de douceur et de respect essayer de satisfaire à ceux qui la mettent en avant. » Il ajoute modestement : « Ce serait mieux la charge d'un homme versé en la théologie que de moi qui n'y sais rien. » Cependant, ce profane esquisse un exposé irréprochable de la saine méthode exégétique.

Il pose d'abord en principe que les dogmes révélés dans l'Ecriture sainte relèvent avant tout de la foi : « Je juge ainsi qu'à une chose si divine et si hautaine (*si élevée*) et dépassant de si loin l'humaine intelligence, comme est cette vérité de laquelle il a plu à la bonté de Dieu nous illuminer, il est besoin qu'il nous prête encore son secours, d'une faveur extraordinaire et privilégiée, pour la pouvoir concevoir et loger en nous ; et ne crois pas que les moyens purement humains en soient aucunement capables ; et, s'ils l'étaient, tant d'âmes rares et excellentes, ès siècles anciens, n'eussent pas failli par leur discours (*raisonnement*) d'arriver à cette connaissance. »

« C'est la foi seule qui embrasse vivement et certainement les *hauts mystères* de notre religion. » Ces hauts mystères, nous les connaissons tous et les sages antiques sont bien excusables d'en ignorer la plupart : Trinité, Création, Rédemption, Incarnation, Eucharistie, etc. « *Sola fide tuto creditur* », avait dit saint Thomas d'Aquin dans le même style.

Les deux adverbes *vivement et certainement* expriment bien les deux éléments qui, selon saint Augustin, composent la foi : l'élément du cœur (*affectus*) et celui de l'intelligence (*sensus*).

Mais ces vérités que la raison n'a pu découvrir, elle a non seulement le droit, elle a le devoir de les approfondir et cette étude, la théologie, est le plus bel hommage que la plus haute créature par sa plus haute faculté puisse rendre à son Créateur. « C'est une très belle et très louable entreprise d'accommoder au service de notre foi les outils naturels que Dieu nous a donnés. » Ce ne sont pas les théologiens professionnels seulement, c'est tout chrétien qui doit s'y appliquer : « Il ne faut pas douter que ce ne soit l'usage le plus honorable que nous saurions donner à ces outils et qu'il n'est occupation ni dessein plus digne d'un homme chrétien que de viser par tous ses études et pensements à embellir, étendre et amplifier la vérité de sa créance. »

Belle tâche imposée au chrétien digne de ce nom. Il reçoit la vérité révélée comme fut reçu par le bon serviteur le trésor de la parabole et il emploi toutes ses « outils » à la faire valoir. Dans un temps ou du Bellay ne rêve que d'embellir et illustrer la langue française, Montaigne se propose une ambition bien plus noble : l'illustration de la langue divine. Partisans exclusifs de la foi, » fidéistes », vous manquez à votre plus essentiel devoir envers Dieu en lui refusant, sous couleur de respect, l'hommage de votre raisonnement.

« Nous ne nous contentons point de servir Dieu d'esprit et d'âme ; nous lui devons encore une révérence corporelle ; nous appliquons nos membres mêmes et nos mouvements et les choses externes à l'honorer. Il en faut faire de même et *accompagner notre foi de toute la raison qui est en nous.* »

Dans l'étude des hauts mystères, la foi va devant ; la raison suit, servante de la théologie, comme a dit tout le Moyen Age. Eh ! n'est-ce pas pour elle la meilleure manière d'être servante de Dieu ? Surtout, que la servante se garde bien d'empiéter sur le rôle de la maîtresse ! Notre foi serait bien fragile si elle n'avait d'autre assise que la solidité de nos raisonnements.

Les termes employés par Montaigne sont d'une justesse vigilante : la raison doit embellir, étendre et amplifier la vérité de notre créance ; elle ne doit pas la fonder. Approfondissons « mais toujours avec cette réservation de n'estimer pas que ce soit de nous qu'elle dépende ni que nos efforts et arguments puissent parfaire une si surnaturelle et divine science » (1).

Voilà donc la position de Montaigne bien définie. Elle est parfaitement orthodoxe. Elle laisse à la raison toute sa place, et une large place. L'essentiel est que cette vigilante servante n'en sorte pas. Le grand danger, c'est qu'elle essaye d'en sortir.

DEUXIEME PARTIE :

CRITIQUE DE LA « RAISON SEULE ».

Montaigne se tourne maintenant vers la seconde catégorie de contradicteurs. Sebond se sert de la raison pour défendre la foi et Montaigne l'approuve. Ceux-ci se servent de la raison pour attaquer et ridiculiser les arguments de Sebond. Montaigne va faire une charge à fond de train contre la raison.

Ne va-t-il pas du même coup, avons-nous dit, renverser pêlemêle et Sebond et ses adversaires et la religion ?

C'est là l'objection cruciale. Elle serait décisive et nous aurions le droit d'accuser Montaigne de « jouer la comédie » aux dépens de la foi s'il était vrai que Sebond prétende démontrer la vérité révélée au moyen de la raison seule. Il est donc nécessaire d'examiner avant toutes choses si l'accusation est fondée.

Il semble que l'auteur même de l'*Apologie* lui donne quelque

_____

(1) Maldonat. « *Periculosa sententia nos fidem ex nobis ipsis habere. Dei donum est* (Eph. I, 8) 1. c. 534 D.

vraisemblance. « Sa fin est hardie et courageuse, dit-il du théologien, car il entreprend par raisons humaines et naturelles établir et vérifier contre les athéistes toutes les vérités de la religion. » (II, 148 A.) Il est indéniable que dans une grandiloquente préface l'auteur espagnol avait paru afficher la prétention de démontrer par la raison seule toutes les vérités de la foi.

La préface avait été mise à l'index et M. Coppin a fort opportunément rappelé que Montaigne, dans sa traduction, en a omis ou corrigé toutes les expressions outrées. Remarquables corrections qui montrent bien à la fois l'esprit orthodoxe et la sûre information théologique de l'auteur des Essais. Qu'il faut être circonspect en ces questions épineuses ! Sebond ne l'avait pas été assez.

Mais son livre montre bien comment il faut l'entendre et comment, au fond, il s'entendait lui-même. « Il entreprend, nous dit Montaigne, de vérifier toutes les vérités de la religion. » Ces vérités, la suite le montre, sont les dogmes de la Trinité, de l'Incarnation, de la Rédemption, de l'Eucharistie, etc., bref toutes les vérités révélées. Jamais auteur catholique n'a émis la prétention de démontrer par la raison seule de telles vérités. En fait, Sebond a voulu seulement démontrer que ces dogmes ne répugnent pas à la raison. C'est ce que Montaigne appelle « établir et vérifier ».

Sebond nous donne lui-même un éclaircissement péremptoire. Il n'intitule pas son ouvrage Théologie naturelle, comme le fait croire une abréviation équivoque admise par Montaigne lui-même, mais Livre de l'Univers ou Livre de la Nature. Et ce titre suffit à renseigner quiconque a parcouru l'ancienne littérature religieuse.

Reprenant une comparaison chère à tout le Moyen Age et notamment à Hugues de Saint-Victor (1), Sebond distingue deux livres : le livre de la Nature et le livre de l'Ecriture. « Celui-là nous fut donné (le) premier et dès l'origine du monde, car chaque créature n'est que comme une lettre tirée (tracée) par la main de Dieu... Le second livre a été donné depuis à l'homme. « Pourquoi donc a-t-il été donné ? Sebond répond : « A défaut (pour suppléer au défaut) du premier auquel, aussi aveuglé comme il l'était, l'homme ne voyait rien. » (S. 2 r.)

A quoi servait un livre que nul ne savait déchiffrer ? Il ne suffisait pas d'en admirer les caractères ; il fallait en comprendre le sens. « Dieu l'avait écrit, dit Sebond, pour nous apprendre la sapience et la science de notre salut, laquelle toutefois nul ne peut voir ni lire en ce grand livre, bien que toujours ouvert et présent à nos yeux, s'il n'est éclairé de Dieu et purgé de sa macule (tâche) originelle. D'où il est advenu que les anciens philosophes païens qui en ont tiré toutes leurs autres sciences

(1) Hugues de Saint-Victor. P. L. col. 266 D et 643 D.

et tout leur savoir n'y ont pourtant jamais pu apercevoir ni découvrir, aveugles en ce qui concernait leur souverain bien, la sapience qui y est enclose. » C'est bien la réflexion que nous avons lue plus haut sous la plume de Montaigne.

Si donc Sebond découvre la Trinité dans la nature c'est qu'il y est induit par l'Ecriture. Pour lui comme pour Montaigne, la foi va devant, la raison suit, *ancilla,* ou mieux *pedissequa.* Celle-ci « vérifie ». Ce mot n'a pas ici le sens rigoureux de démontrer, mais le sens moderne de reconnaître véritable, sens que l'on trouve ailleurs dans Montaigne (1). On découvre après coup dans la nature ce qu'on a lu dans l'Ecriture. Beaucoup de Pères de l'Eglise et de Docteurs du Moyen Age se sont appliqués à cet exercice. Montaigne assure que Sebond y a excellé, car il ajoute : « En quoi (en laquelle vérification) je le trouve si ferme et si heureux que je ne pense pas qu'il soit possible de mieux faire en cet argument-là (*en cette matière*) et je crois que nul ne l'a égalé... La foi venant à teindre et illustrer (*éclairer*), les arguments de Sebond, elle les rend fermes et solides (II, 158 A.) L'auteur et son traducteur sont donc parfaitement d'accord ; on pouvait s'y attendre.

Quel est le reproche adressé à Sebond par ces nouveaux contradicteurs ? « Ils disent que ses arguments sont faibles et ineptes à démontrer ce qu'il veut et entreprennent de les choquer (*détruire*) aisément. » (II, 159 A.)

Eh ! quoi ? n'a-t-on pas le droit de trouver faibles les arguments d'un docteur s'ils sont faibles ? « Il faut secouer ceux-ci un peu plus rudement, car ils sont plus dangereux et plus malicieux (*pernicieux*) que les premiers. » D'où vient cette réaction si vive dans un homme si peu passionné et cette protestation véhémente qui va couvrir plus de deux cents pages ? Montaigne se flatte de « prêter l'oreille sans peine aux opinions contraires à la sienne » ; il assure que « les contradictions des jugements ne l'offensent ni ne l'altèrent (III, 186 B) et que, « hors le nœud du débat il maintient son âme en équanimité et pure indifférence ». (III, 307 B.)

C'est que justement nous sommes ici au nœud du débat ; nous sommes au cœur de la question religieuse telle que nous l'avons posée dès le début.

Est-ce que oui ou non l'homme se suffit ? A-t-il, oui ou non, besoin de Dieu ? Ceux-ci reprochent à Sebond d'établir une liaison étroite entre la raison et la lumière divine, une dépendance nécessaire. Ils prétendent s'en tenir à la raison seule.

Ils ont un postulat : « Ceux-ci ont quelque préoccupation de jugement (*jugement préconçu*) qui leur rend le goût fade (*dédaigneux*) aux raisons de Sebond. » (II, 159 A.) Ce postulat est le suivant : « Ne recevoir ni approuver rien que par la voie de la

_____

(1) cf. I, 96 A. I 388 C, etc.

raison » (II, 286 A), en d'autres termes refuser ce qui dépasse
la raison. Ce principe appliqué en exégèse est celui du libre
examen ; étendu à tout le problème religieux, il est celui de la
libre pensée.

C'est contre ce principe que Montaigne proteste avec véhémence ; c'est cette suffisance qu'il piétine avec acharnement.
Sebond rentre dans l'ombre ; Montaigne n'est plus le vengeur
de Sebond : l'orgueil de l'homme devient son ennemi personnel ;
il est le vengeur de Dieu. Le solitaire paisible devient tout d'un
coup le champion le plus fougueux et le plus véhément : « Le
moyen que je prends pour rabattre cette frénésie et qui me semble le plus propre c'est de froisser (d'écraser) et fouler aux pieds,
l'orgueil et l'humaine fierté, leur faire sentir l'inanité, la vanité
et dénéantise de l'homme, leur arracher des poings les chétives
armes de leur raison, leur faire baisser la tête et mordre la
terre sous l'autorité et révérence de la majesté divine. C'est à
elle seule qu'appartient la science et la sapience ; elle seule qui
peut estimer de soi quelque chose et à qui nous dérobons ce
que nous nous comptons et ce que nous nous prisons, car, a dit
Hérodote, Dieu ne veut pas qu'un autre que Lui s'enorgueillisse. » (II, 160 A.) Isaïe (42.8) avait dit à peu près la même
ihose, mais un humaniste préfère citer Hérodote et la pensée
s'inscrit aux travées de la « librairie » où médite le philosophe.

Montaigne insiste après 1588 : « Abattons ce cuider (cette
opinion propre, cette suffisance), premier fondement de la tyran-
nie du malin esprit : Dieu résiste aux superbes ; il donne sa
grâce aux humbles » (Prov. III, I a Petri V, 5 I ; Jac. IV, 6)
(II, 160 c).

Montaigne ne manque pas de citations scripturaires pour abat-
tre ce cuider et il les aligne avec une pertinence qui témoigne
d'une méditation approfondie des textes sacrés : « Que nous
prêche la vérité quand elle nous prêche de fuir la mondaine philosophie ? (Coloss. II, 8) ; quand elle nous inculque si souvent
que notre sagesse n'est que folie devant Dieu ? (I Cor, I, 18),
(I ,14), (II, 19) ; que de toutes les vanités la plus vaine c'est
l'homme (Eccli, passim) ; que l'homme qui présume de son
savoir ne sait pas ce que c'est que savoir (I Cor. VIII, 2) ; et que
l'homme qui n'est rien, s'il pense être quelque chose, se séduit
soi-même et se trompe (Gal. VI 3) » (II, 161 A.) Montaigne a
constamment ces pensées devant l'esprit et devant les yeux,
inscrites elles aussi sur les fameuses travées.

Ces axiomes divins suffiraient à confondre l'adversaire. Mais
ces religionnaires qui prétendent n'obéir qu'à la seule Ecriture
ne veulent interpréter l'Ecriture qu'à la lumière de leur raison.
Il faut donc les suivre sur leur terrain. « Ceux-ci veulent être
fouettés à leurs propres dépens et ne veulent souffrir qu'on com-
batte leur raison que par la raison elle-même. » (ibid.)

Faudra-t-il s'engager avec eux dans une dialectique sans fin ?

Non, il suffira de prouver à la fois par les faits et par le témoignage des plus hauts représentants de la raison humaine (1) que la raison seule ne peut rien. Si Montaigne parvient à démontrer que l'homme réduit à ses seules forces n'arrive à la connaissance parfaite d'aucune vérité même naturelle, il aura coupé dans leurs racines les prétentions du libre examen et de la libre pensée. Et voici la phrase qui sert en quelque sorte d'épigraphe à cette seconde partie : « Considérons donc pour cette heure l'HOMME SEUL, sans secours étranger, armé seulement de ses armes et dégarni de la grâce et connaissance divine qui est tout son honneur, sa force et le fondement de son être. Voyons combien il a de tenue en ce bel équipage. » (II, 161 A.) M. Tavera a sans doute lu ces lignes et n'a pas moins affirmé que, selon Montaigne, l'homme se suffit. Pascal y a trouvé le fondement de son immortelle antithèse : « Misère de l'homme sans la grâce. Grandeur de l'homme avec la grâce. »

La place de « l'homme seul » dans la nature.

Sebond a placé l'homme au sommet de l'échelle des êtres. Nous lisons dans la traduction de Montaigne : « L'homme est la principale pièce de l'univers... Il n'y a rien en ce monde qui ne travaille jour et nuit pour le bien de l'homme. »

Ici, en traduisant Sebond, Montaigne traduit à son insu Hugues de Saint-Victor : « Le ciel te dit : je te fournis de lumière, d'air, je te communique la respiration vitale..., etc. » « Si on me dit que les bêtes s'aident à leur besoin, aussi bien que nous, des choses que j'ai alléguées... je leur répondrai que cette commodité que les animaux en reçoivent est à cause de nous et retourne enfin à la nôtre. » (2).

Il semble que Montaigne s'attache à réfuter pied à pied cette affirmation, qu'il tourne aimablement en ridicule son auteur favori et que M. Coppin ait raison ici de les opposer. On connaît l'inoubliable galéjade de l'oison : « Pourquoi ne dira un oison aussi : toutes les pièces de l'univers me regardent ; la terre me sert à marcher, le soleil à m'éclairer, les étoiles à m'inspirer leurs influences ; j'ai telle commodité des vents, telle des eaux. Il n'est rien que cette voûte regarde si favorablement que moi ; je suis le mignon (*le favori*) de nature. Est-ce pas l'homme qui me traite (*me nourrit*), qui me loge, qui me sert ? C'est pour moi qu'il fait et semer et moudre. S'il me mange, aussi bien fait-il l'homme son compagnon et si fais-je moi les vers qui le tuent et le mangent. Autant en dirait une grue, et plus magnifiquement encore pour la liberté de son vol et la possession de cette belle et haute région. » (II, 274 A.)

---

(1) Je ne mettrai en compte que ces gens-là, leur témoignage et leur expérience. » (II. 232 A).
(2) Sebond, p. 99 r. — Hugues de Saint-Victor : *De arca Dei morali.* P. L. T. 176, c. 638.

C'est là de la bonne comédie. Mais aux dépens de qui ? Aux dépens de ceux qui, ne voyant dans l'homme qu'un conglomérat d'atomes et de molécules pareils aux autres, ont l'impertinence de lui adjuger la première place dans la création. La plaisante facétie que nous venons de lire est empruntée à un ancien, Xénocrate. Elle est bien placée dans la bouche de ce philosophe païen qui, ne pouvant juger l'homme qu'aux lumières de la raison seule, ne voit en lui qu'un animal comme les autres, naissant comme eux, croissant comme eux et finissant comme eux dans la pourriture, estime ridiculement prétentieux de le mettre à part.

Essayons de faire abstraction de la grâce divine « qui est tout notre honneur ». En quoi sommes-nous supérieurs aux animaux ? En beauté ? Sénèque a raison de dire : « Beaucoup d'animaux nous surpassent en beauté. » (II, 207 c.) En force ? « Il n'est animal au monde en butte de tant d'offenses que l'homme : il ne nous faut point une baleine, un éléphant et un crocodile ni tels animaux desquels un seul est capable de détruire un grand nombre d'hommes ; les poux sont suffisants pour faire vaquer la dictature de Sylla ; c'est le déjeuner d'un petit ver que le cœur et la vie d'un grand et triomphant empereur. » (II, 178 A.)

Le rationaliste qui ne voit en nous que le corps, puisque son scalpel n'a point trouvé l'âme, n'a pas le droit de se moquer de l'oison, car, en se faisant le centre du monde, il raisonne comme l'oison.

« Montaigne, dira Pascal, met l'homme au-dessous de toutes les bêtes, ce qui est aussi facile que le contraire » (p. 155). Montaigne, beaucoup plus modéré, affirme simplement que, du point de vue de la raison seule « nous ne sommes ni au-dessus ni au-dessous du reste ». Et il appuie cette observation sur la parole de l'Ecclésiaste qu'il traduit ainsi : « Tout ce qui est sous le ciel court une loi et une fortune pareille. » (II, 174 A.)

« Est-il possible de rien imaginer si ridicule : que cette misérable et chétive créature qui n'est pas seulement maîtresse de soi, exposée aux offenses de toutes choses, se dise maîtresse et emperière (*impératrice*) de l'univers ?... Qu'il nous montre lettres (patentes) de cette grande charge. » (II, 162 A.) Ces lettres existent, et ce sont les Saintes Lettres. « Montaigne, dit Pascal, fait descendre la raison dénuée de la foi de l'excellence qu'elle s'est attribuée et la met par grâce en parallèle avec les bêtes, sans lui permettre de sortir de cet ordre jusqu'à ce qu'elle soit instruite par son Créateur même de son rang qu'elle ignore. » (p. 155). « Nul autre que le christianisme n'a connu que l'homme est la plus excellente créature. » (p. 527).

Sebond avait lu le grand et beau livre de la Nature en se référant sans cesse à celui de l'Ecriture. Celui-ci disait : « O Dieu, tu as mis toutes choses sous les pieds de l'homme : brebis, bœufs et toutes les bêtes des champs. Tu l'as couronné de

gloire et d'honneur et tu l'as placé à la tête de toutes tes œuvres. » (Ps. VII 8, Heb. II 8.) Montaigne avait lu les mêmes
passages et toute l'Ecriture lui avait dit que « la grâce divine
est *tout* l'honneur de l'homme et le seul fondement de son être. »

Instinct et raison.

Mais il y a la raison dont l'homme est si fier, dont « il se fait
fête ». C'est par la raison que l'homme se classe au-dessus des
animaux. Tel est bien l'avis de Sebond. Mais tel ne semble pas
l'avis de Montaigne. C'est que lui, partant du postulat rationaliste, considère la raison dans « l'homme seul », c'est-à-dire
envisagée comme une faculté purement animale.

L'animal est doué d'instinct. L'homme est doué de raison.
Mais aux yeux d'un rationaliste conséquent, qu'est-ce qui distingue l'instinct de la raison ? Pour opposer deux choses et pour
les classer, il faut bien les connaître.

Qu'est-ce que l'instinct ? Nous entrons ici dans la région du
mystère le plus profond, le plus inexploré, le plus insondable.
« Nous ne savons rien », s'acharne à répéter Montaigne ; et tout
ce chapitre, tout le livre des *Essais,* ne cesse de le redire. C'est
ici qu'il peut aisément triompher et rabattre cette outrecuidance,
cette « fierté de savoir » qui est la source de tous nos maux.
Nous observons, nous classons les manifestations de la vie animale, de la naissance à la mort ; chaque jour enrichit de nouveaux faits le trésor de nos expériences. Mais le ressort profond
de ces activités, le pourquoi, le comment nous échappent toujours. Le naturaliste accumule les effets : le philosophe ignore
les causes et pour pallier notre ignorance, pour la voiler à nos
propres yeux, nous avons trouvé un mot, le mot *instinct.* Il suffit
et nous passons outre, satisfaits, suffisants. Montaigne nous
oblige à nous arrêter et à réfléchir.

L'instinct, si ce mot a d'autre sens que celui qu'indique l'étymologie : une poussée, l'instinct signifie à la fois un discernement
et un choix. La raison ne signifie pas autre chose qu'un discernement et un choix. La différence, nous dit-on, c'est que dans
ce dernier cas, le discernement est conscient, le choix est libre.
Conscience et liberté sont en définitive le privilège de l'homme,
liberté surtout en quoi tout se résume. Cette différence a un sens
pour le penseur spiritualiste, car la liberté implique une poussée
supramatérielle, irréductible aux forces et aux lois immuables
qui, de l'aveu de tous, régissent la matière. Mais elle n'a aucun
sens pour le rationaliste qui n'admet que les lois physiques iné-
luctables, conclut à un déterminisme universel et, par conséquent, nie la liberté.

Montaigne part de ces prémisses de l'adversaire. Il fait plus :
il y insiste, il les développe, il veut l'obliger à en tirer toutes
les conséquences. Il accumule les faits, les uns puisés dans Pline

l'Ancien ou dans Hérodote, les autres constatés par lui-même, qui montrent que les bêtes ne sont pas plus bêtes que l'homme. Y croit-il tout à fait ? Nous pensons avec Pierre Willey qu'il ne faudrait pas trop l'affirmer. « Les histoires que j'emprunte, dit Montaigne, je les renvoie sur la conscience de ceux de qui je les prends. » (I, 132 A.)

Pour un rationaliste logique et pleinement conscient, tel que sera Hippolyte Taine, la pensée n'est pas autre chose, comme l'instinct, qu'une sécrétion du cerveau. Qui pourra démontrer qu'elle soit supérieure ? Il serait plus facile de prouver qu'elle est plutôt un monstrueux développement, une sorte d'excroissance tératologique comme les bois de certains élans ou les crocs de certains pachydermes, bien plus nuisible qu'utile à l'animal qui en est pourvu. C'est ce que Montaigne s'attache à démontrer aux partisans de la raison seule.

Vous dites que l'intelligence est une faculté de choisir librement. Qui choisit mieux de l'animal ou de l'homme ? Quant à la liberté, il faut voir l'usage que nous en faisons. Ne vaut-il pas mieux choisir forcément le meilleur, à la manière de Dieu en quelque sorte, que de se trouver en mesure de choisir « librement » presque toujours le pire ? Ne vaut-il pas mieux aller toujours droit, guidé par l'instinct, que d'errer le plus souvent au hasard égaré par la raison raisonneuse ?

« Les animaux sont beaucoup plus réglés que nous ne sommes et se contiennent avec plus de modération dans les limites que nature nous a prescrites. » (II, 191 A.)

Montaigne lance hardiment cette affirmation : « Il est plus honorable d'être acheminé et obligé à réglément agir par naturelle et inévitable condition et plus approchant à la divinité (à la façon dont Dieu est *libre*) que d'agir réglément par liberté téméraire (*capricieuse*) et fortuite, et plus sûr de devoir à nature qu'à nous les règles de notre conduite. La vanité de notre présomption fait que nous aimons mieux devoir à nos forces qu'à sa libéralité notre suffisance. » (II, 175 A.)

Affirmation paradoxale, mais en apparence seulement, et qui ne peut paraître « sophistique » (I) qu'à celui qui n'a pas compris l'âme religieuse de Montaigne. Il est en tout et toujours pour un abandon total, absolu et en quelque sorte aveugle à la Providence. Plus cet abandon est aveugle plus il est profitable à l'homme et honorable à Dieu. « Je suis ainsi fait que j'aime autant être heureux que sage et devoir mes succès purement à la grâce de Dieu qu'à l'entremise de mon opération. » Ou encore : « Nous en valons bien mieux de nous laisser manier (*conduire par la main*) sans inquisition à l'ordre du monde. » (II, 238 C.) Il s'en explique ici même « Il n'est pas en notre

(1) Radouant, l. c. p. 179, note.

puissance d'acquérir une plus belle recommandation (*estime*) que d'être favorisés de Dieu et de nature. »

Pascal ne dit pas autre chose : « Plût à Dieu que nous n'en eussions jamais besoin (de la raison) et que nous connussions toutes choses par instinct et par sentiment ! » (p. 460).

La raison est un instrument à nous tourmenter. Elle est aussi, ô paradoxe, un instrument à déraisonner. Entendons la raison seule et particulièrement la raison pédante que vise ici Montaigne. Les plus raisonneurs sont les moins raisonnables. Montaigne passe tour à tour des bêtes aux paysans, des paysans aux bêtes, dans le même esprit de sympathie. Il renvoie les docteurs aux muletiers comme Malherbe renverra les écrivains aux crocheteurs. « La philosophie, au bout de ses préceptes, nous renvoie aux exemples d'un athlète et d'un muletier. » (II, 217 A.) « Combien en a rendu malades la seule force de l'imagination !... Les bêtes nous montrent assez combien l'agitation de notre esprit nous apporte de maladies. »

Montaigne termine son attaque par ce trait piquant qui s'enfonce dans l'esprit : « Voulez-vous un homme sain, le voulez-vous réglé et en ferme et sûre posture, affublez-le de ténèbres d'oisiveté et de pesanteur. Il nous faut abêtir pour nous assagir et nous éblouir (*nous aveugler*) pour nous guider. » (II, 220 c.)

Il est donc à l'opposé de Sebond ? Pas du tout ! Si différent que soit le point de vue où se place Montaigne, tous les deux nous mettent à l'école de la nature, l'un pour nous élever, l'autre pour nous humilier, tous les deux pour nous éclairer. « Les bêtes, dit Sebond, nous servent d'instruction... Et qui les suivra (les créatures) l'une après l'autre, il ne se trouvera nulle chose de laquelle nous ne puissions tirer quelque exemplaire doctrine à notre utilité. » (S. 101 r.) « Car en nous il y a souvent désaccord ; aux créatures il n'est pas de même, car leur devoir et leur faire s'entrerépondent continuellement. » (S. 268 v.)

Montaigne n'a fait que tirer de cette banale observation une leçon nouvelle que Sebond n'avait point prévue. Il l'a traduite dans une formule qui fait choc et nous scandalise.

La raison seule impuissante en fait à connaître le vrai Dieu.

Au moins, la raison est-elle capable d'avoir quelque notion certaine sur les trois choses qui constituent tout l'Etre, à savoir : Dieu, l'homme et le monde ?

Montaigne poursuit son implacable réquisitoire. Il a commencé par admettre, nous l'avons vu, que la raison naturelle nous a donné de Dieu « une telle quelle brute connaissance » ; mais combien brute, c'est-à-dire informe et obnubilée par « les fausses images de nos songes » !

Il n'a besoin pour le démontrer que de dérouler devant nous le piteux cortège des plus grands philosophes depuis Thalès le

sage jusqu'au sage Epicure, et à noter en passant leurs bizarres
conceptions de la divinité. « Fiez-vous à votre philosophie -
Vantez-vous d'avoir trouvé la fève au gâteau, à voir ce tintamarre de cervelles philosophique ! » (II 252 C.)

Montaigne a peine à croire que ces philosophes se prennent
eux-mêmes au sérieux. Ils ont « écrit par jeu et par exercice.
Socrate disait que toute matière de philosophie était vaine, sauf
celle qui traite des mœurs et de la vie ». (II 241 A.) C'est aussi
l'avis de Pascal : « Platon et Aristote, quand ils ont écrit leurs
Lois et leur *Politique*, ils l'ont fait en se jouant. C'était la partie
la moins philosophe et la moins sérieuse de leur vie ; la plus
philosophe était de vivre simplement et tranquillement. » (p. 483).

« Un ancien, dit Montaigne, à qui on reprochait qu'il faisait
profession de la philosophie, de laquelle pourtant en son jugement il ne tenait pas grand compte, répondit que cela c'était
vraiment philosopher. » (II 246 A.) Pascal répond en écho : « La
véritable philosophie se moque de la philosophie. » Ce mot de
Pascal, comme tant d'autres, n'est intelligible que dans le contexte de Montaigne.

Essayons tout de même de prendre au sérieux ces « philosophes ».

La grande erreur des païens est d'avoir imaginé les dieux
comme les hommes. « J'eusse encore plutôt suivi, dit-il dans
une boutade, ceux qui adoraient le serpent, le chien et le bœuf,
d'autant que leur nature et leur être nous est moins connu. » Que
nous devions nous représenter Dieu en partant de l'homme,
l'Ecriture divine nous y autorise : « Dieu a fait l'homme à sa
ressemblance. » Voilà le point de départ de cette montée que
les théologiens appellent l'*analogie*. Ce que Montaigne attaque,
ce n'est pas l'analogie, mais la caricature de l'analogie. « D'avoir
fait des dieux de notre condition de laquelle nous devons connaître l'imperfection, leur avoir attribué le désir, la colère, les
vengeances, les mariages, les générations, et les parentelles,
l'amour et la jalousie, nos membres et nos os, nos fièvres et nos
plaisirs, nos morts, nos sépultures, il faut que cela soit parti
d'une merveilleuse ivresse de l'entendement humain. » (II,
252 A.)

L'homme réduit à conjecturer Dieu d'après lui-même est
exposé à un double danger : faire Dieu trop semblable à
l'homme, et rabaisser la divinité, ou faire l'homme trop semblable à Dieu, et diviniser l'humanité. Le monde oscille entre
ces extrêmes.

Le pire danger, selon Montaigne, était de faire Dieu trop semblable à l'homme, de « l'apparier à l'homme » (1). C'est celui

----

(1) Le pire danger, selon Pascal, était de faire l'homme trop semblable à Dieu : « S'ils (les philosophes anciens) vous ont donné Dieu
pour objet ce n'a été que pour exercer votre superbe : ils vous ont fait
penser que vous lui étiez semblables et conformes par votre nature. »
(P. 524).

contre lequel il s'insurge avec le plus de véhémence. Car la grande erreur des Calvinistes auxquels Montaigne pense toujours, le fondement de leur postulat mortel, c'est de mesurer la sagesse de Dieu à leur sagesse et sa puissance à leur puissance. C'est là proprement supprimer Dieu. Montaigne leur montre les conséquences extravagantes auxquelles cette « apparition » a conduit de pieux païens. « L'ancienneté pensa, ce crois-je, faire quelque chose pour la grandeur divine de l'apparier à l'homme, le vêtir de ses facultés et étrenner de ses belles humeurs et plus honteuses nécessités... l'éjouissant de la ruine et dissipation des choses par Elle créées et conservées... remplissant en outre les autels d'une boucherie non de bêtes innocentes seulement, mais d'hommes aussi. » (II 258 A.)

Montaigne, ici encore, se montre le vengeur de Dieu : « Rien du nôtre ne se peut assortir ou rapporter en quelque façon que ce soit à la nature divine qui ne la tache et marque d'autant d'imperfection. Cette infinie beauté, puissance et bonté comment peut-elle souffrir quelque correspondance et similitude à chose si abjecte que nous sommes, sans un extrême intérêt (*dommage*) et déchet de sa divine grandeur. » (II 261 A.) Et l'auteur, en 1588, appuie ses réflexions du mot de saint Paul : « La faiblesse de Dieu est plus forte que les hommes et la folie de Dieu plus sage que leur sagesse. » (I Cor. 125.) Et il notera plus loin cet autre texte de l'apôtre qui résume encore mieux sa pensée : « Les hommes sont devenus fols cuidant être sages et ont mué la gloire de Dieu incorruptible en l'image de l'homme corruptible. » (Rom I, 23) (II, 270 A.)

Voltaire dira dans un sarcasme : « Dieu a fait l'homme à son image et les hommes le lui ont bien rendu. »

C'est avec un accent religieux que Montaigne conclut : « C'est bien loin d'honorer Celui qui nous a faits que d'honorer Celui que nous avons fait. » (II 270 C.)

Il ne fait ici que traduire saint Augustin, mais, en bon humaniste, il le confirme par une adaptation d'Horace : « Quel patron et quel modèle ! Etirons, enflons et grossissons les qualités humaines tant qu'il nous plaira : enfle-toi, pauvre homme, et encore, et encore, et encore : *non, si te ruperis, inquit,* non pas même quand tu crèverais. » (Horace, Sat. II, 3) (II, 272 B.) Pauvre grenouille qui veut se faire aussi grosse que le bœuf !

Paroles profondes d'un homme qui médite sans cesse la distance infinie qui sépare l'Infini du fini et qui partage l'effroi de saint Augustin penché au bord de l'abîme : « *Deus melius scitur nesciendo :* on sait mieux Dieu en ne sachant pas. »

Impuissance de l'homme à connaître l'homme.

« Voyons si nous avons quelque peu plus de clarté en la connaissance des choses humaines et naturelles. » (II 278 A.) (1).

Et l'apologiste de Sebond poursuit avec une véhémence encore plus triomphante les contempteurs orgueilleux de son maître : « Ces gens ici qui trouvent les raisons de Sebond trop faibles, qui n'ignorent rien, qui gouvernent le monde, qui savent tout, n'ont-ils pas quelquefois sondé parmi leurs livres les difficultés qui se présentent à connaître leur être propre ? (II 282 A.)

Montaigne rappelle encore, pour s'en moquer, le fameux postulat : « Qu'ils me quittent leur profession (leur axiome fondamental) qui est de ne recevoir ni approuver rien que par la voie de la raison. C'est leur touche (pierre de touche) à toutes sortes d'essais, mais certes c'est une touche pleine de fausseté, d'erreur, de faiblesse et de défaillance. » (286 A.)

Il n'est, pour le prouver, que de faire défiler ici encore en fâcheuse posture le long cortège des philosophes, depuis Aristote « le prince des dogmatistes » jusqu'aux stoïciens « pères de l'humaine prudence ». « Qui fagoterait suffisamment un amas des âneries de l'humaine prudence, il dirait merveilles... (2). Jugeons par là ce que nous avons à estimer de l'homme (de l'homme seul, s'entend) de ses sens et de sa raison, puisque en ces grands personnages et qui ont porté si haut l'humaine suffisance il s'y trouve des défauts si apparents et si grossiers. » (II 291 C. A.) « On ne peut, affirme Cicéron, rien dire si absurde qui n'ait été dit par un philosophe. » (3).

Que de divagations sur l'origine de l'homme (4) et sur sa fin ! Quant à l'immortalité de l'âme qui est la question de beaucoup la plus importante, Montaigne estime, avec beaucoup de ses contemporains, mais contre beaucoup de penseurs catholiques, qu'aucun des philosophes anciens, par la seule raison, n'a réussi à la démontrer de manière irréfutable.

« Ils ont ce dilemme toujours en la bouche pour consoler notre mortelle condition : ou l'âme est mortelle ou immortelle. Si mortelle, elle sera sans peine ; si immortelle, elle ira en s'amendant. » (II 299 C.)

« Fausseté de leur dilemme dans Montaigne », dira Pascal. C'est en effet Montaigne qui a montré le vice du dilemme : « Ils ne touchent jamais l'autre branche : quoi, si elle (l'âme)

---

(1) Pascal, p. 359. « Peut-être qu'au moins l'âme se connaîtra soi-même. Ecoutons les régents du monde sur ce sujet. »
(2) Transcription pittoresque du mot de Saint Paul qui semble inspirer toutes ces pages : « Dieu n'a-t-il pas rendu folle la sagesse de ce monde ? » I, Cov. I 20.
(3) De divinatione II. 58. Cf. Pascal, p. 495, même citation.
(4) Pascal résume ainsi : « L'incertitude de notre origine... enferme celle de notre nature; à quoi les dogmatistes sont encore à répondre depuis que le monde dure. » (P. 530).

va en empirant ? et laissent aux poètes les menaces des peines futures. Mais, par là, ils se donnent un beau jeu. »

En somme, beaucoup d'anciens ont cru, mais ils n'ont pas prouvé : « Les plus aheurtés (*attachés*) à cette si juste et si claire persuasion de l'immortalité de nos esprits, c'est merveille comme ils se sont trouvés courts et impuissants à l'établir par leurs humaines forces. » (II 301 A.)

Pour lui, s'il croit d'une foi inébranlable à cette « si juste et si claire croyance » ; s'il considère comme rare et incivile (dénaturée, explique-t-il en la dernière édition) l'opinion de la mortalité des âmes, ce n'est pas sur le témoignage de son raisonnement, mais sur celui de la révélation. Cette assurance serait-elle plus ferme en la tenant de soi ou d'un consentement plus ou moins unanime de la voix populaire qu'en la tenant de Dieu » ? C'était vraiment bien raison que nous fussions tenus à Dieu seul et au bénéfice de sa grâce de la vérité d'une si noble créance, puisque de sa seule libéralité nous recevons le fruit de l'immortalité, lequel consiste en la jouissance de la béatitude éternelle. » (II 302 A.)

Il ajoute en 1588 : « Confessons ingénument que Dieu seul nous l'a dit et la foi ; car leçon n'est-ce pas de nature et de notre raison ? Et qui retentera (*soudera de nouveau*) son être et ses forces, et dedans et dehors, sans ce privilège divin, qui verra l'homme sans le flatter, il n'y verra ni efficace ni faculté qui sente autre chose que la mort et la terre. Plus nous devons et rendons à Dieu, nous en faisons d'autant plus chrétiennement. » (1).

Impuissance de nos facultés de connaître.

Il semble bien que l'*Apologie* dans sa première rédaction se soit arrêtée à cette conclusion : « Nous avons proposé l'homme lui-même à soi et sa raison à sa raison, pour voir ce qu'elle nous en dirait. Il me semble assez avoir montré combien peu elle s'entend en elle-même... Quand Thalès estime la connaissance de l'homme être très difficile à l'homme, il lui apprend la connaissance de tout autre chose lui être impossible. » (307 A... C.)

Les paragraphes qui suivent immédiatement constituent un envoi dédicatoire accompagné de sages conseils à la princesse inconnue qu'on croit être Marguerite de Valois, la reine Margot, première femme de Henri de Navarre, le futur Henri IV (2).

Mais comme si l'animal terrassé sifflait et relevait la tête, Montaigne éprouve le besoin, dès avant 1880, de lui porter de nouveaux coups. Et poussant son assaut jusqu'à l'extrême limite de

(1) Pascal, p. 525 : « Ne sachant de nous-mêmes qui nous sommes, nous ne pouvons l'apprendre que de Dieu. »
(2) J. Coppin : *Marguerite de Valois et le livre des créatures*, Revue du XVIe *siècle*, 1923.

ce qu'il appelle lui-même « la témérité de se perdre soi-même pour perdre un autre », il entreprend de démontrer l'impuissance radicale de nos seules « moyens humains » de connaissance pour parvenir sans la grâce à la certitude.

Cette entreprise hardie n'a pas fait sourciller le censeur romain ; elle a charmé Pascal qui en comprend et en approuve pleinement le dessein. « Montaigne est incomparable... pour désabuser ceux qui s'attachent à leurs opinions et qui croient trouver dans les sciences des vérités inébranlables. » (p. 162).

Ce mathématicien génial, sans doute parce qu'il est génial, n'est pas infatué par les certitudes absolues que l'on prétend trouver dans les sciences « hormis la géométrie ».

Montaigne ne se dissimule pas le danger d'une méthode qui peut amener des esprits superficiels à l'universel scepticisme. Ce danger n'existe pas pour ceux qui, comme lui, admettent qu'en fait toute bonne volonté est assurée de la grâce. S'il sort des sentiers battus, c'est que ses adversaires l'y ont obligé. « C'est ici un tour d'escrime. » L'attaque appelle la parade. Il soutient jusqu'au bout une gageure : la *raison seule* ne peut rien. S'il la gagne, l'ennemi est terrassé, anéanti.

Pascal, ici plus que jamais, suit son maître pas à pas et lui sert de caution. Au frontispice de cette nouvelle argumentation Montaigne inscrit cette observation qui la commande toute entière : « Que les choses ne logent pas en nous en leur forme et en leur essence et n'y fassent leur entrée de leur propre force et autorité, nous le voyons assez, parce que, s'il était ainsi, nous les recevrions de même façon... Et au moins se trouverait-il une chose au monde, de tant qu'il y en a, qui se croirait par les hommes d'un consentement universel. Mais ce qu'il ne se voit aucune proposition qui ne soit débattue et controversée entre nous, ou qui ne le puisse être, montre bien que notre jugement naturel ne saisit pas bien ce qu'il saisit. » (II, 314 A.) (1).

Ces propositions « si controversées entre nous » sont, à cette époque, les doctrines religieuses ; et c'est bien à elles sans doute que pense Montaigne quand il ajoute cette remarque si pleine à la fois de science théologique et de psychologie vécue : « Car mon jugement ne le peut faire recevoir au jugement de mon compagnon ; qui est signe que je l'ai saisi par *quelque autre moyen que par une naturelle puissance* qui soit en moi et en tous les hommes. »

Mais que parler de divergences entre nous quand nous découvrons en nous-mêmes à l'égard du même objet la plus flagrante diversité de jugements ! « Combien diversement jugeons-nous

---

(1) Cette pensée si « sceptique » se trouve déjà formulée presque dans les mêmes termes au ch. 14ᵉ du premier livre (I, 59 A), chapitre daté par Villey lui-même de 1572. Ce rapprochement à lui seul fait justice de la « crise sceptique » censée survenue en 1576.

des choses ? Combien de fois changeons-nous nos fantaisies ? Ce que je tiens aujourd'hui et ce que je crois, je le tiens et le crois de toute ma croyance... J'y suis tout entier, j'y suis vraiment ; mais ne m'est-il pas advenu, non une fois, mais cent, mais mille, et tous les jours, d'avoir embrassé quelque autre chose à tout (*avec*) ces mêmes instruments, en cette même condition que depuis j'ai jugée fausse. » Au moins faut-il devenir sage à ses propres dépens... » (II 316 A.) (1).

Montaigne « qui s'épie de plus près, qui a les yeux incessamment tendus sur lui » se trouve en perpétuel changement : « Je ne fais que aller et venir ; mon jugement ne tire (*va*) pas toujours en avant ; il flotte, il vague ! » (II 320 B.) (2). « Chacun, ajoute-t-il, en dirait autant de soi s'il se regardait comme moi. »

D'où viennent en la raison ces perpétuelles variations et ces incertitudes ? Elles viennent de son étroite dépendance à l'égard du corps, « dont les altérations sont continuelles ». Ce ne sont pas seulement les fièvres, les breuvages (*les boissons*) et les grands accidents qui renversent notre jugement ; les moindres choses du monde le tournevirent » (II 318 A), « Le moindre bourdonnement de mouche l'assassine. » (III 403 B.) (3).

« Vraiment, il y a bien de quoi faire si grande feste de la fermeté de cette belle pièce (la raison), qui se laisse manier et changer au branle et accidents d'un si léger vent ! » (II 360 A.)

Ce vent est le son d'une flûte dont se faisaient accompagner certains orateurs romains pour mieux impressionner les âmes de leurs auditeurs (4).

Outre ces « secousses et ébranlements que notre âme reçoit par les passions corporelles » il y a ceux qu'elle reçoit des « siennes propres ». A son profit tour à tour comme à son dam, car « il est connu que les plus belles actions de l'âme procèdent... de cette impulsion des passions ». Il est piquant d'obliger les rationalistes à convenir « contre leur proposition (*postulat*), que l'état tranquille de notre âme, l'état rassis, l'état le plus sain que la philosophie leur puisse acquérir n'est pas son meilleur état ». Elle n'est jamais mieux elle que lorsqu'elle est hors d'elle. « La pire place que nous puissions prendre c'est en nous. » (II 325 C.)

Sujette à tant de tiraillements la raison « est un instrument de plomb et de cire, allongeable, ployable et accommodable à tous biais et à toutes mesures ; il ne reste que la suffisance de la

(1) Pascal : « Je me suis trouvé tant de fois en faute de jugement droit qu'enfin je suis entré en défiance de moi et puis des autres. » p. 500.
(2) Pascal : « La nature de l'homme n'est pas d'aller toujours ; elle a ses allées et venues. » (p. 491).
(3) Pascal : « Ne vous étonnez pas s'il ne raisonne pas bien à présent ; une mouche bourdonne à ses oreilles. » (p. 496).
(4) Pascal : « Plaisante raison qu'un vent manie et à tout sens ! » (p. 365). Cette phrase serait inintelligible si on ne se reportait au texte de Montaigne.

savoir contourner (modifier) ». (II 318 A.) (1). « La raison est un pot à deux anses. » (II 341 B.)

Sensible à toute impression, à tout argument nouveau « elle a sa créance contournable comme une girouette ». (II 326 A.)

Notre âme est également, par l'intermédiaire du corps, assujettie aux influences du terroir : « Nous touchons à la main (*du doigt*) que la forme de notre être dépend de l'air, du climat et du terroir où nous naissons, non seulement le teint, la taille, la complexion et les contenances, mais encore les facultés de l'âme », de sorte que « les hommes naissent plus ou moins belliqueux, justes, tempérants et dociles... grossiers ou ingénieux, obéissants ou rebelles, bons ou mauvais selon que porte l'inclination du lieu où ils sont assis... » (II, 333 B.)

Notre âme enfin est dépendante des sens, victime de toutes leurs erreurs, des sens « auxquels gît le plus grand fondement et preuve de notre ignorance » (II 349 A) ; car « la science commence par eux et se résout (*s'achève*) en eux ».

Pour un rationaliste, les sens sont garanties de vérité, autant que la raison. En fait, ils sont, comme elle, des maîtres d'erreur. Notre conception du monde dépend de nos cinq sens et des perceptions qu'ils nous donnent. Mais un aveugle-né se fait des réalités une idée différente de la nôtre. N'aurions-nous pas, nous-mêmes, une idées toute différente du réel si nous avions reçu tel ou tel autre sens qui nous manque. Peut-être faudrait-il « l'accord de huit ou de dix sens et leur contribution pour apercevoir la vérité, certainement et en son essence ». Telle est la question préalable qui devrait rendre modeste le rationaliste si fier de sa raison et si assuré de ses sens.

Mais réduits à cinq, sont-ils témoins fidèles de cette portion du réel qui leur est soumise ? « De l'erreur et de l'incertitude de leurs opérations chacun se peut fournir autant d'exemples qu'il lui plaira, tant les fautes et les tromperies qu'ils nous font sont ordinaires. »

On connaît l'exemple le plus fameux, repris et orchestré par Pascal : « Qu'on loge un philosophe dans une cage de menus filets de fer clairsemés qui soit suspendue au haut des tours de Notre-Dame ; il verra par raison évidente qu'il est impossible qu'il en tombe, et si (*cependant*) il ne saurait garder... que la vue de cette hauteur extrême ne l'épouvante et ne le transisse... Qu'on jette une poutre entre ces deux tours, d'une grosseur telle qu'il la faut à nous promener dessus, il n'y a sagesse philosophique de si grande fermeté qui puisse nous donner courage d'y marcher comme nous ferions si elle était à terre. » (II 358 A.) Telle est l'imposture du sens de la vue. « Ce beau philosophe (Démocrite) se creva les yeux pour décharger l'âme de la débau-

---

(1) Pascal, p. 457 : « La raison s'offre ; mais elle est ployable à tous sens ; et aussi, il n'y en a point (de règle). »

che (*dissipation*) qu'elle en recevait et pouvoir philosopher plus en liberté. Mais, à ce compte, il se devait aussi faire étouper les oreilles... et se devait priver enfin de tous les autres sens, c'est-à-dire de son être et de sa vie, car ils ont tous cette puissance de commander notre discours (*raisonnement*) et notre âme. » (II, 359 A.)

Montaigne va jusqu'à se poser la question : nos sens ne modifient-ils pas les objets, comme notre estomac modifie le pain ? « Ce n'est que pain, mais notre usage en fait des os, du sang, de la chair, des poils et des ongles. » (II 365 A.) Toute la théorie subjectiviste de la connaissance est en germe dans cette réflexion inspirée de Lucrèce. A d'autres d'en tirer des conclusions extrêmes et systématiques. Montaigne se contente d'interroger et contre son adversaire fait flèche de tout bois que cet adversaire même lui fournit.

En résumé : « Cette même piperie (*tromperie*) que les sens apportent à notre entendement, ils la reçoivent à leur tour. Notre âme parfois s'en revanche de même ; ils mentent et se trompent à l'envi » (1).

CONCLUSION : Dieu seul est.

« Nous n'avons aucune communication à l'être, parce que toute nature humaine est toujours au milieu entre le naître et le mourir... » (2).

Montaigne s'élève à de hautes considérations métaphysiques qui résument et confirment toute sa méditation du néant de l'homme, et, d'un coup d'aile, nous élèvent à Dieu. C'est du *rien* qu'il faut partir pour aller au *Tout*.

« Mais qu'est-ce donc qui EST véritablement ? Ce qui est éternel, c'est-à-dire qui n'a jamais aucune mutation... Par quoi il faut conclure que Dieu seul est... et n'y a rien qui véritablement soit que lui seul... » (II 369 A.)

Magnifique conclusion que Montaigne emprunte à Plutarque, mais qui se rapporte si bien à la définition que Dieu donna de lui-même : « Je suis celui qui est », et qui a fourni aux plus grands mystiques d'inépuisables méditations sur le rien de l'homme et le tout de Dieu. Ce sentiment vif et permanent de la grandeur de Dieu et du néant de l'homme, c'est le fond

(1) Pascal, en copiant la pensée la Montaigne, et jusqu'aux expressions, la condense et l'éclaire de façon précieuse : « L'homme n'est qu'un sujet plein d'erreur naturelle et ineffaçable sans grâce. Rien ne lui montre la vérité, tout l'abuse : ces deux principes de vérité, la raison et les sens, outre qu'ils manquent chacun de sincérité s'abusent réciproquement l'un l'autre. Les sens abusent la raison... et cette même piperie qu'ils apportent à la raison par de fausses apparences, ils la reçoivent d'elle à leur tour : elle s'en revanche. Les passions de l'âme troublent les sens... *Ils mentent et se trompent à l'envi*. (Pascal p. 369).
(2) Pascal : « Rien ne peut fixer le fini entre les deux infinis qui l'enferment et le fuient... Rien ne s'arrête pour nous. » P. 354.

même de la vraie piété et le dernier cri d'une âme religieuse :
c'est tout Montaigne.

Les grands mystiques, un saint Jean de la Croix, une sainte
Catherine de Sienne en ont-ils tiré un motif de désespérance ?
Montaigne non plus. « A cette conclusion si religieuse d'un
homme païen je veux joindre seulement ce mot d'un témoin de
même condition (Sénèque)... « O la vile chose, dit-il, et abjecte
que l'homme s'il ne s'élève au-dessus de l'humanité. » Voilà un
bon mot (*un mot juste*) et un utile désir, mais pareillement
absurde, car de faire la poignée plus grande que le poing, la
brassée plus grande que le bras, et d'espérer enjamber plus que
de l'étendue de nos jambes, cela est impossible et monstrueux.
Ni que l'homme se monte au-dessus de soi et de l'humanité :
car il ne peut voir que de ses yeux ni saisir que de ses prises. »
Mais cette vue du néant de l'homme ne provoque chez Montaigne ni sarcasme ni découragement. Vers l'homme humilié une
main se tend.

« Il s'élèvera si Dieu lui prête extraordinairement la main.
(C'est, insinué d'un mot, tout le mystère de la Rédemption.) Il
s'élèvera, abandonnant et *renonçant* à ses propres moyens et se
laissant hausser et soulever par les moyens purement célestes. »

Et pour que nul ne s'y méprenne (1), mais peut-on de bonne
foi s'y méprendre ? Montaigne ajoute dans la dernière édition :
« C'est à notre foi chrétienne, non à sa vertu stoïque, de prétendre à cette divine et miraculeuse métamorphose. » (II, 171 C.)

Telle est la conclusion de l'inexorable réquisitoire. Voilà le
mot final, le mot d'espérance qui ouvre à la raison humiliée,
anéantie, la porte du sanctuaire, la porte du ciel.

Le but et l'effet sublime du christianisme c'est de faire communier l'être qui passe avec l'Etre qui demeure. Un tel idéal
dépasse évidemment les forces naturelles de l'homme. Le seul
moyen de l'atteindre est de « *renoncer* à ses propres moyens ».
Renoncer est le mot central de l'Evangile. Les pseudo-servants
du pur Evangile, attachés à leur « cuider », n'en ont pas compris le sens plein et l'inexorable exigence : ils *tiennent* à leur
raison ; mais à ceux qui l'ont accepté quelle magnifique récompense est promise.

C'est dans cet état de renoncement que nous avons droit « à
la main tendue qui nous hausse et nous soulève ». C'est en
dépouillant l'enveloppe de la chrysalide que le papillon s'apprête
à la métamorphose, et se dispose à des envols inconnus de la
rampante chenille.

---

(1) M. Brunschvicg s'y est mépris. N'a-t-il pas conclu de « cette
main extraordinairement tendue que Montaigne » met ici en évidence,
l'inefficacité morale et, par suite, le néant religieux du christianisme !
Cité par Marcel Raymond, *Les Cahiers du Rhône*, p. 61.

CHAPITRE IV

LA PRESOMPTION

« Un coup désespéré », mais raisonnable.

A lire attentivement cette seconde partie de l'*Apologie* dont l'interprétation est si controversée, nous n'y trouvons pas autre chose qu'une forme d'argumentation par l'absurde. Que pouvait faire Montaigne pour défendre son théologien ? Reprendre un à un tous ses arguments et en montrer la solidité ? Outre qu'il se serait égaré, à son avis, sur un terrain étranger à sa compétence, il savait bien par sa propre expérience qu'à toute raison pour on pourrait objecter une raison contre ; « il se trouverait toujours, à un tel argument (*en un tel sujet*), de quoi fournir réponses dupliques, répliques, tripliques, quadrupliques. » (II 440 A.) Les fameux colloques entre catholiques et protestants lui ont assez indiqué la vanité de pareilles discussions.

Les deux adversaires partent de principes opposés ; ils ne pourront jamais s'entendre : l'un admet comme évident que la raison seule suffit à interpréter la révélation ; l'autre assure qu'elle n'y saurait suffire sans l'autorité de l'Eglise. La seule méthode qui s'offre à Montaigne, celle qui convient le mieux à son esprit ironique et moqueur, celle aussi qui exprime une conviction dès longtemps enracinée en lui, c'est d'attaquer le principe de ses adversaires : la raison suffit. Et il le fera en démontrant que ce principe aboutit logiquement aux plus absurdes conséquences et aux plus pernicieuses. Il démontrera qu'une fois admis le libre examen on n'a plus de moyen rationnel d'échapper à l'athéisme.

C'était là, nous l'avons vu, une thèse couramment admise chez les adversaires de Luther et de Calvin, et notamment chez le plus en vue : Maldonat. Pierre Bunel avait indiqué le thème à développer : le protestantisme aboutit à l'athéisme. Maldonat esquisse une démonstration plus détaillée, il trace les grandes lignes d'une argumentation par l'absurde de la doctrine catholique. S'adressant aux Calvinistes il leur dit : « Sur la foi des Ecritures, vous admettez tout uniment le mystère de la Trinité, le mystère de l'Incarnation, le mystère de la résurrection des corps. Malgré l'évidence des mêmes Ecritures vous refusez d'admettre le mystère de la présence réelle, et vous rejetez ce dogme au nom de la raison. Il serait facile de vous prouver qu'au nom de la même raison vous ne devriez pas moins rejeter les autres mystères. »

La vigueur d'une démonstration de ce genre ne pouvait échapper à Montaigne, avant même qu'il connût Maldonat, car elle s'imposait à son esprit logique. Il écrivait vers 1572 une pensée analogue : « C'est une hardiesse dangereuse et de conséquence de mépriser ce que nous ne concevons pas. Car après que, selon votre bel entendement, vous avez établi les limites de la vérité et du mensonge, et qu'il se trouve que vous avez nécessairement à croire des choses où il y a encore plus d'étrangeté qu'en ce que vous niez, vous vous êtes déjà obligé de les abandonner. » (I, 233 A.)

Ces quelques lignes présagent l'argumentation que Montaigne développera dans l'Apologie et qu'il poussera jusqu'à la plus extrême hardiesse. « Vous n'admettez, dit-il équivalemment, que ce que démontre la raison. Je vais vous prouver que la raison seule ne démontre rien. Je le ferai non en me servant de la raison, ce qui serait un trop évident cercle vicieux, mais en m'appuyant sur le témoignage et l'expérience des plus illustres représentants de la raison. »

Si Maldonat n'a pas employé contre les protestants la méthode qu'il propose, ce n'est pas qu'il en méconnaisse l'efficacité : « Il n'est personne, dit-il, qui ne verrait leur témérité et leur impiété. » Mais il en redoute le danger : « Nous devrions faire ce que font les gens poussés à la mer par les pirates ou au précipice par les voleurs ; ils embrassent étroitement celui qui les presse ; ils le serrent d'une étreinte vigoureuse pour l'obliger ou à cesser de les pousser ou à se laisser entraîner lui-même dans la même ruine. » (c. 590).

Maldonat n'a pas osé employer cette méthode hardie qui consiste à sacrifier apparemment la foi pour sauver la foi. Montaigne a osé pourfendre la raison pour sauver la raison. L'entreprise lui a paru sans doute moins téméraire car l'enjeu était moindre, et la raison qu'il attaquait n'était que celle qui prétend se suffire. N'importe, la tactique était hasardée, il s'en rend très bien compte : « C'est un tour d'escrime qu'il ne faut employer que comme un extrême remède ; c'est un coup désespéré auquel il faut abandonner nos armes pour faire perdre à nos adversaires les siennes et un tour secret duquel il se faut servir rarement et réservément. C'est une grande témérité (*folie*) de nous perdre nous-mêmes pour perdre un autre. Il ne faut pas mourir pour se venger. » (II 308 A.)

Maldonat écrit, comme au frontispice de l'argumentation qu'il ne développera jamais : « Ou qu'ils cessent d'attaquer l'Eucharistie, ou qu'ils attaquent en même temps tous les autres mys-

tères ! Dans ce cas l'on verra clairement jusqu'où va leur témérité et leur impiété. » (591 A.)

Montaigne lance en tête de sa démonstration ce défi qu'il ne
fera que développer « Ou qu'ils souffrent la force de nos preuves ou qu'ils nous en fassent voir ailleurs et sur quelque autre
sujet de mieux tissues et mieux étoffées. » (II, 159 A.)

Ce qui rend le coup de Montaigne si hardi et, comme il dit,
si désespéré, c'est qu'il dénie à la raison seule toute capacité de
comprendre non seulement les vérités qui naturellement la dépassent, comme sont les vérités révélées, mais toute capacité de
pénétrer à fond les vérités qui semblent de son domaine, comme
sont les vérités de l'ordre naturel. Et il appuie son assertion sur
l'Ecriture elle-même : « Non, non, nous ne sentons (*comprenons*)
rien, nous ne voyons rien ; toutes choses nous sont occultes ;
il n'en est aucune de laquelle nous puissions établir quelle elle
est, revenant à ce mot divin Les pensées des mortels sont timi-
des ; leurs prévoyances et leurs inventions sont incertaines. »
(Sagesse, IX, 14) (II 224 B. C.) Il va jusqu'à dire « C'est beaucoup de consolation à l'homme chrétien de voir nos outils mortels et caducs si proprement assortis à notre foi sainte et divine
que, lorsqu'on les emploie aux sujets (*objets*) de leur nature
mortels et caducs, ils n'y soient pas appropriés plus uniment
ni avec plus de force. » (II, 160 A.)

Cette ignorance ou si l'on veut cette connaissance toujours
incomplète des choses les plus obvies et les plus nécessaires est
un châtiment de notre présomption. Montaigne en a pour garants
deux docteurs illustres. D'abord saint Augustin « Ce saint m'a
fait grand plaisir : les ténèbres mêmes dans lesquelles s'enveloppe la connaissance de ce qui nous est utile sont un exercice
pour l'humilité ou un frein pour l'orgueil. » (Civ. Dei XI, 22),
(II 302 c.) L'autre garant est Maldonat qui expose dans son
commentaire une pensée semblable « Ce qu'il a lui sera ôté,
dit Jésus. Qu'est-ce qu'avaient les Juifs et qui leur a été enlevé ?
C'est en quelque sorte la nature elle-même, c'est-à-dire la connaissance naturelle ; ils ont été aveuglés au point de ne pas
comprendre les choses que l'on comprend par la seule lumière
de la nature. Ceux qui n'ont pas la grâce de Dieu ne peuvent
mériter autre chose que de se voir ôter quelque chose des capacités même naturelles. » (c. 289 D. E.)

Si Montaigne estime que la raison seule est incapable d'atteindre pleinement la vérité, ce n'est pas seulement parce qu'il a
une piètre idée de la raison ; c'est surtout parce qu'il a une très
haute idée de la vérité. Toute vérité quelle qu'elle soit, petite
ou grande, naturelle ou surnaturelle, est un reflet de Dieu.
« Cette sainte et grande image ne pourrait (loger) en un si chétif domicile (notre intelligence) si Dieu pour cet usage ne le
prépare, si Dieu ne le réforme et fortifie par sa grâce et faveur
particulière et surnaturelle. » (II, 316 B.)

Toute participation à la vérité est en quelque manière et à quelque degré une participation à Dieu. Cette théorie semble se rattacher à Platon et aux théories des néo-platoniciens. Mais elle se rattache aussi à la doctrine du Logos exprimée en saint Jean, du Logos, la *Raison* suprême, qui est en Dieu, du Logos en qui est la vérité qui est la lumière des hommes : « Nous sommes nés à quêter la vérité ; il appartient de la posséder à une plus grande puissance. Elle n'est pas, comme le disait Démocrite, cachée dans le fond des abîmes, mais plutôt élevée en hauteur infinie en la connaissance divine. » (III, 192 B.)

Montaigne voit dans la fable antique de Minerve comme une pâle esquisse de la doctrine de saint Jean : « La vraie Raison et essentielle de qui nous dérobons le nom à fausses enseignes, elle loge dans le sein de Dieu (1) ; c'est là son gîte et sa retraite, c'est là où elle part quand il plaît à Dieu nous en faire voir quelque rayon, comme Pallas saillit (*sortit*) de la tête de son père pour se communiquer au monde. » (II, 286 A.) Quand Montaigne emploie le mot *grâce* et le mot *surnaturelle*, il n'entend pas donner à ces termes la rigueur d'une définition théologique. Pour lui *grâce* signifie secours, lumière ; et *surnaturel* équivaut à divin. Nous ne pouvons rien faire sans un secours divin, à plus forte raison « discourir sagement ». Quand il lit le texte de saint Jean : « Le Logos est la lumière qui éclaire tout homme venant en ce monde », il comprend, à tort ou à raison, mais sans hésiter, que la lumière dont il s'agit ici est celle de la raison naturelle. Prétendre s'en passer, ce n'est pas autre chose que de séparer le rayon de sa source. « Tout ce que nous entreprenons sans l'assistance de Dieu, tout ce que nous voyons sans la lampe de la grâce ce n'est que vanité et folie... » (II, 302 A.) Dieu est jaloux du privilège qu'il se réserve de nous éclairer. Il l'a bien montré par le châtiment dont il a puni les orgueilleux bâtisseurs de la tour de Babel ; il l'affirme expressément dans saint Paul : « Je confondrai la sagesse des sages, je réprouverai la prudence des prudents. » (II 302, C.)

Le coup n'est donc pas aussi désespéré qu'il semblerait d'abord. Montaigne ne lance pas une absurdité pour en détruire une autre. Il s'appuie sur de solides autorités ; saint Augustin, Maldonat, saint Jean, saint Paul.

Cette affirmation que la raison ne peut rien toute seule n'a donc rien de paradoxal. Elle est fortement motivée à priori. Mais elle est singulièrement confirmée par les faits, par les errements de tous les philosophes sans exception, par l'aveu d'ignorance qui honore les plus grands d'entre eux et qui confirme d'avance

(1) Pascal : « Qu'on accorde donc aux pyrrhoniens ce qu'ils ont tant crié : que la vérité n'est pas de notre portée et de notre gibier... qu'elle loge *dans le sein de Dieu* et qu'on ne peut la connaître qu'à mesure qu'il lui plaît de la révéler. » (p. 531, note).

le mot de saint Paul : « Ils se sont évanouis dans leurs systèmes. » (Rom. I, 21.)

C'est donc avec assurance que Montaigne peut lancer son
défi dont il emprunte à Horace les termes :

Si melius quid habes, accerse, vel imperium fer (Hor. I. Ep. V
6), (II 159 A.) Si vous avez de meilleurs arguments, non seulement que Sebond, mais que tous les penseurs du passé, produi-
sez-les ; sinon soumettez-vous, comme Sebond, à l'Ecriture. Il
est bien tranquille son défi ne sera pas relevé.

C'est le défi que reprend Pascal : « Les athées doivent dire
des choses parfaitement claires... Les impies qui font profession
de (ne) suivre (que) la raison doivent être très forts en raison. »
(p. 430). C'est le défi de La Bruyère : « J'exigerais de ceux qui
vont contre le train commun et les grandes règles... qu'ils eussent
des raisons claires et de ces arguments qui emportent conviction. » (Des Esprits Forts.) Catherine de Médicis disait plus simplement en 1588 : « Bien taillé, mon fils, maintenant il faut
coudre. »

Ne dramatisons pas. Montaigne, nous le verrons, n'est point
partisan du suicide, encore moins du suicide intellectuel. Si tant
de rationalistes l'ont adopté pour patron c'est un signe qu'il
n'est pas un ennemi fanatique de la raison. Et si d'autres l'ont
taxé de fidéisme, c'est sans doute qu'il n'est pas un partisan
de la seule raison. Il est ici, comme ailleurs, dans le juste milieu.

Il n'est pas contre la raison, il ne prend pas une joie satanique
à l'anéantir pour nous laisser flotter à l'aventure sans aucun point
d'appui.

Il est pour la raison qui s'applique humblement à découvrir
Dieu dans la nature, à écouter sa parole dans l'Ecriture, à raisonner sous le contrôle de l'Eglise la parole de Dieu. Il est pour
la raison « le premier des outils naturels et humains que Dieu
nous a donnés. »

Il est contre la raison qui prétend se suffire ; contre ceux qui
déchirant la vieille robe sans couture sont impuissants à la recou-
dre. « Ceux-là sont les plus dangereux » ; c'est contre ceux-là
qu'il redouble ses coups. Nous n'avons pas fini de les compter.

Le vice contre lequel fulmine ce long chapitre de l'*Apologie*
et, dans une large mesure, le livre entier des *Essais* s'appelle
la présomption.

Le mal de présomption.

Montaigne le définit quelque part : « Une trop bonne opinion
que nous concevons de notre valeur. » (II, 409 A.) Plus loin, il
précise : « De dire de soi plus qu'il y en a, ce n'est pas toujours présomption, c'est souvent sottise. Se complaire outre
mesure de ce que l'on est, en tomber en amour de soi indis-
crète (*démesurée*) est, à mon avis, la substance de ce vice. »

L'illusion serait relativement vénielle si nous n'avions que la vanité de nous préférer au prochain. Ce qui rend ce vice odieux et redoutable c'est que nous avons la prétention de nous égaler à Dieu, et ce vice nous est congénital : nous le tenons de notre premier père ; il est en quelque sorte la substance de l'homme, l'essence du péché originel : « La présomption est notre maladie naturelle et originelle. La plus calamiteuse et fragile de toutes les créatures, c'est l'homme et, quant et quant (*dans la même mesure*), la plus orgueilleuse... C'est par la vanité de cette imagination qu'il s'égale à Dieu... » (III 164 A.) (1). « Il semble que nature, pour la consolation de notre état misérable et chétif, ne nous ait donné en partage que la présomption. » (II, 214 A.)

L'homme ne « se complaît pas seulement de ce qu'il est » mais de ce qu'il sait, ou plutôt de ce qu'il croit savoir. La forme la plus dangereuse de la présomption est le *cuider* que Montaigne appelle souvent « l'opinion de science » : « Nous n'avons que du vent et de la fumée en partage : nos opinions. » (ibid.)

Cette présomption-là est la source de tous nos maux privés et publics. « Il me semble que la mère nourrice des plus fausses opinions et publiques et particulières, c'est la trop bonne opinion que l'homme a de soi. » (II 412 A.) Tous les abus du monde viennent de ce qu'on nous apprend à craindre de faire profession de notre ignorance. » (III, 331 B.)

Grandeur et misère de la science.

Il serait facile de présenter Montaigne comme un ennemi de la science, un désenchanté, d'un pessimisme aigri, qui n'attend rien des efforts de l'intelligence humaine et qui prend plaisir à décourager les chercheurs. Rien ne serait plus inexact.

Il est dans le juste milieu entre les adorateurs et les contempteurs de la raison. Il est aussi dans le juste milieu entre les adorateurs et les contempteurs de la science. Réclamer le secours de l'Esprit n'est un aveu que d'insuffisance, non d'impuissance radicale. Avant de se livrer aux recherches les plus profanes, les esprits religieux ne manquent pas de demander à Dieu *recta sapere*, de penser juste. Ils ne reconnaissent pas pour autant l'incapacité totale de l'esprit humain. Ils avouent le besoin d'un secours supérieur. Ainsi fait Montaigne.

Il commence le chapitre même de l'Apologie par un éloge de la science et des savants, mais un éloge modéré : « C'est, à la vérité, une très utile et très grande vertu que la science ; ceux qui la méprisent témoignent assez leur bêtise. » Ce n'est pas qu'il se fasse illusion ni qu'il croie « ce que d'autres ont dit, que la science est mère de toute vertu et que tout vice est pro-

(1) Pascal : « Que la présomption soit jointe à la misère, c'est une extrême injustice. » (p. 429).

duit par l'ignorance ». Il ne partage pas à l'égard des savants la naïve admiration de son père « qui n'avait aucune connaissance des lettres... Moi, je les aime bien, les savants, mais je ne les adore pas ». (II, 146 A.)

Il commencera le dernier chapitre de son livre par cette profession : « Il n'est désir plus naturel que le désir de connaître. Nous essayons tous les moyens qui nous y peuvent mener... La vérité est chose si grande que nous ne devons dédaigner aucune entremise qui nous y conduise. » Lui-même n'en dédaigne aucune. Dans cette époque de fringale littéraire et scientifique, d'appétit intellectuel pantagruélique, il est peu d'esprits qui soient plus curieux que le sien. Il vit entouré de livres qu'il feuillette sans cesse et dont il augmente chaque jour le nombre ; il en emporte le plus possible dans ses voyages, et ces voyages même ont pour but principal de l'instruire. Il se met à l'affût de toutes les découvertes ; il s'informe de tous les progrès ; il interroge tous les explorateurs. Il demande au précepteur de ne rien laisser ignorer d'utile à son élève. S'il est à l'avant-garde des esprits scientifiques modernes, c'est que d'abord il sait douter : « Le doute est le commencement de toute inquisition » ; ensuite il sait collectionner les faits : le fait est le second point de départ.

Mais ici commence la grande aventure de la science véritable, le passage du fait à la cause.

Le fait d'abord ; ensuite le pourquoi et le comment. Quand il doit franchir l'abîme qui sépare le fait du pourquoi, du comment, c'est alors qu'il se montre exigeant et qu'il manifeste un scepticisme bien justifié par les pauvres réponses de la science. « Ce sont tous songes et fanatiques folies. Que ne plaît-il un jour à Nature nous ouvrir son sein et nous faire voir au propre les moyens et la conduite de ses mouvements et y préparer nos yeux ! O Dieu ! quels abus (*quelles erreurs !*) ! quels mécomptes nous trouverions en notre pauvre science ! » (II, 279 B.)

Montaigne ne veut pas décourager les chercheurs de l'avenir : « Théophraste disait que l'humaine connaissance acheminée par les sens pouvait juger des causes jusques à certaine mesure, mais qu'étant arrivée aux causes extrêmes et premières, il fallait qu'elle s'arrêtât et qu'elle rebouchât (*s'émoussât*) à cause ou de sa faiblesse ou de la difficulté des choses. C'est une opinion moyenne et douce que notre suffisance nous peut conduire jusqu'à la connaissance d'aucunes choses, et qu'elle a certaine (*déterminée*) mesure de puissance outre lesquelles c'est témérité de l'employer. » Ce passage, et la suite, est suggestif, il est même caractéristique de la modération de l'auteur, en ce qu'il cuvre à la fois très vaste le champ de la science et qu'il en fixe fermement les limites. M. Tavera a le tort de ne voir que le premier aspect et d'omettre la conclusion : « L'homme est capa-

ble de toutes choses comme d'aucune et s'il avoue, comme dit
Théophraste, l'ignorance des causes premières et des principes,
qu'il me quitte hardiment tout le reste de sa science ; si le fondement lui faut, son discours est par terre. » (II 311 A.)

Si tout homme était modéré comme Montaigne essaye de
l'être, s'il avait le juste sentiment de ses limites, on pourrait le
lancer hardiment dans le champ des choses et des causes. Mais
« notre esprit est un outil dangereux, vagabond et téméraire ;
il est malaisé d'y joindre l'ordre et la mesure. Et, de mon temps,
ceux qui ont quelque rare excellence au-dessus des autres et
quelque vivacité extraordinaire, nous les voyons quasi tous débor-
dés en licence d'opinion et de mœurs. C'est miracle s'il s'en
rencontre un rassis et sociable. On a raison de donner à l'esprit
humain les barrières les plus contraintes qu'on peut. En l'étude,
comme au reste..., il lui faut tailler par art les limites de sa
chasse. » (II 309 A.)

Ce sont réflexions que dans leurs entretiens Maldonat et Montaigne avaient pu échanger : « Il faut freiner l'esprit humain,
note l'exégète, de peur qu'il n'abuse de sa subtilité sans mesure
(*intemperanter*) et sans utilité. (M 443 c.)

Pas n'est besoin de parcourir de longs espaces pour se heurter
aux limites de la science humaine ; pas n'est besoin, dit Montaigne « de trier de rares miracles ». L'inconnaissable nous cerne
de partout. « Il est certaine façon d'humilité subtile qui naît de
la présomption, comme celle-ci : que nous reconnaissons notre
ignorance en plusieurs choses et sommes si courtois d'avouer
qu'il y a ès ouvrages de nature aucunes qualités et perfections
qui nous sont imperceptibles... Nous n'avons que faire d'aller
trier des miracles. » Tous les faits de nature sont mystérieux.
Montaigne en cite un qui, pour avoir été beaucoup étudié, n'en
reste pas moins inexpliqué.

« Quel monstre (*prodige*) est-ce que cette goutte de semence de
quoi nous sommes produits, porte en soi les impressions, non de
la forme corporelle seulement, mais des pensements et des
inclinations de nos pères. Cette goutte d'eau, où loge-t-elle ce
nombre infini de formes ?

« Il est à croire que je dois à mon père cette qualité pierreuse
(cette gravelle)... J'étais né vingt-cinq ans et plus avant sa maladie et durant le cours de son meilleur état... Où se couvait tant
de temps la propension à ce défaut ? Et, lorsqu'il était si loin
du mal, cette légère pièce de sa substance de quoi il me bâtit,
comment portait-elle pour sa part une si grande impression ?...

« Qui m'éclaircira de ce progrès (*développement*) je le croirai
d'autant de miracles qu'il voudra ; pourvu que, comme ils font,
il ne me donne pas en paiement une doctrine beaucoup plus
difficile et fantastique que n'est la chose même. » (II 580 A.)

Montaigne a traduit de Sebond une page qui a pu, sinon éveiller, du moins raviver son étonnement devant ce « miracle ».

« Comme d'un bien petit grain qui est quasi tout partout semblable à soi-même, au moins qui ne reçoit aucune différence remarquable, nous voyons tant de diverses choses être produites : les racines, le tronc, l'écorce, la moëlle, les branches, les feuilles, les fleurs et les fruits ; ainsi de ce peu de semence de nos pères qui ne reçoit nulle dissemblance, sort une merveilleuse diversité de membres extérieurs et intérieurs : la tête, les yeux, le nez, les oreilles, les dents, la langue, les doigts, les mains, les pieds et autres, et, au-dedans, le cœur, le poumon, l'estomac, le foie, les intestins, les reins, les os, les nerfs et les veines.

« Cette contemplation, ô homme, te doit servir de certain avertissement que tu es l'ouvrage d'un grand Dieu, d'un Dieu qui, d'une seule et petite chose, tire une si grande et émerveillable variété de membres. C'est le seul qui d'un grain engendre les feuilles, les branches, les racines et le tronc ; et lui encore qui, d'une goutte de semence, bâtit cette innumérable diversité de pièces qui sont en toi. De vrai, si ce n'était lui, qui serait-ce qui, d'un si petit corps, aurait fait naître tant de parts ? Qui aurait multiplié une goutte d'humeur en tant de membres, de tant de formes et de si diverse disposition ? Qui les aurait ainsi mesurés et proportionnés à certaine grandeur, certain nombre et certaine façon ? Qui aurait commandé à la nature de nous fournir seulement de deux mains, de cinq doigts, de deux yeux et qui la maintiendrait toujours en cette règle ? Qui a disposé, rangé, mesuré toutes ces choses d'une si belle et constante manière ?... N'est-ce pas Celui qui nous fait voir les miracles aux arbres, qui nous les fait voir aussi en nous-mêmes ?...

« *Reconnais donc, reconnais hardiment par la noble architecture de ton corps*, l'immense sapience, l'inestimable douceur et bénignité de ton créateur qui a rangé et organisé tes membres d'une telle puissance, prudence et bonté ; qui les a bâtis et ordonnés d'une telle harmonie, sans que ta mère l'ait senti, voire qu'elle l'ait su. Il t'a fait la plus belle et la plus excellente créature du monde... » (Seb. p. 58 v.)

Montaigne a donné à cette page l'accent d'une véritable éloquence. Les mots que nous avons soulignés et qui sont uniquement de lui, animent tout ce passage d'une émotion religieuse personnelle et communicative.

Mais quoi ! Le moindre grain de blé et la moindre graine de pissenlit ou d'érable présentent autant de mystère. Montaigne le sait bien. Mais il est sensible, comme nous devrions l'être, au point où le problème le concerne. Seulement, quels savants sont assez philosophes pour méditer comme lui sur les phénomènes qu'ils observent, ou assez critiques pour « passer à l'étamine » les explications proposées ? Le vulgaire s'en remet aux savants et se paie de leurs mots qu'il ne comprend pas.

L'obscurité refuge des prétentieux.

Les athées devraient dire des choses parfaitement claires. A cet esprit si clair, la clarté a toujours paru la marque de l'intelligence ; la clarté et l'humilité, car à ses yeux l'obscurité est le refuge des impuissants et des orgueilleux, des orgueilleux qui veulent cacher leur impuissance.

Il est, sur ce thème, de l'ignorance pédante et enveloppée de nuages, d'une verve inépuisable :

« Pourquoi, non Aristote seulement, mais la plupart des philosophes ont affecté la difficulté, si ce n'est pour faire valoir la vanité (le vide) du sujet et amuser la curiosité de notre esprit, lui donnant où se paître, à ronger cet os creux et décharné ?... La difficulté est une monnaie que les savants emploient, comme les joueurs de passe-passe, pour ne découvrir la vanité de leur art, et de laquelle l'humaine bêtise se paie aisément. » (II 240 B.)

Les littérateurs en quête de succès auprès du snobisme toujours à l'affût trouvent toujours une vanité qui admire la leur :

« Il n'est pronostiqueur, s'il a cette autorité qu'on le daigne feuilleter, et rechercher curieusement tous les plis et lustres de ses paroles, à qui on ne fasse dire tout ce qu'on voudra, comme aux sybilles... Pourtant (c'est pourquoi) je trouve un style nubileux (nébuleux) et douteux en si fréquent usage ! Que l'auteur puisse gagner cela d'attirer et embesogner à soi la postérité... qu'au demeurant il se présente, par bêtise ou par finesse, un peu obscurément et diversement, il ne lui chaille ! Nombre d'esprits, le blutant et secouant, en exprimeront quantité de formes ou selon, ou à côté, ou au contraire de la sienne, qui lui feront toutes honneur... » (II 347 c.) Pense-t-il à Maurice Scève ?

Lui-même, non sans une malicieuse exagération, craint d'être obscur parce qu'il est désordonné en ses propos. Mais il s'en console : l'obscurité sera peut-être un élément de succès : « Il est des humeurs comme cela, à qui l'intelligence porte dédain (qui dédaignent ce qu'ils comprennent), qui m'en estimeront mieux de ce qu'ils ne sauront ce que je dis. Ils concluront la profondeur de mon sens par l'obscurité, laquelle à parler en bon escient (en toute conscience) je hais fort, et l'éviterais si je me savais éviter. Aristote se vante en quelque lieu de l'accepter ; vicieuse affection. » (III 284 B.) Montaigne, s'il eût été plus obscur, aurait peut-être été rangé au nombre des grands philosophes.

Ces écrivains obscurs ressemblent aux parleurs avares de syllabes dans la conversation et qui, sous un voile de silence, paraissent cacher un trésor précieux : « A combien de sottes âmes, en mon temps, a servi une mine froide et taciturne de titre de prudence et de capacité ! » (III 198 B.)

Vanité : on se paie d'attitudes, on se paie de mimerie, on se repaît d'orgueil et l'orgueil ou la vanité cachent le réel.

Qui regarde ? Qui réfléchit ? Qui sent s'éveiller en lui le sens du mystère qui l'environne et d'une puissance qui le dépasse ?

L'aveu d'ignorance.

Il y a tout de même dans les sciences physiques et naturelles des limites que l'expérience et la réalité imposent à notre esprit comme à nos sens. Nous sommes ligottés par le monde des choses. Mais dans le monde des causes, dans la métaphysique, toutes les barrières sont ouvertes et l'esprit peut se livrer au vagabondage le plus débridé, à en juger par l'histoire des théories philosophiques. C'est là surtout qu'il faut « mettre des orbières » (*œillères*) à ce poulain échappé, l'encadrer de solides brancards et tenir fermement les rênes.

Mais si la circonspection est nécessaire quand il s'agit « d'arguments humains », de « moyens humains », de « sagesse humaine », etc..., expressions qui reviennent si souvent sous la plume de Montaigne, combien plus elle s'impose quand il s'agit des problèmes qui dépassent si évidemment l'homme et ses facultés naturelles laissées à elles-mêmes, de problèmes divins ! « Dans les choses naturelles les effets ne rapportent (*représentent*) qu'à demi leurs causes : quoi (*que dirai-je de*) celle-ci ? Elle est au-dessus de l'*ordre de nature :* sa condition est trop hautaine (*élevée*), trop éloignée et trop maîtresse pour souffrir que nos conclusions l'attachent et la garrottent... » (II 272 B.)

Deux images illustrent l'impuissance de cette raison présomptueuse et le châtiment qu'elle mérite : l'une empruntée à la mythologie antique, l'autre à la sagesse biblique ; Montaigne affectionne ce genre de dyptiques.

« Ne vous souvient-il pas quel saut prit (*quelle chûte fit*) le misérable (*malheureux*) Phaëton pour avoir voulu manier les rênes des chevaux de son père d'*une main mortelle*. Notre esprit retombe en pareille profondeur (*abîme*), se dissipe et se froisse (*se brise*) par sa témérité. » (II 277 C.)

L'autre histoire est celle de la tour de Babel, bien plus dramatique et, comme il sied à la parole divine, bien plus significative. Après avoir rappelé les entassements de syllogismes, vains selon lui, que la raison a amoncelés pour démontrer toute seule l'immortalité de l'âme, il conclut : « C'est pour le châtiment de notre fierté et instruction de notre misère et incapacité que Dieu produisit le trouble et la confusion de la tour de Babel. Tout ce que nous entreprenons sans son assistance, tout ce que nous voyons sans la lampe de sa grâce, ce n'est que vanité et folie... » (II, 301 A.)

Les données des sens sont sujettes à erreur ; à plus forte raison, les arguments de la métaphysique ; combien plus encore

ces hautes spéculations sur Dieu, sur la vie éternelle, sur la
religion.

« Quelque train que l'homme prenne de soi, Dieu permet
qu'il arrive toujours à cette même conclusion de laquelle il nous
représente si vivement l'image par le juste châtiment dont il
bâtit l'outrecuidance de Nemrod et anéantit les vaines entreprises... de sa pyramide. Je perdrai la sagesse des sages et je
réprouverai la prudence des prudents. » (I Cor, I, 19.) La diversité d'idiomes et de langues dont il troubla cet ouvrage, qu'est-
ce autre chose que cette infinie et perpétuelle altercation et discordance d'opinions et de raisons qui accompagne le beau bâtiment de l'*humaine science*. Et l'embrouille utilement. Qui nous
tiendrait si nous avions un grain de connaissance ? » (II, 301,
302 A. C.)

C'est bien à briser notre orgueil que s'évertue Montaigne. Il
sait pas saint Paul combien la science et, selon lui, la moindre
science, « enfle » l'homme et le fait sortir de la mesure. Qui
nous tiendrait ?... Il faut tenir l'homme dans ses limites, et plutôt en deçà.

La présomption est « la source de tous nos maux », notre
péché originel. « Les chrétiens ont une particulière connaissance
combien la curiosité est un mal naturel et originel en l'homme.
Le soin de s'augmenter en sagesse et en science, ce fut la première ruine du genre humain ; c'est la voie par où il s'est précipité à la damnation éternelle. L'orgueil est sa perte et sa corruption. » (II, 227 A.)

Ce qui donne à Montaigne ces accents d'éloquence et d'indignation, c'est qu'il a sous les yeux les effets d'une science
humaine d'une critique débridée qui a rompu ses justes barrières
et fait irruption dans le sanctuaire pour le détruire. « C'est
l'orgueil qui jette l'homme à quartier (*à l'écart*) des voies communes et lui fait embrasser les nouvelletés et aimer mieux être
chef d'une troupe errante et dévoyée au sentier de perdition,
aimer mieux être régent et précepteur d'erreur et de mensonge,
que d'être disciple en l'école de vérité, se laissant mener et
conduire par la main d'autrui, en la voie battue et droiturière. »
Les *superstitieux*, ce ne sont pas les chrétiens dociles, ce sont
les novateurs : « C'est à l'aventure (*peut-être*), ce que dit ce mot
grec ancien que la superstition suit l'orgueil et lui obéit comme
à un père. » (II, 227 A.)

« O cuider, comme tu nous empêches ! » que de barrières tu
substitues à celle de la soumission !

<hr>

(1) Saint Augustin. *Cité de Dieu*, XI, 22.

Les trois espèces de philosophes.

Il n'y a, aux yeux de Montaigne, qu'une science, la science du salut de l'âme « *scientia salutis* » (saint Luc, I, 77) et qu'une recherche philosophique, la recherche du souverain bien. Il n'y a, pour l'homme, d'étude digne de lui que l'homme et il n'y a de fin à cette étude que le bonheur de l'homme : « ou la raison se moque, ou elle ne doit viser qu'à notre contentement » (II, 100 A.)

Pour Montaigne, comme pour le Moyen Age, la philosophie est la science des sciences et qui englobe toutes les sciences : savant est synonyme de philosophe.

La science n'a pas de fin en soi. Ce solitaire ne s'est pas retiré en ses terres pour faire des collections entomologiques, mais pour chercher dans les livres et en lui-même le secret d'être heureux. Voilà ce qu'il appelle la « vérité solide ». Le reste est vanité, y compris les merveilleux et redoutables progrès des « sciences ».

Il n'y a donc d'ignorance réelle et vraiment pernicieuse que celle du but de la vie. Que sert de tout savoir si on ignore cela ?

Or, cela, le bon sens confirmé par l'histoire montre que l'homme ne peut le savoir par lui-même, mais seulement par Dieu. C'est ce dont il importe de convaincre l'homme, car « l'opinion de science » nous amène à nous persuader que nous pouvons tout seuls acquérir cette science... ou nous en passer sans inconvénient.

Au penseur penché depuis des millénaires sur cet abîme dont parle Démocrite d'où il attend la montée de la vérité, Montaigne demande « si cette quête qu'il a employée depuis tant de siècles l'a enrichi de quelque nouvelle force et de quelque vérité solide. Je crois, dit-il, qu'il me confessera, s'il parle en conscience, que tout l'acquêt qu'il a retiré d'une si longue poursuite, c'est d'avoir appris à reconnaître sa faiblesse. »

« L'ignorance qui était naturellement en nous nous l'avons par longue étude confirmée et avérée. » Cette « profession (*aveu*) d'ignorance » est la meilleure preuve de science et son acquêt le plus profitable. (III, 230 A.)

« Le plus sage homme qui fut onques, quand on lui demanda ce qu'il savait, répondit qu'il savait cela, qu'il ne savait rien... » Rien de ce qui est essentiel. Ce sage entre les sages était Socrate.

Dans un raccourci remarquable, Montaigne ramène tous les philosophes antiques à trois catégories et ce classement sera pour nous le plus précieux des fils conducteurs, car il nous permettra de le classer lui-même.

« Quiconque cherche quelque chose, il en vient à ce point : ou qu'il dit qu'il l'a trouvée, ou qu'elle ne se peut trouver, ou qu'il en est encore en quête. (II, 232 A.)

« *Les péripatéticiens* (Aristote), épicuriens, stoïciens, ont pensé l'avoir trouvée.

« *Les académiciens* (Platon) ont désespéré de leur quête et jugé que la vérité ne se pouvait concevoir *par nos moyens*.

« Les *sceptiques ou épéchistes* (Pyrrhon) disent qu'ils sont encore en cherche de la vérité. »

Aux premiers, on pourrait donner pour devise : « Je sais. »

Aux seconds : « Nul ne peut savoir. »

Aux troisièmes : « Je cherche ou je suspends mon jugement », selon l'étymologie des deux mots qui servent à les désigner.

Les deux premiers ont institué un système clos. Les troisièmes sont pour une méthode ouverte.

D'un autre point de vue qui tient fort à cœur à Montaigne, les deux premiers « se trouvent hypothéqués, asservis et collés » à une école, à un système. Les troisièmes se réservent de « maintenir leur liberté et considérer les choses sans obligation ni servitude ».

Montaigne est, par son tempérament et par son jugement, détourné de suivre la première école, celle des « dogmatistes ». Il redoute, en étant trop affirmatif, d'offenser à la fois l'humilité et la vérité et d'aliéner sa liberté. Il n'a jamais été ni stoïcien, ni épicurien, comme on l'a dit contre toute évidence, car Zénon et Epicure sont, selon lui, aussi dogmatistes qu'Aristote. On ne saurait donc le mettre à leur suite, à moins de donner aux mots *épicurien*, *stoïcien*, un sens dépouillé de toute rigueur.

Il n'est pas non plus de la seconde école, car « nier tout destroussément » et sans réserve, répugne à sa manière et à son esprit. Affirmer ou nier crûment sont signes de même présomption. Il a peine à croire d'ailleurs que Platon lui-même et surtout Socrate, aient poussé l'aveu d'ignorance jusqu'à une déclaration expresse et absolue d'impuissance.

A la réflexion, il inclinera plus tard à croire que l'école des académiciens est une sorte de parti de la réaction ; ils sont tombés d'un excès dans l'autre : « La fierté de ceux qui attribuaient à l'esprit humain la capacité de toutes choses causa en d'autres, par dépit et émulation, cette opinion qu'il n'est capable d'aucune chose. Les uns tiennent en l'ignorance cette même extrémité que les autres tiennent en la science. Afin qu'on ne puisse nier que l'homme ne soit immodéré partout et qu'il n'a point d'arrêt que celui de la nécessité et impuissance d'aller outre. » (II, 338 B.)

Montaigne est pour le parti du juste milieu et de la modération.

Il est pour les *pyrrhoniens*. Tout l'attire vers cette école. La manière de vivre qu'il prête à Pyrrhon : « Il a voulu se faire homme vivant, discernant et raisonnant, jouissant de tous plaisirs et commodités naturelles, s'embesognant (*plein d'activité*),

et se servant de toutes ses pièces (*facultés*) corporelles et spiri-
tuelles en règle et droiture. » Mais surtout leur double devise
qu'il résume ainsi : « Ils se servent de leur raison pour enquérir
et débattre (*sceptiques*), mais non pas pour arrêter et choisir. »
Nous l'avons dit : il y a doute et doute.

Pour exprimer celui des pyrrhoniens qui est, non pas un doute
positif, mais un doute provisoire, méthodique et en quelque
sorte *suspensif*, il faudrait un mot nouveau, et Montaigne l'a
inventé. « C'eût été *pyrrhoniser*, il y a mille ans, que de mettre
en doute la science de la cosmographie (de Ptolémée)... C'était
hérésie que d'avouer les antipodes. » (II, 327 A, B.) On eût été
bien inspiré de pyrrhoniser, c'est-à-dire de reconnaître son ignorance, en attendant plus ample informé.

Douter, en ce sens, c'est chercher avec l'espoir de trouver.

Mais la question est de savoir si l'on peut trouver. « Il est certain que tout est incertain », disent en chœur les philosophes du
deuxième groupe, les académiciens.

« Il n'est pas certain que tout soit incertain », répondent les
troisièmes : « Il y a, disent-ils, et vrai et faux, et *il y a en nous
de quoi le cherch'er*, mais non pas de quoi l'arrêter à la touche »
(le vérifier à la pierre de touche qui ne trompe jamais) (II, 238 c).

« A la gloire du pyrrhonisme », s'écriera Pascal (506) ; car ces
derniers ne ferment pas la porte à la connaissance de la vérité.

La pensée de Montaigne est au contraire qu'ils la maintiennent
ouverte et c'est pourquoi il est avec eux.

Non seulement le pyrrhonien est un modeste qui maîtrise en
lui le besoin d'affirmer si impérieux en la plupart des hommes ;
un prudent qui ne préjuge pas ; un laborieux qui cherche ; mais
le pyrrhonien du temps de Pyrrhon était le seul des trois philosŏ-
phes qui fût en état de recevoir la vérité du Christ, car il n'avait
pas de doctrine préétablie, de système suffisant et clos, de ces
orgueilleuses « sagesses » auxquelles se heurtait saint Paul ; il ne
disait pas non plus en hochant la tête comme Pilate, sorte
« d'académicien » : *Quid est veritas ?* Il cherchait le vrai et se
reconnaissait incapable de le trouver *tout seul*. C'est en ce sens
que Pascal a justement dit : « Le pyrrhonisme est le vrai, car,
après tout, les hommes, avant Jésus-Christ, ne savaient où ils en
étaient, ni s'ils étaient grands ou petits. » (p. 527).

Le pyrrhonien avait, dans un sens très vrai, entendu la parole
du psalmiste : « Cherchez et votre âme vivra » et celle du Christ :
« Cherchez et vous trouverez. » Et n'est-ce pas des gens de cette
espèce que Paul a rencontrés dans l'Aréopage, qui « cherchaient
Dieu à tatons » ? (1).

Mais Montaigne n'entreprend pas une reconstitution historique
et ne se reporte pas aux pyrrhoniens du temps de Pyrrhon. Il
pense à ces réformateurs présomptueux qui, pour propager leur

_____

(1) Act. Apost. XVII 27.

dogmatisme, mettent la cité chrétienne à feu et à sang. Il veut
leur apprendre à douter, et avant tout, à douter d'eux-mêmes.
Et pour les acculer à cette modestie bienfaisante, à cette recherche humble et docile, il pousse le pyrrhonisme à l'extrême : la
raison seule n'atteint aucune certitude dans les choses naturelles ; à combien plus forte raison, dans les choses surnaturelles :
« Non, non, nous ne sentons rien, nous ne voyons rien ; toutes
choses nous sont occultes. » (II, 244 B.) Il n'y a point de fin à
nos inquisitions ; notre fin est en l'autre monde. » (III, 384 B.)

« Il faut mettre aux pieds cette sotte vanité... Tant qu'il pen-
sera avoir quelque moyen et quelque force *de soi*, jamais
l'homme ne reconnaîtra ce qu'il doit à son Maître ; il fera toujours de ses œufs poules, comme on dit. Il le faut mettre en
chemise. » (II, 216 A.)

« Dieu ne peut pas. »

Montaigne veut obliger l'incrédule à se faire pyrrhonien et à
ne s'étonner de rien quand il s'agit d'une œuvre divine affirmée
dans l'Ecriture. Admirer ? Oui. Embellir, approfondir ? Oui.
Contredire ? Jamais.

Dans un reproche qu'atténue le pluriel, Montaigne s'adresse
à ces hommes, à ces chrétiens même, qui par outrecuidance
ou par légèreté ramènent Dieu à leur mesure, le jaugent à leur
capacité. « Nous lui prescrivons des bornes ; nous tenons sa
puissance assiégée par nos raisons ; nous le voulons asservir aux
apparences vaines et faibles de notre entendement, lui qui a
fait et nous et notre connaissance... (1). Tu ne vois, ô homme,
que l'ordre et la police de ce petit caveau où tu es logé (2), au
moins si tu le vois ; sa divinité a une juridiction infinie au-delà ;
cette pièce n'est rien au prix du tout ; c'est une loi municipale
que tu allègues. Tu ne sais pas quelle est l'universelle. Attache-
toi à ce à quoi tu es sujet, mais non pas Lui ; il n'est pas ton
confrère, ou concitoyen, ou compagnon. S'ils s'est aucunement
communiqué à toi, ce n'est pas pour se ravaler à ta petitesse
ni pour te donner le contrôle de son pouvoir. » (II, 261 A.)

Dieu ne peut pas ! « Il m'a toujours semblé qu'à un homme
chrétien cette sorte de parler est pleine d'indiscrétion et d'irrévérence ; Dieu ne peut mourir, Dieu ne se peut dédire, Dieu ne
peut faire ceci ou cela. Je ne trouve pas bon d'enfermer ainsi
la puissance divine sous les lois de notre parole (*langage*). »

Montaigne se sent ici sur un terrain dangereux, car ces expressions se rencontrent dans Sebond et dans tous les manuels de
théologie. Il avait sagement fait précéder ces lignes de la
réflexion suivante : « Je ne sais si la doctrine ecclésiastique en

---

(1) Maldonat : « Il faut avoir l'esprit à l'envers pour enchaîner Dieu
aux lois qu'il a faites. » (l. c. 1462 B).
(2) Pascal : « Le petit cachot où il se trouve logé. » p. 349.

juge autrement et me soumets en tout et partout à son ordonnance. » (1). Mais il a corrigé. Car, ce qu'il condamne ce n'est pas la doctrine trop évidente, c'est la formule qu'il trouve irrévérencieuse : « L'apparence qui s'offre à nous en ces propositions, il la faudrait représenter plus révérencieusement et plus religieusement. » (II, 226 A.)

C'est qu'il a bien vu le danger d'affirmations aussi péremptoires. Quand on dit : Dieu ne peut pas, où s'arrêtera-t-on ? Un pyrrhonien s'exprimerait autrement. Il ne dirait : ni « je doute », ni même « j'ignore ». Il lui faudrait un autre langage : « le nôtre est tout formé de propositions affirmatives ».

Que dirait un pyrrhonien ? Il dirait : « *Que sais-je* ? » Cette fantaisie est plus sûrement conçue par interrogation (autrement dit, cette *idée* qu'il voudrait exprimer se conçoit plus sûrement sous forme interrogative) : *que sais-je*, comme je la porte (inscrite) à la devise (*avec l'emblème*) d'une balance. » (II 267 B.)

« Que sais-je ? »

Ce mot, c'est tout Montaigne. Ainsi pense-t-on depuis le XVII⁰ siècle. Et on ne se trompe pas, puisque lui-même l'a pris pour devise.

On ne se trompe pas, à condition de ne pas l'isoler du contexte de son livre et de l'histoire. En le séparant des phrases et des circonstances qui l'entourent, on en a fait sans peine, par une convention bien établie, le symbole d'un scepticisme souriant et universel, alors qu'il est l'expression originale, étrange pour nous, mais bien appropriée, d'un profond sentiment religieux, une formule de renoncement aux jugements propres en matière de foi, aux prétentions du libre examen.

Un aveu d'ignorance bien placé.

Une quinzaine d'années avant que Montaigne écrivît ce mot, Calvin avait publié en 1560 la traduction française définitive de son *Institution chrétienne*. Non seulement le monde des écoles et des sacristies, mais tout le monde intellectuel et la cour étaient passionnés par les querelles que suscitait ce livre révolu-

(1) Montaigne a pu être rassuré sur ce point par son ami Maldonat. L'éminent exégète commente ainsi la parole de l'Ange : « Rien n'est impossible à Dieu. » (Luc I, 37). Ceux qui refusent de prendre cette parole au pied de la lettre parce qui, disent-ils, il y a beaucoup de choses que Dieu ne peut pas : mourir, mentir, pécher, faire un autre Dieu, empêcher que soit fait ce qui est fait et autres exemples dont on discute subtilement dans les écoles, me paraissent penser trop à la légère (*nimis tenuiter*) de la puissance divine et détruire presque toute l'Écriture... Cherchons la raison pour laquelle Dieu ne peut pas ces choses. La voici : S'il les pouvait, il ne serait pas Dieu... Il ferait une chose contradictoire à la divinité, comme se nier lui-même, mentir, pécher, mourir. » Et Maldonat allègue la règle de Saint Augustin : « Dieu peut toutes choses hormis celles qui sont telles que pouvoir les faire est signe non de puissance mais d'impuissance ; s'il le pouvait il ne serait pas tout-puissant. » L. c. col. 920 C.

tionnaire. Les affirmations du novateur alimentaient les débats de plume et les combats d'arquebuses.

On se battait surtout autour de l'Eucharistie. L'Hostie, point central du dogme et de la liturgie catholique, était le point de mire de l'attaque protestante. La grande dispute était plus que jamais la dispute du Saint Sacrement, car l'Eucharistie est le mystère de foi par excellence, *mysterium fidei,* celui qui confond le mieux les affirmations des sens et les apparentes évidences de la raison elle-même.

Ces doctrinaires qui acceptent tout uniment la Trinité, l'Incarnation, la Rédemption, n'admettent pas que leurs yeux, leur toucher, leur goût soient trompés, que leur raison soit confondue. « Combien de querelles et combien importantes a produit au monde le doute du sens de cette syllabe HOC ! » (1) (II, 266 A). Le texte : *hoc est corpus meum* où l'interprétation traditionnelle voit l'affirmation nette de la présence du Christ dans l'hostie, ils veulent le rendre raisonnable. Ils volatilisent le mystère et réduisent la puissance de Dieu aux sages limites de la puissance humaine. Dieu *n'a pas pu faire* autre chose qu'instituer un banquet commémoratif de sa mort, un Souper, la *Cène.* Socrate, au milieu de ses amis, n'aurait pas fait autre chose, s'il y avait songé, et des disciples fervents, s'il en était, célébreraient encore la Cène de Socrate.

Socrate aurait-il dit : « Prenez et mangez, ceci est mon corps » ? Et encore : « Qui mange ma chair... Je demeure en lui » ? Il est curieux de voir les efforts de Calvin pour concilier la sagesse de Jésus avec la raison de Calvin. « Il faut que nous recevions vraiment en la Cène le corps et le sang de Jésus-Christ, puisque le Seigneur nous y représente la communion de l'un et de l'autre. » Mais ce corps et ce sang ne peuvent s'entendre raisonnablement qu'au sens figuré, et le Christ n'est *vraiment* présent dans l'hostie que d'une présence morale.

« On a imaginé, dit-il, je ne sais quelle présence locale, et a-t-on pensé que Jésus-Christ, en sa divinité et humanité, était attaché à cette blancheur, sans avoir égard à toutes les absurdités qui s'en suivent... Pour soutenir cela, il faut confesser ou que le corps du Christ est sans mesure ou qu'il peut être en divers lieux : et en disant cela, on vient en la fin à ce point qu'il ne diffère en rien d'un fantôme... C'est là non seulement une rêverie (*folie*) mais une erreur damnable, contrevenant à la gloire du Christ et détruisant ce que nous devons tenir de sa nature humaine. » (2).

« Comment le corps du Christ peut-il être à la fois au ciel et

---

(1) Voir dans Maldonat, l. c. col. 590, 591, 592, 593, 594, le récit de tous les assauts calvinistes contre cette syllabe et les réfutations péremptoires de l'exégète catholique. « *Innumerabiles interpretationes commenti sunt.* »

(2) Calvin, *Institution chrétienne.* livre IV, ch. 17.

en la terre ? » C'était l'objection courante que les soldats huguenots posaient aux moines qu'ils avaient arrêtés après le pillage
d'une église. Le « bon sens » de ces soudards établissait la
juste mesure de la puissance divine. Et de la réponse dépen-
dait la vie ou la mort.

Quomodo potest ? Comment peut-il nous donner sa chair à
manger ? C'était l'objection que les gens de bon sens faisaient
à Capharnaüm quand ils entendaient la déconcertante promesse
de l'Eucharistie.

Que Montaigne eût ou non présente à la pensée l'objection
des esprits forts de Capharnaüm, il réprouve avec indignation
les esprits forts de son temps qui disent aussi : *Dieu ne peut pas*
à l'occasion de l'Eucharistie : Montaigne répond : « Le corps
humain *ne peut pas* être au ciel et en la terre et en mille lieux
ensemble corporellement. C'est pour toi, homme, qu'il a fait
ces règles ; c'est toi qu'elles attachent. Il a témoigné aux chrétiens dans la Bible qu'il les a toutes franchies, quand il lui a
plu. De vrai, pourquoi, tout-puissant comme il est, aurait-il restreint ses forces à certaine mesure ? En faveur de qui aurait-il
renoncé à son privilège ? (II, 262 A. »

Apparier Dieu à l'homme c'est, encore une fois, supprimer
Dieu. Rationaliser à ce point la religion, c'est l'anéantir. C'est
surtout à propos de l'Eucharistie que semble se justifier le paradoxe apparent de Montaigne : « Il s'en faut tant que nos forces
conçoivent la hauteur divine que, des ouvrages de notre Créateur, ceux-là portent (le) mieux sa marque et sont (les) mieux
siens, que nous entendons le moins. C'est aux chrétiens une
occasion (*cause*) de croire, que de rencontrer une chose incroyable. Elle est d'autant plus selon raison qu'elle est contre l'humaine raison. » (II, 228 A.) (1). Il ajoute en 1588 : « Si elle était
selon raison, ce ne serait plus miracle ; et si elle était selon quelque exemple, ce ne serait plus chose singulière. » Pascal confirme d'un mot-éclair : « Il n'y a rien de si conforme à la raison
que ce désaveu de la raison » (p. 457). Et encore : « La dernière démarche de la raison est de reconnaître qu'il y a une
infinité de choses qui la surpassent. » (p. 455).

Montaigne intercale ici, en 1588, l'appel aux pyrrhoniens et
le fameux « Que sais-je » ? Si nous savions assez douter de nous-
même pour ne pas douter de Dieu, que de balles d'arquebuses
seraient épargnées !

« Que sais-je ? » n'est pas un appel à la modération et à la
tolérance parce que rien n'est sûr ; c'est un rappel à l'humilité

---

(1) Montaigne semble traduire Maldonat. « Les miracles de Dieu
sont d'autant plus grands qu'ils sont moins d'accord (*consentanea*)
avec l'humaine raison... C'est parce que la raison humaine ne comprend pas qu'il faut croire. » Il. c. col. 1471 B. C. « Il faut savoir,
disait déjà Saint Grégoire, que l'action divine, si la raison la comprend, cesse d'être admirable et la foi n'a aucun mérite si l'humaine
raison l'appuie par l'expérience. » (Homélie 26 sur les Evangiles.).

parce que rien n'est plus stupide que l'*homme sûr* qui sait que Dieu ne peut pas. Que sais-tu, pauvre homme ?

Et le texte de 1580 enchaîne de nouveau l'exposé du problème mystérieux que le fameux mot a illuminé d'une lueur soudaine. « Voyez comme on se prévaut de cette sorte de parler pleine d'irrévérence (Dieu ne peut pas). *Aux disputes qui sont à présent en notre religion*, si vous pressez trop les adversaires, ils vous diront tout destroussément (*crûment, carrément*) qu'il n'est pas en la puissance de Dieu de faire que son corps soit en paradis et en la terre et en plusieurs lieux ensemble. » (II, 267 A.)

Montaigne, ici, semble avoir sous les yeux le texte même de Maldonat : « Ils (les calvinistes) disent qu'ils ne nient pas la toute-puissance de Dieu... Ils mentent car, *lorsqu'on les presse dans la discussion*, ils se réfugient dans la philosophie et dans la raison naturelle en affirmant qu'il ne peut se faire qu'un corps unique soit en plusieurs lieux... » (ibid col. 1559.)

Et de cette discussion Maldonat lui-même nous donne un écho quand il raconte les controverses qu'il soutenait à Sedan en 1572 contre les ministres de Calvin.

Voici le syllogisme que le théologien suggérait lui-même à ses adversaires pour les aider à mettre « en forme » leur objection : *Dieu ne peut pas faire que le corps du Christ soit en même temps et réellement (simul reipsa) présent dans le ciel et dans l'Eucharistie. Or, il est clair par la parole de Dieu qu'il est dans le ciel. Donc, il n'est pas réellement dans l'Eucharistie.*

Le ministre de Loques affirme que ce qui est contradictoire ne peut pas se faire. A quoi Maldonat réplique en substance : Ce qui apparaît contradictoire pour l'homme ne l'est pas nécessairement pour Dieu. Toute la question est de savoir si *Dieu ne peut pas* faire que le corps du Christ soit en plusieurs lieux à la fois. On voit comment le raisonnement de Montaigne s'enchaîne à celui de Maldonat : « C'est une loi municipale que tu allègues... », dirait Montaigne (1).

Il y a des cas où l'on semble autorisé à dire : « Dieu ne peut pas. » Par exemple : Dieu ne peut pas ne pas être, et autres formules de ce genre employées par Sebond. Mais il est vain, ici comme ailleurs, d'opposer l'un à l'autre le théologien et son traducteur. Car Montaigne pense surtout à des cas où l'on ne saurait dire sans impiété « Dieu ne peut pas » ; c'est le cas de tous les miracles. Sebond a formulé cette sentence lapidaire : « *Quiconque dit que Dieu ne peut pas quelque chose dit que Dieu n'est pas.* » (S. p. 34ᵛ.)

Les deux penseurs sont donc bien d'accord ; mais le disciple, instruit par les lectures du passé et par les spectacles du présent, dit respectueusement au maître : évitons cette fâcheuse formule. « Voyez comme ce moqueur ancien (Pline) en fait son profit :

(1) *Maldonat*, par le P. J.-M. Prat, pp. 313, 314.

au moins, dit-il, est-ce une non légère consolation à l'homme
de ce qu'il voit Dieu ne pouvoir pas toutes choses... Il ne peut
faire que deux fois dix ne soient vingt. Voilà ce qu'il dit et
qu'un chrétien devrait éviter de passer en sa bouche, là où (*tandis que*), au rebours, il semble que les hommes recherchent cette
folle fierté de langage pour ramener Dieu à leur mesure... Notre
ignorance nous remet toujours en avant cette blasphémeuse
appariation (*assimilation*). » (II, 267 A, 269 C.)

« Notre outrecuidance veut faire passer la divinité par notre
étamine. Et de là s'engendrent toutes les rêveries (*folies*) et
erreurs desquelles le monde se trouve saisi, ramenant *à sa
balance* chose si éloignée de son poids. » La voilà la fameuse
balance, comme aussi la fameuse étamine, et voilà l'usage
réservé qu'il en faut faire.

Dans sa balance, Calvin met sur un plateau, le « cuider » de
Calvin et sur l'autre l'affirmation de Dieu transmise par l'Eglise.
C'est le premier plateau qui l'emporte.

Quand, dans sa balance, Montaigne met d'un côté l'opinion
d'Aristote, de l'autre celle de Platon ou encore d'un côté le
système de Zénon, de l'autre celui d'Epicure, les deux plateaux
oscillent sans arrêt. « Toute présupposition *humaine* et toute
énonciation a autant d'autorité que l'autre si la raison n'en
fait la différence. Aussi il les faut mettre à la balance. » (II,
285 A.) Mais quand, dans sa balance, il met d'un côté la parole
humaine et, de l'autre, la parole divine, le second plateau l'emporte et l'aiguille n'oscille plus.

Il n'y a qu'une chose qui puisse arrêter cette dangereuse
oscillation, c'est la parole de Dieu. Son poids l'emporte à l'infini
sur tous les poids humains.

De cuider à outrecuider il n'y a qu'un pas. « Il s'engendre
beaucoup d'abus au monde, ou, pour le dire plus hardiment,
tous les abus du monde s'engendrent de ce qu'on nous apprend
à craindre de faire profession (*aveu*) d'ignorance. » (III, 531 c.)
Pour Montaigne, « Que sais-je ? » est le chemin qui aboutit à
« Je crois ».

« Le mol oreiller. »

« Le mol oreiller » est aussi un mot qui résume Montaigne aux
yeux de beaucoup et qui le résumerait fort bien, d'abord s'il
était cité correctement ; ensuite, s'il était compris exactement
comme il sonne dans la langue de l'auteur ; s'il était remis dans
le contexte où il est pris et dans l'atmosphère du livre entier.

Il est le plus souvent mal cité. Dans le dernier chapitre du
livre troisième, Montaigne professe ce qu'il dit tant de fois, et
notamment dans l'*Apologie*, qu'il n'est pas besoin de beaucoup
de science pour être heureux.

Il résume cette pensée à sa manière dans un axiome abstrait,

éclairé ensuite par une image pittoresque : « Oh ! que c'est un
doux et mol chevet (*oreiller*), et sain, que l'ignorance et l'incuriosité, à (*pour*) reposer une tête bien faite ! » (III, 391 c.)

Sous la poussée d'une tradition prévenue et paresseuse, la
plupart des gens de salon ou de club, des journalistes, des disciples, et même, hélas ! des maîtres, la plupart de ceux qui prétendent citer la phrase célèbre trahissent Montaigne et lui prêtent
« *le mol oreiller du doute* » !

C'est lui prêter une pensée aussi éloignée de son esprit que
du bon sens lui-même ; car enfin de quel doute s'agirait-il ?

Serait-ce du doute initial ? Mais ce doute est le point de départ
et le stimulant d'une laborieuse recherche.

Serait-ce du doute que nous avons nommé final, du doute
qu'un excellent psychologue a décrit dans « *Le doute et ses
victimes* » ? (1). Ce serait absurde. Chacun sait, depuis Sully-
Prudhomme et depuis tant d'autres, combien ce doute est tortu-
rant. Il faut être Voltaire pour affecter de « douter fort paisiblement » et d'en soupçonner Montaigne.

Serait-ce du doute, au sens d'hésitation entre deux affirmations ou deux décisions contradictoires ? Mais c'est là une situation qui n'a rien de reposant et l'âne de Buridan s'y laissa mourir.

Le mot ne serait à la rigueur acceptable que dans le sens de
ce doute souriant, narquois, superficiel, qui libère l'esprit de
toutes recherches, la conscience de tout remords, et qui autorise
la liberté la plus débridée, le doute à la Ninon.

C'est ainsi que l'interprète plus d'un qui n'a pas lu Montaigne
ou qui l'a bien mal lu. Mais une telle attitude est aussi éloignée
de son esprit que le mot lui-même. C'est pourquoi il n'a pas
écrit, il n'aurait jamais écrit « le mol oreiller du doute » ; il a
écrit : « Le doux et mol oreiller de l'ignorance et de l'incuriosité. »

« Doux et mol » ; la seconde épithète nous fait oublier la
première dont elle est synonyme. « Un homme de molle et douce
conversation » (II 520 B) est un homme de conversation paisible.
Les exemples seraient nombreux et nous en laissons l'utile
recherche aux amateurs de philologie. Il faut donc traduire le
« paisible oreiller », c'est-à-dire capable de procurer la paix et
la tranquillité, bienfaits inappréciables entre tous, nous le verrons, aux yeux de Montaigne.

Reste à savoir ce qu'il entend par « ignorance et incuriosité ».

Les deux ignorances.

Tout ce que nous avons lu jusqu'ici de Montaigne : le plan et
le but de l'*Apologie*, le classement des philosophes en trois catégories, la préférence accordée aux sages pyrrhoniens, ont pour
dessein de nous inculquer la défiance de la *raison seule*. Nous

(1) Monseigneur Baunard

sommes invités, avec quelle véhémence ! à chercher la vérité
solide, le souverain bien ailleurs que dans la science trompeuse
et dans la vaine philosophie humaine. Un sentiment religieux
inspire et unifie toutes ces pages.

Ce « sceptique » est un « chercheur » de vérité et pour nous
préparer à la trouver avec lui, il nous veut humbles, défiants de
nous-mêmes, ennemis de présomption.

La même préoccupation se manifeste dans la classification des
ignorances qu'il nous propose à la fin du premier livre, vers
1588. Assez d'autres classifient les sciences ; Montaigne estime
plus utile, dans un souci de préparation morale à la vérité religieuse, de classer les ignorances.

« Il se peut dire, avec apparence, qu'il y a une ignorance
abécédaire qui va devant la science, une autre *doctorale* qui
vient après la science, ignorance que la science fait et engendre, comme elle défait et détruit la première. » (I, 397 B.)

Il ne se peut guère, en tout cas, dire plus de choses en moins
de mots.

De cette ignorance abécédaire Montaigne fait un très grand
cas : c'est celle des paysans qui l'entourent ; c'est celle qu'il
exalte dans l'Apologie :

« J'ai vu en mon temps cent artisans, cent laboureurs plus
sages et plus heureux que des recteurs de l'Université et lesquels j'aimerais mieux ressembler. » (II, 212 B.)

C'est leur « mol oreiller » qu'il envie.

En ceux-là « on voit ordinairement beaucoup moins de ressen-
timent (*de sentiment*) de mort, de douleur et d'autres inconvénients et plus de fermeté que la science n'en fournit. » (II 217 B.)

Ceux-là n'ont guère besoin de médecins. On ne voit pas chez
eux ces malades imaginaires qui se font « soigner, purger et
médiciner pour guérir des maux qu'ils ne sentent qu'en leurs
discours. Lorsque les vrais maux nous faillent, la science nous
prête les siens ».

Ils ne sont pas à la merci de ces docteurs qui nous disent :
« Cette allégresse et vigueur de jeunesse ne se peut arrêter en
même assiette (*en même état*) ; il lui faut dérober du sang et de
la force, de peur qu'elle ne se tourne contre nous-mêmes ! »
Moquerie énorme et pourtant fondée qui inspirera sûrement
Molière et peut-être Romain Rolland.

Le laboureur suit « son appétit (*besoin*) naturel, mesure les
choses au seul sentiment présent (*la seule expérience du moment*), sans science et sans pronostic, n'a du mal que lorsqu'il
l'a, où (*tandis que*) l'autre a souvent la pierre en l'âme avant
qu'il l'ait aux reins ».

« On demandait à un Lacédémonien (ce) qui l'avait fait vivre
sain et longtemps : « L'ignorance de la médecine », répondit-
il. » (II 586 A.)

« Ce qu'on nous dit de ceux du Brésil qu'ils ne mouraient que

de vieillesse et qu'on l'attribue à la sérénité et tranquillité de
leur âme déchargée de toute passion et pensée et occupation
tendue ou déplaisante, comme gens qui passaient leur vie en une
admirable simplicité et ignorance... » (II, 218 c.)

Oui, l'ignorance est un « mol oreiller » et sain, source de
santé pour le corps. Pour l'intelligence aussi : combien de gens
l'excès d'intelligence a menés à la folie : « Il n'y a qu'un demi-
tour de cheville de l'une à l'autre. » (II 219 A.) « De quoi se
fait la plus subtile folie que de la plus subtile sagesse ? »

Pour l'âme enfin : « Pourquoi faire nous allons-nous gendar-
mant par ces efforts de la science ? Regardons à terre les pauvres gens que nous y voyons répandus, la tête penchante après
leur besogne, qui ne savent ni Aristote ni Caton, ni exemple,
ni précepte : de ceux-là tire nature tous les jours des effets de
constance et de patience plus purs et plus roides que ne sont
ceux que nous étudions si curieusement (*avec tant de soin*) en
l'école. Combien en vois-je ordinairement qui méconnaissent
(*dédaignent*) la pauvreté ? Combien qui désirent la mort ou qui
la passent sans alarme et sans affliction ?

« Celui-là qui fouit (*creuse*) mon jardin, il a ce matin enterré
son père ou un fils. Les noms même de quoi ils appellent les
maladies en adoucissent et amollissent l'âpreté : la phtisie c'est
la toux pour eux ; la dysenterie, dévoiement d'estomac ; une
pleurésie, c'est un morfondement... Elles sont bien grièves quand
elles rompent leur travail ordinaire ; ils ne s'alitent que pour
mourir. »

Où puisent-ils tant de courage ? Dans l'ignorance, ce qui veut
dire en partie l'irréflexion, l'imprévoyance. Mais n'exagérons
pas cette qualité brutale : « les âmes basses et vulgaires sont
souvent aussi réglées que les plus déliées », observe-t-il avec
justesse.

« La moins dédaignable condition de gens me semble être
celle qui, par simplesse tient le dernier rang, et (elle me semble)
nous offrir un commerce plus réglé. Les mœurs et les propos
des paysans, je les trouve communément plus ordonnés selon la
prescription de la philosophie, que ne sont ceux de nos philosophes. » « La dialectique aux altercations des bergers et garçons de boutique » vaut celle des plus savantes discussions.
(II, 447 6 - III, 188 B.)

Ces paysans stoïciens ne puisent-ils pas leur résignation où
nous verrons qu'il la puise lui-même, dans la religion ?

Assurément, mais cette religion même ne saurait avoir d'autre
fondement que l'humilité, l'absence de tout cuider. Cette ignorance abécédaire les met dans l'humilité : « Des esprits simples,
moins curieux et moins instruits, il s'en fait de bons chrétiens
qui, par révérence et obéissance, croient simplement et se maintiennent sous les lois. » (I 397 B.)

Humilibus dat gratiam : Montaigne lui-même nous l'a rappelé. « Les ignorants et les simples, dit saint Paul, s'élèvent et saisissent du ciel, et nous, à tout notre savoir, nous plongeons aux abîmes infernaux. »

« Dieu nous avait appris cet avantage précieux de l'ignorance par les témoins qu'il a choisis du vulgaire (les apôtres) simples et ignorants, pour nous instruire de ses admirables secrets. » Pour pénétrer ces secrets « la faiblesse de notre jugement nous aide plus que la force, et notre aveuglement plus que notre clairvoyance. C'est par l'entremise de notre ignorance plus que par notre science que nous sommes savants de ce divin savoir. » (II 230 A.) (1).

Voyons maintenant, à l'autre extrême, la seconde espèce d'ignorance : l'ignorance doctorale.

Pour celle-ci Montaigne professe aussi un grand respect.

Elle est le produit de la science, de la vraie science poussée à ses extrêmes limites. Montaigne affecte ici une de ces ellipses paradoxales qui donnent à sa pensée une pointe plus piquante. Quand il écrit *ignorance doctrinale* nous devons lire *aveu d'ignorance qui caractérise les vrais docteurs.*

« Le plus sage homme du monde avait appris cela, qu'il ne savait rien. » Ainsi font tous les vrais savants : « Les grands esprits, plus rassis et plus clairvoyants (que les moyens esprits) font un autre genre de bien croyants, lesquels, par longue et religieuse investigation, pénètrent une plus profonde et abstruse lumière ès Ecritures et sentent le merveilleux et divin secret de notre police (*organisation*) ecclésiastique. » (I 397 B.)

Cette police ce n'est pas seulement, ce n'est pas surtout, le gouvernement extérieur, mais c'est cette unité vitale qui fait de l'Eglise un organisme, un « grand arbre » ou mieux un corps vivant animé par l'Esprit du Christ. Voilà le « merveilleux et divin secret » que pénètrent les savants véritables, d'autant plus pénétrants que plus humbles.

Voici enfin les faux docteurs :

« En la moyenne vigueur des esprits et moyenne capacité s'engendre l'erreur des opinions : ils suivent l'apparence du premier sens (*jugement*) et ont quelque titre d'interpréter à simplicité et bêtise (2) de nous voir arrêter à l'ancien train quand ils nous regardent, nous qui n'y sommes pas instruits par étude. » Aux

(1) Qui ne verrait en ces mots le commentaire, un peu vif il est vrai, des paroles de Jésus : « Tu as caché ces vérités aux sages et tu les a révélées aux enfants. » M^t. XI 25.

(2) Maldonat : « Nous autres (catholiques) qui sommes des simples, des retardataires, des sots, des ignorants (*insipientes*), si nous n'admettions que ce que démontre la raison humaine, nous passerions à leurs yeux (des calvinistes) pour les plus sages des hommes. » (l. c. col. 343 D.). Et ailleurs : « Que ces gens-là qui pensent avoir l'Esprit de Dieu supportent patiemment notre simplicité d'avoir foi à l'Ecriture plutôt qu'à leur sagesse. » (col. 373 C.).

yeux de ces « savants » nous autres qui suivons tout bonnement la vieille religion de nos pères, « l'ancien train », nous sommes des sots.

On songe irrésistiblement aux cinglantes répliques de Clitandre :

« Un sot savant est sot plus qu'un sot ignorant... »

Du point de vue religieux où se place Montaigne, cette catégorie est très dangereuse : C'est chez eux que « s'engendre l'erreur des opinions », c'est-à-dire l'hérésie.

Un hérétique, un athée, c'est nécessairement, selon Montaigne, un demi-savant : une tête bien pleine et mal faite. Le mol oreiller n'est pas fait pour elle. Pleine et vide : pleine de soi, vide de Dieu.

Montaigne ne bannit pas l'étude, la recherche : l'étude aussi mène à Dieu, sous certaines réserves : « Pourtant, en voyons-nous aucuns être arrivés à ce dernier étage par le second, avec merveilleux fruit et confirmation (*affermissement*) de leur foi, comme à l'extrême limite de la chrétienne intelligence et jouir de leur victoire avec consolation, action de grâces, réformation de mœurs et grande modestie. » Tel, Maldonat.

Mais, dira quelqu'un, pour passer de l'ignorance à la science ne faut-il point toujours passer par la demi-science ? Sans doute. Mais le cerveau de l'homme n'est pas, selon Montaigne, tout à fait comparable à un vase qu'on remplit. Quelques-uns, à mesure qu'ils apprennent ce qu'ils ignoraient, s'infatuent et « s'enflent » selon le mot de saint Paul. D'autres, moins nombreux, même quand ils apprennent beaucoup, apprennent qu'il leur reste encore beaucoup plus à savoir ; qu'ils ne savent le tout de rien.

Dans les premiers, avec les connaissances, monte l'orgueil ; dans les seconds l'humilité. Dans les premiers, la plus grande science reste toujours demi-science. Dans les seconds seulement se trouve la vraie science. Elle est le fruit d'une *victoire* et a pour fruit la modestie. Les premiers bouleversent l'Eglise ; les seconds « sentent » la nécessité de l'Eglise.

En somme il n'y a que « deux sortes d'honnêtes gens (c'est-à-dire ici de gens de bien), les paysans et les philosophes », mais les philosophes au sens le plus noble et le plus authentique du mot : « Les paysans simples sont honnêtes gens, et honnêtes gens les philosophes ou, selon notre temps, des natures fortes et claires (fortes par la volonté, claires par l'intelligence), enrichies d'une large instruction de sciences utiles... »

Et nous savons ce que Montaigne entend par sciences utiles : celles qui enseignent à bien vivre.

Le fruit de ces sciences, « l'extrême limite de la chrétienne intelligence » c'est l'ignorance, entendez la « profession », l'aveu d'ignorance. Pour une fois, le juste milieu n'est pas la bonne place (1).

« L'admiration (*étonnement*) est le fondement de toute philosophie ; l'inquisition (*la recherche*), en est le progrès ; l'ignorance, le bout. » (III, 331 C.)

Montaigne, pour son compte, se range parmi « les métis qui ont dédaigné le premier siège d'ignorance de lettres et n'ont pu joindre l'autre (le cul entre deux selles, dont je suis et tant d'autres). Ils sont dangereux, ineptes, imposteurs. Ceux-ci troublent le monde. Pourtant (*c'est pourquoi*) de ma part je me recule tant que je puis dans le premier et naturel siège, d'où je me suis pour néant essayé de partir (*me séparer*). »

On nous dira que cet éloge de l'ignorance est inspiré du *De vanitate scientiarum* de H. C. Agrippa. Sans doute, et de bien d'autres ouvrages depuis l'*Ecclésiaste* jusqu'à l'*Imitation* en passant par saint Paul.

Dante aussi, avait lu la descente d'Owen aux enfers et autres récits de la même veine et il y a découvert le thème de la Divine Comédie. Qui se souvient aujourd'hui de H. C. Agrippa ?

Pourquoi Montaigne n'a-t-il pas réagi en réfutant Agrippa ?

Le mépris de la vaine science en un homme qui sait tant de choses, ce mépris d'ailleurs sage et motivé qui est devenu la substance de son âme et le fondement de son abandon à Dieu, il l'a puisé bien plus dans sa vie intérieure que dans ses livres. Il se calomnie : il ne s'est pas « pour néant essayé de partir » des ignorants abécédaires ; il s'est vraiment rangé parmi les philosophes.

Le vœu d'ignorance.

Mais l'ignorance n'est-elle pas un mal ? Sans doute et un très grand mal, au sens de grand malheur.

La présomption est un pire mal, et un mal proprement dit. Un mal de l'intelligence : « La reconnaissance de l'ignorance est l'un des plus beaux et plus sûrs témoignages de jugement que je trouve. » (II 106 B.) Il n'y a que les fols certains et résolus. » (194 C.) Montaigne y revient sans cesse et avec une verve,

---

(1) Pascal (p. 480) s'est contenté de résumer ces belles pages. Il est intéressant d'observer ici encore le reflet de la pensée du maître dans l'âme du disciple :

« Le monde (*le peuple*) juge bien des choses, car il est dans l'*ignorance naturelle*, qui est le vrai *siège* de l'homme. Les sciences ont deux extrémités qui se touchent. La première est la pure ignorance naturelle où se trouvent tous les hommes en naissant. L'autre extrémité est celle où arrivent les grandes âmes qui, ayant parcouru tout ce que les hommes peuvent savoir, trouvent qu'ils ne savent rien et se rencontrent en cette même ignorance d'où ils étaient partis ; mais c'est une *ignorance savante* qui se connaît.

« *Ceux d'entre deux* qui sont sortis de l'ignorance naturelle et n'ont pu arriver à l'autre ont quelque teinture de cette science suffisante et font les entendus. *Ceux-là troublent le monde* et jugent mal de tout. »

une indignation, qu'il a puisées non dans H. C. Agrippa, mais
dans son âme et dans son génie. « L'obstination et ardeur d'opinion est la plus sûre preuve de bêtise. Est-il rien certain, résolu,
dédaigneux, contemplatif, grave, sérieux comme l'âne ? » (III
206 C.)

Un mal de la volonté, car l'orgueil se classe parmi les vices.
D'ailleurs, intelligence, volonté : la distinction est ici superflue,
puisque l'humilité c'est la vérité et que l'orgueil c'est le mensonge.

Mais puisque la science, à moins d'être poussée très loin et
très haut, privilège d'un tout petit nombre, entraîne quasi nécessairement la présomption, puisque la science « enfle », puisque
la science au degré modeste où nous l'atteignons d'ordinaire,
nous éloigne de Dieu et de la vérité solide, eh ! bien, choisissons l'ignorance, s'il est possible encore. Attachons-nous à elle
de toutes nos forces ! !

« J'ai pris plaisir de voir en quelque lieu des hommes, par
dévotion, faire vœu d'ignorance, comme de chasteté, de pauvreté, de pénitence.

« C'est aussi châtier nos appétits désordonnés, d'émousser cette
cupidité qui nous époinçonne à l'étude des livres et de priver
l'âme de cette complaisance voluptueuse qui nous chatouille
par l'opinion de science. Et est richement accomplir le vœu de
pauvreté d'y joindre encore celle de l'esprit. » (III, 343 B.)

Le lecteur qui voudrait voir là un persiflage prouverait qu'il
a lu et compris Voltaire ; mais il n'a pas lu et, en tout cas, il
n'aurait pas compris Montaigne. Sans jouer sur le mot « profession d'ignorance » qui revient si souvent sous sa plume, on
peut assurer qu'il est profès de cœur dans cet Ordre-là, et son
effort est de se rendre parfait en la pratique de cette profession.

Le pyrrhonien, chrétien idéal.

Voilà le mol oreiller, pour reposer une tête bien faite : pour
les simples, l'ignorance et, pour les meilleurs philosophes, l'aveu
d'ignorance.

Voilà le secret de la parfaite tranquillité, idéal du sage.

Voilà l'explication de cette phrase lapidaire et paradoxale :
« Il n'y a de tranquillité que pour les âmes brutales (*d'une ignorance totale*) ou divines. » Il faut rester au plus bas siège de
l'ignorance, à moins d'être élevé au plus haut. Il répètera à la
fin de son livre :

« La moyenne région loge les tempêtes : les deux extrêmes,
des hommes philosophes et des hommes ruraux, concurrent (*se
rencontrent*) en tranquillité et en bonheur. » (III 317 B.)

Ecoutons-le résumer son grand idéal et la pensée religieuse
profonde qui anime tout son livre. Sous les traits du vrai pyrrhonien Montaigne trace discrètement, en laïque de la Renaissance,

mais il trace avec ferveur le portrait du vrai chrétien qu'il rêve
d'être.

Ou, si l'on veut, le vrai pyrrhonien qui n'a sans doute jamais
existé que dans son imagination inventive et malicieuse, n'est là
que pour faire passer le parfait chrétien. Cette « humaine invention » est sa découverte.

Pour entrer dans cet ordre religieux dont Montaigne nous
ouvre la porte, il faut accepter le plus total renoncement et le
plus héroïque.

Le Christ a dit : Si quelqu'un veut venir après moi, qu'il se
renonce.

Il est difficile de donner, de cette formidable parole un commentaire plus radical et plus exigeant que celui de Montaigne.
Sans la citer il l'éclaire d'une lumière crue.

Le Christ nous demande de renoncer non seulement aux
richesses qui sont hors de l'homme, aux passions qui sont dans
l'homme, mais à l'homme même. C'est le parfait anéantissement désiré par les mystiques. La seule conscience qu'ils veulent
garder, c'est que Dieu est tout et qu'eux-mêmes sont néant.
C'est ce qu'ils appellent mettre Dieu à sa place et mettre
l'homme à sa place. Voici donc le parfait pyrrhonien, pseudo-
nyme transparent du parfait chrétien :

« Il n'est rien en l'humaine invention où il y ait tant de vérisi-
militude et d'utilité. Celle-ci (cette invention) présente :

L'HOMME NU ET VIDE, RECONNAISSANT SA FAI-
BLESSE,

PROPRE A RECEVOIR D'EN HAUT QUELQUE FORCE
ETRANGERE,

DEGARNI D'HUMAINE SCIENCE ET D'AUTANT PLUS
APTE A LOGER CHEZ SOI LA DIVINE ;

ANEANTISSANT SON JUGEMENT POUR FAIRE PLUS
DE PLACE A LA FOI ;

NI MECREANT, NI ETABLISSANT AUCUN DOGME
CONTRE LES OBSERVANCES COMMUNES ;

HUMBLE, OBEISSANT, DISCIPLINABLE, STUDIEUX,
ENNEMI JURE D'HERESIE ;

ET S'EXEMPTANT PAR CONSEQUENT DES VAINES ET
IRRELIGIEUSES OPINIONS INTRODUITES PAR LES FAUS-
SES SECTES.

C'EST UNE CARTE (une page) BLANCHE PREPAREE A
PRENDRE DU DOIGT DE DIEU TELLES FORMES QU'IL
LUI PLAIRA Y GRAVER.

PLUS NOUS NOUS RENVOYONS ET COMMETTONS
(confions) A DIEU.

ET RENONÇONS A NOUS,

MIEUX NOUS EN VALONS. »

Une citation de l'Ecriture vient déchirer le léger voile d'antiquité qui recouvre le noble visage, rend au personnage fictif sa

véritable identité, et formule la maxime de vie morale qui découle de ces hauts principes religieux.

« Accepte, dit l'Ecclésiaste, en bonne part les choses au visage et au goût qu'elles se présentent à toi du jour à la journée ;

« Le demeurant est hors de ta connaissance. »

Reposons-nous donc sur ce paisible oreiller d'ignorance et d'incuriosité, l'oreiller de la confiance en Dieu.

La maxime de l'Ecclésiaste gravée sur les solives de la librairie rend toujours présent aux yeux de Montaigne le magnifique portrait qu'il vient de tracer.

CHAPITRE V

LA FOI DE MONTAIGNE

Nous voilà munis, semble-t-il, des documents essentiels pour
porter d'après les *Essais*, un jugement objectif sur la foi de
Montaigne. On ne saurait nier que cette foi ne fût sincère et
profondément réfléchie ; il avait plus que personne « pénétré ce
que c'est que croire ».

Ce qui déconcerte le lecteur ce sont les assauts violents qu'il
lance avec une si étrange fureur, un acharnement si prolongé
contre la pauvre raison humaine. Croyants et incroyants sont si
convaincus des liens étroits qui unissent la raison et la foi, que
les uns lui font un reproche, les autres un mérite, d'avoir, en
attaquant la raison, sapé un des plus essentiels fondements de
la foi.

Une analyse plus attentive de ce qu'est la foi en général, et
la foi de Montaigne en particulier, nous amènera sans aucune
hésitation à des conclusions toutes différentes. Et nous serons
reconnaissants à cet homme, qui a si profondément pensé, de
nous obliger à « pénétrer à notre tour ce que c'est que croire ».

La foi n'est pas une chose simple. Tout sentiment humain est
complexe ; à plus forte raison celui qui a pour objet le divin,
celui qui a pour effet, l'expérience le prouve, de transformer
notre être, de nous élever au-dessus de nous-mêmes, de préluder
à l'état final de vision auquel aspire l'homme. A vrai dire, nul
problème n'est plus complexe que celui de la foi et, de tous
les traités de théologie, celui-ci est à la fois le plus fondamental
et le plus difficile.

Profitons du cas Montaigne pour essayer d'y voir un peu clair.
La première difficulté, c'est que la foi comporte deux éléments ;
elle met en jeu deux facultés : l'intelligence et le sens affectif ;
elle requiert tout l'homme. Dès lors que la foi se définit l'adhésion à une vérité révélée, sur la garantie de l'autorité divine, elle
est de toute évidence un acte intellectuel. Croire une vérité c'est
d'abord la comprendre autant que possible.

Mais la vérité religieuse s'identifie avec Dieu même et l'adhésion à cette vérité doit être une adhésion de toute l'âme. Pascal
a bien défini la foi : « Dieu sensible au cœur. » Ne nous mépre-

nons pas sur le sens de ce mot *cœur*. Emprunté au langage biblique, il exprime à la fois la raison et le sentiment. Le point le plus délicat du problème est dans la façon de concevoir la liaison étroite de ces deux éléments. Eliminer le sentiment c'est, contre toute évidence, réduire les données de la foi aux conclusions d'un théorème ou d'un syllogisme ; ce serait pour Dieu un bien faible hommage et pour notre âme un bien maigre profit. Eliminer la raison, c'est ou bien accorder un assentiment aveugle et tout à fait irrationnel, ou bien aboutir à vider la religion de toute vérité doctrinale pour la réduire à un pur sentiment. Il est remarquable que les héritiers du protestantisme primitif et de son libre examen, les rationalistes qui ont voulu rester religieux, n'ont pu le demeurer que par un divorce entre la raison et le sentiment, au profit du seul sentiment.

Montaigne, qui a devant lui les partisans d'une foi qui sauve sans les œuvres, sait bien que le vice radical de cette foi est de ne pas engager tout l'homme ; elle n'engagera finalement ni les actes ni l'intelligence, elle n'engagera que le cœur au sens de pur sentiment. Personnellement, il distingue les deux éléments par deux mots qui sont bien de sa langue à lui : « Il faut du tout (*tout à fait*) se *soumettre* », c'est-à-dire soumettre sa raison ; et il faut « du tout *se commettre* », c'est-à-dire s'abandonner à Dieu en toute confiance. Ceci, étant justifié par cela, est inséparable de cela.

Mais cette première analyse nous amène à une autre qui en est la conséquence.

Du moment que nous faisons dans la foi sa part à la raison, il est évident que nous intégrons la raison dans la foi. Voilà qui semble paradoxal. Car enfin les théologiens, et nous tous et Montaigne, nous distinguons la raison et la foi comme deux moyens de connaissance tout à fait différents, et souvent opposés. En réalité, quand nous opposons la foi à la raison, nous sous-entendons la *raison seule*. Mais la raison tout court est impliquée dans la foi comme un de ses éléments constituants ; l'autre élément est la lumière divine ; de telle sorte que la foi dans son acception totale, devrait se définir : *l'assentiment de la raison et l'adhésion du cœur, sous l'influence d'un éclairement divin*, à une vérité révélée.

Nous avons distingué dans une première analyse deux éléments humains : la raison et le sentiment, *sensus et affectus*, disait saint Augustin.

Ici, nous distinguons de ces deux premiers éléments étroitement associés, un élément nouveau, un élément divin, la grâce au sens le plus large.

L'Evangile nous offre un exemple célèbre qui corrobore ou plutôt qui fonde cette analyse. Du point de vue de la raison, le pêcheur galiléen Simon Pierre n'était pas plus fondé que ses camarades à voir en Jésus autre chose qu'un maître puissant en œuvres et en paroles, un éminent rabbi, dont les miracles ne dépassaient pas ceux d'un Elie ou d'un Elisée. Tous les apôtres avaient entendu les mêmes paroles et vu les mêmes œuvres. Et cependant, Pierre est le seul à s'écrier : « Vous êtes le Christ, fils du Dieu vivant ! » D'où vient cette différence ? Jésus lui-même l'explique : « Tu es heureux, Simon, fils de Jonas, car ce n'est pas la chair et le sang qui t'a éclairé, mais mon Père qui est aux cieux. » Par la chair et le sang Jésus entend le raisonnement humain laissé à lui-même.

Combien d'autres exemples dans l'Evangile ! Que de gens ont été les témoins des faits et gestes de Jésus-Christ, ont entendu les mêmes admirables discours et constaté les mêmes éclatants miracles ! Et cependant, les uns n'ont pas cru, les autres ont cru. Il est facile de répondre avec Calvin, et aussi avec Pascal, que Dieu a voulu « aveugler les uns, éclairer les autres ». Mais cette réponse ne saurait satisfaire notre sentiment de justice et de simple humanité. C'est Jésus qui donne la vraie réponse : Dieu éclaire non selon son caprice mais selon nos dispositions, dont la plus essentielle est l'humilité : « Je vous rends grâce, Père, d'avoir caché ces vérités aux gens (qui se croient) *sages et prudents,* et de les avoir révélées aux hommes (qui s'estiment) tout-petits. » L'obstacle est la présomption.

Fidèle disciple de l'Evangile, Montaigne, dans le même dessein de rabrouer l'orgueil humain, apporte au même problème la même solution et une solution plus radicale encore.

Le fait « qu'il ne se voit aucune proposition qui ne soit débattue et controversée entre nous ou qui ne le puisse être montre bien que notre jugement naturel ne saisit pas bien clairement ce qu'il saisit. Car mon jugement ne le peut faire recevoir au jugement de mon compagnon ; (ce) qui est signe que je l'ai saisi par quelque autre moyen que par une naturelle puissance qui soit en moi et en tous les hommes. » (II 315 A.)

« Je l'ai saisi » ; comme Montaigne n'est guère enclin à s'adjuger le privilège d'infaillibilité, nous devons conclure qu'il s'agit ici des vérités de foi dont l'inébranlable certitude est fondée non sur l'homme « ondoyant et divers » mais sur quelque autre moyen supérieur à l'homme.

Cette surnaturelle puissance, cette lumière divine, Pascal, empruntant un terme familier aux théologiens du Moyen Age, l'appelle : l'*inspiration*. Certes, il y a de nombreux chemins pour aboutir à la foi et l'histoire des conversions nous les présente très divers : les voies de Dieu sont innombrables. Mais Pascal a raison de les ramener à trois qui sont les plus normales et les plus ordinaires. Il ne fait ici encore que résumer Montaigne : « Il y a trois moyens de croire : la raison, la coutume, l'inspiration. » Ces trois moyens sont solidaires et inséparables. « La religion chrétienne, qui seule à la raison, n'admet pas pour ses vrais enfants ceux qui croient sans inspiration ; ce n'est pas

qu'elle exclue la raison et la coutume, au contraire ; mais il faut
ouvrir son esprit aux preuves, s'y confirmer par la coutume, mais
s'offrir par les humiliations aux inspirations qui seules peuvent
faire le vrai et salutaire effet. » (p. 447).

Essayons d'analyser dans la foi de Montaigne chacun de ces
trois « moyens », ou, plus exactement, chacun de ces trois
éléments.

La part de la raison.

« Ouvrir son esprit aux preuves. » Pour Pascal, ces preuves
sont, sans aucun doute, les prophéties vérifiées en Jésus-Christ.
Nous chercherions vainement dans Montaigne une apologie méthodique ; mais nous y trouvons, épars, les fragments d'une
apologétique personnelle. Essayer de les juxtaposer ce n'est pas
se livrer à un jeu de puzzle plus ou moins fantaisiste, c'est
demander à l'auteur, dans l'ordre le plus classique et le plus
rationnel, quelles sont ses raisons de croire.

A la base, nous l'avons vu, Dieu est démontré par la raison.
« Il ne tient qu'à notre imbécillité de ne pas voir l'ouvrier dans
son œuvre. » N'insistons pas. Aux yeux de Montaigne, ce n'est
pas Dieu qui est malaisé à démontrer, c'est la négation de
Dieu : « L'athéisme est une proposition comme dénaturée et
monstrueuse, difficile aussi et malaisée d'établir en l'esprit humain, pour insolent et déréglé qu'il puisse être. » Ces fanfaron-
nades d'athéisme sont « des impressions superficielles, lesquelles,
nées de la débauche d'un esprit démanché, vont nageant témérairement (*au hasard*) et incertainement en la fantaisie ; hommes
bien misérables et écervelés (les athées) qui tâchent d'être pires
qu'ils ne peuvent. » (II, 158 C.)

A quoi bon étaler devant ces hommes les preuves de l'existence de Dieu ? Le monde, le cosmos, parle assez clair. Montaigne se contente de décocher en passant une nasarde aux esprits
assez fols pour croire que le cosmos s'est fait tout seul, notamment aux Epicuriens : « De quelle simplicité (*sottise*) sont-ils
allés imaginer que leurs atomes aient bâti le monde (leurs atomes
crochus !) Pourquoi ne se sont-ils jamais rencontrés, ces atomes,
à faire une maison, un soulier ? » (II, 290 C.)

Ce Dieu doit être honoré d'un culte « sous quelque nom et
en quelque manière que ce soit. » (II, 247 A.) Le concours
romain qui, en 1581, a condamné cette formule ne s'est pas
avisé que l'auteur parle ici du culte rendu par les païens avant
la Révélation. Saint Paul n'a pas condamné les membres de
l'Aréopage qui rendaient hommage au Dieu Inconnu. « Cette
religion qu'ils avaient dédiée à une Divinité cachée et inconnue
lui semble le plus excusable. » (Ibid.) Ces sages n'étaient-ils pas
des pyrrhoniens qui, défiants de leurs lumières, laissaient la porte
ouverte à la Révélation ?

Montaigne avait le choix entre deux cultes : le culte catholique et celui qui s'appelait la Réforme, beau nom plein de promesse. Ce dernier proposait ou plutôt imposait une nouvelle interprétation des Livres Saints, de nouveaux rites. Il se dressait contre l'Eglise établie en France et contre l'Etat étroitement associé à cette Eglise.

La raison de Montaigne répugnait à ce changement en vertu d'un double principe : le droit du premier occupant est le meilleur, *melior est conditio possidentis,* et tout changement n'est pas une amélioration. Les faits ne pouvaient que le confirmer dans cette sage manière de voir. Que prétendent les Réformateurs ? Ils prétendent substituer à la vieille doctrine une doctrine neuve ou plutôt renouvelée, rajeunie. L'ancienne, disent-ils, était obscure, surchargée de pseudo-traditions et de gloses, enténébrée par les rêveries des théologiens et par une végétation de dogmes qui avait à demi étouffé l'arbre planté par le Christ. Revenir à l'Evangile, si simple en son enseignement, si limpide en sa morale !

Quelle illusion ! L'esprit humain brouille et obscurcit tout ce dont il se mêle : « Ceux-là se moquent qui pensent appetisser nos débats et les arrêter en nous rappelant à l'expresse parole de la Bible. D'autant que notre esprit ne trouve pas le champ moins spacieux à contrôler le sens d'autrui qu'à représenter le sien. Comme s'il y avait moins d'animosité et d'âpreté à gloser qu'à inventer ! Les hommes méconnaissent la maladie naturelle de leur esprit : il ne fait que fureter et quêter et va sans cesse tournoyant, bâtissant et s'empêtrant en sa besogne, comme nos vers à soie, et s'y étouffe : « *Mus in pice* : la souris dans la poix !... »

« J'ai vu en Allemagne que Luther a laissé autant de divisions et d'altercations sur le doute de ses opinions, et plus, qu'il n'en émut (*souleva*) sur les Ecritures Saintes. Notre contestation est verbale. Pour satisfaire à un doute, ils m'en donnent trois : c'est la tête de l'hydre. » (III 383 B.)

Il n'avait pas attendu d'aller en Allemagne. Il avait écrit dans l'*Apologie* où il a tout dit, tout résumé : « Notre raison ne fait que fourvoyer partout, mais spécialement quand elle se mêle des choses divines ; qui le sent plus évidemment que nous (*chrétiens*). Car, encore que nous lui ayons donné des principes certains et infaillibles, encore que nous éclairions ses pas par la sainte lampe de la vérité qu'il a plu à Dieu nous communiquer, nous voyons pourtant journellement, pour peu qu'elle se démente (*s'éloigne*) du sentier ordinaire et qu'elle se détourne ou écarte de la voie tracée et battue par l'Eglise, comme tout aussitôt elle se perd, s'embarrasse et s'entrave, tournoyant et flottant dans cette mer vaste, trouble et ondoyante des opinions humaines, sans bride et sans but. Aussitôt qu'elle perd ce grand et commun chemin, elle va se divisant et dissipant en mille routes diverses. » (II 257 A.)

Bossuet, s'il avait lu Montaigne, aurait reconnu dans ces lignes un abrégé de son *Histoire des Variations des Eglises protestantes.*

Que prétendent encore les réformateurs ? Elaguer, supprimer tous ces *rites* extérieurs, toutes ces images, toutes ces cérémonies, autre végétation parasite qui étouffe l'âme et l'empêche de se livrer à l'adoration « en esprit et en vérité » requise par le Christ. Autre illusion issue d'une erreur de psychologie et d'un sot orgueil : « C'est toujours à l'homme que nous avons affaire, duquel la condition est merveilleusement corporelle. Que ceux qui nous ont voulu bâtir, ces années passées, un exercice de religion si contemplatif et immatériel, ne s'étonnent pas s'il s'en trouve qui pensent qu'elle fût échappée et fondue entre leurs doigts, si elle ne tenait (*se maintenait*) parmi nous comme marque, titre et instrument de division et de part (*désunion*) plus que par soi-même. » (III 195 B.)

Toute tentative de ce genre est vouée à l'échec, car elle méconnaît l'homme et ne saurait être, par conséquent, d'inspiration divine. Il ajoutera en marge de l'*Apologie* cette critique transparente : « Si Numa entreprit... d'attacher la dévotion (le *culte*) de son peuple à une religion purement mentale, sans objet préfix (*défini*) et sans mélange matériel, il entreprit chose de nul usage (*impraticable*) : l'esprit humain ne saurait se maintenir voguant en cet infini de pensées ; il les lui faut modèle. » (II 248 C.) « La religion, dit Maldonat, exige un culte corporel. » (l. c. 145 E.)

Ils ont voulu aussi bannir les sacrements, marques d'une puérile et grossière superstition. Que n'ont-ils tout de suite supprimé le baptême et la « Cène », et récusé Dieu lui-même qui s'était rendu sensible aux yeux des hommes ?

« La majesté divine s'est aussi pour nous aucunement (*d'une certaine façon*) laissé circonscrire aux limites corporelles. Les sacrements surnaturels et célestes ont des signes (*portent des marques*) de notre terrestre condition. Son adoration s'exprime par offices et paroles sensibles ; car c'est l'homme qui croit et qui prie. » (1).

Montaigne connaît tous les arguments de l'apologétique alors courante ; il les fait siens. Mais ce qui est tout à fait sien, ce qui paraît l'effet d'une expérience personnelle fort intéressante, c'est ceci : « A peine me ferait-on accroire que la vue de nos crucifix et la peinture de ce piteux (*émouvant*) supplice, que les ornements et mouvements cérémonieux de nos églises, que les voix accommodées à la dévotion de notre pensée et cette émotion des sens n'échauffent l'âme des peuples d'une passion religieuse de très utile effet. » (II, 249 c.)

---

(1) Pascal : Il faut faire croire nos deux pièces. (1. 450).

Ame sensible dans un corps sensuel, c'est-à-dire doué de sens très en éveil, il avait toujours attaché beaucoup d'importance à ce culte extérieur. Dès avant 1580, il avait écrit ces lignes qui rendent un son si romantique, disons mieux, si juste pour tout homme qui ne veut être qu'homme : « Il n'est âme si revêche qui ne se sente touchée de quelque révérence à considérer cette vastité sombre de nos églises, la diversité des ornements et l'ordre de nos cérémonies, à ouïr le son dévotieux des orgues et l'harmonie si posée et religieuse de nos voix. Ceux même qui y entrent avec mépris sentent quelque frisson dans le cœur et quelque horreur (*frémissement*) qui les met en défiance de leur opinion. » (II 356 A.)

Qui sait si Montaigne, dans un moment d'incertitude religieuse, au temps de sa jeunesse inquiète, n'a pas été ébranlé par l'émotion physique qu'il décrit si bien ici ?

Enfin, que font les réformateurs et quelle est leur *conduite* ? Même s'ils apportaient une doctrine acceptable, même s'ils « réformaient » les erreurs et les abus que tout homme de sens reconnaît alors, dans certains hommes et dans certaines institutions d'Eglise, la question se poserait si cette réforme vaut les risques d'une révolution. Mais, ils veulent imposer à coups de hallebarde les opinions les plus discutables ; ils bouleversent l'Etat. « Est-il quelque mal en une police (*Etat*) qui vaille être combattu par une drogue aussi mortelle ?... Je doute souvent si, entre tant de gens qui se mêlent de telle besogne, nul s'est rencontré d'entendement si imbécile (*faible*), à qui on ait en bon escient (*tout bien pesé*) persuadé qu'il allait vers la réformation par la dernière des déformations ; qu'il tirait (*allait*) vers son salut par les plus expresses causes que nous ayons de très certaine damnation ; que, renversant la police, le magistrat et les lois en la tutelle desquelles Dieu l'a colloqué, démembrant sa Mère et en donnant à ronger les pièces (*les morceaux*) à ses anciens ennemis, remplissant de haines parricides les courages (*cœurs*) fraternels, appelant en son aïde les diables et les furies, il puisse apporter secours à la sacro-sainte douceur et justice de la parole divine. » (III 349 C.)

Ces éloquentes paroles parues dans la dernière édition des *Essais* sont l'expression suprême de la pensée de Montaigne. Mais nous retrouvons des sentiments identiques tout au début de sa carrière d'écrivain, dans le chapitre vingt-troisième du premier livre, daté par Villey de 1572. Nous suivons l'évolution très nette de ses réflexions. Il commence par poser le thème fondamental un peu neutre et feutré : « Il y a grand doute s'il se peut trouver si évident profit au changement d'une loi reçue, quelle qu'elle soit, qu'il y a de mal à la remuer ; d'autant qu'une police, c'est comme un bâtiment de diverses pièces jointes ensemble d'une telle liaison qu'il est impossible d'en ébranler une que tout le corps ne s'en ressente. » (I 151 A.)

Sur ce thème, les variations se développent de plus en plus
mouvementées à chaque édition jusqu'à l'éclat final que nous
avons entendu tout à l'heure. C'est que, entre temps, il est le
témoin de plus en plus attristé et indigné des horreurs engen-
drées par l'orgueil de quelques hommes : « Je suis dégoûté de
la nouvelleté, quelque visage qu'elle porte, et j'ai raison (motif),
car j'en ai vu des effets très dommageables. Celle qui nous
presse depuis tant d'ans, elle n'a pas tout exploité (achevé)...
Mais elle a tout produit et engendré, voire et les ruines qui se
font depuis, sans elle et contre elle. »

Les novateurs arguent toujours d'excellents motifs : « C'est
pour réformer nos consciences et nos créances. *Honesta ratio
est :* la raison est honnête. Mais le meilleur prétexte de nouvelleté est très dangereux... Il me semble, à le dire franchement,
qu'il y a grand amour de soi et présomption d'estimer ses opinions jusque-là que, pour les établir, il faille renverser une paix
publique, introduire tant de maux inévitables... et les introduire
en son pays propre. » (I, 152 B.)

« Est-ce par mal ménagé, d'avancer tant de vices certains et
connus pour combattre des erreurs contestées et débatables ?... »
(I, 153 C.) (1).

Présomption, source de tous nos maux et de tous nos vices !
C'est en contemplant les bûchers allumés, les potences dressées
à tant de carrefours, les châteaux saccagés, les églises brûlées,
les paysans rançonnés, c'est en écoutant le bruit des tocsins et
des canonnades que Montaigne a conçu contre la présomption
cette haine inexpiable (1).

Aux fruits on connaît l'arbre. La vue de pareils fruits l'ont
détourné d'un pareil arbre.

Ayant à choisir « entre la cause de celui qui suit les lois et
les formes de son pays et celui qui entreprend de les régenter
et changer », il n'a pas hésité. « Celui-là allègue pour son excuse
(*sa justification*) la simplicité, l'obéissance et l'exemple. Quoi
qu'il fasse, ce ne peut être malice ; c'est pour le plus malheur...
L'autre est en bien plus rude parti, car qui se mêle de changer
usurpe l'autorité de juger et se doit faire fort de voir la faute
de ce qu'il chasse et le bien de ce qu'il introduit. » (I, 154 B.)

D'un côté, l'humble, le sage, le paisible ; de l'autre, le présomptueux. Le choix est fait.

En deux aveux précieux jetés en passant Montaigne nous
expose lui-même deux des motifs qui l'ont maintenu fidèle à la
foi catholique.

Le premier, c'est la conscience d'être un esprit « ondoyant et
divers », flottant d'une opinion à l'autre au gré des vents et des

---

(1) Maldonat : « Quels hommes furent jamais plus turbulents (que
les Calvinistes) ? Quels hommes ont suscité tant de guerres ? Quels
hommes ont jamais usé d'une telle cruauté, ont répandu tant de sang
humain ? » (l. c. col. 297 A).

passions. Il cherche où s'accrocher, et il eût dit avec saint Pierre : *Ad quem ibimus :* à qui irions-nous ? « De la connaissance de cette mienne volubilité j'ai par accident engendré en moi quelque constance d'opinions et n'ai guère altéré les miennes premières et naturelles. Car, quelque apparence qu'il y ait en la nouveïleté, je ne change pas aisément, de peur que j'ai de perdre au change. Et, puisque je ne suis pas capable de choisir, je prends le choix d'autrui et me tiens en l'assiette où Dieu m'a mis. Autrement, je ne me saurais garder de rouler sans cesse. »

« Ainsi, ajoute-t-il en 1582, me suis-je par la grâce de Dieu, conservé entier, sans agitation et trouble de conscience, aux anciennes créances de notre religion, au travers de tant de sectes et de divisions que notre siècle a produites. » (II, 325 A.)

Montaigne sait bien qu'il n'a pas le privilège exclusif d'être volage et versatile. « Chacun à peu près en dirait autant de soi, s'il se regardait comme moi. » (II, 320 B.) Mais chacun alors serait humble et défiant de soi et il y aurait moins d'hérésies, moins de troubles aussi dangereux qu'inutiles.

Le second motif est étroitement lié au premier : si défiant de ses propres fantaisies, il trouve iniques et odieux ceux qui prétendent tout détruire pour imposer leurs fantaisies : « Cette si vulgaire considération m'a fermi en mon siège et tenu ma jeunesse même, plus téméraire, en bride. » Quelle considération ? Celle-ci : « Il me semblait très inique de vouloir soumettre les constitutions et observances publiques et immobiles à l'instabilité d'une privée fantaisie : la raison privée n'a qu'une juridiction privée, et entreprendre sur les lois divines ce que nulle police (*nul gouvernement*) ne supporterait aux civiles. » (I, 154 C.)

Voilà pourquoi Montaigne est resté catholique.

Cet argument négatif tiré du mal que la Réforme apportait à la société, des désordres et des guerres civiles qu'elle avait suscitées, était d'un grand poids aux yeux des contemporains réfléchis et déterminait le ralliement actif de beaucoup d'entre eux au catholicisme.

Ne rappelons que deux des plus illustres. On se souvient de l'adjuration pathétique adressée par La Boëtie à Thomas, le frère de Montaigne : « Vous voyez combien de ruines ces dissensions ont apportées en ce royaume et je vous réponds qu'elles en apporteront de bien plus grandes. »

Quelque temps auparavant, Ronsard avait écrit :

> Et ! quoi, brûler maisons, piller et brigander,
> Tuer, assassiner, par force commander,
> N'obéir plus aux rois, amasser des armées,
> Appelez-vous cela églises réformées ?

Cet argument était d'autant plus frappant à leurs yeux que l'Eglise et l'Etat se trouvaient étroitement unis : c'était alors l'argument social par excellence (1). Le lien de l'Eglise et de l'Etat était considéré comme normal par les âmes droites qui ne préféraient pas leurs opinions personnelles au bien commun : les bases de la société reposaient sur le christianisme. Le roi de France était le roi très chrétien, le défenseur né de l'Eglise ; et, réciproquement, qui était contre l'Eglise était contre le roi ; qui sapait l'autel sapait le trône.

Cependant, Montaigne savait faire une différence entre la cause du trône et celle de l'autel. Si la vue des brigandages huguenots l'avait attaché avec ferveur et conviction à la foi catholique, il ne fermait pas les yeux sur les abus qui s'étaient glissés dans les rangs de ses défenseurs. Il bat sa coulpe sur sa poitrine non sur le dos de l'Eglise.

En présence de violences et de cruautés presque égales de part et d'autre il aurait pu demeurer « métis » et se retirer dans son castel comme Achille sous sa tente. Il ne le fait pas. Mais se tournant vers les gardiens de la bonne cause, « notre cause » comme il dit, il leur demande de vérifier eux aussi l'axiome évangélique : qu'aux fruits on connaisse l'arbre. Il leur reproche, non sans rudesse, d'être la plupart de débiles croyants « ne sachant pas pénétrer ce que c'est que croire. » (II, 152 C.)

La foi, ce n'est pas l'adhésion de l'esprit seulement : c'est l'adhésion du cœur et des actes ; l'adhésion de toute l'âme et de toute la vie. La foi c'est une lutte quotidienne, une lutte de toutes les heures pour quiconque médite la doctrine et veut la vivre : c'est là tout le drame religieux grandiose et poignant.

Nous pensons avoir la foi : mais c'est à notre opinion personnelle, c'est-à-dire notre passion, c'est à un parti que nous sommes attachés, non à Dieu. Une telle foi est morte, ou plutôt elle est inexistante.

« Si nous tenions à Dieu par lui, non par nous », notre foi serait plus solide. « Si nous avions un pied et un fondement divin », autrement dit des racines qui plongent en Dieu, l'arbre serait inébranlable : « Les occasions humaines n'auraient pas le pouvoir de nous ébranler comme elles font. »

Si l'arbre plongeait ses racines en Dieu seul, il produirait d'autres fruits : « Si ce rayon de la divinité nous touchait aucunement, il y paraîtrait partout : non seulement nos paroles, mais nos opérations (*nos actions*) en porteraient la lueur et le lustre. Tout ce qui partirait de nous, on le verrait illuminé de cette noble clarté. Nous devrions avoir honte que dans les sectes humaines il ne fut jamais partisan, quelque difficulté et étrangeté que maintînt (*présentât*) la doctrine, qui n'y conformât aucunement ses déportements (*sa conduite*) et sa vie : et une si

---

(1) Maldonat : « Autrefois, l'Eglise était dans l'Etat. Aujourd'hui, l'Etat est dans l'Eglise. » (l. c. col. 299 A).

divine et céleste institution ne marque les chrétiens que par la langue. » (II, 150 A.)

Nous prétendons défendre Dieu et sa cause. Mais, à voir nos actes, est-ce la cause de Dieu que nous défendons ou la nôtre ? Sont-ce ses intérêts qui nous animent, ou les nôtres ? « La justice qui est en notre parti... elle y est bien alléguée, mais elle n'y est ni reçue, ni logée, ni épousée. » Nous sommes surpris et scandalisés de nos échecs. Mais « Dieu doit son secours extraordinaire à la foi et à la religion, non pas à nos passions. Les hommes y sont conducteurs et s'y servent de la religion ; ce devrait être tout le contraire. » Le spectacle des rancunes déchaînées de part et d'autre et surtout des calculs égoïstes lui suggèrera sur la fin ces lignes amères qui s'adressent aux deux partis : « Je vois cela évidemment, que nous ne prêtons (*rendons*) volontiers à la dévotion (*vraie religion*) que les offices (*services*) qui flattent nos passions. Il n'est point d'hostilité excellente comme la chrétienne. Notre zèle fait merveille, quand il va secondant notre pente vers la haine, la cruauté, l'ambition, l'avarice, la détraction (*la médisance*), la rébellion. »

« A contre-poil, vers la bonté, la bénignité, la tempérance, si, comme par miracle, quelque rare complexion ne l'y porte, il ne va de pied ni d'aile. Notre religion est faite pour extirper les vices : elle les couvre, les nourrit, les incite. » (II, 153 C.)

Montaigne poursuit son examen de conscience et cherche à découvrir en ses corréligionnaires comme en lui-même les signes d'une vraie foi. Il ne les trouve guère. Et qui oserait le taxer d'exagération ? Qui ne se ferait à soi-même les mêmes reproches ?

« Si nous croyons en Dieu d'une foi vive, voire même d'une « simple croyance », nous l'aimerions au-dessus de toutes autres choses... au moins marcherait-il en même rang de notre affection que les richesses, les plaisirs, la gloire et nos amis. » Nous aurions peur de l'offenser. Or, « le meilleur de nous ne craint point de l'outrager, comme il craint d'outrager son voisin, son parent, son maître ».

La cause profonde du mal, c'est que nous adhérons à l'Eglise catholique non par conviction raisonnée, mais par *coutume*.

La coutume.

La notion de coutume a été profondément méditée par Montaigne. Nous aurons à l'approfondir nous-mêmes dans la seconde partie, car la coutume exerce une grande influence sur notre vie morale. Contentons-nous d'étudier maintenant son influence sur notre vie religieuse, sur la foi.

Le mot coutume a deux sens : il signifie d'abord une « loi reçue » dans un pays donné. Il signifie ensuite une habitude acquise, une « accoutumance » personnelle. Les deux sens sont étroitement liés et Montaigne ne les distingue pas toujours, car les lois que nous recevons du dehors deviennent insensiblement la loi que nous subissons au-dedans. D'un côté il préfère ordinairement le pluriel : les coutumes, et, de l'autre, le singulier : la coutume.

Il faut cependant les distinguer, car autant il est facile et tentant, pour un esprit superficiel et orgueilleux, de changer une loi reçue, autant il est difficile de modifier en nous une accoutumance.

D'un autre point de vue et selon une répartition délicate mais chère à Montaigne, il faut distinguer les coutumes purement humaines et les coutumes religieuses. Ni les unes ni les autres ne doivent être reçues sans contrôle *parce* qu'elles sont de notre pays, ni méprisées sans discernement *parce* qu'elles sont d'un autre pays et ne nous sont pas familières. La comparaison des différentes coutumes est un précieux stimulant de l'esprit critique.

Tenons-nous-en pour le moment aux coutumes religieuses. La position de Montaigne peut se résumer dans les deux propositions suivantes : La coutume est un fondement de la foi, de soi irrationnel et insuffisant.

Cependant la coutume est un « moyen subsidiaire » pour nous aider dans la pratique de la foi.

Suivons son raisonnement. Il adresse aux chrétiens de son temps et à lui-même un reproche. Si notre foi est si branlante et si peu efficace, « c'est un signe très évident que nous ne recevons notre religion qu'à notre façon et par nos mains, et non autrement que comme les autres religions se reçoivent. Nous nous sommes rencontrés au pays où elle était en usage ; ou nous regardons son ancienneté ou l'autorité des hommes qui l'ont maintenue ; ou nous craignons les menaces qu'elle attache aux mécréants ; ou nous suivons ses promesses... Une autre région, d'autres témoins, pareilles promesses et menaces nous pourraient imprimer par même voie une croyance contraire. » (II, 155 A.)

Après 1580, il résumera ces pensées d'une phrase incisive qui souligne bien la prépondérance des coutumes locales : « Nous sommes chrétiens à même titre que nous sommes ou Périgourdins ou Allemands. » (II, 155 B.) Détachée du contexte cette phrase fameuse apparaît à quelques-uns comme une profession de scepticisme. Elle signifie, selon eux, que d'être catholique n'a pas plus d'importance que d'être Périgourdin ; d'être protestant n'a pas plus d'importance que d'être Allemand : ce sont deux rencontres également fortuites et sans conséquences.

Une autre phrase écrite quelques années auparavant rend un son analogue et soulève des mêmes critiques les mêmes objections : « Il semble que nous n'ayons d'autre mire (*criterium*) de la vérité et de la raison que l'exemple et l'idée des opinions et usances du pays où nous sommes. Là est toujours la parfaite religion, la parfaite police, parfait et accompli usage de toutes choses. » (I, 265 A.)

Là-dessus, Radouant s'écrie : « Que vaut tout ce qu'il pourra dire en faveur de sa religion après une affirmation comme celle-là ? » (1).

Mais cette affirmation, répond Villey lui-même (2), exprime un reproche, le même qui remplit tout le chapitre : nous avons tort, par un entraînement aveugle et routinier, d'admirer tout ce qui est conforme à nos usages, de blâmer tout ce qui y est contraire.

Remises dans leur contexte, les deux phrases signifient : nous avons tort de penser que notre religion est la vraie *parce* qu'elle est la religion de notre pays. Ce n'est pas là le fondement d'une foi solide ; c'est une « liaison purement humaine ».

Nous avons tort de ne pas approfondir cette foi en elle-même, de ne pas en vérifier les assises, de ne pas « l'accompagner de toute la raison qui est en nous », de ne pas appeler au secours de cette raison la grâce indispensable. La coutume non plus que la nature ne peut nous aider sans le secours de la grâce.

Cependant, « ces considérations-là, dont il a parlé plus haut, doivent être employées à notre créance, mais comme subsidiaires. » (II, 155 A.) Ainsi raisonnées, les coutumes du dehors comme la coutume du dedans, forment un poids de sagesse condensée, d'habitudes héréditaires qui nous entraînent utilement.

Montaigne ne développe pas davantage cet aspect du « moyen subsidiaire ». Mais nous pensons que Pascal ici a bien compris et commenté les réflexions du maître en les illustrant de la doctrine, d'ailleurs discutable, de Descartes sur l'automate : « Combien y a-t-il peu de choses démontrées ! Les preuves ne convainquent que l'esprit. La coutume fait nos preuves les plus fortes et les plus crues : elle incline l'automate, qui entraîne l'esprit sans qu'il y pense... C'est la *coutume qui fait tant de chrétiens*, c'est elle qui fait les Turcs (*les mahométans*), les païens, les métiers, les soldats, etc... Il faut donc faire croire nos deux pièces : l'esprit par les raisons qu'il suffit d'avoir vu une fois en sa vie ; et l'automate, par la coutume. » P. p. 450.) Et ailleurs: « Il faut s'y confirmer (aux preuves) par la coutume. » (p. 447).

Montaigne n'approuverait peut-être pas tout à fait cet « automate », car il n'y a pas loin, selon lui de coutume à routine, et il ne se contente pas d'avoir vu les preuves une fois en sa vie, car, sans les remettre en question, il les rumine sans cesse. Mais

(1) Radouant, *Montaigne, Morceaux choisi*, p. 374.
(2) Le sieur de Laval, contemporain de Montaigne, avait commis la même bévue. En marge de cette dernière phrase, il avait noté d'un crayon hargneux dans son exemplaire : « Phrase impie ! » « Il ne voit pas, dit Villey, que Montaigne blâme cette manière de juger étroite et sans horizon. » (*Montaigne devant la postérité*, p. 109).

il ajouterait avec Pascal : *inclina cor meum, Deus,* la prière indispensable.

D'un mot, il reconnaît qu'il est catholique *du fait* qu'il est Périgourdin. Mais il ne veut pas être catholique *comme* il est Périgourdin.

La foi à Dieu-Providence.

Il reste cependant ici un doute sur le bien-fondé de la foi de Montaigne comme d'ailleurs, logiquement, sur la foi de Pascal. Si « c'est la coutume qui fait des chrétiens », une autre coutume ferait des non-chrétiens. Si c'est la région qui fait des catholiques, une autre région ferait des païens, des musulmans, des hérétiques. C'est bien ce que dit Montaigne et aussi Pascal.

Pour résoudre ce doute, il faut ne pas isoler les considérations qui précèdent du système religieux de ces deux écrivains. Pour nous en tenir à Montaigne, être né en Périgord n'est pas à ses yeux un effet du hasard ; c'est l'effet d'une volonté providentielle.

Tout s'éclaire quand on a compris que Dieu sait tout, que Dieu voit tout, que Dieu organise tout. Telle est la foi de Montaigne. Le lecteur a pu s'en apercevoir, mais il importe de le souligner davantage et de l'éclairer de citations entre lesquelles nous avons le choix. Montaigne croit en Dieu.

Mais si Dieu existe, s'il est impossible à un esprit rassis, même à Voltaire, d'imaginer que cette horloge existe et n'ait point d'horloger, pouvons-nous croire qu'il s'occupe de nous, et le train désordonné du monde ne donne-t-il pas à penser que son Auteur laisse l'univers roüler dans l'espace sans se soucier des êtres, voire des hommes, qui l'habitent ?

Montaigne a-t-il cru seulement au Dieu lointain des philosophes, ou bien a-t-il cru au Dieu des chrétiens, proche de nous, notre Père ?

Une objection se présente qui n'a pas manqué d'être formulée et plus ou moins ouvertement ressassée : là où nous attendrions le mot *Dieu,* Montaigne parle souvent de la *Nature.* Il avait lu ce mot constamment répété sous la plume des anciens philosophes et singulièrement des stoïciens. Et, encore que ce mot soit des plus vagues et des plus malaisés à définir : « Qui dira, demande-t-il, ce qu'est nature ? » Il apparaît bien que, pour ces philosophes, la nature était l'ensemble des forces qui régit la matière. On lui attribue la création, l'organisation, l'évolution de l'univers. Et cette force se substitue sinon pour tous au Dieu créateur, du moins, pour la plupart, au Dieu organisateur et elle supprime le Dieu Providence qu'elle rend totalement inutile.

Les anciens avaient aussi imaginé la *Fortune,* sorte de Dieu Hasard. Tandis que la *Nature,* on ne sait pourquoi, est ordonnée vers des résultats qui, au premier abord, apparaissent comme des fins, tandis qu'elle est ou paraît clairvoyante, la *Fortune* au contraire, est aveugle, et mène les hommes et les choses tout à fait à l'aventure. Quant au *Destin*, il avait pouvoir absolu sur les dieux eux-mêmes.

Montaigne, qui cite constamment les anciens, ne semble-t-il pas adopter leur doctrine ? Puisqu'il ne peut s'empêcher d'employer pour son propre compte leur langage, ne donne-t-il pas aux mêmes mots les mêmes sens ? De son vivant, plusieurs le lui ont reproché, entre autres le censeur romain qui a examiné son livre. Lui-même a senti le danger de l'équivoque et il en convient. Mais quoi ? Il ne fait pas œuvre de théologien ; il propose des « fantaisies humaines » ; il ne prétend pas à une écriture de tout point orthodoxe ; il parle comme tout le monde : « Le dire humain a ses formes plus basses que le langage divin (*autrement dit théologique*), et ne se doit servir de la dignité, majesté, régence (*autorité magistrale*) du parler divin. Je lui laisse pour moi dire, *verbis indisciplinatis* (1) (*en termes peu conformes à la règle*) fortune, destinée, accidents, heurs et malheurs (mots païens qui évoquent la croyance aux augures) et les dieux et autres phrases, selon sa mode. » (I, 409 B.)

Mais est-il dupe, ou, ce qui serait pis, complice des équivoques de ce vieux langage, toujours si usuel ? Il l'est moins que beaucoup d'entre nous-mêmes réputés les plus croyants et il ne manque pas, en passant, de le dire ; de reprocher aux anciens leurs erreurs et aux chrétiens leurs négligences, sinon même leurs méprises : « Combien témérairement (*à la légère*) les stoïciens ont-ils attaché (*asservi*) Dieu à la Destinée ! A la mienne volonté (*je voudrais bien*) qu'aucun du surnom de chrétiens ne le fassent pas encore ! Et Thalès et Platon et Pythagore l'ont asservi à la Nécessité ! » (II, 268 A.)

Nous parlons de nature. Soit ! Mais à la condition d'entendre par là les forces de la nature, créées, organisées et toujours dirigées par Dieu. On veut laisser Dieu dans son immuable et dédaigneux repos. « Parce que nos occupations nous chargent, Straton a étrenné les dieux de toute immunité d'offices, comme sont leurs prêtres. Il (*cet auteur*) fait produire toutes choses à *Nature* et, de ses poids et mouvements, construit les parties du monde. Il décharge par là l'humaine nature de la crainte des jugements divins. » (II, 269 C.) Agréable conséquence, en effet, qui plaît toujours aux nombreux sectateurs de Straton et qui nous met bien à l'aise !

Tel est le résultat de cette sacrilège « apparition » de l'homme à Dieu qui guette tous les humains. « Parce que les événements d'importance nous pèsent, il semble qu'ils lui pèsent aussi et qu'il y regarde plus entier et plus attentif qu'aux événements qui nous sont légers ou d'une suite ordinaire... « Les Dieux

(1) Saint Augustin, *Cité de Dieu*, X, 29.

s'occupent des grandes choses et négligent les petites », disait ce sot de Cicéron. « Ecoutez l'exemple qu'il donne ; il nous éclaircira de sa leçon : Les rois non plus ne descendent pas dans tous les détails. Comme si ce lui était plus ou moins de remuer un empire et la feuille d'un arbre et si sa Providence s'exerçait autrement inclinant l'événement (*l'issue*) d'une bataille que le saut d'une puce ! »

« Dieu, répond saint Augustin, si grand ouvrier dans les grandes choses, ne l'est pas moins dans les petites. » (II, 269 C.)

Le Dieu qu'adore Montaigne n'est donc pas un Dieu hautain et lointain qui se désintéresse de ses créatures. C'est vraiment un Dieu tout proche, le Dieu avec nous, l'Emmanuel dont la pensée, présente à toute réalité, nous accompagne en toutes nos actions, nous soutient en toutes nos épreuves qui viennent de lui, au même titre que toutes les autres grâces.

Montaigne nous propose cette admirable profession de foi qui constitue, à qui en médite mot par mot tous les termes, le plus magnifique programme de foi et de vie chrétienne. Nous verrons comme il s'en inspire dans sa propre conduite :

« *Suffit à un chrétien croire toutes choses venir de Dieu ;*

les recevoir avec reconnaissance de sa divine et inscrutable sapience ;

pourtant (pour ce motif) les prendre en bonne part en quelque visage qu'elles lui soient envoyées... (I, 279 A.)

Nous retrouvons ici, dès 1572 le trait magnifique qui achève le portrait du parfait chrétien décrit sous le nom de pyrrhonien : « Accepte, dit l'Ecclésiaste, en bonne part les choses au visage et au goût qu'elles se présentent à toi, du jour à la journée. » Et nous le trouvons justifié par l'intervention constante de la Providence.

Le P. Janssens (1) écrit que « cette phrase, orthodoxe sous certaines réserves, exprime une idée chère aux *fidéistes* ». Rien ne montre mieux l'équivoque, pour ne pas dire plus, qui se sache sous ce dernier mot. Nous croyons avoir lu dans l'*Evangile* : « Deux passereaux ne se vendent-ils pas un as ? Et il n'en tombe pas un seul à terre sans votre Père (2). Les cheveux même de votre tête sont tous comptés. Ne craignez donc point : vous êtes de plus de prix que les passereaux. » Croire à l'intervention permanente de Dieu affirmée en des textes aussi clairs, est-ce être fidéiste ? N'est-ce pas être simplement chrétien ? Soyons disciples non pas de Straton, mais de Jésus-Christ.

Toutes choses viennent de Dieu, directement voulues ou simplement permises, heur ou malheur, comme disent les païens

---

(1) *Montaigne fidéiste*. 1930, p. 83.
(2) Math. X, 30. « Sans la permission de » qu'on trouve en toutes les traductions est une glose. Laissons au texte original son sens mystérieux. S'agit-il de volonté expresse ou de permission ? Craignons les anthropomorphismes.

sans le savoir. Rien n'échappe à cette causalité première et universelle, à cette intelligence permanente qui ne perd rien de vue, pas même un seul de nos cheveux, pas même la nourriture ou la chute du moindre passereau. Tout, même le bonheur, est manifestation de sa justice : tout, même le malheur, est manifestation de sa bonté.

Si donc Montaigne est né en Périgord, c'est que Dieu l'y a mis. Nous lui avons entendu dire : « Je me tiens dans l'assiette où *Dieu m'a mis.* » (II, 325 A.)

Si le protestant a un tort, c'est de « renverser la police, le magistrat et les lois en la tutelle desquelles *Dieu l'a colloqué* ». (III, 349 C.)

Il aime et admire « les opinions si saines du bon Monsieur de Pibrac, un esprit si gentil ». Il cite et approuve le quatrain suivant :

> Aime l'Etat tel que tu le vois être ;
> S'il est royal, aime la royauté ;
> S'il est de peu (*aristocratique*) ou bien communauté
> [(*républicain*)
> Aime l'aussi, car *Dieu t'y a fait naître.*
>
> (III, 232 B.)

Cette conviction si raisonnable, si logiquement déduite de la notion de Dieu, suffit à Montaigne pour lui faire accepter et suivre de toute son âme les coutumes de son pays.

Mais les autres, dira-t-on, ceux qui sont nés ailleurs, en terre païenne par exemple, comment expliquer sur eux les desseins de Dieu ? Montaigne ne se pose pas la question. Il n'effleure pas le problème du salut des infidèles. Il a du moins sur Pascal l'avantage de ne pas l'avoir rendu quasi insoluble. Bien au contraire ; son optimisme en amorce la solution dans la ligne la plus orthodoxe.

S'il reste sur ce point dans une sage réserve, c'est sans doute qu'il se sent incapable d'approfondir les desseins de Dieu. Ici plus qu'ailleurs le champ de l'ignorance est infini et l'aveu d'ignorance est à la fois la plus sage et la plus religieuse attitude.

S'il nous est ordonné de croire que tout vient de Dieu, il nous est interdit de prétendre savoir pourquoi Dieu veut ceci, pourquoi il permet cela. Ici Montaigne apporte le complément nécessaire à son raisonnement, et c'est l'occasion de rabrouer de nouveau notre présomption, d'ajouter un acte d'humilité à cet état d'humilité qui prépare la foi.

« Tout vient de Dieu, dit-il, en 1572, mais je trouve mauvais ce que je vois en usage, de chercher à affirmer et appuyer notre religion par le bonheur et la prospérité de nos entreprises. Notre croyance a assez d'autres fondements, sans l'autoriser par les événements. » (I, 279 A.) C'est là d'ailleurs un appui bien chancelant en bien dangereux, car la foi est alors à la merci d'une

victoire ou d'un échec. Certes, les interprètes des célestes volontés ne sont jamais à bout d'arguments et embarrassés d'apporter leur sagacité au service de Dieu. Mais « c'est prendre d'un
sac deux moutures et de même bouche souffler le chaud et le
froid et de même crayon peindre le blanc et le noir... »

N'ayons donc pas la sotte présomption de nous faire « interprètes et contrôleurs ordinaires des desseins de Dieu faisant état
de trouver les causes de chaque événement et de voir dans les
secrets de la volonté divine les motifs incompréhensibles de ses
œuvres... En somme, il est malaisé de ramener les choses divines
à notre balance, qu'elles n'y souffrent du déchet. Il faut sobrement juger des ordonnances divines ». (I, 278, 279 A.) (1).

Trop souvent, Monsieur le curé, en chaire, prétend discerner
une à une les intentions célestes manifestées par les événements :
« Quand les vignes gèlent en mon village, mon prêtre en argu-
mente l'ire de Dieu sur la race humaine et juge que la pépie en
tient déjà les cannibales. (I, 202 A.) Certes, Dieu est dans les
événements, mais caché ; et sa volonté de difficile interprétation. Sachons ignorer. Ecoutons ce Garo qui, fort sagement ici,
en remontre à son curé : « Dieu nous voulant montrer que les
bons ont autre chose à espérer et les mauvais autre chose à craindre que les fortunes ou infortunes de ce monde, il les manie et
applique selon sa disposition occulte et nous ôte le moyen d'en
faire sottement notre profit. Ils se moquent ceux qui s'en
veulent prévaloir selon l'humaine raison : ils n'en donnent jamais
une touche (comme à l'escrime) qu'ils n'en reçoivent deux. »

Montaigne a dû s'échauder plus d'une fois à ces mécomptes
et son esprit recevoir des touches auxquelles ils ne pouvait opposer aucune parade. Il a su tenir le milieu entre s'obstiner dans
la présomption, et sombrer dans l'agnosticisme ; il a su admirer
les desseins de Dieu et convenir qu'ils sont impénétrables, et il
a conclu : « Il se faut contenter de la lumière qu'il plaît au
soleil nous communiquer par ses rayons, et qui élèvera ses yeux
pour en prendre une lumière dans le corps même de l'astre,
qu'il ne trouve pas étrange si, pour la peine de son outrecuidance, il y perd la vue », comme ce Phaëton si symbolique (I,
280 A.) Montaigne sait dire : que sais-je ?

Ces pensées d'avance si conformes au dessein de l'*Apologie*,
Montaigne les résumera plus tard par le mot de la *Sagesse* :
« Quel homme peut savoir le plan de Dieu, qui peut imaginer
ce que veut le Seigneur ? » (*Sagesse*, IX 13.)

Mais savoir que toutes choses viennent de Dieu et qu'il ne tient
qu'à l'homme d'en faire son profit « suffit à un chrétien » pour
orienter, éclairer, transformer toute sa vie morale. Montaigne
en fait son profit abondant et divers : aveu d'ignorance, reconnaissance et acceptation.

_____

(1) Pascal, p. 726. « Il faut sobrement juger des ordonnances divines,
mon Père. »

Montaigne et les miracles.

Entre ces interventions divines dans les choses humaines il y en a quelques-unes qui sont plus éclatantes : ce sont les miracles. Pascal a écrit : « L'Eglise est sans preuves si les douteurs des miracles ont raison. » (p. 704). Montaigne a-t-il cru aux miracles ? Pascal répond en un langage elliptique : « Montaigne contre les miracles... Montaigne pour les miracles... » La phrase nous laisserait incertains si Pascal n'ajoutait aussitôt : « Que je hais ceux qui font les douteurs des miracles ! Montaigne en parle comme il faut dans les deux endroits. On voit en l'un comme il est prudent ; et néanmoins, il croit, en l'autre, et se moque des incrédules. » (ibid).

Le mot *miracle* revient bien des fois sous la plume de Montaigne, mais le plus souvent dans un sens imprécis, fort éloigné de la notion théologique assez bien exprimée par Pascal : « Un effet qui excède les forces naturelles qu'on y emploie. » (p. 701). Tantôt, il appelle miracles les mœurs et coutumes extraordinaires racontées par les auteurs anciens ou par les explorateurs de pays lointains et qui heurtent nos usages et nos préjugés. « Le chapitre 23ᵉ du premier livre est plein de ces récits. Il est des peuples où on tourne le dos à celui qu'on salue, etc., etc. » et il conclut : « Les miracles sont selon l'ignorance en quoi nous sommes de la nature, non selon l'être de la nature. » (I, 141 C.) Tantôt, le mot miracle signifie une autre espèce d'étrangetés ; non plus les bizarres coutumes des hommes, mais les merveilles de la nature qui nous déconcertent et nous confondent. « Combien y a-t-il de choses en notre connaissance qui combattent ces belles règles que nous avons taillées et prescrites à nature et nous entreprenons d'y attacher Dieu même ! Tout ce qui nous dépasse nous l'appelons miraculeux et contre nature : cela se fait par chaque homme selon la mesure de son ignorance... Or, à ce compte, pour les plus avisés et les plus habiles (*instruits*) tout sera donc monstrueux (*miraculeux*). » (II, 264 C.)

« Les miracles sont selon notre ignorance. » De telles phrases détachées du contexte impliqueraient la négation même du miracle : il suffit de jouer sur le mot et il ne manque pas de commentateurs prévenus pour se laisser séduire à ce jeu.

Revenons à la notion vraie de miracle dont nous trouvons ailleurs dans Montaigne la définition exacte. Le miracle, ce n'est pas « l'inusité », mais c'est « l'impossible », à l'homme s'entend; ce n'est pas « ce qui est contre la commune opinion des hommes » mais « ce qui est contre l'ordre du cours de la nature. » (II, 232 C.)

Ce miracle-là, le vrai, rencontre deux sortes de contradicteurs : les uns soutiennent que la connaissance scientifique d'un miracle nous est impossible ; les autres, que le miracle lui-même est impossible. Voyons comment Montaigne répond aux uns et aux

autres ; et combien dans le premier cas, selon le mot de Pascal,
il est prudent ; combien, dans le second cas, il croit et se moque
des incrédules.

Les premiers contradicteurs ont à leur service un double argument. L'un consiste à dire équivalemment : « Affirmer qu'un fait
est miraculeux, c'est-à-dire dépasse les forces de la nature, c'est
émettre la prétention que l'on connaît toutes les forces de la
nature. Or, qui les connaît ? » Admirable modestie ! ce
n'est pas la vertu ordinaire des adversaires de Montaigne qui leur reproche si rudement la présomption. Aussi n'est-il
pas dupe. Nul ne peut contester que la résurrection d'un mort,
par exemple, ou la guérison instantanée d'un aveugle-né,
dépasse les forces de la nature. L'objection ne vaut que dans
le cas de phénomènes ou de guérisons étranges devant desquels il est plus sage de reconnaître notre ignorance que de
crier trop vite au miracle. Mais il est des faits qui « excèdent
très évidemment les forces naturelles ». De ceux-là on nie qu'aucun ait été jamais vérifié scientifiquement ; et c'est le second
argument de nos contradicteurs.

Dans sa réfutation, Montaigne est très prudent, d'une prudence qui fait le plus grand honneur à son esprit critique et qui
le classe hors de pair en face de ses adversaires : il devance les
bollandistes. C'est surtout dans le chapitre onzième du troisième
livre, intitulé *Des Boiteux*, que Montaigne pose les bases d'une
saine méthode. Ce titre assez bizarre ne présage guère une si
haute prétention. Pasquier le citait comme un exemple de ces
titres fantaisistes sans lien avec le chapitre qu'ils annoncent. Il
se trompait : nous saisissons sur le vif, en cet endroit, la manière
de Montaigne : partir d'un fait et sur ce fait échafauder ses
« fantaisies », qui sont toujours de très sages réflexions. On
attribue aux boiteux une plus vive complexion amoureuse. Et
chacun d'en chercher l'explication. « Comment est-ce que cela
se fait ? — Mais se fait-il, faudrait-il dire. » (III, 326 B.) Le
piquant est que Montaigne n'introduit la légende des boiteux
qu'à la fin du chapitre, comme un hors-d'œuvre, « à propos ou
hors de propos, il n'importe » (II, 336 B). C'était sans doute en
réalité son point de départ. En tout cas, l'exemple est typique :
gaillard à la manière de Montaigne et moqueur aussi, car le mot
boiteux convient à beaucoup de nos raisonnements.

Montaigne dans ce chapitre « nous apprend à douter », dit
Voltaire. Non certes à douter tout court, à la façon de Voltaire,
mais à savoir douter de nos informations. « Je vois ordinairement que les hommes, aux faits qu'on leur propose, s'amusent
plus volontiers à en chercher la raison qu'à en chercher la
vérité. Ils laissent les choses et s'amusent à traiter les causes. »
(III, 326 B.) Cette observation donne la clef de tout le chapitre.
« Se fait-il ? » est la question préalable.

« J'ai vu la naissance de plusieurs miracles de mon temps...
Les premiers qui sont abreuvés de ce commencement d'étrangeté, venant à semer leur histoire, sentent, par les oppositions
qu'on leur fait, où loge la difficulté de la persuasion et vont cal-
feutrant cet endroit de quelque pièce fausse. » (III, 327 B.)

Il faut, pour vérifier un miracle, apporter beaucoup d'attention et d'esprit critique. Montaigne eût approuvé l'institution de
bureau des constatations : « A la vérité, il est requis un bien
prudent, attentif et subtil inquisiteur en telles recherches, indifférent et non préoccupé (*impartial*) et sans préjugé. » (III, 330 B.)
Montaigne aurait bien voulu constater par lui-même un miracle : « Jusque à cette heure, écrit-il vers 1585, tous ces miracles
et événements étranges se cachent devant moi. Je n'ai vu
monstre et miracle au monde plus exprès que moi-même. »
(ibid.) Mais il ne récuse pas à priori les témoins qualifiés d'un
fait miraculeux. Tout est de bien discerner leurs titres. On ne
saurait mettre sur le même pied tous les historiens profanes.
Quand on trouve dans Froissard et dans tels autres un récit
invraisemblable, « on peut s'en moquer... car l'autorité de ces
témoins n'a pas à l'aventure assez de rang pour nous tenir en
bride ». Mais quoi ! Si Plutarque... si César... si Pline racontent
quelque fait extraordinaire, dirons-nous que ces gens-là se sont
laissé piper après le vulgaire (*à la suite du peuple*) pour n'être
pas clairvoyants comme nous ?... »

Les témoins de l'histoire religieuse nous intéressent ici davantage. Bouchet nous raconte les miracles des reliques de saint
Hilaire. « Son crédit n'est pas assez grand pour nous ôter la
liberté d'y contredire. Mais de condamner tout d'un train toutes
pareilles histoires me semble singulière imprudence. Ce grand
saint Augustin témoigne avoir vu sur les reliques des saints Ger-
vais et Protais, à Milan, un enfant aveugle recouvrer la vue... etc.
De quoi accuserons-nous et lui et deux saints évêques, Aurelius
et Maximinus, qu'il appelle pour ses recors (*témoins*). Sera-ce
d'ignorance, simplesse, facilité (*crédulité*) ou de malice et imposture ? Est-il homme, en notre siècle si impudent, qui pense leur
être comparable, soit en vertu et piété, soit en savoir, jugement
et suffisance ? » (I, 233 A.)

Il est intéressant de lire dans le Journal de Voyage le récit
d'un miracle dont Montaigne dit avoir été le témoin. Avec quelle
application il s'informe des moindres détails ! « Je me fis fort
particulièrement et curieusement (*soigneusement*) réciter et à lui
et à aucuns de sa suite l'événement de la guérison d'une jambe
qu'il disait avoir eue en ce lieu (Lorette). Il n'est possible de
mieux ni plus exactement former l'effet (*remplir les conditions*)
d'un miracle. » (1). Mais l'aveu que nous avons lu plus haut,
écrit quatre ans après cet événement, montre que le scrupuleux
observateur n'a pas osé se prononcer sur la qualité du fait.

(1) *Journal de voyage.* p. 261.

Les seconds contradicteurs disent tout de go que le miracle est impossible. Ceux-ci, comme les adversaires de Sebond, ont une « préoccupation de jugement ». « Ce qui est impossible à l'homme est impossible à Dieu ou, en d'autres termes, Dieu est soumis comme l'homme aux lois de la nature et ces lois sont immuables. »

Nous avons vu comment Montaigne rabroue l'impertinence de ceux qui disent : Dieu ne peut pas ! comment il se fait, ici surtout le « vengeur de la majesté divine » et de ses prérogatives : « Rien de nôtre ne se peut assortir ou rapporter en quelque façon que ce soit à la nature divine qui ne la tache et marque d'autant d'imperfection... Toutefois, nous lui prescrivons des bornes, nous tenons sa puissance assiégée par nos raisons... Parce que rien ne se fait de rien, Dieu n'aura su bâtir le monde sans matière. Quoi ! Dieu nous a-t-il mis en mains les clefs et les derniers ressorts de sa puissance ! S'est-il obligé à n'outrepasser les bornes de notre science ?...

« C'est pour toi qu'il a fait ces règles ; c'est toi qu'elles attachent. Il a témoigné aux chrétiens qu'il les a toutes franchies quand il lui a plu. » (II. 262 A.) Ces arguments dressés pour défendre l'Eucharistie protègent évidemment tous les miracles. C'est sans doute à ce passage de l'*Apologie* que Pascal fait allusion quand il dit que Montaigne « croit aux miracles et se moque des incrédules ».

Mais il est un texte antérieur à l'*Apologie*. Celui-ci est émouvant et suggestif ; il exprime un de ces aveux précieux par où nous savons de Montaigne lui-même quels arguments rationnels et quelles expériences l'ont affermi dans sa foi. Le chapitre vingt-septième du premier livre s'intitule déjà : C'*est folie de rapporter le vrai et le faux à notre suffisance*. Titre significatif et prometteur qui annonce déjà en 1572 toute l'argumentation de l'apologie, qui ébranle sérieusement la thèse de Pierre Villey sur la « crise sceptique » censée survenue en 1576, et qui détruit la thèse de M. Tavera sur la « suffisance » de l'homme selon Montaigne.

« C'est une sotte présomption, dit-il déjà, d'aller dédaignant et condamnant pour faux ce qui ne nous semble pas vraisemblable (ce) qui est un vice ordinaire de ceux qui pensent avoir quelque suffisance (*capacité*) outre la commune. J'en faisais aussi autrefois et si j'oyais parler ou des esprit qui reviennent, ou du pronostic des choses futures, des enchantements, des sorcelleries ou faire quelque autre conte où je ne pusse pas mordre, il me venait compassion du pauvre peuple abusé de ces folies. Et, à présent, je trouve que j'étais pour le moins autant à plaindre moi-même. Non que l'expérience m'ait depuis rien fait voir au-dessus de mes anciennes créances et si (*cependant*) n'a pas tenu à ma curiosité.

« Mais la raison m'a instruit que de condamner aussi résolument une chose comme fausse et impossible, c'est se donner l'avantage d'avoir dans la tête les bornes et limites de la volonté de Dieu et de la puissance de notre mère nature, et qu'il n'y a point de plus notable folie au monde que de les ramener à la mesure de notre capacité et suffisance. Si nous appelons mons- tres (*prodiges*) ou miracles ce où notre raison ne peut aller, com- bien s'en présente-t-il continuellement à notre vue ! Considérons au travers de quels nuages et comment à tâtons on nous mène à la connaissance de la plupart des choses qui nous sont entre les mains ; certes, nous trouverons que c'est plutôt accoutumance que science qui nous en ôte l'étrangeté... » (I, 230 A.)

Montaigne, encore une fois, ne dira rien de plus fort dans l'*Apologie*. Tout nous est mystère. Dieu ne met pas plus de puissance à ressusciter un mort qu'à créer un vivant. Ce qui dis- tingue le miracle c'est la nouveauté, si de cette nouveauté Dieu seul est capable. Saint Augustin, que Montaigne ne cite pas, a dit à peu près la même chose. « Comme Dieu est une substance qui ne peut être perçue par nos yeux et que les miracles par lesquels il régit le monde entier et administre toute la création se sont tellement avilis par leur continuité que presque personne ne daigne faire attention aux œuvres de Dieu merveilleuses et stupéfiantes jusque dans la moindre semence, il s'est réservé, dans sa miséricorde quelques œuvres qu'il accomplirait en temps opportun en dehors du cours et de l'ordre usité de la nature. Ainsi, des interventions non plus grandes mais plus insolites frapperaient de stupeur et d'admiration des esprits blasés par l'accoutumance quotidienne. » (in Joan. 24).

Il est frappant de voir deux esprits si puissants se rencontrer dans le même sentiment religieux.

Mais, répétons-le, ce qui classe le miracle ce n'est pas tant, de soi, la nouveauté que l'impossibilité. Et Montaigne conclut dans une ajoute postérieure aussi mesurée qu'orthodoxe : « Si l'on entendait bien la différence entre l'impossible et l'inusité ; entre ce qui est contre l'ordre du cours de la nature et (ce qui est) contre la commune opinion des hommes, en ne croyant pas témérairement (*à la légère*) ni aussi en ne décroyant pas faci- lement, on observerait la règle « rien trop » commandée par Chilon. » (I, 232 C.) On voit comme il est prudent ; et néan- moins il croit.

Montaigne et l'Eglise.

Les miracles les plus indubitables sur lesquels s'appuie la foi du chrétien sont racontés dans l'Ecriture Sainte. « Il nous a témoigné à nous chrétiens... » Un lecteur d'aujourd'hui s'atten- drait à ce que Montaigne nous donne, au moins en passant et par accroc, les motifs rationnels qui justifient sa confiance en la Bible. Rappelons que si une préoccupation de ce genre demeure totalement étrangère à la pensée de Calvin, encore moins faut-il la demander à Montaigne qui, lui, n'a aucune intention de réformer ni même d'exposer la religion.

L'inspiration de la Sainte Ecriture est incontestée ; le texte de la Vulgate est, à quelques détails près, accepté de tous ; les querelles entre Bèze et Maldonat sur l'exacte correspondance de l'original grec et de la traduction latine officielle ne portent que sur des points secondaires. Le débat roule tout entier sur l'interprétation du livre reçu.

Mais ici, l'opposition est radicale. Calvin, en théorie, laisse cette interprétation au libre examen de chacun. Montaigne la soumet au magistère de l'Eglise. En conséquence, pour Calvin, la Bible doit être mise à la disposition de chaque fidèle : nul intermédiaire entre l'âme et Dieu. Chacun doit posséder le texte sacré traduit en sa langue, sans commentaire qui préjugerait du sens. L'Esprit-Saint se doit d'éclairer chaque lecteur selon ses aspirations et ses besoins et de lui suggérer l'interprétation sinon la meilleure, du moins la plus opportune. Le paradoxe est que Calvin, en fait, impose sa propre interprétation sous peine d'une rapide cuisson (il en a cuit à Michel Servet de vouloir objecter la sienne) ; et qu'il la propage par le fer et le feu, par la destruction d'un nombre infini d'œuvres d'art et de vies humaines.

Pour Montaigne, la Bible est confiée non pas à chacun mais à l'Eglise. C'est elle qui a mission de l'enseigner, c'est-à-dire d'en indiquer le sens. Entre deux interprètes dont l'un a souci de se rattacher à une vénérable, solide et constante tradition, à une lignée ininterrompue de papes et de conciles, l'autre apporte son jugement propre et prétend l'imposer, le choix de Montaigne est fait. En politique, et combien plus en religion ! « la raison privée n'a qu'une juridiction privée ».

Les protestants recevant la Bible comme un message adressé individuellement à chacun d'eux ont tendance à le traiter comme un bien personnel ; Montaigne voudrait qu'on le traite comme un bien d'Eglise, le plus éminent, le plus précieux de tous.

Le grand controversiste saint François de Sales, aux prises avec les mêmes adversaires, n'a pas hésité, dans la discussion si importante sur l'usage des livres saints, à invoquer le témoignage de Montaigne. Nous devons reproduire ces citations des *Essais* que l'évêque propose lui-même à nos réflexions. Il y a, selon lui, deux sortes de profanations dont l'une prépare l'autre : la première consiste à traduire inconsidérément le texte sacré en langue vulgaire, l'autre à mêler pêle-mêle ce qui est de Dieu et ce qui est de l'homme, les paroles divines et les paroles humaines.

Ecoutons le « docte profane » auquel se réfère l'évêque. Nous soulignons les citations des *Essais* : « C'est une bien grande licence à ceux qui traduisent la Bible de savoir qu'ils ne seront point contrôlés que par ceux de leur province même. *Savons-nous bien*, dit un docte profane, *qu'en Basque et en Bretagne*

*il y ait des juges assez pour établir cette traduction faite en leur
langue ?* L'Eglise universelle n'a point de jugement plus ardu
à faire, et plus solennel. »

Plus loin, l'illustre controversiste s'élève contre le défaut de
compétence qui est ici un souverain manque de respect : « Le
Concile de Trente ne trouve pas bon que chacun qui sait lire,
sans autre assurance de sa capacité que celle qu'il prend de sa
témérité, manie ce sacré mémorial. Ni n'est certe raison, me
souviens-je avoir lu en un Essai du sieur de Montaigne, *de voir
tracasser entre les mains de toutes personnes, par une salle et
par une cuisine le saint livre des sacrés mystères de notre
croyance... Ce n'est pas en passant et tumultuairement qu'il faut
manier un étude si sérieux et si vénérable ; ce doit être une
action destinée (préméditée) et rassise à laquelle on doit toujours
ajouter cette préface de notre office : Sursum corda, et y apporter le corps même disposé en contenance qui témoigne une particulière attention et révérence... Et crois davantage,* dit-il, *que la
liberté à chacun de traduire et dissiper (publier) une parole si
religieuse et si importante à tant de sortes d'idiomes a beaucoup
plus de danger que d'utilité.* » (1).

Le saint évêque fait appel au concile de Trente. Mais la dernière phrase qu'on vient de lire n'est justement que la traduction des *Regulae indicis Tridentini,* éditées en 1564 par les soins
de Pie IV. On lit dans la règle 4 : « L'expérience montre que si
on autorise sans discernement la diffusion en langue vulgaire de
la sainte Bible il en résulte, par suite de la témérité des hommes,
plus d'inconvénient que d'utilité. » (2). On voit que Montaigne
savait consulter les meilleurs documents ou, du moins, s'infor-
mer auprès des meilleurs maîtres.

Ailleurs, enfin, le malicieux prélat s'amuse à lutter de pittoresque avec son garant imprévu : « Ne fait-il pas bon voir ces
cuisiniers chanter les psaumes de la pénitence de David et
demander à chaque verset le lard, le chapon, la perdrix ? *Cette
voix,* dit des Montaignes (sic) *est trop divine pour n'avoir autre
usage que d'exercer les poumons et plaire aux oreilles.* » (3).

Saint François de Sales n'avait, semble-t-il, sous les yeux que
l'édition parue en 1588, car il omet des ajoutes plus caractéristiques publiées dans l'édition posthume. Il eût certainement pro-
fité de remarques comme celles-ci : « Ce n'est pas l'étude de
tout le monde ; c'est l'étude des personnes vouées, que Dieu y
appelle. Les méchants, les ignorants s'en empirent ; ce n'est
pas une histoire à conter : c'est une histoire à révérer, craindre,
adorer. Plaisantes gens qui pensent l'avoir rendue maniable au
peuple, pour l'avoir mise en langage populaire ! Ne tient-il

---

(1) *Controverses*, p. 182 (citation : I, 407 B) : p. 186 (citation :
I, 407 A).
(2) Cavallera : *Thesaurus doctrinae catholicae* 1936, p. 22.
(3) *Controverses*, p. 180 (Citation I, 408 B).

qu'aux mots qu'ils n'entendent tout ce qu'ils trouvent par écrit ?
Dirai-je plus ? Pour l'en approcher de ce peu, ils l'en reculent.
L'ignorance pure et remise tout en autrui était bien plus salutaire et plus savante que n'est cette science verbale et vaine,
nourrice de présomption et de témérité. » (I, 407 C.) Parmi ces
« personnes vouées » que Dieu y appelle, Montaigne met sans
aucun doute au premier rang Maldonat. Les mots qu'on vient
de lire ne sont-ils pas un écho de leurs conversations ? Maldonat écrivait dans son commentaire sur saint Mathieu : « Ils font
parade de lire les Ecritures et, pour mieux les comprendre, ils
les lisent dans leur langue maternelle... mais ce n'est point par
ce moyen qu'ils les comprennent mieux ; hors de l'Eglise on peut
les apprendre, non les comprendre. » (l. c. 485 c.)

Montaigne, pour sa part, ne néglige pas la lecture des Saintes
Lettres ; nous avons vu quel usage il fait des textes sacrés dont
un grand nombre s'inscrivaient sur les solives de sa librairie. Il
est convaincu que cette lecture approfondie et docile était indispensable à tout chrétien : « Ce que la Divinité nous a si divine-
ment exprimé devrait être soigneusement et continuellement médité par les gens d'entendement. » (II, 216 B.) Mais, pour l'intelligence des textes obscurs, il s'en réfère à l'antique Rome, non
à la récente Genève et, dans la pratique, il s'en rapporte à Maldonat. Celui-ci semble l'avoir inspiré, car il écrit dans un style
presque identique : « Ce n'est pas sur la place publique, ce
n'est pas dans les carrefours, ce n'est pas à table, ce n'est pas
dans les auberges, ce n'est pas n'importe où... qu'il faudrait
discuter des plus hauts mystères de la religion, mais dans
l'Eglise. C'est là que tous devraient aller trouver le Christ à
son domicile, là qu'ils devraient l'écouter, lui ou ceux qui tiennent sa place et l'interroger avec modestie et docilité. » (l. c.
Col. 1349 D.)

Que les doctes discutent entre eux, soit, encore que Montaigne se fasse peu d'illusion sur la lumière qui peut jaillir de
pareilles disputes entreprises souvent par vanité et menées sans
docilité. Mais qu'ils ne portent pas le débat « emmy la place »
publique devant le tribunal du peuple ! « Les enfants et les femmes, en nos jours, régentent les plus vieux et expérimentés sur
les lois ecclésiastiques. » A l'égard des simples lois civiles Platon
est sage. « Il permet aux vieux d'en communiquer entre eux et
avec le magistrat ; il ajoute : pourvu que ce ne soit pas en
présence des jeunes et personnes profanes. » (I, 409 C.)

Soumettons-nous à l'Eglise sans chicaner. « Ne faisons pas les
modérés et les entendus en quittant aux adversaires aucuns articles de ceux qui sont en débat », comme si nous espérions les
amadouer par des concessions, comme si ces articles étaient
notre bien et notre propriété.

Ces concessions, ces « dispensations » sont une mauvaise tactique. Outre qu'on accorde un grand avantage à l'adversaire en

« commençant à lui céder et se tirer arrière », ces articles-là qu'ont « choisit pour les plus légers sont aucune fois très importants ». Montaigne en a fait l'expérience à ses dépens, car « ayant autrefois usé de cette liberté de son choix et triage particulier... venant à en communiquer aux hommes savants, il avait trouvé que ces choses-là ont un fondement massif et très solide. » (I, 234 A.) « Ou il faut se soumettre du tout à l'autorité de notre police (ici, *magistère*) ecclésiastique ou du tout s'en dispenser. Ce n'est pas à nous à établir la part que nous lui devons d'obéissance. » (ibid.)

Soumettons-nous à l'Eglise ; hors d'elle point de salut : « Nous voyons journellement, pour peu que notre raison se détourne de la voie tracée et battue par l'Eglise, comme tout aussitôt elle se perd, s'embarrasse et s'entrave, tournoyant et flottant dans cette vaste, trouble et ondoyante des opinions humaines. » (1).

Dans ces lignes transparaît en filigrane l'image de la barque de Pierre. Entrons hardiment dans cette barque et faisons confiance à Dieu qui, par son pilote, la dirige à travers tant de tempêtes. « C'est un effet de la Providence divine de permettre la sainte Eglise être agitée, comme nous le voyons, de tant de troubles et d'orages, pour éveiller par ce contraste les âmes pies et les ravoir de l'oisiveté et du sommeil ou les avait plongées une si longue tranquillité. Si nous contrepesons la perte que nous avons faite par le nombre de ceux qui se sont dévoyés au gain qui nous vient pour nous être remis en haleine, pour avoir ressuscité notre zèle et nos forces à l'occasion de ce combat, je ne sais si l'utilité ne surmonte point le dommage. » (I, 386 A.) Admirable page qui achève de nous renseigner sur la croyance de Montaigne à la Providence, sur la vitalité qu'il attribue à l'Eglise et rend, une fois de plus, le son d'une âme hautement religieuse.

C'est donc sur de solides raisons que Montaigne écrit : « Je tiens pour exécrable s'il se trouve chose dite par moi ignoramment ou inadvertament contre les saintes prescriptions de l'Eglise catholique, apostolique et romaine, en laquelle je meurs et en laquelle je suis né. » (I, 403 C.)

Le pilote de l'Eglise est le pape de Rome. Montaigne est le pèlerin de Rome. Ce qui l'attire vers la Ville Eternelle c'est l'espoir d'y retrouver les traces de « Lucullus, Metellus et Scipion, de voir par imagination tant d'honnêtes hommes et si valeureux, deviser, promener et souper » dans ce cadre où s'écoule leur vie. (III, 287 B.)

Mais ce qui l'attire aussi c'est la Rome actuelle, la « Babylone moderne » exécrée des tenants de Calvin, parce qu'elle est la cité du Pape ; aimée de Montaigne surtout pour ce motif : « Cette même Rome que nous voyons mérite qu'on l'aime, con-

---

(1) *Controverses.* « Vous voguez ainsi sans aiguille, boussole et timon, en l'océan des opinions humaines. » (p. 362). Ici encore, l'auteur avait évidemment sous les yeux le texte de Montaigne.

fédérée de si longtemps et par tant de titres à notre couronne :
seule ville commune (à tous) et universelle. » Ce dernier mot traduit exactement *catholique*. La suite exprime un vœu beaucoup
plus, hélas ! qu'une réalité : « Le magistrat souverain (le pape)
qui y réside est reconnu pareillement ailleurs : c'est la ville
métropolitaine de toutes les nations chrétiennes... Pour être des
princes de cet Etat, il ne faut qu'être de chrétienté, où qu'elle
soit ! » (III, 287 B.)

Belle formule et bien audacieuse pour l'époque, protestation
discrète contre les calvinistes et contre les gallicans : tout chrétien est un prince de Rome. Il a voulu pour sa part en recevoir
comme le titre officiel. Il est revenu en France emportant comme
un précieux trésor le sénatusconsulte qui le fait « bourgeois
romain », c'est-à-dire citoyen de « la plus noble ville qui fut
et qui sera onques » (III, 291 A), concitoyen de César et du Pape.

L'inspiration.

Le mot inspiration, dans la langue de Pascal comme dans
celle du Moyen Age augustinien, signifie la grâce qui est nécessaire dans l'acte de foi. Cet acte, qui est essentiellement libre,
comprend, nous l'avons vu, deux éléments : l'un, intellectuel,
l'autre affectif. La grâce est ici une lumière qui, sans contraindre
notre esprit, l'éclaire ; une force qui, sans violenter notre volonté,
l'aide.

Le mot ne se trouve pas dans Montaigne avec cette signification. Mais lui qui estime nécessaire un secours divin pour la
pleine appréhension de toute vérité quelle qu'elle soit, met bien
plus en relief la nécessité de cette lumière pour connaître les
vérités divines et de cette force pour y adhérer.

Quelque persuasives que soient les prémisses, la foi n'est pas
la conclusion d'un raisonnement. « Il faut, dit Montaigne, accompagner notre foi de toute la raison qui est en nous, mais toujours avec cette réservation de n'estimer pas que ce soit de
nous qu'elle dépende, ni que nos efforts et arguments puissent
atteindre à une si surnaturelle et divine science. » (II, 150 A.)
Le mot *foi* est pris ici, comme souvent, pour la vérité révélée
objet de la foi. Cette vertu, dit le catéchisme, est une vertu
infuse. Montaigne le dit aussi, nous l'avons entendu : « Si elle
n'entre chez nous par une infusion extraordinaire ; si elle y
entre non seulement par discours (*raisonnement*), mais encore
par moyens humains (comme est la coutume) elle n'y est pas en
sa dignité ni en sa splendeur. » (ibid.) L'auteur pourrait ajouter :
ni en sa solidité ni même en sa réalité. Que de chrétiens en qui
la prétendue foi n'est que la conclusion d'un raisonnement superficiel ou l'effet d'une routine ! « Je crains que nous ne la jouis-
sions que par cette voie ! » D'où s'ensuivent tant de contradic-

tions entre la foi et les mœurs et, pour le plus léger motif, tant de défections.

Montaigne ne cesse d'inculquer cette vérité si peu approfondie par la plupart des chrétiens : « La participation que nous avons à la connaissance de la vérité quelle qu'elle soit, ce n'est pas par nos propres forces que nous l'avons acquise. » (II, 230 A.) A plus forte raison la participation à la vérité divine. « Notre foi, ce n'est pas notre acquêt, c'est un pur présent de la libéralité d'autrui. Ce n'est pas par discours ou par notre entendement que nous avons reçu notre religion, c'est par autorité et par commandement étranger (*extérieur à nous*). » Et, sans se référer au mot du Christ que nous avons cité : « Père, vous avez dévoilé ces vérités aux tout-petits », Montaigne le commente dans un paradoxe qui semble inspiré du texte évangélique : « La faiblesse de notre jugement nous y aide plus que la force et notre aveuglement plus que notre clairvoyance. C'est par l'entremise de notre ignorance que nous sommes savants de ce divin savoir. » (ibid.) Saint Paul, après le Christ, dit à peu près la même chose, et Montaigne s'y réfère : « Je détruirai la sapience des sages et abattrai la prudence des prudents. Où est le sage ? où est l'écrivain ? où est le disputateur de ce siècle ? Dieu n'a-t-il pas abêti la sapience de ce monde ? Car, puisque le monde n'a point connu Dieu par sapience, il lui a plu, par la vanité (*la folie*) de la prédication, sauver les croyants. » (I Cor. I, 19-21) (II, 230 A.)

Les antiques païens sont excusés de n'avoir pas reçu l'inspiration qui, dans la doctrine catholique, est liée au baptême. Mais, puisque la sapience de ces grands esprits, réduite au seul raisonnement humain, n'a abouti qu'à « s'abêtir », quelle serait notre aberration à nous de prétendre nous en tenir à la raison seule ! On reconnaît le thème et le ton de l'*Apologie*. « La foi est un don de Dieu », dit saint Paul (Eph. II, 8). Reprenant ce mot et commentant Montaigne Pascal conclut : « La foi est un don de Dieu ; ne croyez pas que nous disions que c'est un don de raisonnement. Les autres religions ne disent pas cela de leur foi ; elles ne donnaient que le raisonnement pour y arriver, qui n'y mène pas néanmoins. » (p. 459) (1).

La foi est en somme une adhésion, et il faut prendre ce mot au sens le plus strict de parfaite liaison, non seulement de notre esprit, mais de notre volonté, de toute notre âme, à ce que Dieu dit et veut. Aucune formule n'est comparable, selon nous, en richesse et en densité, à celle que nous lisons sous la plume de ce « docte profane » : « Le nœud (*lien*) qui devrait attacher notre jugement et notre volonté, qui devrait étreindre notre âme et (la) joindre à notre Créateur, ce devrait être un nœud prenant ses replis et ses forces (1), non pas de nos considérations,

---

(1) Cf. Maldonat : *Periculosa sententia nos fidem ex nobis ipsis habere : Dei donum est* (Eph. I, 8). l. c. 534 D.

de nos raisons et passions, mais d'une étreinte divine et surnaturelle, n'ayant qu'une forme, un visage et un lustre (*n'ayant qu'un point, de vue, ici un point de départ*) qui est l'autorité de Dieu et sa grâce. » (II, 157 A.)

D'un mot plus bref et plus profond encore : Nous devons « tenir à Dieu par lui non par nous ». (II, 150 A.)

Tout don de Dieu appelle un don de l'homme. Cet attachement à Dieu implique un parfait détachement de nous. Le plus parfait c'est l'humilité. « Ce n'est pas merveille si nos moyens naturels et terrestres ne peuvent concevoir cette connaissance surnaturelle et céleste : apportons-y seulement du nôtre l'obéissance et la sujétion. » (II, 230 A.) Dieu fera le reste. « Abattons ce cuider ! « Abaisser le superbe, traduit Pascal (p. 592), Dieu résiste aux superbes et donne sa grâce aux humbles. » (II, 160 C.)

Telle est la foi de Montaigne. Prenons-le au mot. « Si les occasions humaines n'ont pas eu le pouvoir de l'ébranler... si l'amour de la nouvelleté, la contrainte des princes, la bonne fortune d'un parti, le changement téméraire et fortuit de ses opinions n'ont pas eu la force de secouer et altérer sa croyance, s'il ne l'a pas laissé troubler à la merci d'un nouvel argument ; s'il a soutenu ces flots d'une fermeté inflexible et immobile », c'est qu'il tenait à Dieu par Dieu non par lui-même. « Il y paraîtra partout : non seulement ses paroles mais encore ses opérations en porteront la lueur et le lustre. Tout ce qui partira de lui ou le verra illuminé de cette noble clarté. » (II, 150 A.)

Pour ses opérations, autrement dit ses actes publics et privés, nous sommes renseignés. Il reste à voir si ses paroles, c'est-à-dire les principes de conduite morale qu'il a exprimés dans son livre portent la lueur et le lustre de cette foi ou s'ils sont en contradiction avec elle. Cette foi chrétienne doit avoir pour cause et en même temps pour effet une morale chrétienne. C'est ce qu'il nous reste à vérifier.

Principales pensées inscrites sur les solives de la « librairie ».

Sur les solives de sa bibliothèque, sa « librairie », qui était son cabinet de travail, Montaigne a fait graver les textes qui lui semblent exprimer les plus importantes vérités. Ce sont là les véritables « sources » et en même temps les conclusions de sa méditation.

De ces cinquante-quatre citations une vingtaine se retrouvent dans l'Apologie de Sebond et ce sont les plus caractéristiques, preuve évidente que ce chapitre est bien l'abrégé des *Essais*.

De ces vingt, onze sont empruntées aux Livres Saints ; témoignage éloquent de l'esprit religieux qui anime leur auteur.

---

(1) Pascal : « Le nœud de notre condition *prend ses replis et ses tours* dans cet abîme (le péché originel). » (p. 532). Dieu est un point d'attache autrement solide que ce péché originel.

Toutes ont pour objet de maintenir le penseur dans les sentiments d'humilité qu'il cultive avec tant de soin d'un bout à l'autre de son livre, comme il les a cultivés d'un bout à l'autre de sa vie : « De toutes les opinions... celles que j'embrasse le plus volontiers et auxquelles je m'attache le plus, ce sont celles qui nous méprisent, avilissent et anéantissent le plus. » (II 412 A.)

Il nous paraît utile qu'après avoir parcouru les pages qui précèdent le lecteur jette un regard sur ces maximes que Montaigne avait constamment devant les yeux.

Nous pensons qu'elles expriment bien l'âme de l'auteur et que son livre en est simplement le commentaire.

— La curiosité de connaître les choses a été donnée aux hommes pour fléau. (Ecclésiaste. I, 18. Cf. Apol. II, 224 ; II 413.)

— Tout ce qui est sous le ciel court une loi et une fortune pareille. (Ecclésiaste, IX, 3. Apologie, II, 174.)

— L'homme qui présume de son savoir ne sait pas encore ce que c'est que savoir. (I Cor. VIII 2, Apologie, II, 161.)

— L'homme qui n'est rien, s'il pense être quelque chose, se séduit soi-même et se trompe. (Gal. VI³, Apologie II, 161.)

— Ne soyez pas plus sage qu'il ne faut, mais soyez sobrement sage. Rom. XII³.)

— Bourbe et cendre, qu'as-tu à te glorifier ? (Ecclésiaste X, 9. Apologie II, 228.)

— Il n'y a nulle raison qui n'en ait une contraire. (Sextus Empiricus.)

— La loi (*la possibilité*) de parler et pour et contre est pareille. (Homère, Iliade, XX 249 ; Apologie II, 236.)

— Dieu a fait l'homme semblable à l'ombre de laquelle qui jugera quand, par l'éloignement de la lumière, elle sera évanouie ? (Ecclésiaste VII. Apologie II, 228.)

— Les hommes sont tourmentés par les opinions qu'ils ont des choses, non par les choses mêmes. (Epictète, Enchir. Ch. X. *Essais* I, chapitre XIV, début.)

— Je n'établis rien. (Sextus Empiricus. Apologie II, 236.)

— Je ne comprends point. (id. ibid.)

— Je suspens mon jugement. (id. Ibid.)

— Arrepôs = sans pencher. (Ibid.)

— La perte de l'homme c'est l'opinion de science. (Proverbes XXVI¹². Apologie II, 214.)

— La plus calamiteuse et faible de toutes les créatures, c'est l'homme ; et quant et quant (*en même temps*), la plus orgueilleuse. (Pline, Hist. Nat. II⁷. Apologie II, 164.)

— Malheur à vous qui êtes sages à vos propres yeux. (Isaïe V²¹.)

— Ne soyez point sage à vos propres yeux. (Rom. XII¹⁶.)

— Accepte en bonne part les choses au visage et au goût qu'elles se présentent à toi, du jour à la journée : le demeurant est hors de ta connaissance. (Apologie II, 238, attribué par Montaigne à l'Ecclésiaste.)

———————

LA MORALE CHRÉTIENNE
DE MONTAIGNE

CHAPITRE I

MORALE RATIONNELLE

MORALE RATIONALISTE

AFFIRMER la morale chrétienne de Montaigne c'est, aux yeux de beaucoup de lecteurs, hasarder le plus audacieux paradoxe et, en tout cas, heurter la doctrine la plus reçue et considérée comme la mieux établie. Il est admis que la morale de Montaigne est païenne. Pascal l'a dit et le chœur des critiques le répète, les uns scandalisés et les autres remplis d'admiration.

Pourtant, ceux qui ont lu avec quelque attention les pages qui précèdent, et qui ont découvert avec nous, non peut-être sans quelque surprise, cette âme vraiment humble et religieuse, doivent se demander comment il se fait que cet homme qui vit en catholique, qui pense en chrétien et d'une façon si profonde, si personnelle, si longuement réfléchie, que cet homme professe une morale païenne. Il leur vient des doutes assurément, et peut-être seront-ils intéressés à reviser leur opinion. Peut-être, après avoir été amenés avec Montaigne à repenser le problème de la foi, voudront-ils repenser avec lui le problème de la morale.

Ne sommes-nous pas dans un objet si vaste et si complexe, exposés à bien des ignorances, victimes de bien des confusions, et ajoutons-le, de bien des irréflexions ? Le bienfait de Montaigne c'est qu'il nous force à réfléchir ayant, de tous les sujets, approfondi le pour et le contre.

Pour éviter des confusions de mots qui entraînent nécessairement des confusions de pensées, tenons-nous à un vocabulaire clair et précis, tel qu'il est établi de nos jours.

Pascal accuse Montaigne « d'avoir voulu chercher quelle morale la raison devait dicter sans la lumière de la foi » (p. 150). Cette accusation renferme beaucoup d'équivoques.

Appelons *morale rationnelle*, comme il semble tout indiqué, une morale que dicte la raison, en faisant, par méthode, abstraction de la foi. Une telle morale est si loin d'être hétérodoxe qu'elle est enseignée couramment dans tous les séminaires sous le nom de *Ethica rationalis*.

Appelons *morale rationaliste* une morale qui, non seulement fait abstraction de la foi, mais qui nie la foi ; qui prétend fonder sur la *raison seule* les préceptes de la morale. C'est en fait une morale sans Dieu. Evitons une confusion tout à fait parallèle :

Appelons *morale naturelle* une morale qui prétend chercher dans la nature de l'homme les règles de la conduite de l'homme.

Appelons *morale naturaliste* une morale qui coupe toute relation entre la nature et Dieu, et prétend que les lois de la nature ne sont pas des lois divines. C'est en fait également une morale sans Dieu.

Autre source de confusion. Pascal reproche à la morale de Montaigne d'être païenne. Le mot est gravement équivoque, car les païens auxquels pense Pascal sont loin d'avoir été unanimes. Il semble bien que beaucoup d'entre eux aient lié étroitement la morale à la religion ; que d'autres se soient contentés d'une morale rationnelle, d'autres enfin, dont Lucrèce et bien des épicuriens, ont été partisans d'une morale rationaliste. Le qualificatif de païen est donc obscur et tendancieux.

Préférons-lui le terme de *morale antique*, adopté justement par Erasme ; ce vocable ne fait que situer cette morale dans le temps sans l'accabler d'un préjugé qui est pour nous, comme pour Pascal, toujours péjoratif.

Et ajoutons, pour être complet, que les principes enseignés dans les séminaires sous le nom de *morale rationnelle* sont empruntés pour la plupart à la *morale antique*.

Il ne fait point de doute pour Maldonat, l'ami de Montaigne, qu'un païen puisse être sauvé en observant la loi naturelle. « De l'aveu de tous, dit-il, la loi de nature leur suffisait sans la loi écrite ; la loi écrite leur était assez prêchée par la nature elle-même. » (M. 256.) Il va bien plus loin : non seulement la loi de nature suffisait mais elle préparait providentiellement à la loi de grâce.

Commentant le mot de saint Jean : « D'autres ont travaillé et vous vous êtes entrés dans leur travail » (Jean IV 38), Maldonat écrit : « Certains pensent qu'il s'agit ici non seulement des Prophètes mais aussi des Philosophes païens et que, comme les Prophètes chez les Juifs, les Philosophes dans les autres nations ont préparé les hommes à recevoir la foi... Clément d'Alexandrie apporte beaucoup d'arguments dans ce sens quand il affirme que la philosophie fut le pédagogue des païens et qu'elle fut pour les Grecs ce que la loi de Moïse fut pour les Juifs. Saint Augustin, au livre III des Confessions et au livre III du Traité contre les Académiciens, raconte qu'il y a beaucoup de choses dans les livres des Platoniciens qui sont d'accord (*consentanea*) avec la religion chrétienne et qu'il avait été lui-même, pour se faire chrétien, fortement mu par leur lecture. Tertullien n'eût point parlé ainsi, lui qui flétrit partout les philosophes et les

appelle les patriarches non des chrétiens mais des hérétiques. »
(I. C. Col. 431.) (I).

Nous savons bien que Pascal était ici le disciple de Tertullien
plutôt que de saint Augustin ; qu'il n'eût pas approuvé les manuels utilisés dans les écoles catholiques et nous verrons pourquoi : cette explication sera nécessaire pour comprendre Montaigne. Mais posons cette distinction fondamentale qui éclairera
tout le débat : s'il est évident que, dans la situation actuelle de
l'humanité, il n'y a pas de *salut* sans la foi en Jésus-Christ, il est
non moins certain que celui qui ignore le Christ peut être, s'il
suit fidèlement la loi naturelle, un parfait honnête homme. Il est
même implicitement, dans ce cas, un disciple de Jésus-Christ.
Il est chrétien sans le savoir. Qui refuserait de dire avec Polyeucte
au sujet de Pauline :

> *Elle a trop de vertu pour n'être pas chrétienne !*

Montaigne paraît au premier abord plus sévère. Il va répétant que Socrate est « le meilleur des hommes qui fut onques ».
Et cependant « ses actions vertueuses demeurent vaines et inutiles pour n'avoir regardé l'amour du vrai Créateur ». Socrate
n'est bon que de bonté naturelle. Montaigne, moins informé que
Maldonat, ne semble pas avoir médité la doctrine de saint Paul :
« Gloire, honneur et paix pour quiconque fait le bien, pour le
juif et pour le païen, car Dieu ne fait pas acception de personne. » (Rom. II, 11.) Dieu ne distingue pas le païen du juif,
non plus que l'esclave du maître. (Eph. VI 9, Col 25.) Il ne
regarde que les consciences. « Quand des païens, qui n'ont pas
la Loi, accomplissent naturellement ce que la Loi commande...
ils se tiennent lieu de Loi à eux-mêmes, ils montrent que ce que
la Loi ordonne est écrit dans leurs cœurs ; leur conscience leur
rend témoignage des pensées qui, selon les cas, les accusent ou
les défendent (en attendant) le jour où Dieu jugera par Jésus-
Christ les actions secrètes des hommes. » (Rom. II, 14-16.) C'est
en ce sens que tous les hommes, en relevant de leur conscience,
relèvent de Jésus-Christ. Les païens auront pour ou contre eux
le témoignage de leur conscience ; les Juifs auront en outre celui
de la Loi et les chrétiens, celui de la Foi. Tous les élus seront
sauvés par Jésus-Christ.

Montaigne apparaît donc plus sévère. Cependant, il envisage
pour les païens, honnêtes et droits à la manière de Pauline, des

---

(1) « Les sept arts de la philosophie, dit-il ailleurs, ressemblent aux
sept peuples qui ont occupé la terre promise avant l'arrivée du peuple
de Dieu...

Les philosophes païens, par une permission divine, ont occupé la
terre entière pour adapter les esprits, par une culture préparatoire à
recevoir la semence de la vraie religion. » (*Préface au Traité des démons et de leurs prestiges.*)

Telle était l'opinion des humanistes chrétiens : ils n'admettaient
pas, dans l'histoire de l'humanité, cette coupure profonde que les Jansénistes, à la suite des calvinistes, ont considérée comme un dogme.
Le Christ était, à leurs yeux, le guide et le Rédempteur de tout le
genre humain.

perspectives bien rassurantes malgré leur imprécision : « Cette grande âme de Platon, mais grande de grandeur humaine seulement, « *mérita* néanmoins envers (*de la part de*) la faveur divine de pénétrer si avant en la chrétienne lumière » (III 349 C) qu'il comprit la nécessité de « se commettre à Dieu ».

Quoi qu'il en soit du degré où ait pénétré Platon, on voit qu'il est très imprudent de parler sans grandes nuances de morale païenne. Et aussi, de morale chrétienne.

Car le nom de *morale chrétienne* peut prêter lui-même à équivoques. Il est clair qu'une morale qui prétend se fonder sur la raison seule et qui exclut systématiquement le Christ, bref, qu'une morale rationaliste n'est pas chrétienne.

Il est non moins clair qu'une morale qui se réfère expressément à la doctrine du Christ et qui se fonde sur elle par système est une morale chrétienne. Mais si un chrétien, fidèle aux pratiques religieuses, entreprend d'exposer, sur le plan laïque où il se trouve, en « docte profane », les principes d'une morale naturelle et rationnelle, nous avons le droit de dire, si les principes qu'il expose se trouvent pleinement conformes à ceux du Christ, que sa morale est chrétienne.

Toute morale rationnelle est virtuellement chrétienne. La double question est donc de savoir d'abord si la morale de Montaigne est simplement rationnelle ou si elle est rationaliste, si, en fait, il fonde la morale sur la raison éclairée par la foi ou sur la raison seule. Nous nous demanderons ensuite si une morale naturelle peut être chrétienne, autrement dit si un chrétien a le droit de prendre pour devise : « Suivre la nature. »

Morale et raison selon Montaigne.

Fidèle écho de Pascal, Pierre Villey nous dit : « Le lot véritable de Montaigne, dans le large mouvement de la Renaissance, a été d'acclimater la *morale païenne* en France... Son originalité est d'avoir écrit un livre dont la préoccupation dominante est d'organiser la vie morale *à la lumière de la seule raison.* » (1).

Pour appuyer son affirmation, Villey oppose, dans un raccourci simplificateur, deux morales : « *La morale du Moyen Age,* qui repose essentiellement sur le principe d'autorité... *La morale païenne,* qui part, non d'un texte, mais du fait de conscience qui est en nous ; c'est son principe et sa méthode de s'adresser à la *raison.* »

Villey écrit encore : « La discipline de Montaigne consistera essentiellement dans l'observation des faits et dans la soumission à leurs suggestions. Elle est déjà comme une « ébauche » de méthode positive. C'est de la connaissance de la nature humaine que Montaigne tirera ses règles pratiques, et uniquement de cette

(1) *Les sources de Montaigne*, p. 6.

connaissance. Nous verrons cette discipline s'indiquer dès les premiers *Essais*, puis, peu à peu, se fortifier et prendre conscience d'elle-même. Où Montaigne en trouva-t-il le premier germe autour de lui ? Il est douteux que ce soit chez Palissy ou chez Ramus... » (1).

Le critique s'interroge et reste indécis.

Nous lui répondons hardiment : il en a trouvé le germe, et plus que le germe, dans le théologien Raymond Sebond, avec qui il a passé naguère trois ans de contact intime. On a tort de vouloir oublier cette source.

La méthode du théologien espagnol est originale, nous l'avons dit, en ceci qu'elle part de la connaissance de l'homme pour aller à la connaissance de Dieu d'abord, mais ensuite à la connaissance du devoir.

Nous sommes découragé par l'abondance des citations qu'il faudrait faire et par tant de piétinements qui n'ont pas découragé Montaigne.

Ramenons ce système moral à quelques propositions.

I) « *Il faut partir des faits de conscience.* » « Sus donc ! profondons (*creusons*) l'homme jusque dans son cœur, épluchons et recherchons les intérieurs secrets de ses entrailles, pour y découvrir au net et mettre en évidence son faire et la nature corrompue de ses actions... Il faut pénétrer au-dedans de lui, sonder ses moëlles et l'éprouver bien avant jusqu'aux plus creuses et plus occultes parties de ses membres (*facultés*)... » (S. p. 269 r.)

II) « *Le devoir de l'homme est inscrit dans sa nature.* »

Le système de Sebond est basé sur ce principe que « l'homme est une pièce de l'ordre des choses ». Ce n'est pas là une réflexion jetée en passant pour rappeler à l'homme « un devoir de bienveillance et d'humanité envers les bêtes », comme écrit Villey. L'homme est la première des créatures. Qu'importe ? Il est mêlé aux créatures, *primus inter pares*. Il est soumis aux mêmes lois : lois de la pesanteur, de la croissance, de la multiplication, etc. « C'est une même nature qui roule son cours, dira Montaigne, la manière de naître, d'engendrer, nourrir, agir, mouvoir et mourir des bêtes est voisine de la nôtre. » (II, 185 c.)

« Il se trouve une merveilleuse relation en cette universelle police des ouvrages de nature, qui montre bien qu'elle n'est ni fortuite ni conduite par divers maîtres. » (II, 474 A.) (2).

Sebond ne cesse d'inculquer cette vérité. (S. 59 r.)

Où Sebond veut-il en venir ? Certes, il fournit à Montaigne d'excellents arguments pour ramener l'homme au sentiment de sa bassesse ; pour démontrer aussi l'unité du Créateur. Mais il veut surtout affirmer ceci : comme chaque chose, ici-bas, obéit

---

(1) *Ibid.* p. 28.
(2) Pascal, p. 386. « Tout est fait et conduit par un même maître : la racine, les branches, les fruits, les principes, les conséquences. »

aux lois de sa nature, l'homme doit lui aussi obéir aux lois de sa nature.

L'homme ne doit apprendre à se connaître que pour connaître, inscrite en lui comme partout ailleurs, la volonté de Dieu. Il y est d'autant plus tenu qu'il a reçu une « pièce » spéciale pour connaître cette volonté.

III) *La loi de notre nature nous est manifestée par la raison.*

« Puisque le devoir de l'homme, en tant qu'homme, est le droit *naturel* (1) qui est la règle et loi de nos actions et *la seule lumière* qui nous conduit à leur connaissance, c'est raison que nous comparions à ce devoir notre agir. Lorsque notre faire s'accorde à notre devoir, nous nous accordons par conséquent avec notre nature et avec notre vraie et propre règle et lumière. » (S. 269 r.)

IV) *Il faut comparer sans cesse « le devoir et l'agir ».*

Nous revenons à la loi d'introspection : le circuit se referme sur nous, selon la belle image affectionnée de Montaigne : « Par quoi, dit Sebond, que chacun se tâte et se sonde soi-même ; que chacun regarde tout ce qu'il sent en soi, son faire et ses inclinations. Les comparant à son devoir et loi de nature... » (S. 271 r.)

C'est donc en droit la raison qui nous indique la loi morale, notre loi de nature. Mais en fait est-ce *raison seule* ? Suffit-elle à nous la dicter? Suffit-elle à la fonder? On est surpris, avouons-le, de voir un Pascal écrire de la même plume à quelques lignes d'intervalle : « Il a voulu chercher quelle morale la *raison* devrait dicter *sans la lumière de la foi* » et « c'est ainsi qu'il gourmande si fortement et si cruellement *la raison dénuée de la foi* que, lui faisant douter si elle est raisonnable... il la met par grâce en parallèle avec les bêtes, sans lui permettre de sortir de cet ordre jusqu'à ce qu'elle soit instruite par son Créateur... (p. 150-154).

Comment cette raison « si invinciblement froissée par ses propres armes » aurait-elle la prétention de fonder toute seule une morale ? De quoi peut-elle être instruite par son Créateur sinon de son devoir, corollaire de son droit de prééminence ? Qui est illogique ici, Montaigne ou Pascal ?

Ce n'est assurément pas Montaigne. S'il y a, dans ce long réquisitoire de l'*Apologie*, un argument central, un argument lumineux et décisif pour démontrer l'impuissance de la raison c'est bien son absolue incapacité de fonder toute seule une morale universelle.

Sur quoi la fonderait-elle ? Sur la connaissance du souverain bien ? « Il n'est point de combat si violent entre les philosophes, et si âpre, que celui qui se dresse sur la question du souverain

_____

(1) « *Jus naturae* » droit ou loi de la nature.

bien de l'homme, duquel, par le calcul de Varron, naquirent
deux cent quatre-vingt-huit sectes... » (II, 335 A.)

Le piquant est que Pascal suit pas à pas son modèle et copie
tous ses arguments. Le titre 73 de la section II des Pensées
n'est guère que la transcription de ce long passage.

La raison toute seule tirera-t-elle sa loi d'elle-même ? C'en est
fait alors de la loi universelle, car chaque peuple, chaque pays,
chaque homme se fera sa propre loi, différente de celle du voisin.

« Si c'est de nous que nous tirons le règlement de nos mœurs,
à quelle confusion aboutissons-nous ?... »

Ici encore, Pascal suit pas à pas son maître. Qui entend l'un,
entend l'autre.

Montaigne : « Quelle vérité que ces montagnes bornent, qui
est mensonge au monde qui se tient au delà ? (II 338 C.)

Pascal : « Plaisante justice qu'une rivière borne ! Vérité en
deça des Pyrénées, erreur au delà. » (p. 465).

— Mais, dit la raison seule, il y a pourtant des lois universelles...

— Non, la raison seule n'en découvre aucune.

Montaigne : « Ils sont plaisants quand, pour donner quelque
certitude aux lois, ils disent qu'il y en a aucunes fermes, perpétuelles et immuables qu'ils nomment naturelles... Or, ils sont
si défortunés qu'il... ne s'en rencontre pas même une que la
fortune ou témérité du sort ait permis être universellement reçue
par le consentement de toutes les nations... » (II 338 A.)

Pascal : « Ils confessent que la justice... réside dans les lois
naturelles connues de tout pays. Certainement ils le soutien-
draient si la témérité des lois humaines en avait au moins rencontré une qui fût universelle... » (p. 465).

— Justement, font observer certains critiques modernes, nous
avons ici la preuve que Montaigne récuse toute morale universelle, toute morale absolue, par n'accepter qu'une morale rela-
tive, voire même « relativiste » selon Villey. Autant dire que
la loi morale ne dépend que du caprice des hommes et de la
diversité des coutumes.

— Mais alors, accusons aussi Pascal, d'être pour une morale
« relativiste »... Ils n'en sont pas plus partisans l'un que l'autre ;
car l'un et l'autre ne s'en prend qu'à la raison coupable d'avoir
tout obscurci.

Montaigne : « Il est croyable qu'il y a des lois naturelles,
comme il se voit ès autres créatures ; mais en nous elles sont
perdues, cette belle raison humaine s'ingérant partout de maîtriser et commander, brouillant et confondant le visage des choses selon sa vanité et inconstance ; il n'y a plus rien de nôtre,
dit Cicéron ; ce que j'appelle nôtre est artificiel. » (113, 40 B.)

Pascal : « Il y a sans doute des lois naturelles ; mais cette
belle raison corrompue a tout corrompu... » Suit la même réfé-

rence à Cicéron (p. 466), mais le mot *corrompu* est du crû de Pascal.

Montaigne n'est pas « relativiste ». Il affirme que « la vérité doit avoir un visage pareil et universel. » (II, 337 A.)

Si nous lui découvrons tant de visages, c'est que notre raison est impuissante à la découvrir elle-même et donc à fonder toute seule une morale.

De tous les traits lancés contre cette pauvre raison celui-ci est sans doute le plus aigu et le plus pénétrant : elle est incapable de fonder une morale universelle.

Il faut donc qu'elle cherche au-dessous d'elle-même un appui. Elle le trouvera et Montaigne en exprime ici sa reconnaissance en termes émus : « O Dieu ! quelle obligation n'avons-nous pas à la bénignité de notre souverain Créateur pour avoir déniaisé notre croyance de ces vagabondes et arbitraires dévotions et l'avoir logé sur l'éternelle base de sa sainte parole ! » (II, 338 C.)

« Suivre nature ».

Aux yeux de Pascal, c'est Montaigne qui est illogique. Si le Solitaire de Port-Royal a tant admiré cette façon magistrale de réduire la raison humaine aux abois, s'il a tant applaudi et s'il a pieusement recueilli pour son compte tous ces arguments irréfutables, il avait ses motifs. Il a vu dans cette exécution une démonstration décisive du péché originel tel que Pascal le conçoit.

Mais ce n'est pas seulement la raison humaine, c'est toute la nature de l'homme qui, selon Pascal, est viciée. Il n'y a rien de bon à espérer d'une telle nature, rien à fonder sur elle. Livrée à elle-même, elle ne peut que pécher.

Pascal adopte en sourdine les sinistres propositions de Baïus condamnées par Pie V en 1568 : « Toutes les œuvres des infidèles sont des péchés et les vertus des philosophes sont des vices. » « Le libre arbitre, sans le secours d'une grâce divine, n'a de force que pour pécher. »

« C'est une erreur pélagienne de dire que le libre arbitre peut éviter un seul péché. »

« Tout ce que fait un pécheur ou un esclave du péché est péché. »

« Dans tous ses actes, le pécheur est esclave d'une cupidité qui le domine. »

« Celui-là pense comme Pélage qui reconnaît quelque bien naturel, c'est-à-dire, issu des seules forces de la nature. »

« Ce n'est que par erreur pélagienne qu'on peut admettre quelque bon usage du libre arbitre ; celui qui pense et enseigne cette doctrine fait injure à la grâce du Christ. »

Pascal vivait aussi dans l'ambiance diffuse et docilement

acceptée des maximes suivantes de Jansénius qui seront condamnées par Alexandre VIII en 1690 :

« Il est nécessaire qu'un infidèle pèche en toutes ses œuvres. »

« Tout (acte) qui n'est pas (issu) de la foi chrétienne surnaturelle, laquelle agit par amour, est péché. »

Peu importait à ces exégètes que de telles affirmations fussent en contradiction flagrante avec les textes de saint Paul que nous avons cités. Ils savaient bien tordre les textes. Et il faut reconnaître que saint Augustin lui-même parfois les y aidait.

Pascal vivait dans ces pensées et les résumait à sa manière incisive :

« Il faut recourir à la personne de Jésus-Christ ; car tout ce qui est dans les hommes est abominable. » (1).

Suivre une nature aussi radicalement corrompue c'était donc nécessairement aller vers la damnation, et le précepte : *suivre nature* était une maxime païenne qui ne pouvait avoir été conçue que dans l'ignorance du péché originel et de la véritable condition de l'homme.

Et c'est justement le reproche que Pascal fait à Montaigne, « de n'avoir pas su que l'état de l'homme à présent diffère de celui de sa création » (p. 159). Il le trouve illogique de ne pas conclure que cette impuissance de la raison seule était la marque évidente de la corruption de la nature humaine.

Montaigne, en effet, ne l'a pas conclu. Quand il a dressé contre la raison ce virulent réquisitoire, il n'a pas eu d'arrière-pensée théologique. Il n'est point parti d'une spéculation, mais d'une observation : « Je n'enseigne pas ; je récite (*je raconte*). » Il a voulu simplement obliger la raison orgueilleuse à s'incliner devant le dogme sans lui laisser aucune échappatoire, la guérir du vice de présomption et l'amener à une soumission complète par le chemin que lui-même a suivi, par l'aveu d'ignorance.

Que cette ignorance soit en nous la suite de la première faute, il l'insinue assez : « Notre ignorance originelle. » Que la présomption surtout, qui est l'expression la plus parfaite et la plus dangereuse de notre ignorance, soit la cause et l'effet du péché d'Adam, il le dit expressément, nous l'avons entendu : « Les chrétiens ont une particulière connaissance combien la curiosité est un mal naturel et originel en l'homme. Le soin de s'augmenter en sagesse et en science, ce fut la première ruine du genre humain : c'est la voie par où il s'est précipité à la damnation éternelle. L'orgueil est sa perte et sa corruption. » (II, 227 A.)

Montaigne n'ignore donc pas le péché originel. Pour lui, l'essence de cette faute est l'orgueil, et sa conséquence première, l'ignorance. Si la nature humaine est depuis, en un sens, débilitée, c'est l'effet de cette révolte de notre raison qui, en perdant l'humilité, perd le contrôle de notre nature dont elle a la

---

(1) Pascal : *Lettre sur la mort de Pascal le père*, lib. cit. p. 98.

conduite. Les sens se désordonnent dans la mesure où elle se
désordonne et la révolte de la raison contre Dieu entraîne la
révolte des instincts contre la raison. Elle a perdu la maîtrise
qui lui incombe en voulant assumer une maîtrise qui la dépasse ! « Cette belle raison humaine s'ingérant partout de maîtriser et commander a tout brouillé et tout confondu. »

La nature actuelle n'est pas radicalement différente de la
nature originelle. Mais son visage est caché par les brouillards
fumeux de nos raisonnements : « Et ont fait les hommes, de
la nature, comme les parfumiers de l'huile. Ils l'ont sophisti-
quée (*altérée*) de tant d'argumentations et de discours appelés
du dehors, qu'elle en est devenue variable et particulière à chacun et a perdu son propre visage constant et universel. » (III
357 B.) (1).

Ce visage, il est en notre pouvoir et il est de notre devoir
de le découvrir. C'est même là notre principal devoir.

Où le chercher ? Là où ce visage n'a pas été sophistiqué par
l'orgueilleuse spéculation. Mais la raison, elle-même débilitée,
pourra-t-elle le découvrir ? Oui, à condition de s'humilier,
car elle n'est corrompue que par l'orgueil ; à condition de s'humilier assez d'abord pour mériter la grâce divine, car elle ne
peut rien découvrir « sans la lampe de la vérité » ; ensuite pour
rechercher dans les créatures les plus basses les traces de sa
propre nature ?

Cherchons-les dans les âmes simples, les âmes frustes, les
âmes de paysans. Il ajouterait peut-être aujourd'hui, de vrais
paysans, non passées par l'école laïque. « Les traces de son
instruction (de nature) et ce peu qui, par le bénéfice de l'ignorance, reste de son image empreint en la vie de cette foule
rustique d'hommes impolis (*sans culture*), la science est contrainte
de l'aller tous les jours empruntant pour en faire patron (*modèle*)
à ses disciples de constance, d'innocence et de tranquillité. »
(II 357 B.)

Cherchons ces traces de nature chez les primitifs, chez les
habitants du Nouveau Monde, les « Cannibales ».

Cherchons-les chez les bêtes, oui, surtout chez les bêtes.

Montaigne aime développer souvent les sages conseils de
Sebond que nous avons lus plus haut : « Que notre sapience
apprenne des bêtes même les plus utiles enseignements aux plus
grandes et nécessaires parties de notre vie : comment il nous
faut vivre et mourir, ménager nos biens, aimer et élever nos
enfants, entretenir justice. Le témoignage des bêtes n'est sujet
ni à faveur, ni à corruption, ni à diversité d'opinions. Il est bien

---

(1) Maldonat conclut en ces termes son commentaire sur la parabole
de la semence : « Une même nature *bonne par elle-même*, une même
volonté bonne par elle-même, les uns, en ne la cultivant pas la rendent
semblable à un chemin public ; les autres, en ne la creusant pas profondément, la laissent couverte de pierres ; les autres en ne la sarclant
pas la laissent couverte d'épines. » I. C. 294.

vrai qu'elles-mêmes ne vont pas toujours exactement dans la route de nature ; mais ce qu'elles en dévoient c'est si peu que vous en apercevez toujours l'ornière. » (III, 358 B.)

Il a résumé la leçon de Sebond dans la fameuse conclusion drue et nerveuse que nous avons entendue.

« *Il nous faut abêtir pour nous assagir.* » (Apologie II, 220 c.)

Pascal a beaucoup contribué à la célébrité de cette formule. Mais en la plaçant dans un tout autre contexte il l'a rendue inacceptable et quelque peu odieuse. Sous une boutade d'allure paradoxale, le malicieux Périgourdin a caché un conseil de fine sagesse pratique. Rien de plus.

Le penseur auvergnat, hanté par un souci doctrinal d'humilier au plus bas la raison et la nature humaine, écrit tout de go : « Prenez de l'eau bénite, faites dire des messes, etc. Naturellement même (*par un effet naturel*) cela vous fera croire et vous abêtira. » (p. 441).

Ici, le paradoxe dépasse le but. Il a fait reculer Port-Royal et scandalisé Victor Cousin, non sans raison. Car Pascal, qui emprunte évidemment ce mot de Montaigne le détourne de son vrai sens.

Le Périgourdin a dit simplement : « Il se faut abêtir pour mener une vie saine et sage. » L'Auvergnat transpose dans un tout autre plan : il se faut abêtir pour croire.

Entre les deux penseurs, il y a plus qu'une nuance.

Pour Pascal, suivre nature c'est aller à la corruption en suivant un guide corrompu. Pour Montaigne, suivre nature c'est obéir à la loi divine inscrite en nous.

Il ne tient qu'à nous de découvrir notre nature ; il ne tient qu'à nous de la suivre : *suivre nature !* voilà le mot d'ordre.

Pour le trouver facile et relâché il faut en méconnaître le véritable sens, comme l'on fait souvent.

Gustave Lanson se pose gravement la question : « Veut-il dire : chacun doit suivre *sa* nature, c'est-à-dire tous les appels de son instinct ? » Et le savant universitaire répond, non sans quelque naïveté : « Nulle part les *Essais* n'excusent le cruel, l'ivrogne, le vaniteux, l'ambitieux, l'avare, le menteur, le traître, sur ce qu'ils sont tels par nature et prennent leur loi de leur instinct profond. » (1).

C'est trop évident. L'éminent critique ignore sans doute que l'axiome *suivre nature* non seulement était un des plus beaux axiomes de la sagesse antique admis dans toutes les grandes écoles, des Académiciens aux Péripatéticiens, des Stoïciens aux Epicuriens, aux Epicuriens s'entend première manière, mais qu'il a été recueilli par les philosophes chrétiens du Moyen Age, et nous l'avons lu sous la plume de Sebond, écho fidèle de leur

---

(1) Revue des Deux-Mondes : « La vie morale selon les *Essais* de Montaigne. (1924, p. 612).

enseignement : « Notre devoir est inscrit dans notre nature. »
C'est ainsi que Montaigne l'entend, et cette maxime est loin
d'être, chez lui, une maxime de relâchement.

Elle ordonne une attention vigilante et constante de la raison.
Elle prescrit un effort patient et tenace de la volonté. Car, suivre nature, c'est d'abord la discerner dans la folle croissance des
passions et des instincts désordonnés ; c'est ensuite la libérer de
ces parasites rongeurs. Que la raison soit capable de remplir
son rôle, c'est ce qu'affirme Montaigne ; mais à la condition
de n'être pas « dénuée de la foi ». L'histoire nous montre à
quels errements elle est exposée toute seule.

Que la volonté puisse remplir le sien, Montaigne le suppose
comme évident. Et c'est là surtout ce qui scandalise Pascal, car
pour lui le libre arbitre, c'est-à-dire la faculté de vouloir librement, est en nous une pièce totalement faussée, incapable de
remplir sa fonction naturelle, sans la béquille de la grâce.

Montaigne avait lu dans Sebond : « Nous jouissons d'une
pleine volonté, d'une liberté naturelle, exempte de toute contrainte, qui besogne en toute franchise, non forcée d'aucune
nécessité... L'homme seul œuvre en toute liberté. » (S. p. 64, V.)
Baïus se récrierait avec horreur devant une proposition aussi...
pélagienne. Pascal aussi.

Sebond dit ailleurs : « Ce que nous faisons selon la règle de
nature ne nous peut être imputé à faute. » (S. 74 V.) C'est ce
que Montaigne traduit exactement par son axiome si connu :
« *Nous ne saurions faillir à suivre nature.* »

« La nature est un doux guide, mais non pas plus doux que
prudent et juste, dit Montaigne ; je quête partout sa piste. »
(III 447 B.)

« La nature est corrompue », dit Pascal (p. 342. Elle nous
rend malheureux en tous états. » (p. 383).

Nous devons suivre la nature, dit Montaigne.

Nous devons lutter contre la nature, répond Pascal.

Il faut convenir que la langue chrétienne courante est plutôt
avec Pascal.

Et, comme nous éprouvons tous un penchant pour les antithèses simplistes, si le langage de Pascal est *chrétien*, nous concluons que le langage de Montaigne est *païen,* car ils sont à
l'opposé l'un de l'autre.

La nature et la grâce.

Nous sommes accoutumés à lire les livres ascétiques plus que
les livres théologiques et l'*Imitation* est en beaucoup plus de
mains que la *Somme* de saint Thomas d'Aquin. Or, l'*Imitation*
oppose en un chapitre fameux la nature et la grâce (Livre III,
ch. 54) : d'un côté, tout le mal, de l'autre, tout le bien. Et si,
au sortir de cette lecture, un chrétien entend dire : il faut suivre

la nature, il a l'impression d'entendre une parole monstrueuse, un conseil pervers et satanique. Et quel chrétien n'a l'oreille et le cœur pleins de cette admirable antithèse ?

Mais il faut prendre garde que le pieux auteur parle de la nature non telle que Dieu l'a faite mais telle que nous l'avons faite. Il parle de la nature concrète de chacun de nous, pauvres hommes, qui sommes avant tout orgueilleux (*natura libenter honorem accipit*) ; comme l'auteur insiste sur ce vice ! qui sommes curieux (*natura quaerit curiosa*) ; qui sommes intéressés (*natura totum agit propter lucrum*)..., etc. Mais s'il élève contre ces vices avec une si austère vigueur, c'est qu'il ne les considère pas en tant qu'effets automatiques du péché originel : où serait notre faute ? C'est qu'il y voit le résultat de ce manque de recueillement et de vigilance qu'il condamne tant d'un bout à l'autre de son livre. Et chacun comprend très bien que cette grâce opposée à la nature, ce n'est pas la grâce abstraite, car le texte n'aurait aucun sens ; que signifierait : « la grâce s'applique à sa propre mortification... » ? etc. La grâce, c'est cette même nature guidée par la raison, laquelle est éclairée par la foi : « la grâce ne cherche aucun honneur, mais attribue fidèlement la gloire à Dieu ».

C'est bien ainsi qu'on l'entend à la réflexion ; et cependant, ces textes sont opposés à Montaigne. Mais attention ! de telles confusions de langage sont très dangereuses et peuvent aboutir à des conclusions logiques qui seraient la force des athées. Comme si la nature de l'homme, au sens réel, n'était pas une grâce, et la plus fondamentale, et comme si diriger, « modérer », « régler », « manier » (*tenir en main*) la nature n'était pas la première fidélité que nous devions à la grâce. Ce sont là, nous le verrons, préceptes que ne cesse d'inculquer Montaigne.

Autre source de confusion : par *nature*, beaucoup entendent, sans y prendre garde peut-être, les seuls penchants de la chair. Pascal, avec Port-Royal, était préoccupé, trop exclusivement, de ce genre de « concupiscence » en laquelle beaucoup étaient tentés de voir l'essence même du péché originel. Le plaisir qui accompagne l'acte générateur si impérieusement voulu de Dieu, était, selon eux, un effet et une marque de notre déchéance. Montaigne réagit vigoureusement contre cette opinion. Il pense, à la vérité, que la honte qui accompagne cette action si nécessaire à l'espèce était comme une preuve de notre désordre originel. Sans réprouver cette honte, il ne réprouvait pas ce plaisir, car tout ce qui est naturel est voulu de Dieu et tout ce qui est voulu de Dieu est saint.

Ce qu'il condamne ici, nous le verrons, c'est le dérèglement. Mais il y a d'autres dérèglements : l'orgueil, l'avarice, la colère, l'injustice, la cruauté, et toute intempérance, autant de passions qui troublent la nature, et quand il dit qu'elles la troublent plus gravement, est-il contre l'esprit chrétien ? En mettant l'accent sur l'orgueil n'est-il pas dans la ligne évangélique ? « Pures comme des anges, orgueilleuses comme des démons », disait-on des religieuses de Port-Royal. Mais nous ne lisons pas dans l'Ecriture que Jésus ait manifesté plus d'indignation contre la Samaritaine que contre les Pharisiens. Les disciples qui l'entourent, ont-ils éprouvé quelques tentations charnelles ? Nous n'en voyons trace dans l'Evangile, d'où certains critiques prétendent soutenir qu'ils sont des êtres fictifs et qu'ils ne cadrent pas avec l'humanité réelle ! Mais Jésus leur reproche d'être querelleurs, présomptueux, irascibles envers les enfants, sans confiance et, par-dessus tout, avides de titres et des premières places : c'est par quoi ils appartiennent le plus sûrement à l'humanité et contre quoi ils devront le plus rudement lutter.

« Suivre la nature », « lutter contre la nature », ce n'est peut-être au fond qu'une différence de mots pour exprimer la même chose. Mais c'est, à coup sûr, une différence d'accent, et cette différence peut modifier du tout au tout la vie morale.

Pour Pascal, « la vraie et unique vertu est donc de se haïr » (p. 553, cf. 547).

Pour Montaigne, la vraie et unique vertu est de s'aimer et de se régler.

Pour Pascal, l'homme sans Dieu est « abominable ».

Pour Montaigne, l'homme sans Dieu n'est qu'incapable.

Pour Pascal, le triomphe de la grâce est d'anéantir la nature.

Pour Montaigne, le triomphe de la grâce est d'élever la nature.

Pour Pascal, le mot d'ordre est refaire.

Pour Montaigne, le mot d'ordre est « parfaire ».

Pour Pascal, Dieu est plus glorifié si l'homme ne peut collaborer à son salut. Tout attendre de Jésus-Christ, rien de soi-même.

Pour Montaigne, Dieu est plus glorifié si l'homme s'efforce de collaborer à son salut. Tout attendre de Jésus-Christ et de soi-même.

Pour Pascal, une maladie désespérée justifie seule l'effroyable remède de la Rédemption.

Pour Montaigne, l'orgueil de l'homme suffit à justifier les abaissements de la Rédemption : Dieu s'est fait homme parce que l'homme s'était fait Dieu.

Pascal épaissit le mystère du péché originel en faisant l'homme actuel coupable d'une concupiscence dont il n'est pas responsable.

Montaigne éclaire le mystère du péché originel en faisant l'homme actuel coupable d'un orgueil dont il est responsable.

Pour Pascal, « le péché originel est folie devant les hommes » et il cite saint Paul dont il accommode le sens (p. 537).

Pour Montaigne, « c'est la prétendue sagesse humaine qui est folie devant Dieu » et il cite saint Paul exactement. (I, Cor. III¹⁹.)

Pascal sacrifie l'homme et la majeure partie de l'humanité.

Montaigne bâtit sur l'homme le chrétien et sur l'humanisme le christianisme.

Quand Pascal dit : la nature est corrompue, il pense surtout à la partie inférieure de l'homme, aux sens, et la corruption s'appelle concupiscence.

Quand Montaigne dit : l'homme est corrompu, il pense surtout à la partie supérieure de l'homme, la raison, et la corruption s'appelle orgueil.

Mais la corruption des instincts est indépendante de notre volonté ; elle nous marque comme d'une tache indélébile, et le janséniste sent peser sur lui comme une sombre fatalité.

La corruption de notre raison, telle que la présente Montaigne, dépend en grande partie de nous, et nous avons à notre portée un remède, sinon facile, du moins obvie : l'humilité.

Si la nature sensible est malade, que peut la volonté pour la guérir, surtout si la volonté, par hypothèse, est elle-même blessée ?

Si la nature sensible est saine, il dépend au moins en partie de la volonté de la diriger, surtout si la volonté, par hypothèse, est intacte.

Si la nature sensible est pervertie, les vertus des philosophes ne sont en effet, qu'apparence et vanité. « Ils ne sont arrivés qu'à couvrir le mal. »

Si la nature sensible n'est que blessée, les anciens philosophes ont pu en tirer parti et ceux qui l'ont fait nous montrent le parti que nous en pourrons tirer, nous qui avons la grâce.

L'attitude de Pascal et des Jansénistes offre quelque chose de plus capiteux et de plus séduisant. Leur mot d'ordre : *lutter contre la nature* est un cri de guerre qui enchante nos instincts belliqueux.

Cette maxime mord dans le réel, car nous sentons aux prises en nous ces deux hommes dont parle saint Paul.

Cette maxime s'appuie sur les Ecritures, car il est dit : la vie de l'homme est un combat.

Cette maxime est celle des auteurs ascétiques.

Telles sont les apparences.

Mais il y en a d'autres :

Cette nature, œuvre continue de Dieu, il faut la respecter, la cultiver, l'embellir. Il faut l'harmoniser. Le mot d'ordre n'est pas détruire, mais construire ; non pas bataille, mais *eucrasie*, disait Clément d'Alexandrie, c'est-à-dire tempérance, modération ; et aussi patience, soumission. Or cette soumission est la plus belle victoire : *Vir obediens loquetur victoriam.* (Prov. 21-28.)

Que les amateurs de lutte se rassurent ! Il y a combat, nous l'allons voir, du côté de Montaigne comme du côté de Port-Royal.

Ici, on parle de réprimer, de dompter, de détruire, de haïr. Là, on parle de suivre, de cultiver, d'harmoniser, d'aimer. D'un côté, la lutte apparaît plus âpre ; de l'autre, elle apparaît plus sereine.

Mais qui exploite mieux la nature, don de Dieu et qui fait mieux triompher la grâce ?

Qui a, de la dignité de l'homme et de sa destinée, une idée plus juste, plus confiante et plus chrétienne ?

Quelle comparaison est plus consolante et plus vraie : celle qui dit que l'esprit doit « ployer la machine », ou celle qui invite l'esprit à suivre et diriger la chair « son épouse » ?

Sainte-Beuve, et d'autres après lui, trouvent admirable la morale de Port-Royal. Il importe assez peu à l'auteur de *Volupté* que cette morale soit de tout point praticable. Il admire en amateur, en esthète, non en professionnel, cet « exact christianisme » si beau de loin, près duquel fait pâle figure le pauvre « naturalisme » d'un Montaigne ou la religion même d'un saint François de Sales.

L'auteur des *Essais* en juge autrement : « Ces exquises subtilités ne sont propres qu'au prêche ; ce sont discours qui nous veulent envoyer tout bâtés en l'autre monde. La vie est un mouvement matériel et corporel, action imparfaite de sa propre essence et déréglée ; je m'emploie à la servir selon elle... A quoi faire ces pointes élevées de la philosophie sur lesquelles aucun être humain ne se peut rasseoir et ces règles qui excèdent notre usage et notre force ?... Il serait à désirer qu'il y eût plus de proportion du commandement à l'obéissance ; et semble la visée injuste à laquelle on ne peut atteindre. » (III, 275, 277 A.)

Montaigne « hait cette inhumaine sapience » (II, 437 B) et ne veut que des préceptes sinon aisément du moins humainement praticables, car il veut sincèrement les pratiquer.

Au XVIIᵉ siècle, le Père Yves, ce capucin que tant d'affinités rapprochent de Montaigne, qui admire « le beau mariage que la divine miséricorde a voulu faire du plaisir avec la nécessité », écrira contre les Jansénistes : « La nature ne pouvant pas souffrir ces violences, recourt à sa liberté par un grand effort ; pour n'y point faillir, elle s'emporte jusque dans les autres extrémités... C'est de là, dit Platon, que les superstitions qui donnent à Dieu ce qui ne lui convient pas, se terminent ordinairement en une impiété qui le nie... » (1).

Superstition : mot très juste pour exprimer tout ce que l'homme ajoute de son cru, de son orgueil, aux préceptes évangéliques et qui les surcharge, tout ce qui substitue la crainte à l'amour, car le mot grec dont il est ici la traduction signifie : crainte de la divinité. Montaigne l'emploie déjà dans le même sens contre les présomptueux qui veulent s'éloigner de « la voie battue et

---

(1) Cité par H. Bremond, *Histoire du sentiment religieux*, I, p. 411.

droiturière : « c'est, à l'aventure, ce que dit ce mot grec ancien, que la superstition suit l'orgueil et lui obéit comme à son père ». (II, 227 A.)

Il semblerait que ces âpres docteurs qui mettent si bas la nature humaine, qui la piétinent et dénoncent à tout venant son impuissance radicale et universelle, soient les plus humbles des hommes. Cette humilité cache mal un subtil orgueil : à vaincre sans péril ou triomphe sans gloire ; plus la ruine est totale, plus le relèvement est glorieux : *impavidum ferient ruinae*. Ils admirent les stoïciens et nos stoïciens les admirent.

Mais, dira-t-on, ils n'attribuent le relèvement de l'homme qu'à la seule grâce, en quoi ils s'opposent aux stoïciens, et la victoire n'est glorieuse que pour Jésus-Christ. Sans doute, mais leur système de la prédestination offre à leur orgueil un nouvel appui plus subtil encore. Ils n'ont le choix qu'entre deux alternatives : ou se lamenter dans l'affreux désespoir d'être les sacrifiés ou se redresser dans la satisfaction présomptueuse d'être les favoris, les « mignons » de la grâce. Ils peuvent être balancés de l'un à l'autre de ces extrêmes mais ils ne trouvent de repos que dans l'assurance personnelle d'un privilège... à moins de tourner délibérément le dos à un Dieu si fantasque et si tyrannique, comme ont fait beaucoup de leurs admirateurs.

Il y a dans l'Evangile deux paroles qu'il paraît au premier abord difficile de concilier ; d'une part : « *celui qui veut venir après moi qu'il se renonce, qu'il porte sa croix.* » Et d'autre part : « *Venez à moi vous qui peinez... mon joug est doux et mon fardeau léger.* » (1).

La première rend un son d'austérité ; la seconde, de suavité et l'on pourrait être tenté de choisir l'une ou l'autre selon son tempérament ou son préjugé. Il est clair que les Jansénistes inclinent à ne retenir que la première parole. Montaigne est plus attiré par la seconde.

Les critiques qui n'ont guère le loisir ni le goût de méditer l'Evangile partagent, en théorie du moins, l'attrait des Jansénistes. Tout bon chrétien sans préjugé sait qu'il doit les concilier ; mais il lui paraît évident que la seconde parole doit jeter sur la première la lumière la plus apaisante, car il faudrait torturer le texte évangélique pour lui faire dire qu'un fardeau est léger s'il est lourd, qu'un joug est doux s'il est pénible à porter.

L'antinomie des deux paroles n'a pas échappé aux premiers commentateurs, notamment à saint Jérôme. Ecoutons l'exégèse de Maldonat. En sagace critique il a toujours le soin de replacer les paroles du Christ dans leur contexte. Il s'agit ici d'opposer le joug évangélique au joug de la loi. Maldonat trouve quatre raisons pour justifier la parole du Christ : la première surtout

---

(1) Cf. 1° Jean. V 3, « Ses commandements ne sont pas pénibles. »

est significative, car elle souligne l'accord étroit et la continuité parfaite entre la loi naturelle et la loi évangélique. « Dans l'Evangile, dit-il, il n'y a que les préceptes nécessaires au salut. Ces préceptes, la nature elle-même nous les enseigne ; quelques-unes toute seule, d'autres, aidée par la révélation d'une vérité surnaturelle. Tous ces préceptes sont contenus dans un seul mot : tout ce que vous voulez que vous fassent les hommes, faites-le leur. Dans la loi de Moïse au contraire il y a une infi-nité de préceptes qui n'ont rien à voir avec la loi naturelle. » Que dire de la législation des Pharisiens ! Seconde raison : « L'esprit de la Loi était un esprit de crainte et de servitude ; l'esprit de l'Evangile, un esprit de charité et de bonté. » (c. 260 D.)

Dire qu'une loi est naturelle, c'est dire qu'elle est parfaitement adaptée à la nature ; et dire que l'Evangile ne l'alourdit pas, c'est dire qu'il la perfectionne sans la surcharger. Bien plus, il l'allège en nous donnant des forces que la loi, autrement dit le fardeau, ne saurait évidemment nous donner.

Morale et religion selon Montaigne.

Si Montaigne avait voulu écrire un traité de la perfection chré-tienne, il aurait dit, non pas *suivre nature*, mais suivre le Christ. Il n'a pas voulu prêcher aux hommes, mais raconter un homme. Ce faisant, il ne pouvait éviter de poser des principes moraux. Il n'y a pas manqué, non plus que d'indiquer en passant les rapports entre ces principes et la religion.

Ces rapports sont délicats et complexes, et nous devons essayer de les noter dans toutes leurs nuances.

D'abord, Montaigne, nous l'avons vu, part de l'expérience des siècles et de sa propre expérience pour affirmer qu'*il ne peut y avoir en fait de règle morale universelle et ferme en dehors de la religion*. La raison seule ne peut que divaguer et le con-sentement universel est ici sans autorité, comme il est sans uniformité. Ce n'est pas que notre auteur fasse appel au Déca-logue et substitue le principe d'autorité au principe de raison. C'est au contraire la raison, de toute nécessité confirmée par la foi, qui lui montre qu'il y a un Dieu, créateur de la nature humaine ; que ce Dieu en créant cette nature, lui a imposé des lois : qu'il appartient à la raison humaine de découvrir ces lois et à la volonté humaine de les suivre. Cette découverte des lois de notre nature et cette application à les suivre constituent la vie morale. C'est en ce sens que Montaigne se dit « *naturaliste* » (1), c'est-à-dire observateur et observant des lois naturelles, par opposition aux légistes qui étudient les lois positives.

Mais tout naturaliste qu'il est, il rattache la morale à Dieu dans la mesure même où la nature se rattache à Dieu.

_____

(1) « Nous autres, naturalistes. » (III, 367 C).

Le second principe de Montaigne est que la *morale d'un chrétien doit être exactement conforme à sa religion*. Il y a là une question de doctrine évidente : on ne peut supposer de discordance entre les préceptes positifs de Dieu « *data lex* » et les lois que ce même Dieu a inscrites dans notre nature : « *nata lex* ». Mais il y a surtout une question de logique et d'honnêteté : nul homme loyal ne saurait admettre de désaccord entre la foi qu'il professe aux préceptes divins et la conduite qu'il tient. Sur ce thème, les textes fourmillent et nous devrions les méditer avant de taxer Montaigne d'illogisme ou surtout de déloyauté. « Nous devrions avoir honte qu'ès sectes humaines, il ne fut jamais partisan... qui ne conformât aucunement (*de quelque manière*) ses déportements (*sa conduite*) et sa vie à sa doctrine. » On devrait dire de nous : sont-ils si justes, si charitables, si bons ? Ils sont donc chrétiens. » (II 151 A... B) et les faux dévots sont ceux qui ne conforment pas leur morale à leur religion.

Montaigne n'aime pas les faux dévots : « Je ne loue pas volontiers ceux que je vois prier Dieu plus souvent et plus ordinairement, si les actions voisines de la prière ne me témoignent quelque amendement et réformation... et l'assiette d'un homme mêlant à une vie exécrable la dévotion, semble être aucunement (*en quelque manière*) plus condamnable que celle d'un homme conforme à soi et dissolu partout. « Il me déplaît de voir trois signes de croix au benedicite, autant à grâces... et cependant toutes les autres heures du jour les voir occupés à la haine, à l'avarice, à l'injustice : aux vices leur heure, à Dieu son heure, comme par compensation ! » (I 404 A... B.)

Montaigne, dans sa doctrine, ne conçoit pas que d'un même cœur parte la prière : « Mon Père, pardonnez-nous, comme nous pardonnons » et la rancune la plus tenace contre un ami qui nous a légèrement offensé. « Il faut avoir l'âme nette, au moins en ce moment auquel nous le prions, et déchargée de passions vicieuses : autrement, nous lui présentons nous-mêmes des verges pour nous châtier... » Il ne conçoit pas que loge en même cerveau la pensée de Dieu et la pensée incessante de la paillardise : « Quelle prodigieuse conscience se peut donner repos, nourrissant en même gîte, d'une société si accordante et si paisible, le crime et le juge ? Un homme de qui la paillardise sans cesse régente la tête et qui la juge très odieuse à la vue divine, que dit-il à Dieu quand il lui parle ? » (I 404 C.)

Eh ! ne sait-il pas combien l'homme est illogique, inconstant, léger, « tout vent » ; ne l'a-t-il pas assez démontré et ne trouve-t-il pas ici un argument de plus, irréfutable ? Quand il s'agit de Dieu, Montaigne admet difficilement l'excuse de la légèreté et, partant, de l'irrespect. Eh, quoi ! ont-ils l'excuse de la légèreté « ceux qui couchent une vie entière sur le fruit et émolument du péché qu'ils savent mortel ? » Autrement dit ceux qui tirent leur profit des vices de leurs semblables et font métier d'exploiter leurs passions.

La foi et les mœurs doivent aller ensemble : à ceux-ci on juge celle-là. Les réformateurs sont allés lire dans saint Paul cette belle doctrine : la foi suffit à nous sauver sans les œuvres ! « Instruction » agréable aux oreilles du peuple et capable d'attirer bien des adeptes ! Montaigne la juge sévèrement : « Ruineuse instruction à toute police (*à tout gouvernement*) et bien plus dommageable qu'ingénieuse et subtile, celle qui persuade aux peuples la religieuse croyance suffire seule et sans les mœurs à contenter la divine justice. » (III, 372 c.)

Nos actes, hélas ! ne suivent pas toujours notre foi. Mais, loin d'ériger ce triste fait en commode système, Montaigne conclut avec une ironie narquoise que « cette foi est merveilleusement légère en nos siècles, à moins que le mépris qu'elle a des œuvres lui fasse dédaigner leur compagnie ! » (II, 508 A.)

Quelque liées que soient la religion et la morale, elles sont cependant tout à fait distinctes.

La religion a pour objet le culte de Dieu. La morale a pour objet la conduite de l'homme. S'il est impossible, nous venons de le voir, de concevoir un homme pénétré de religion qui ne soit honnête homme, à moins d'être inconséquent, il est possible de concevoir un homme qui soit honnête, qui soit « sage » et qui ne soit pas religieux, ou qui du moins, sans nier Dieu et sans cesser de reconnaître en lui l'auteur de la loi morale, s'applique à régler sa conduite par sa raison.

Tel est, par exemple, Socrate « le plus sage des hommes qui fût onques » et tant d'autres dont Plutarque nous raconte la vie. Cela suppose, encore une fois, que ni la raison ni la nature ne sont irrémédiablement faussées.

En humaniste, c'est-à-dire en homme qui a borné par principe son dessein à l'étude de l'homme, Montaigne s'efforce d'être honnête homme par le seul souci de suivre les lois de la nature humaine qu'il découvre en lui-même.

On peut, par ce chemin, parvenir à la « prudhomie », c'est-à-dire en son langage, à l'honnêteté. Peut-on parvenir atteindre à la parfaite prudhomie ? Il ne le croit pas. Peut-on parvenir au salut ? Nous avons vu qu'il ne l'admet pas, car il n'établit pas la différence entre ignorer et méconnaître le Christ.

Laïque qui ne s'adresse qu'à des laïques, mais à des laïques chrétiens, il s'en tient à l'idéal de prudhomie et laisse à d'autres plus qualifiés, de développer les préceptes révélés qui mènent à la perfection chrétienne.

De même qu'il nous mène, selon Pascal, aux portes de la théologie ; il nous mène, quoi qu'en dise Pascal, aux portes de la perfection évangélique.

Il ne veut tracer que le portrait de l'honnête homme, persuadé

que le chrétien se greffe normalement sur cette plante, comme
le Christ, selon saint Paul, se greffe sur le sauvageon. Le surnaturel parfait la nature. Mais il faut que la nature, pour faire porter au surnaturel tous ses fruits, soit, autant que possible, per-
fectionnée. Or, il faut qu'elle le soit sans cesse.

C'est dans ce sens que l'honnête homme marche de pair avec
le chrétien, la morale avec la foi.

Voici son originale synthèse : « Je vois tenir en plus de prix
qu'elle ne vaut, certain usage de prudhomie scolastique (*enseignée aux écoles*) qui est seule quasi en usage parmi nous, serve
des préceptes, contrainte sous l'espérance et la crainte. Je l'aime
(la prudhomie) telle que les lois et les religions non fassent mais
parfassent et autorisent (*appuient de leur autorité*) ; qui se sente
de quoi se soutenir sans aide, née en nous de ses propres racines par la semence de la raison universelle empreinte en tout
homme non dénaturé... L'usage nous fait voir une distinction
énorme entre la dévotion et la conscience. » (III, 371 C.) (1).

« Nous devrons avoir établi un patron (*modèle idéal*) au-
dedans auquel toucher (*éprouver*) nos actions... J'ai mes lois et
ma cour pour juger de moi et m'y adresse plus qu'ailleurs... »
Ces lois, cette cour, autrement dit, ce tribunal, c'est la conscience...

Ceux qui seraient tentés de croire, comme Villey, que le
Moyen Age est le temps de la *morale d'autorité* méditeront, avec
surprise peut-être, mais avec fruit, cette page magistrale de saint
Thomas d'Aquin à laquelle est si bien accordée la pensée de
Montaigne :

« Le plus haut degré de la dignité humaine c'est d'être induit
au bien non par les autres mais par soi-même. Le second degré
est d'être induit par un autre, mais sans contrainte. Le troisième
degré comprend ceux qui ont besoin d'une contrainte pour devenir bons. Le quatrième est composé de ceux qui ne peuvent
être amenés au bien même par la contrainte. » (2).

Maldonat est d'accord avec Montaigne. « Ne pensez pas que
je sois venu abolir la loi ou les prophètes, dit le Christ ; je ne
suis pas venu les abolir mais les *parfaire*. » (Mt V 17.) Or la loi et
les prophètes tiennent dans un seul précepte : tout ce que vous
voulez que les autres vous fassent, faites-le pour eux, car c'est
la loi et les Prophètes. » Ce précepte est d'abord celui de la
loi naturelle, de l'avis de Maldonat.

Nous trouvons dans cet exégète une attestation originale que
Dieu a coutume de greffer les dons surnaturels sur les dons naturels et les grâces divines sur les vertus humaines. C'est à propos
de la parole assez mystérieuse que nous lisons dans la parabole

---

(1) Pascal : « L'expérience nous fait voir une différence énorme entre
la dévotion et la bonté (morale). » P. 556.
(2) Saint Thomas, *Commentaire sur le texte de l'Epître aux Romains*
que nous avons cité plus haut. (Rom. II. 14).

des talents. « Le maître donna à l'un des serviteurs cinq talents, à l'autre deux, à l'autre un, *à chacun selon sa capacité.* » (M^t XXV 15.) Maldonat commente avec sa réserve coutumière : « Je n'estimerais pas absurde de dire : la propre capacité de chacun, c'est sa *nature.* Bien que nous tenions cette nature de Dieu, il n'est rien cependant que nous puissions appeler plus nôtre. Il est, à mon sens, très vraisemblable d'affirmer que Dieu, dans la répartition des biens de pure grâce, tient compte de la nature de chacun. Qui met en doute qu'il ait accordé l'esprit et la grâce du gouvernement à Moïse plutôt qu'à d'autres, parce que Moïse était très prudent par sa nature et, comme l'atteste l'Ecriture, le plus doux des hommes... Je sais que Dieu a parlé par l'organe d'une ânesse (allusion à l'histoire de Balaam) ; mais ceci est rare, l'autre voie est habituelle. Bien que ce soit là mon avis, je ne le présente pas pour certain... » (l. c. col 534.)

Ainsi, selon Maldonat comme selon Montaigne, la grâce non seulement ne contredit pas la nature, mais elle la « parfait » ; et c'est en vain qu'on attend les dons supérieurs de la grâce si on ne cultive soigneusement les dons inférieurs de la nature : « Tu as été fidèle sur peu de choses, je t'établirai sur beaucoup... » M^t XXV 23.)

CHAPITRE II

SE CONNAITRE

« CONNAIS-TOI toi-même » était l'axiome de la sagesse anti-que, reçu, disait-on, de l'oracle d'Apollon, mais, en tout cas, transmis par Socrate à ses disciples.

C'était la maxime de Sebond.

C'est la maxime de Montaigne.

Cette connaissance de soi-même est le point de départ, le fondement de toute morale humaine comme de toute spiritualité chrétienne, celle-ci étant le prolongement et comme l'épanouissement de celle-là.

« Que l'homme, disait Sebond, *commence* donc à se connaî-tre soi-même et sa nature... » (1). Mais il n'est guère de com-mandement plus difficile à exécuter. Pour suivre la nature, au sens où l'entend Montaigne, il faut d'abord et sans cesse la suivre au sens de la connaître, de la scruter, de l'épier dans ses moindres mouvements afin de la régir et de la contrôler. Con-venons que c'est entreprendre une rude lutte contre notre nature.

« L'homme est hors de soi, disait Sebond, éloigné de soi d'une extrême distance, absent de sa maison propre qu'il ne vit onques, ignorant sa valeur, se méconnaissant soi-même. » (S, 5 r.)

Montaigne est bien du même avis : « Nous ne sommes jamais chez nous ; nous sommes toujours au delà. La crainte, le désir, l'espérance nous élancent vers l'avenir et nous dérobent le sen-timent et la connaissance de ce qui est, pour nous amuser à ce qui sera, voire quand nous ne serons plus... » (I, 15 B.) « Ils outrepassent le présent. » (III, 446 B.)

Pascal, ici encore, est un écho : « Nous ne tenons jamais au temps présent. Nous anticipons l'avenir. » Mais un écho magni-fique : « Nous ne vivons pas, nous espérons vivre. » (p. 408). « Rien n'est si insupportable à l'homme que d'être dans un plein repos, sans passions, sans affaires, sans divertissement. » (p. 388).

Montaigne continue : « La première leçon de l'homme est connaître ce qu'il est et ce qui lui est propre. Et qui se connaît... s'aime et se cultive avant toute autre chose, refuse les occupa-tions superflues et les pensées et propositions inutiles. »

_____

(1) Pascal : « L'ordre de la pensée est de commencer par soi. » (p. 399).

Celui qui serait tenté de voir dans ces mots une froide profession d'égoïsme, une sorte d'anticipation du « culte du moi » cher à Barrès, celui-là devrait relire les paroles de l'Imitation. « L'homme intérieur place avant tous les soucis le souci de lui-même et qui a les yeux diligemment fixés sur soi se tait facilement des autres choses. » (Imit. I, 5.) C'est dans le sens de l'Imitation qu'il faut, nous le verrons, interpréter Montaigne, avec cette différence que lui vise à « réciter l'homme » non à former le chrétien. Mais qui récite l'homme à sa manière prépare le chrétien.

Quel homme pourrait-il mieux scruter et raconter que lui-même ? Il a conscience d'entreprendre une tâche nouvelle et de frayer un chemin où nul n'a passé avant lui ; où nul, du moins, ne s'est engagé si avant, avec tant d'obstination, tant de suite et si peu de réserve.

La tâche paraît facile : « Chacun, comme dit Pline, est à soi-même une très bonne discipline (*objet d'étude*). » Oui, à condition « qu'il ait la suffisance de s'épier de près ». La tâche paraît facile : « Au moins ai-je ceci... que jamais homme, que personne ne traita sujet qu'il entendît ni connût mieux que je fais celui que j'ai entrepris, et qu'en celui-là je suis le plus savant qui vive... Secondement, pour parfaire ma besogne, je n'ai besoin d'y apporter que la fidélité : celle-là y est la plus sincère et pure qui se trouve. Je dis vrai, non par tout mon saoul, mais autant que je l'ose dire, et l'ose plus en vieillissant. » (III, 28, B.)

Mais la tâche n'est pas si aisée : « C'est une épineuse entreprise, et plus qu'il ne semble, de suivre une allure si vagabonde que celle de notre esprit ; de pénétrer les profondeurs opaques de ses replis internes ; de choisir et arrêter (*fixer*) tant de menus airs de ses agitations. C'est un amusement nouveau et extraordinaire, qui nous retire des occupations communes du monde, oui, et des plus recommandées.

...Il n'est description pareille en difficulté à la description de soi-même, ni certes en utilité... » (II, 65 c.)

Cet étrange amusement est du goût de bien peu : amusement d'anachorètes, passe-temps de thébaïde. Cette étude de notre nature n'est guère conforme à notre nature et nous trouvons assez d'excellents prétextes pour l'éluder toujours : « Cette opinion et usance commune de regarder ailleurs qu'à nous a bien pourvu à notre affaire. C'est un objet plein de mécontentement : nous n'y voyons que misère et vanité. Nous allons en avant à vau l'eau ; mais de rebrousser vers nous notre course, c'est un mouvement pénible... Regardez, dit chacun, les branles du ciel (l'astronomie), regardez au public (la magistrature), à la querelle de celui-là (le palais) au pouls d'un tel (la médecine), au testament de cet autre (le notariat). « En somme, regardez toujours

haut ou bas, ou à côté, ou devant ou derrière vous. » (III, 291 B.)
Jamais en vous !

Mais quoi ? Que devient le souci des autres, le dévouement,
le don de soi ? Pour demeurer sur le plan humain où se tient
Montaigne, que devient le bel altruisme et la belle philanthro-
pie ? Passe encore pour ces métiers ou professions qu'il vient
d'énumérer et qui visent beaucoup plus à notre intérêt qu'à celui
du prochain. Mais ne faut-il pas se sacrifier au bien public ?
N'est-il pas noble de s'oublier soi-même pour penser aux autres ?
Montaigne n'est pas dupe de tous ces leurres qui nous attirent
hors de chez nous : « Quant à ce beau mot de quoi se couvre
l'ambition et l'avarice que nous ne sommes pas nés pour notre
particulier mais pour le public, rapportons-nous-en hardiment
à ceux qui sont dans la danse ; qu'ils se battent la conscience
si, au rebours, les états, les charges et cette tracasserie du
monde ne se recherche plutôt pour tirer du public son profit
particulier. Les mauvais moyens par lesquels on s'y presse en
notre siècle montrent bien que la fin n'en vaut guère. » (I, 305, A.)

En la plupart, le goût de l'action résulte d'un dégoût de la
méditation. « Nous cherchons la besogne pour l'embesognement. » (III, 296 B.) (1). Le père de Montaigne s'était laissé
prendre à ces séduisantes maximes d'altruisme. Excellent homme
qui écoutait plus son cœur que son cerveau et croyait servir
l'intérêt public en sacrifiant l'intérêt propre : « Il avait ouï dire
qu'il se fallait oublier pour le prochain, que le particulier ne
venait en aucune considération au prix du général... La plupart
des règles et préceptes du monde prennent ce train de nous
pousser hors de nous et chasser en la place publique, à l'usage
de la société. Ils ont pensé faire un bel effet de nous détourner
et distraire de nous, présupposant que nous n'y tinssions que
trop et d'une attache trop naturelle, et n'ont épargné rien à dire
pour cette fin. » (III, 298 B.)

Ce n'est pas que Montaigne refuse d'être utile aux autres, et,
s'il le faut, de se sacrifier aux autres.

Mais de lui-même, il n'ira au-devant d'aucune charge et
n'écoutera jamais les voix enivrantes de l'ambition. « Pour mon
regard... je m'en dépars (*sépare*), en partie par conscience, car
mieux je vois le poids de telles vacations (*emplois*), mieux je
vois aussi le peu de moyens que j'ai d'y fournir (*faire face*), en
partie par poltronnerie. » (III, 225 B.) « ...J'ai souvent évité
de m'en mêler, rarement accepté, jamais requis. » (III, 13 B.)

Il est bien certain qu'un tel détachement lui a permis d'assurer sa charge de maire de Bordeaux avec indépendance vis-à-
vis des hommes et confiance vis-à-vis de Dieu, l'ayant mis dans

---

(1) Pascal : « Il n'y a rien que les hommes ne fassent pour chercher
le trouble. » (p. 392).

la condition de ne rien attendre des uns et de tout attendre de l'Autre.

Pour se connaître, se retirer.

Pour bien se suivre et s'observer il faut « se retirer de la presse ».

Montaigne, à trente-huit ans, cède sa charge de Conseiller au Parlement et se retire en pleine campagne. Prodigieuse décision que n'explique ni une déception, ni un goût quelconque de cultiver ses terres, ni une raison de santé, mais seulement la fuite de toute ambition et le désir de vaquer exclusivement à lui-même, à la culture de son âme. Il affirme cette double intention en un noble latin gravé sur les murs de sa bibliothèque : « L'an 1571, Michel de Montaigne... depuis longtemps ennuyé de l'esclavage de la Cour du Parlement et des charges publiques... vint à l'écart se reposer sur le sein des doctes Vierges (les Muses). »

Nous n'avons aucune raison de mettre en doute cette affirmation (1), d'abord parce que nous n'avons jamais pris en faute sa sincérité, ensuite parce que, vers cette date, il écrit le chapitre trente-neuvième du livre premier : *De la solitude*, qui semble un commentaire de cette inscription : « Répondons à l'ambition que c'est elle-même qui nous donne goût de la solitude. » (I, 305 A.) « L'humeur la plus contraire à la retraite c'est l'ambition. » (I, 317 A.)

Ce n'est pas qu'il n'ait été séduit un moment par la voix charmeuse de cette sirène : « L'ambition n'est pas un vice de petits compagnons. » (III, 320 B.)

Il a pris goût d'abord aux charges publiques : « Enfant, on m'y plongea jusqu'aux oreilles et il succédait (*non sans succès*) ; cependant, je m'en dépris de bonne heure. » (III, 13 B.) C'est qu'il s'est vite aperçu que l'ambition était une source de tracas, d'inquiétudes, et, par-dessus tout, de dissipations : plus qu'aucune autre passion elle le détournait de lui-même : « Aux affections qui me distraient de moi et m'attachent ailleurs, à celles-là, certes, m'opposé-je de toute ma force. » (III, 255 B.)

Ajoutez que la foule n'est pas une école de vertu. La société pervertit l'homme, dira Rousseau. L'auteur de l'Imitation avait emprunté à Sénèque une pensée qui exprime la même observation : « Chaque fois que je suis allé parmi les hommes, j'en suis revenu moins homme. » (Imit. I, 20.) Chose piquante, Mon-

---

(1) La thèse de M. Pierre Barrère assurant que « Montaigne n'a aucun intérêt à rester parlementaire » (*Montaigne gentilhomme français*, Bordeaux 1940, p. 40) ne nous paraît point prouvée. C'est prêter à ce gentilhomme un incroyable calcul et une prodigieuse prévision de l'avenir que de voir dans sa retraite une habileté et dans son « refus d'ambition » une manœuvre d'ambition. Faut-il à tout coup le prendre pour un mystificateur ?

taigne se réfère ici non à un païen mais à l'Ecclésiaste : « De mille, il n'en est pas un qui soit bon... la contagion est très dangereuse en la presse. » « Il faut ou imiter les vicieux ou les haïr... » (1) Ce n'est pas que le sage ne puisse partout vivre content, voire et seul en la foule d'un palais ; mais s'il est à choisir, il en fuira même la vue. Il supportera, s'il est besoin, cela ; mais, s'il est en lui, il élira ceci. » (I, 306 A.) Montaigne a choisi : la fin de ce choix est « d'en vivre plus à loisir et à son aise ». C'est bien là le but qu'il exprime à la fin de l'inscription de sa bibliothèque : « Il a consacré ses heures de retraite à sa liberté, à sa tranquillité et à ses loisirs », entre lesquels domine le loisir de s'observer soi-même.

S'il a choisi le sein des doctes Vierges, de toutes les Muses, y compris surtout celle de l'histoire, c'est pour s'y reposer. Il ne va pas faire le troc absurde des ambitions politiques contre les ambitions littéraires : « Puisque nous entreprenons de vivre seuls (ce pluriel pourrait être remplacé par un singulier), faisons que notre contentement dépende de nous ; déprenons-nous de toutes les liaisons qui nous attachent à autrui : gagnons sur nous de pouvoir à bon escient vivre seuls et à notre aise. »

N'allons pas faire comme ce sot de Pline (le Jeune) qui écrit à son ami : « Je te conseille..., en cette retraite où tu es... de t'adonner à l'étude des lettres pour en tirer quelque chose qui soit toute tienne ; il entend la réputation ; d'une humeur pareille à celle de Cicéron qui dit vouloir employer sa solitude... à s'en acquérir par ses écrits une gloire immortelle... » C'est « retomber de fièvre en chaud mal... C'est le même plaisir qui perd l'avaricieux, le voluptueux et l'ambitieux... Les livres sont plaisants ; mais si de leur fréquentation nous en perdons enfin la gaieté et la santé, nos meilleures pièces, quittons-les... Celui qui se retire ennuyé et dégoûté de la vie commune... doit avoir pris congé de toute espèce de travail (tourment), quelque visage qu'il porte, et fuir en général les passions qui empêchent la tranquillité du corps et de l'âme. » (I, 316 A.)

Voilà ce qu'écrit Montaigne en 1572. Il n'écrira rien de plus fort, de plus « épicurien », à la fin de sa vie : il n'a pas varié, quoiqu'on dise.

C'est qu'à ses yeux, la tranquillité, son idéal, résulte de la maîtrise des passions. Elle est la condition d'une attentive observation de soi-même et elle en est le résultat. Il n'y a pour lui qu'un travail digne de son effort, « épineuse entreprise », c'est de suivre sa nature pour la régler.

Montaigne, il est vrai, jouit d'un tempérament qui le prédispose à la solitude. « Il y a des complexions plus propres à ces préceptes de la retraite les unes que les autres. » Il est de celles-

(1) Le Psalmiste a dit aussi : « Avec le pervers tu te pervertiras. » Ps. 17.

là, « par naturelle condition et par raisonnement ». Il a « l'appréhension molle et lâche », c'est-à-dire une application d'esprit
paisible et sans contention ; « une affection et une volonté délicate », c'est-à-dire ombrageuse, éprise de liberté. Il n'est pas
de « ces âmes actives et occupées qui embrassent tout et s'engagent partout, qui se passionnent de toutes choses, qui s'offrent
et qui se donnent à toutes occasions. » (I, 312 A.)

Bref, il n'est pas un « actif ». Il est un contemplatif ; mais un
contemplatif réaliste : l'objet de sa contemplation, c'est lui-
même. Un homme de sa trempe et de son époque, un Français,
un chrétien, ne vas pas tout d'un coup laisser là charges et
honneurs pour contempler son nombril à la façon de Diogène
ou des sages hindous. S'il se contemple, c'est pour s'améliorer ;
s'il s'améliore, c'est pour se sauver. Seul un tel idéal vaut de
tels sacrifices.

Voici en définitive la raison de sa retraite autrement inexplicable : « C'est assez vécu pour autrui, vivons pour nous au
moins ce bout de vie. Ramenons à nous et à notre aise (*notre
vrai bonheur*), nos pensées et nos intentions. Ce n'est pas une
légère partie (*entreprise*) que de faire sûrement sa retraite : elle
nous occupe assez sans y mêler d'autres entreprises. *Puisque
Dieu nous donne loisir de disposer de notre délogement, préparons-nous-y* ; plions bagage ; prenons de bonne heure congé de
la compagnie ; dépétrons-nous de ces violentes prises qui nous
engagent ailleurs et nous éloignent de nous... *La plus grande
chose du monde est de savoir être* A SOI. » (I, 311 A.) (1).

De telles pensées ont peuplé les monastères depuis que le
Seigneur a dit : « Que sert à l'homme de gagner l'univers, s'il
perd son âme. » Elles seules peuvent donner la force de pareilles
séparations et de si grands sacrifices. Il est vrai que Montaigne
présente ces sacrifices sous le nom de tranquillité, voire de
volupté. C'est qu'en effet la tranquillité, la volupté même, sont
le terme dernier auquel nous aspirons tous et le sacrifice, loin
d'être incompatible avec une telle volupté, en est l'accompa-
gnement nécessaire.

Il n'est pour lui de volupté légitime et assurée que celle qui
naît de la tranquillité ; et il sait bien la distinguer des autres qui
sont désordonnées et illusoires : « Quittez avec les autres voluptés celle qui vient de l'approbation d'autrui. » C'est pourquoi
il veut sa solitude absolue, totale et sans regard en arrière :
« c'est une lâche ambition de vouloir tirer gloire de son oisiveté
et de sa cachette. Il faut faire comme les animaux qui effacent
la trace à la porte de leur tanière. Ce n'est plus ce qu'il vous
faut chercher, que le monde parle de vous, mais comme il faut
que vous parliez à vous-même. Retirez-vous en vous... Il faut,

(1) Pascal : « Tout le malheur des hommes vient d'une seule chose
qui est de ne savoir pas demeurer en repos dans une chambre. »
(P. 390).

ayant entendu (compris) les vrais biens, dont on jouit à mesure
qu'on les entend, s'en contenter. » (I, 29 A.)

Montaigne a une âme d'anachorète. Et lui-même nous le laisse
bien entendre. Il a tourné un regard envieux vers les cloîtres où
s'abrite le sacrifice inséparable de la vraie volupté, et voici la
description émue qu'il en trace vers la fin de sa vie :

« L'imagination (la pensée) de ceux qui, par dévotion, recherchent la solitude, remplissant leur courage (leur cœur) de la
certitude des promesses divines en l'autre vie, est bien plus sai-
nement assortie (que celle d'un Pline ou d'un Cicéron). Ils se
proposent Dieu, objet infini et en bonté et en puissance : l'âme
a de quoi y rassasier ses désirs en toute liberté. Les afflictions,
les douleurs, leur viennent à profit, employées à l'acquêt d'une
santé et réjouissance éternelle ; la mort leur est à souhait, passage à un si saint état. L'âpreté de leurs règles est incontinent
aplanie par l'accoutumance ; et les appétits charnels sont rebu-
tés et endormis par leur refus de les satisfaire, car rien ne les
entretient que l'usage et exercice. »

Et voici l'aveu discret, mais révélateur :

« Cette SEULE fin d'une autre vie heureusement immortelle
mérite loyalement que nous abandonnions les commodités et
douceurs de cette vie nôtre. Et qui peut embraser son âme de
l'ardeur de cette vive foi et espérance, réellement et constamment,
il se bâtit en la solitude une vie voluptueuse et délicate au delà
de toute autre forme de vie. » (I, 315 C.)

Nous sommes loin des moqueries contre les moines qu'Erasme
lui-même a héritées d'un certain Moyen Age frondeur pour les
transmettre à Voltaire en passant par les huguenots (1).

Montaigne connaît les Feuillants et il apprécie, il essaie d'imiter leur vie tranquille et austère. Jusqu'à un certain point toutefois jusqu'aux macérations exclusivement.

« Au ménage (aux soins domestiques), à l'étude, à la chasse
et à tout autre exercice, il faut donner jusqu'aux dernières limites du plaisir. » Ceci est écrit vers 1572 ; mais il faut noter tout
de suite que plaisir est synonyme d'aise et de tranquillité matérielle.... « Les gens plus sages peuvent se forger un repos tout
spirituel, ayant l'âme forte et vigoureuse. Moi qui l'ai commune,
il faut que j'aide à me soutenir (je me fasse en outre soutenir)
par les commodités corporelles... Il faut retenir avec nos dents
et nos griffes l'usage des plaisirs de la vie que les ans nous
arrachent des poings les uns après les autres. » (I, 317 A.) On
s'étonne qu'après avoir lu ces lignes écrites vers 1572 des critiques nous assurent que Montaigne a évolué entre 1572 et 1588
du stoïcisme à l'épicurisme.

(1) Maldonat : « Ils ne trouvent rien de plus insupportable que la
vie des moines qu'ils appellent une vie de paresse. » l. c. col. 1080 A.

Encore une fois, Montaigne n'écrira rien de plus fort quand il sera « devenu épicurien ».

Il se cache sous ces deux mots bien des imprécisions et les sens qu'on leur donne sont souvent très subjectifs et très conventionnels. Etiquettes pour écoliers. En tant qu'il abandonne sa charge à trente-huit ans pour se livrer à l'épineuse entreprise d'un long examen de lui-même, pour se ranger et se préparer à la mort, à la manière d'un chartreux, Montaigne est donc stoïcien en 1572. Mais en tant qu'il cherche la liberté, la tranquillité, les loisirs, refuse pour son compte les austérités d'un chartreux et reste attaché aux plaisirs de la vie, il est donc épicurien en 1572.

Il n'est ni l'un ni l'autre. Il est de ces très rares hommes qui, pour se connaître et s'améliorer, ont délibérément choisi la plus complète solitude. En dehors des moines, l'histoire en découvre fort peu. Montaigne en signale trois : Caton, Phocion, Aristide (I, 319 A.) Qu'il n'ait pas pour autant, non plus que ces grands hommes, renoncé aux sains et légitimes plaisirs de la vie, ne le lui reprochons pas, à moins de dire : on ne peut être solitaire que sous un froc.

Du reste, ces commodités corporelles ne sont pas pour lui un but, elles sont un moyen. Il ne se sent pas la vocation et il ne voit pas la nécessité de s'en priver « comme plusieurs ont fait par dévotion et quelques philosophes par discours » (*raison*) (II, 312 A) ; mais il voit que d'y être trop attaché serait contraire à son idéal de tranquillité. « Connaissant combien ces commodités accessoires tiennent à peu, je ne laisse pas, en pleine jouissance, de supplier Dieu, pour ma souveraine requête, qu'il me rende content de moi-même et des biens qui naissent de moi. » (I, 313 A.)

Il a en somme suivi, en chrétien du monde, le conseil de l'Imitation : « Si tu désires avoir *la paix* et l'union vraie, il faut que tu laisses de côté toutes les autres choses et que tu n'aies que toi seul devant les yeux. » (Imit. II, 5.)

Des expressions comme « cette tracasserie du *monde* », « le *monde* parle de vous » ne se rencontrent guère sous la plume d'un Plutarque ou d'un Platon : elles sentent le langage monacal, ou plutôt le langage chrétien.

Pour se mieux connaître, se peindre.

Il semble que les Solitaires de Port-Royal eussent dû admirer en cet homme un ancêtre. Mais ils n'ont pas voulu reconnaître en sa solitude une image anticipée de la leur. Le motif qui l'a décidé à quitter le monde et ses tracas rentre, selon eux, dans la règle générale de son action qui est « en tout la commodité et la tranquillité » (p. 158). Et cette tranquillité n'avait rien de commun avec leur austérité. Elle ne pouvait être, à leurs yeux, synonyme de vertu.

Mais ce qu'ils reprochent surtout à Montaigne c'est d'avoir voulu se peindre. « Le sot projet qu'il a de se peindre ! » dira Pascal. Plus que sot, antichrétien : « La piété chrétienne anéantit le moi humain » ; et, de plus, incivil : « la civilité humaine le cache et le supprime ».

Tels étaient les propos de Pascal rapportés par Nicole. Nicole renchérit : « Le caractère le plus indigne d'un honnête homme est celui que Montaigne a affecté ; de n'entretenir ses lecteurs que de ses humeurs, de ses inclinations, de ses fantaisies, de ses maladies, de ses vertus et de ses vices ; ce qui ne naît que d'un défaut de jugement, aussi bien que d'un violent amour de soi-même. Il est vrai qu'il tâche, autant qu'il peut, d'éloigner de lui le soupçon d'une vanité basse et populaire en parlant librement de ses défauts aussi bien que de ses bonnes qualités, ce qui a quelque chose d'aimable par une apparence de sincérité ; mais il est facile de voir que tout cela n'est qu'un jeu et un artifice qui le doit rendre encore plus odieux. »

« Le moi est haïssable », dit Pascal. Pour les Solitaires de Port-Royal, le moi de Montaigne surtout est odieux.

Mais il y a saint Augustin, le grand saint qui, à leurs yeux, éclipse tous les autres. Il a écrit *Les Confessions,* livre fameux, où il ne parle que de lui-même.

Nicole a prévu l'objection : « Il n'est permis de parler de soi qu'aux personnes d'une vertu éminente et qui témoignent, par la manière dont elles le font que, si elles publient leurs bonnes actions, ce n'est que pour exciter les autres à en louer Dieu et pour les édifier. »

Ces pieux ermites avaient des yeux bien pénétrants pour discerner les écrivains qui ne parlent de leurs défauts que par vanité, et ceux qui ne parlent de leurs vertus que par humilité.

Nicole a raison : il y a *la manière.* Mais si celle de Montaigne lui paraît haïssable, elle apparaît aimable à beaucoup d'autres lecteurs. Il est arrivé à cet écrivain ce qui advient à bien peu : d'autres ont des admirateurs ; il a des amis, les « amis de Montaigne ». Très divers dans leur interprétation de sa pensée, ils ont en commun la sympathie pour son caractère. Tous l'aiment pour la confiante bonhomie avec laquelle il parle de lui-même. Ceux même qui trouvent ses confidences un peu trop bavardes, ne voient dans ce souci de tout raconter qu'un scrupule de sincérité. C'est un homme expert dans « l'art de conférer », c'est-à-dire de conserver, de commerce très agréable ; il est du nombre de ces « peu de gens que le ciel chérit et gratifie », qui ont « le don d'agréer », même quand ils parlent d'eux un peu trop.

Quand Montaigne parle-t-il trop ? Où commence le détail inutile ? Aucun ne l'est, selon lui. Il réfute d'avance les critiques de Nicole.

« La coutume, dit-il, a fait le parler de soi vicieux et le prohibe

obstinément en haine de la vantance. » Le mot *haine* est ici bien
à propos, si le moi est haïssable !

« Mais au lieu de moucher l'enfant, cela s'appelle l'énaser »,
c'est-à-dire lui arracher le nez. Tout dépend du but que poursuit l'écrivain. « Ce sont brides à veaux, desquelles ni les saints,
que nous oyons si hautement parler d'eux, ni les philosophes ni
les théologiens ne se brident. Ne fais-je, moi, quoique je sois
aussi peu l'un que l'autre. Mon métier et mon art, c'est vivre.
Qui me défend d'en parler selon mon sens, expérience et usage,
qu'il ordonne à l'architecte de parler des bâtiments non selon
soi, mais selon son voisin. » (II, 65 C.)

Montaigne entreprend de bâtir un honnête homme. Ne doit-il
pas apprécier de très près la valeur des matériaux ? « Ce sont
mes gestes que j'écris, c'est moi, c'est mon essence... »

Mais pourquoi écrire ? Pourquoi se peindre ? Parce que pour
lui, comme pour tant d'autres, la plume soutient la pensée et
la guide. « Pour ranger ma fantaisie (*obliger mon imagination*) à
rêver même par (*avec*) quelque ordre et projet, et la garder de
se perdre et d'extravaguer au vent, il n'est que de lui donner
corps et mettre en registre tant de miennes pensée qui se présentent à elle. J'écoute à mes rêveries parce que j'ai à les enrôler
(*enregistrer*). » (II 452 C.) Parce que l'observation règle l'action
et réciproquement. « Quand personne ne me lira, ai-je perdu
mon temps de m'être entretenu tant d'heures oisives à pensements si utiles et si agréables ? » Parce que se raconter oblige
à se corriger : « Moulant sur moi cette figure (*ce portrait idéal*),
il fallut si souvent me dresser et me composer, pour m'extraire,
que le patron (*le modèle*) s'en est fermé (*affermi*) et aucunement formé soi-même. Me peignant pour autrui, je me suis peint
à moi de couleurs plus nettes que n'étaient les miennes premières. Je n'ai pas plus fait mon livre que mon livre m'a fait,
livre consubstantiel à son auteur... Nous allons conformément
et tout d'un train, mon livre et moi. » (III, 28 B.)

« Ai-je perdu mon temps de m'être rendu compte de moi si
continuellement, si curieusement ? » (II, 452 C.) Montaigne, si
partisan d'incuriosité, n'admet que cette curiosité-là : « Les
inquisitions et contemplations ne servent que d'aliment à notre
curiosité. » (III, 391 C.) *Relinque curiosa*, dit l'Imitation. « Combien de fois m'a cette besogne diverti (*détourné*) de cogitations
ennuyeuses. Et doivent être comptées pour ennuyeuses toutes
les frivoles... »

Il écrit pour s'obliger à se tenir bien : « Encore se faut-il tes-
tonner (*peigner*), encore se faut-il ordonner et ranger pour sortir
en place (*en public*). Or, je me pare sans cesse, car je me décris
sans cesse. » (II, 65 C.) « Je sens ce profit inespéré de la publi-
cation de mes mœurs qu'elle me sert aucunement de règle. Il
me vient parfois quelque considération de ne trahir l'histoire

de ma vie... (III, 263 B.) Il faut que j'aille de la plume comme des pieds. » (III, 278 B.)

Se peindre pour aider les autres à se connaître.

Mais si de se peindre soi-même est utile à soi, Montaigne pense qu'il n'est pas moins utile aux autres. De l'examen de ses actions passées il tire une règle pour ses actions futures.

« Le sot projet qu'il a de se peindre ! » Nul n'a répondu plus pertinemment à cette réflexion hargneuse de Pascal que Pascal lui-même : « Ce n'est pas dans Montaigne, c'est dans moi que je trouve tout ce que j'y vois. » (p. 345).

Montaigne avait prévu ce résultat de sa peinture du moi : « Je propose une vie basse et sans lustre, c'est tout un (*cela importe peu*). On attache aussi bien toute la vie morale à une vie populaire et privée qu'à une vie de plus riche étoffe. « Chaque homme porte en lui la forme (*l'image*) entière de l'humaine condition. » (III, 27 B.) Sur ce thème indiscutable et pourtant alors si nouveau Montaigne est inépuisable : « La vie de César n'a point plus d'exemple que la nôtre pour nous ; et emperière et populaire, c'est toujours une vie que tous accidents humains regardent. » (III, 391 c.) Irons-nous le chicaner sur tel détail oiseux, sur tel incident superflu ? Rien n'est oiseux, car tout dans l'homme trahit l'homme et doit l'éclairer, s'il y prend garde : « Ecoutons-y seulement ; nous nous disons tout ce de quoi nous avons principalement besoin. Qui se souvient de s'être tant de fois mécompté de (*trompé dans*) son jugement, est-il pas un sot de n'en entrer pour jamais en défiance ? » Nous reconnaissons là l'aveu d'ignorance : il est fondé sur une attentive expérience. Qui s'observe cesse d'être présomptueux. Pascal n'a pas omis de noter ce passage : « Je me suis trouvé tant de fois en faute de jugement droit, qu'enfin je suis entré en défiance de moi puis des autres. » (p. 500). « D'apprendre qu'on a dit ou fait une sottise, avait écrit Montaigne, ce n'est rien que cela ; il faut apprendre qu'on n'est qu'un sot, instruction bien plus importante. »

Ainsi, la peinture de soi, bien loin d'être nécessairement un signe de vanité, peut et doit être, pour soi et pour les autres, une leçon d'humilité.

Montaigne ne semble-t-il pas répondre d'avance, et victorieusement, à ces Messieurs de Port-Royal : « Le suprême remède à guérir la présomption c'est faire tout le rebours de ce que ceux-ci ordonnent qui, en défendant de parler de soi, défendent par conséquent encore plus de penser à soi.

« L'orgueil gît dans la pensée. La langue n'y peut avoir qu'une bien légère part. » (III, 65 C.)

Montaigne a tellement conscience du profit public de sa peinture privée qu'il se sert souvent de cette peinture pour corriger discrètement les défauts de son prochain : « Que de fois, étant marri de quelque action que la civilité et la raison me prohibaient de reprendre à découvert, m'en suis-je ici dégorgé non sans dessein de publique instruction. » (II, 453 C.)

CHAPITRE III

CORPS ET AME

Le but de l'homme : le bonheur.

CE que Montaigne a cherché dans la solitude c'est le bonheur dans la tranquillité.

Sa retraite, et ce qu'il appelle sa philosophie, n'a pas d'autre but. Pourrait-elle en poursuivre un autre ?

« Tous les hommes, dit Pascal, recherchent d'être heureux, cela est sans exception ; quelques différents moyens qu'il y emploient, ils tendent tous à ce but. » (p. 518).

Pascal, ici encore, ne fait que résumer Montaigne : « Ou la raison se moque ou elle ne doit viser qu'à notre contentement, et tout son travail tendre en somme à nous faire bien vivre et à notre aise, comme dit la Sainte Ecriture. Toutes les opinions du monde en sont là que le plaisir est notre but, quoiqu'elles en prennent divers moyens ; autrement, on les chasserait d'arrivée (*dès le début*) car qui écouterait celui qui pour sa fin établirait notre peine et mésaise ? » (I, 100 A.)

Nous sommes bien d'accord avec Montaigne ; mais son vocabulaire nous surprend et nous choque. C'est pourquoi il est nécessaire, si nous voulons le comprendre et non pas le travestir, de nous initier à ce vocabulaire.

La plupart des malentendus qui surgissent entre nous, pour ne pas dire tous, viennent de ce que nous employons les mêmes mots, mais nous ne leur donnons pas le même sens. Nous en faisons tous les jours l'expérience, une expérience qui parfois coûte cher, car les malentendus dégénèrent facilement en querelles, en inimitiés, en batailles. Tous les mots sont équivoques et, malgré les dictionnaires, nous sommes fort empêchés de leur donner une définition précise acceptée de tous. Montaigne l'a bien remarqué : « La plupart des occasions des troubles du monde sont grammairiennes. » (II, 266 A.) Nos contestations sont verbales : elles n'en sont que plus âpres.

Mais si les divisions sont si accusées entre contemporains qui sont censés parler le même langage, combien sont-elles plus difficiles à éviter quand nous voulons interpréter la pensée d'un auteur ancien comme Montaigne. Il emploie les mêmes mots

que nous et nous supposons irrésistiblement qu'il leur donne le
même sens. La tâche la plus difficile d'un critique qui veut être
objectif c'est de savoir ce qu'un auteur a voulu dire, et c'est
pourtant, à l'évidence, la tâche la plus nécessaire. Il est très
malaisé de lui laisser exprimer sa pensée, au lieu de lui faire
manifester la nôtre. A l'ignorance ou à la légèreté inconscientes
s'ajoutent le préjugé, la passion également inconsciente.

Quand il s'agit d'un auteur du XVIᵉ siècle, et singulièrement
de Montaigne, l'attention et le souci d'objectivité doivent être
constamment en éveil. Nous pouvons dire, reprenant son mot,
que la plupart de nos contestations à son sujet sont « grammairiennes », et beaucoup seraient surpris s'ils consentaient à donner à ses mots leur vrai sens. La langue est, à ce moment, en
pleine évolution ; elle n'est pas fixée. Lui-même s'en est rendu
compte : « J'écris un livre à (pour) peu d'hommes et à peu
d'années... Il l'eût fallu commettre (confier) à une langue plus
ferme... La nôtre écoule tous les jours de nos mains et, depuis
que je vis, s'est altérée de moitié. » Montaigne, plus encore que
les autres écrivains de la Renaissance, pense en latin. Les mots,
habillés en français, gardent la signification qu'ils avaient au
temps d'Horace et de Cicéron. Nous l'avons bien vu pour le
mot *mou* qui, chez lui, signifie toujours paisible, délicat, suave.

Ce qui complique la difficulté c'est que cette évolution de
sens n'échappe pas à Montaigne. Ce génie malicieux et subtil
fait un peu son profit de certaines équivoques, non par duplicité,
mais parce qu'un homme d'esprit aime jouer sur les différents
sens d'un mot. La tâche du critique n'en est pas facilitée, car
si lui-même essaye de s'adapter à ces différentes significations,
n'est-il pas suspect d'interprétation subjective ?

Les mots du vocabulaire de Montaigne dont le sens a le plus
évolué sont précisément ceux qui se rapportent aux valeurs
morales. les substantifs et les adjectifs qui expriment les sentiments humains.

D'une manière générale, ils ont subi un affaiblissement qui
s'explique par les tendances naturelles de notre esprit. Quand
nous voulons communiquer au prochain nos sentiments, nous
craignons de rester au-dessous de la réalité ; nous exagérons
pour nous faire comprendre. A la moindre *surprise* nous nous
disons *frappés d'étonnement*. Au temps de Montaigne, cela
voulait dire, selon l'étymologie : *frappés d'un coup de ton-
nerre...*, etc.

A force d'abuser du mot, nous l'avons usé, comme une monnaie qui circule trop.

Le malheur est que cette loi n'est pas absolue ; il s'en faut.
Et certains mots ont pris au contraire un sens beaucoup plus fort.

Qui dira sous quelles influences psychologiques, auxquelles
l'esprit janséniste du XVIIᵉ siècle n'est peut-être pas étranger,
le mot *lâchement* qui voulait dire simplement *sans contention*,

a fini par signifier un recul honteux devant l'effort. La phrase suivante de Montaigne est pour nous incompréhensible : « Entreprenez lâchement, dit Bias, mais poursuivez chaudement. » (III, 316.) Heureusement, le mot latin *lente* dont lâchement est ici la traduction nous avertit qu'il faut comprendre : sans hâte, avec calme.

Le mot *indolence*, qui voulait dire absence de douleur, signifie absence d'énergie.

Le mot *nonchalance*, qui signifiait exclusion d'inutile souci, a pris le sens d'exclusion coupable de juste souci. Et nous ne comprenons pas que Montaigne fasse consister le courage de Socrate à mourir avec nonchalance.

En somme, tous les mots qui nous servent à exprimer nos aspirations, nos désirs et nos rêves, nous les avons exténués sous le poids d'une telle charge : ils signifient trop peu.

Tous les mots qui servent à exprimer nos efforts, nous les avons renforcés, nous les avons défigurés d'un sens péjoratif par l'effet de nos déceptions : ils signifient beaucoup trop.

Revenons maintenant au texte où Montaigne essaie d'exprimer le plus cher, ou plutôt le seul de nos rêves : le bonheur. Ce mot, qui est pour nous si plein de sens, nous ne le trouvons pas ici sous sa plume. Mais nous en trouvons d'autres qui nous paraissent de bien faibles synonymes.

Contentement, qui exprimait la plénitude de la satisfaction, ne signifie guère pour nous qu'une bien légère satisfaction. Il disait le complet assouvissement ; il ne dit plus qu'une légère accalmie dans notre faim.

Bien-vivre, signifiait le *bien-être* au sens total ; il a tellement changé de signification que nous avons peine à le comprendre et à traduire comme Montaigne le mot de l'Ecriture « *bene facere* » auquel il se réfère. (Eccl., III[12].)

Aise était synonyme de parfait bonheur ; il pouvait exprimer le bonheur du ciel. Nous avons entendu La Boétie mourant dire à son ami : « ...étant tout assuré que je jouirais de l'aise que vous me prédites. » Dirions-nous que nous aspirons à l'aise du ciel ? Aise ne signifie plus pour nous qu'un bien-être modeste et bourgeois, un peu étriqué, bien plus du corps que de l'âme, avec même une forte nuance d'égoïsme. Et l'expression *vivre à son aise* a pris un sens péjoratif, égoïste, qui, pour beaucoup de gens, résume tout Montaigne.

Le mot *plaisir*, qui exprimait la pleine jouissance de *ce qui plaît*, n'exprime plus qu'une jouissance toute superficielle, bien plus des sens que de l'esprit, et le plus souvent condamnable. Il ne saurait être en tout cas synonyme de bonheur auquel il est fréquemment opposé.

Le mot *commodité*, surtout au pluriel, a subi la même loi et s'est également rétréci. Il ne se dit guère aujourd'hui que des choses qui permettent de passer une vie « confortable ». Il y a longtemps que le mot *commode* désigne une espèce d'armoire et les Précieuses, dans leur jargon, appelaient les fauteuils les commodités de la conversation. Montaigne distingue les « commodités essentielles » et les « commodités accidentelles ». Les premières sont en nous et regardent la nature humaine, par exemple la santé ; les secondes sont hors de nous.

« Qui a comme moi pour sa fin les commodités de sa vie, je dis les *commodités essentielles*, doit fuir comme la peste ces difficultés » qu'entraîne le convenu des relations sociales. (III, 49 B.) Par contre, « il se faut servir de ces *commodités accidentelles* et hors de nous, en tant qu'elles nous sont plaisantes, mais sans en faire notre principal fondement ». (I, 312 A.) Nous avons même vu qu'il faut savoir s'en détacher quand elles nuisent le moins du monde à la tranquillité. Fortune, réputation, plaisirs au sens actuel, ne sont évidemment pas le bonheur.

Bientôt, vers 1588, Montaigne se gargarise d'un mot nouveau : le mot *volupté* dont il reconnaît d'ailleurs qu'il est malaisé à définir : « Je demande ce qu'est nature, volupté... la question est de paroles et se paie de même. » (III, 368 B.)

Il sait bien que ce mot s'emploie d'ordinaire pour désigner le point le plus extrême des plaisirs les plus vulgaires ; mais pourquoi le restreindre à ce sens ? Ne se donne-t-il pas le malin plaisir d'agacer certains ancêtres de Port-Royal qui assurent que toute volupté est coupable ? : « Quoi qu'ils disent, en la vertu même, le dernier but de notre visée, c'est la volupté. Il me plaît de battre leurs oreilles de ce mot qui leur est si fort à contrecœur. Si ce mot volupté signifie quelque suprême plaisir et excessif (*extrême*) contentement, il est mieux dû à l'assistance de (*pour servir de compagnon à*) la vertu qu'à nulle autre assistance. Cette volupté (de la vertu) pour être plus gaillarde, nerveuse, robuste, virile, n'en est que plus sérieusement voluptueuse... Et lui devrions (à la vertu) donner le nom de plaisir, plus favorable, plus doux et naturel, non celui de vigueur (*virtus* signifie force virile) duquel nous l'avons dénommée... » (I, 101 C.)

Si donc nous étions sages, nous chercherions le parfait bonheur qui est, selon lui, la volupté. Mais c'est par la vertu que nous chercherions la suprême volupté. Il dit, dans une comparaison qui sera chère à Pascal, la vertu c'est *la chasse ;* le « contentement », « l'aise », la « commodité essentielle », le « souverain bien », la « volupté », bref, ce que nous autres nous appelons le bonheur, c'est *la prise.* Et la chasse comporte autant de vrai plaisir que la prise : « Ceux qui nous vont instruisant que la quête (*la recherche*) de la vertu est scabreuse et laborieuse, sa jouissance agréable... se trompent, vu que, de tous les plaisirs que nous possédons, la poursuite même en est plaisante. L'entreprise se sent de la qualité de la chose qu'elle regarde, car c'est une bonne portion de l'effet (*du résultat visé*) et consubstantiel. L'heur et la béatitude qui reluit en la vertu remplit toutes ses appartenances et avenues jusqu'à la première entrée et extrême barrière. » (I, 101 C.)

Stoïcisme et Epicurisme.

Si tous les philosophes admettent que l'homme aspire au bonheur, Montaigne est d'accord avec les plus sages d'entre eux qui conviennent que c'est la vertu qui mène au bonheur.

La vraie science jointe à la vertu s'appelle la sagesse. A l'égard de la science, les anciens philosophes se partageaient, selon Montaigne, en deux écoles : les dogmatistes et les pyrrhoniens. Laissons de côté les académiciens qui sont pyrrhoniens dans la pratique. D'un côté l'assurance de soi, de l'autre la défiance.

A l'égard de la vertu, nous trouvons deux écoles à peu près parallèles : les stoïciens et les épicuriens ; les uns ont pour devise : affronte la douleur et, si elle vient, domine-la. Les autres ont pour devise : évite la douleur et, si elle vient, accepte-la.

Il est admis assez couramment que Montaigne a évolué du stoïcisme vers l'épicurisme, théorie d'autant plus facile à soutenir que la date du changement est plus difficile à établir. Cette manière de voir qui a pour elle certaines apparences est, dans le fond, très inexacte.

Il est évident pour qui le lit attentivement, que Montaigne se déclare indépendant de chacun de ces deux systèmes et de tout système.

Si nous accordions à sa sincérité la confiance qu'elle mérite, nous le prendrions au mot quand il nous met en garde contre les chercheurs de sources. Il les a pressentis : « Bien que mes fantaisies soient nées chez moi et sans patron, je sais qu'elles trouveront leur relation à quelque humeur ancienne et ne faudra (*ne manquera*) quelqu'un de dire : voilà où il le prit. » (II, 292 B.)

Mais ces citations si nombreuses qui donnent pour nous à son œuvre un air un peu pédant, ne sont-elles pas un témoignage des influences qu'il a subies ? Il répond dans la dernière édition : « Mes mœurs sont naturelles, je n'ai point appelé à les bâtir le secours d'aucune discipline. Mais, toutes imbéciles (*faibles*) qu'elles sont, quand l'envie m'a pris de les raconter... ç'a été merveille à moi-même de les rencontrer... conformes à tant d'exemples et discours philosophiques. De quel régiment (*école*, *système*) était ma vie, je ne l'ai appris qu'après qu'elle est explicitée (*accomplie*) et employée. Nouvelle figure (*nouveau type d'homme*) : un philosophe imprémédité et fortuit. » (III, 282 C.)

On dira que de telles réflexions sont des réponses intéressées à certaines critiques qui ont pu l'atteindre. Elles expriment le fond de sa pensée, car il avait affirmé dans la première édition : « Les plus fermes imaginations que j'aie, et les plus générales sont celles qui, par manière de dire, naquirent avec moi. Elles

sont naturelles et toutes miennes. Je les produis crues et simples... » (II, 463 A.) Inutile d'insister et de citer davantage. On
connaît assez cet esprit d'indépendance et de défiance qui
l'anime, esprit que, selon lui, le précepteur doit avant tout inculquer au disciple : « Qui suit un autre, il ne suit rien, il ne trouve
rien, voire il ne *cherche* rien. » (I, 194 A.) Celui-là n'est pas
sceptique au vrai sens du mot.

Alors que tout le monde autour de lui, à commencer par les
plus grands de la Pléïade, prône l'imitation des anciens et s'en
fait un système, il se défie de cette imitation « meurtrière comme
celle des singes ».

S'il a multiplié les citations, c'est qu'il ne pouvait résister au
courant tyrannique de la mode : « J'ai donné (*accordé*) à l'opinion publique que ces parements étrangers m'accompagnent...
Je m'en charge de plus fort tous les jours outre ma proposition
(*mon dessein*) et ma forme première, sur la fantaisie du siècle
et les enhortements (*conseils*) d'autrui... Mais je n'entends pas
qu'ils me couvrent et qu'ils me cachent. ...Si je m'en fusse cru,
à tout hasard j'eusse parlé tout fin seul... » (III, 366 B.)

Nous pouvons vérifier ici sa parfaite sincérité, car il est facile
de constater dans le texte critique que la plupart de ses citations
ont été ajoutées après coup.

Mais nous pouvons vérifier sa sincérité d'une manière plus
générale et plus importante.

Il n'a jamais été stoïcien. En 1572, il se moque de la vaniteuse
constance de ces philosophes et de leur devise fameuse : *Douleur, tu n'es qu'un mot* ! Il frappe le système au cœur. Au fort
de la souffrance Prodinius s'écriait : « Tu as beau faire, douleur,
si *ne dirai-je pas que tu sois un mal*. Ce conte qu'ils font tant
valoir, que porte-t-il pour le mépris de la douleur ? Il ne débat
que du mot ! » (I, 65 A.)

Dans l'*Apologie*, il couvrira Posidonius des mêmes sarcasmes :
« Il sent les mêmes passions (*souffrances*) que mon laquais, mais
il se brave (*il parade*) sur ce qu'il contient au moins sa langue,
selon les lois de sa secte. Ce n'est que vent et paroles. » (II,
216 A.)

Nous avons vu comme il se moque de Sénèque lorsque celui-
ci se montre le plus stoïcien : « Que Dieu me donne le vivre ;
pour le bien vivre je m'en charge. » Comme il renvoie ces
héroïques lutteurs à l'école des paysans périgourdins, stoïciens
sans le savoir !

Il n'a jamais été épicurien... Mais c'est ici que le mot est équivoque et peut recouvrir les réalités les plus opposées. Il est
certain que le mot sonne mal depuis Horace qui se déclare
« porc du troupeau d'Epicure », et depuis Pascal qui oppose,
en son célèbre *Entretien*, le stoïcien Epictète et l'épicurien Montaigne. Il ne cache pas que cet honnête païen l'emporte à ses
yeux sur l'indigne chrétien : « J'ose dire qu'Epictète méritait

d'être adoré, s'il avait connu son impuissance... mais il se perd dans la présomption. » (p. 149). Montaigne, dit Pascal, a connu son impuissance ; mais il s'est perdu « dans le désespoir d'arriver à un véritable bien, et de là, dans une extrême lâcheté. »

Or, Montaigne est présenté comme « défenseur » d'Epicure. L'épicurisme est donc synonyme de lâcheté. Et cette lâcheté est généreusement prêtée à Montaigne.

Mais notre auteur ne juge pas l'épicurisme sur « l'opinion commune qui est fausse » ; il n'est pas de ces « disputateurs qui, pour combattre Epicure et se donner beau jeu, lui font dire ce à quoi il ne pensa jamais. » (I, 124 A.) Non, en fait de courage les épicuriens se distinguent à peine des stoïciens. Les uns comme les autres veulent « quêter de la douleur, de la nécessité (*de la pauvreté*) et du mépris pour les combattre et pour tenir leur âme en haleine ». Mais les épicuriens ne parlent que de volupté ! C'est justement ce qui les classe au-dessus des stoïciens, car « cette brave (*noble*) et généreuse volupté épicurienne fait état de nourrir mollement (*paisiblement*) en son giron et d'y faire folâtrer la vertu, lui donnant pour ses jouets la honte, les fièvres, la pauvreté, la mort et les supplices. » (II, 126 A.)

En somme, ce qu'un épicurien appelle la suprême volupté s'identifie avec la parfaite vertu. Ce n'est pas évidemment ce que l'on veut laisser entendre quand on dit que Montaigne est passé du stoïcisme à l'épicurisme. Mais alors que veut-on dire et de quel épicurisme parle-t-on ? Est-ce de celui d'Horace, de celui de Pascal ? Ne vaudrait-il pas mieux parler de celui de Montaigne ?

En réalité, Montaigne n'est épicurien ni au sens de Pascal ni au sens que lui-même définit. Il n'est pas plus épicurien que stoïcien : il range les deux sectes dans le camp des dogmatistes, le plus opposé au sien, et il se moque, nous l'avons vu, d'Epicure et de ses atomes.

Vertu et volupté.

On objecte cependant une certaine évolution dans l'idée que Montaigne se fait de la vertu. Cette évolution n'est qu'apparente et ne justifie pas les commodes raccourcis scolaires qui défigurent l'auteur des *Essais*.

Toute vertu a pour point de départ un certain effort et tend à une certaine volupté. Montaigne, au début, met l'accent sur l'idée d'effort sans oublier la volupté ; il tend, vers la fin, à mettre l'accent sur l'idée de volupté sans oublier l'effort. Et il s'agit toujours de volupté de l'âme.

Montaigne est d'abord frappé par ce fait que qui dit *vertu* dit *effort*. « Il me semble que la vertu est chose autre et plus noble que les inclinations à la bonté qui naissent en nous... Il semble que le nom de vertu présuppose de la difficulté et du contraste (*de l'opposition*) et qu'elle ne peut s'exercer sans parti (*adversaire*). C'est peut-être pourquoi nous nommons Dieu bon... mais nous ne le nommons pas vertueux... La vertu refuse la facilité pour compagne et cette *aisée, douce et penchante voie* par où se conduisent les pas réglés d'une bonne inclination de nature, n'est pas celle de la vertu. Elle demande un *chemin âpre et épineux* : elle veut avoir ou des difficultés étrangères (*extérieures*) à lutter (*combattre*)... ou des difficultés internes que lui apportent les appétits désordonnés et imperfections de notre condition. » (I, 125 A.)

Si Montaigne avait toujours parlé ainsi, il eût été du goût de Pascal qui n'eût pas manqué de reconnaître la morale *chrétienne* dans cette morale de lutte et de résistance.

Mais voici qu'il semble se contredire ou plutôt se rétracter complètement : « Ceux qui ont approché la *vraie* vertu la tiennent logée dans une belle plaine fertile et fleurissante... On y peut arriver, qui en sait l'adresse, par *des routes ombrageuses, gazonnées et doux fleurantes, plaisamment et d'une pente facile et polie...* Ils sont allés, selon leur faiblesse, peindre cette sotte image, triste, querelleuse, despite (*maussade*), menaceuse, mineuse, et la placer sur un rocher, à l'écart, parmi des ronces, fantôme à étonner les gens. » (I, 207 C.)

Ces mots scandalisent Pascal : « Sa vertu est naïve, familière, plaisante, enjouée et, pour ainsi dire, folâtre... », dit-il avec indignation. (A, 158.) Mais ils sont du goût de saint François de Sales. Le grand évêque lance contre le monde des reproches qui semblent inspirés de Montaigne : « Le monde, ma chère Philothée, diffame tant qu'il peut la sainte dévotion dépeignant les personnes dévotes avec un visage fâcheux, triste et chagrin et publiant que la dévotion donne des humeurs mélancoliques et insupportables... Mais Notre-Seigneur nous assure que la vie dévote est une vie douce, heureuse et aimable. » (1). Le saint se réfère sans doute aux paroles du Christ : « Mon joug est doux et mon fardeau léger » ; à moins que ce ne soit à celles-ci : « quand vous jeûnez, ne prenez pas un air sombre... parfumez votre tête et lavez votre visage. »

Combien de temps Montaigne est-il resté dans sa première opinion ? Fort peu de temps sans doute, si tant est qu'il l'ait vraiment prise à son compte. Après avoir dit que la vertu consiste dans l'effort, il oppose aussitôt l'exemple de Socrate : « L'âme de Socrate, la plus parfaite des âmes « de vertu seulement humaine » qui soit venue à ma connaissance, serait à ce compte une âme de peu de recommandation... Au train de sa vertu, je n'y puis imaginer aucune difficulté ni aucune contrainte... Si la vertu ne peut luire que par le combat des appé-

---

(1) *Introduction à la vie dévote*. Edition d'Annecy, p. 17.

tits contraires, dirons-nous donc qu'elle ne se puisse passer de l'assistance (*la compagnie*) du vice ?... » (II, 126 A.)

Trois degrés de vertu.

Il reconnaît dès cette date trois degrés de vertu.

Le plus bas, qui « rend un homme innocent mais non proprement vertueux, exempt de mal faire, mais non assez apte à bien faire », c'est « d'être simplement garni d'une nature facile et débonnaire et dégoûtée par soi-même de la débauche et du vice ».

Le second est « d'empêcher à vives forces le progrès de ces vices qu'on a laissé s'enraciner en soi, et, s'étant laissé surprendre aux émotions premières des passions, de s'armer et se bander pour arrêter leur course et les vaincre ».

Le plus haut est celui-ci : « Par une haute et divine résolution, empêcher la naissance des tentations et s'être formé à la vertu de manière que les semences même des vices en soient déracinées. » (I, 129 A.)

Socrate était arrivé à ce troisième degré, car « il avouait à ceux qui reconnaissaient en sa physionomie quelque inclination au vice, que c'était à la vérité sa propension naturelle mais qu'il l'avait *corrigée par discipline* ». (I, 133 A.)

Montaigne se loge lui-même quelque part entre le premier et le second degré : « Si je fusse né d'une complexion plus déréglée, je crains qu'il fût allé piteusement de mon fait, car je n'ai essayé (*expérimenté*) guère de fermeté en mon âme pour soutenir les passions, si elles eussent été tant soit peu véhémentes. »

Quoi qu'il en soit, la vertu suppose lutte, puisque, même dans les plus hautes âmes, elle suppose correction. Et Montaigne jamais ne méconnaîtra cette évidence. Vers la fin de sa vie, il fera en quelque sorte la synthèse. Il écrira que si d'une part « il n'y a ni continence ni vertu s'il n'y a de l'effort au (*dans le sens*) contraire » (III, 110 B.), d'autre part : « le prix (*la récompense*) et la hauteur de la *vraie vertu* est en la facilité, utilité et plaisir de son exercice, si éloigné de difficulté que les enfants y peuvent (*arriver*) comme les hommes, les simples comme les subtils. » (I, 208 C.)

C'est bien ce que nous disions : au départ l'effort, à la fin le « relâchement » et la facilité (III, 441 B), le relâchement, non au sens de Pascal, mais au sens de Montaigne, c'est-à-dire la détente et l'absence d'effort. N'est-ce pas un fait d'expérience quotidienne ? Les débutants au piano peinent sur les gammes et les exécutants consommés se jouent dans les arpèges. Il y a si peu identité entre effort et vertu que l'effort diminue à mesure que la vertu augmente ; la vertu n'est donc pas l'effort.

C'est une question d'accent. Dirons-nous que Montaigne est stoïcien quand il met l'accent sur l'effort que suppose la vertu et qu'il est épicurien quand il met l'accent sur la facilité qui accompagne et récompense sa pratique ? C'est pourtant là le sens de son « évolution ». Mais, à qui lit attentivement les textes et les situe à leur date, elle est à peine perceptible. Elle ne peut guère l'être chez un homme qui, du jour où il se retire en la solitude, déclare y chercher le loisir, la paix et la tranquillité, idéal qui nous paraît tout « épicurien ». En ce sens, tout homme qui travaille à s'améliorer et y réussit passe du stoïcisme à l'épicurisme.

Les Romains mettent l'accent sur l'*effort*. Le mot dont ils se servent, *virtus*, exprime la vigueur et il sied bien à ces âpres lutteurs qui marchaient derrière Scipion, César ou Métellus (I, 101 A et II, 73 A.)

Les Grecs mettent l'accent sur la *douceur*. Leur mot *arétè* exprime l'harmonie, l'adaptation. Au lieu d'affronter et de heurter, ils disaient qu'il fallait accepter et s'adapter. Ils n'avaient pas moins de passions à maîtriser, et leurs sages n'étaient pas moins admirables. Ils n'avaient pas moins de mérite, mais ils faisaient moins de bruit et arrivaient au même but par des chemins plus doux.

Montaigne, par son tempérament comme par sa raison, se range, et dès le début, parmi les sages d'Ionie.

Tranquillité de l'âme et du corps.

Quelles que soient les divergences des philosophes sur la notion de bonheur. Montaigne admet que tous sont d'accord sur un point essentiel : « En ceci y a-t-il une générale convenance entre tous les philosophes de toutes les sectes que le souverain bien consiste en la tranquillité de l'âme et du corps. Mais où la trouverons-nous ? » (II, 214 A.)

Montaigne est-il bien convaincu de l'unanimité de cet accord ? Nous lui avons entendu dire qu' « il n'est point de combat si violent entre les philosophes, et si âpre, que celui qui se dresse sur la question du souverain bien de l'homme ».

Comment concilier deux affirmations si opposées ? On peut et on doit le faire en admettant que, dans la pensée de l'auteur, tous les hommes sont d'accord sur le but, mais se divisent sur les moyens. Ces moyens où les trouverons-nous ?

Ce serait déjà beaucoup d'être d'accord sur le but et nous prendrions acte volontiers de cette unanimité. Ce but est bien, en tout cas, celui de Montaigne.

Mais sur les moyens, que de divergences ! Divergences telles qu'on est vraiment bien tenté de mettre en doute l'unanimité sur le but. Nous pouvons, pour être plus clair, ramener à trois toutes ces oppositions.

Pour assurer cette tranquillité de l'âme et du corps, les uns disent après Aristote de Cyrène : Ne nous occupons que du corps comme si nous n'avions pas d'âme. (III,

438 C.) Ceux-là sont partisans de la *volupté*, mais ils ne la mettent que dans les sens. Ils ont été rejoints par les disciples dégradés d'Epicure. Mais qu'on les nomme *cyrénaïques*, qu'on les nomme *épicuriens*, peut-on vraiment appeler philosophes des hommes qui font consister le bonheur dans la recherche des plaisirs les plus bas ? Montaigne, en tout cas, ne les mentionne ici que pour mémoire : ailleurs il les flétrit ; et c'est une aberration de le ranger lui-même parmi eux. Ce n'est pas ainsi, nous l'avons vu, qu'il comprend l'épicurisme.

De son côté : « Zénon n'embrassait que l'âme, comme si nous n'avions pas de corps. » (Ibid.) Les disciples de Zénon s'appellent, comme on sait, les *stoïciens*. Que de disciples de Zénon, depuis Sénèque, Marc-Aurèle, Epictète, jusqu'à... Philaminte de Molière :

> Le corps, cette guenille est-il d'une importance,
> D'un prix à mériter seulement qu'on y pense ? (1)

Philaminte affecte de mépriser le corps pour ne s'occuper que de l'esprit et vaquer aux hautes spéculations philosophiques. Mais d'autres croient sincèrement qu'il faut mépriser le corps pour ne s'occuper que de l'âme : ils appellent cela *vertu*.

La chair et l'esprit.

Beaucoup d'entre eux prétendent s'appuyer sur l'Ecriture Sainte et notamment sur les épîtres de saint Paul qui mettent sans cesse en opposition la « chair » et « l'esprit » comme deux ennemis irréductibles. Montaigne ne fait aucune allusion à ces textes et rien n'autorise à penser qu'il les ait dans l'esprit. On serait en tout cas malvenu de les lui opposer, comme plusieurs seraient peut-être tentés de le faire, car nous trouvons ici le même malentendu que dans l'opposition de la nature à la grâce.

La *chair*, dans le nouveau Testament, signifie rarement le corps et l'*esprit* ne signifie à peu près jamais l'âme. La *chair*, ce sont toutes les influences mauvaises issues de la matière qui obnubilent la raison ; entre lesquelles il faut compter les passions sensuelles, certes, mais aussi les préjugés de race, la science et les raisonnements purement humains ; l'*esprit*, c'est cette même raison soumise à l'Esprit de Dieu (2).

Saint Paul parle souvent de « la prudence de la chair », de

---

(1) Il est notable que Philaminte, comme Pascal, préfère les stoïciens aux épicuriens :
...Mais aux stoïciens je donne l'avantage.
(2) Maldonat : « Nous remarquons dans les Saintes Lettres que chaque fois que la chair est opposée à l'esprit, la chair n'est pas prise pour la chair mais pour l'homme, en considérant l'intelligence et la nature charnelle de l'homme ; l'esprit n'est pas pris pour l'esprit mais pour l'homme spirituel en considérant l'intelligence et la nature spirituelle de l'homme. (l. c. col. 1565 A).
Il dit plus haut : l'homme spirituel c'est l'homme éclairé de Dieu par la foi (col. 1564 D).

la « sagesse de la chair » (Rom. VIII, 6, 7) des « sages selon la chair » (I Cor. I 26), etc.

Jésus dit à Pierre : « Tu es heureux, Simon, fils de Jean, parce que ce que tu viens de dire, ce n'est pas la chair et le sang qui te l'ont révélé, mais mon Père qui est aux cieux... » En d'autres termes, « si tu as proclamé Christ Fils de Dieu celui en qui tes camarades, témoins des mêmes faits, n'ont découvert qu'un homme, ce n'est point seulement par un raisonnement humain ». Montaigne aurait pu se prévaloir de ce texte pour démontrer l'impuissance de la *raison seule*, privée de la lampe de la grâce qui est la lumière de l'Esprit.

Opposer la chair à l'esprit, ce n'est donc pas opposer le corps à l'âme, mais la raison seule à la raison éclairée par Dieu.

Pour avoir fait cette confusion, les Cathares, les Purs, en étaient arrivés à lancer l'anathème contre le corps : ils voulaient anéantir « la chair qui convoite contre l'esprit » (Gal. V 17) et anéantir la race humaine issue de la convoitise. Ils décharnaient l'homme.

Montaigne, fidèle à la tradition catholique, estime que suivre nature, c'est accepter cet « accouplage » voulu de Dieu ; le souverain bien, c'est en procurer la tranquillité ; et la vertu, c'est en assurer la ferme liaison gage de cette tranquillité.

Il a lu dans Sebond : « L'âme aime son corps... et désire à cette cause infailliblement sa restauration (*résurrection*). » (S. 163 v.) Cette observation l'a frappé : « Les chrétiens ont une particulière instruction de cette liaison ; car ils savent que la justice divine embrasse cette société et jointure jusqu'à rendre le corps capable des récompenses éternelles et que Dieu regarde agir *tout l'homme* et veut qu'entier il reçoive le châtiment ou le loyer, selon ses mérites. » (II, 419 A.)

Il a lu aussi dans Sebond que « l'âme est épouse du corps ». Il reprend à son compte et développe cette comparaison héritée du Moyen Age. Mais dans ce ménage, c'est plutôt l'âme qui doit être le mari, car à elle appartient la maîtrise et le droit de régler.

« Ceux qui veulent déprendre nos deux pièces ou les séquestrer l'une de l'autre, ils ont tort. Au rebours, il les faut raccoupler et rejoindre. Il faut ordonner à l'âme non de se retirer à quartier (*à l'écart*), de mépriser et abandonner le corps ; aussi ne le saurait-elle faire que par quelque singerie contrefaite, mais de se rallier à lui, de l'embrasser, le chérir, l'assister, le contrôler, le conseiller, le redresser et ramener quand il fourvoie, l'épouser en somme et lui servir de *mari*, à ce que leurs effets (*leurs actes*) ne paraissent pas divers et contraires, mais accordants et uniformes. » (II, 419 A.)

Il aurait pu ajouter que l'Eglise, dans ses oraisons liturgiques, ne sépare pas l'âme du corps ; elle demande « *salutem mentis et corporis* » ou encore « *mentis et corporis sanitate gaudere* » ; que les deux soient en bonne santé ! (1).

Les devoirs de l'âme envers le corps sont donc ceux d'un bon époux envers son épouse.

Elle ne doit pas le faire souffrir : aussi bien, elle en serait la première victime, car les souffrances du corps sont nuisibles à l'âme : « Si l'apoplexie assoupit et éteint tout à fait la vue de notre intelligence, il ne faut pas douter que le morfondement (*le rhume*) ne l'éblouisse. » (II, 318 A.) Tout ce qui affaiblit le corps affaiblit l'âme, et réciproquement : « Si son compagnon a la colique, il semble qu'elle l'ait aussi. » (III, 80 B.)

Elle ne doit pas lui refuser ses légitimes satisfactions. Le plaisir n'est pas une invention du diable, mais de Dieu. C'est lui qui, dans un dessein évidemment sage puisque divin, a joint le plaisir à l'accomplissement de toutes les fonctions naturelles.

« La philosophie n'estrive point (*ne lutte point*) contre les voluptés naturelles, pourvu que la mesure y soit jointe et en prêche la modération, non la fuite. L'effort de sa résistance s'emploie contre les étrangères et bâtardes (*contre-nature et illégitimes*) ; elle dit que les appétits du corps ne doivent pas être augmentés par l'esprit et nous avertit ingénieusement... d'éviter toute jouissance qui nous mette en disette et toute viande et boisson qui nous altère et affame. » (III, 143 B.)

« Moi, qui ne me manie que terre à terre, hais cette inhumaine sapience qui nous veut rendre dédaigneux et ennemis de la culture du corps. J'estime pareille injustice prendre à contre-cœur les voluptés corporelles que de les prendre trop à cœur... Il ne les faut ni suivre ni fuir ; il les faut recevoir (*accepter*)... »

Et voici contre les Trissotin et les Philaminte de son temps : « Je hais qu'on nous ordonne d'avoir l'esprit aux nues pendant que nous avons le corps à table. » (III, 437 B.)

La voie naturelle « est vraie, commode, sainte » c'est-à-dire divine. « Tous les plaisirs naturels sont par conséquent nécessaires et justes. » (III, 439 C.)

Voilà, dira-t-on, qui est sage. Mais n'est-ce pas trop optimiste ? L'âme doit-elle accorder au corps tous les plaisirs que Nature, c'est-à-dire Dieu, permet ? Le serviteur ne va-t-il pas regimber contre son maître, pour prendre une autre comparaison également traditionnelle et d'ailleurs assez peu éloignée de la précédente ? Ne faut-il pas le priver et, au besoin, le châtier, selon le conseil de saint Paul : « Je châtie mon corps et le maintiens en sa condition de serviteur » ? (I, Cor. IX[27].)

Sans doute, mais encore ne faut-il châtier qu'un coupable. Or, c'est l'âme seule qui est coupable et elle se donnerait trop beau jeu de rejeter la faute sur son compagnon et de se venger sur

---

(1) La santé de l'âme et celle du corps sont associées dans sept oraisons du carême « *quod animabus corporibusque curandis salubriter institutum est* », dit l'oraison du samedi après les Cendres.

lui de ses propres défaites, comme ferait un maître païen d'un esclave.

Montaigne a trop insisté sur l'étroite solidarité de deux « pièces » pour les séparer maintenant. Il est aussi trop logique et trop pénétré de sagesse chrétienne. Ils ont été ensemble au plaisir et à la faute ; il est juste qu'ils soient ensemble à la peine. Justement, le mot *pénitence* est alors équivoque et signifie surtout le repentir, comme autrefois en latin, mais aussi le châtiment, comme aujourd'hui. Et l'exemple des saints qui se sont mortifiés, comme saint Paul, bien loin d'infirmer la thèse de l'union intime de nos deux parties, la confirme : « La douleur était véhémente jusqu'à la perfection en l'âme des saints par la pénitence (*le repentir*). Le corps y avait naturellement part par le droit de leur colligeance (*liaison*), et cependant pouvait avoir peu de part à la faute. Aussi ne se sont-ils pas contentés qu'il suivît nûment et assistât l'âme affligée, ils l'ont affligé lui-même de peines atroces et propres (à sa condition), afin qu'à l'envi l'un de l'autre l'âme et le corps plongeassent l'homme dans la douleur, d'autant plus salutaire que plus âpre. » (III, 144 B.)

Il n'a pas abusé lui-même, semble-t-il, de ce genre de pénitence. Il ne craint que d'affaiblir son compagnon, pas assez peut-être de le trop ragaillardir. Et quand la vieillesse le débilite, le prive des plaisirs naturels et légitimes, il estime légitime d'appeler au secours de cette épouse un peu trop inerte le service d'une imagination un peu trop vivace et un peu trop délurée à notre goût : « Au corps abattu... il est excusable de le réchauffer et soutenir par art et, par l'entremise de la fantaisie, de lui faire revenir l'appétit et l'allégresse, puisque, de soi, il l'a perdue. » (III, 143 B.)

Cette manière de voir lui paraît indiscutable parce qu'à ses yeux ce ne sont pas les mortifications corporelles qui font un homme de bien. L'âme, la grande coupable, ne doit pas faire porter au corps le poids principal de méfaits dont il ne peut mais. Ce que nous devons mortifier par-dessus tout, c'est l'orgueil, l'envie, la rancune, l'entêtement, les haines, les dissensions, les injustices.

Quant aux souffrances du corps, peut-être vaut-il mieux en général laisser à Dieu le soin de les choisir et la plus belle des mortifications c'est de les accepter, nous autres avec résignation, les saints avec joie.

C'est toujours au vice de présomption qu'en veut notre penseur ; or, dans ce mépris qu'ils affectent de leur corps, tous ces philosophes, peut-être aussi quelques-uns de ces ascètes, pensent se mettre au-dessus de l'humanité.

« Qui veut faire l'ange fait la bête ! » Cette parole immortelle de Pascal est encore « empruntée » à Montaigne. « Ils veulent se mettre hors d'eux et échapper à l'homme. C'est folie ; au lieu de se transformer en anges, ils se transforment en bêtes :

au lieu de se hausser, ils s'abattent. » (III, 449 B.) Mais autant
elle est logique sous la plume de Montaigne et rigoureusement
conséquente avec tout son système, avec sa conception de la
nature, de la légitimité du plaisir, et de l'éminente dignité du
corps humain, autant elle étonne, à la réflexion, dans la bouche
de Pascal, admirateur de ces stoïciens que Montaigne ici ridi-
culise.

Suivre nature ! Nous voyons maintenant ce que Montaigne
entend au concret par nature humaine : c'est l'étroit accouple-
ment de l'âme et du corps. Il est contre nature d'isoler le corps
et contre nature d'isoler l'âme. Suivre nature c'est diriger le
corps par l'âme, et aussi, l'âme par le corps et tous les deux
par la raison assistée de la grâce. Cette indissoluble association
de nos « deux pièces », c'est tout nous-mêmes, c'est ce que
Montaigne appelle « *notre être* ».

M. Tavera brandit comme un trophée la phrase finale du dernier chapitre des *Essais :* C'est une absolue perfection et comme
divine de savoir jouir loyalement de son être ! » (III, 450 B.) Il y
voit une conclusion et c'est en effet une conclusion non seulement du chapitre mais, dans un sens, de tout le livre. Il s'en va
la répétant et la glosant tout le long d'une cinquantaine de pages
(208 à la fin). Il croit entendre le cri d'une conscience émancipée
de toute contrainte extrahumaine, le péan de « l'idéal humain ».

Le passage doit être interprété dans un sens très différent si
l'on s'en tient modestement au contexte de tout le chapitre. La
hardiesse de Montaigne est ici tout bonnement de ne pas séparer
la santé du corps de celle de l'âme. Il intitule ce chapitre : *De*
l'expérience, et ce titre nous donne une précieuse indication pour
l'interprétation du mot *Essai,* souvent contestée. Il a parlé jusqu'à présent, dit-il, de ses essais concernant la santé de l'âme ;
il va parler de ses « expériences » concernant la santé du corps.

Il conclut par ces mots qui justifient le titre du chapitre :
« *L'expérience* est proprement sur son fumier au sujet de la
médecine. » Il ne parlera ici, en effet, que de ses expériences
médico-hygiéniques.

Il entre dans une longue suite de confidences vestimentaires et
gastronomiques, saupoudrées de philosophie terre-à-terre un peu
bavarde. Eh ! quoi, finir un pareil livre sur des questions de
melons, de salades, de coiffes, de lunettes et de chaise-percée !
A vrai dire, ce chapitre n'est le dernier que numériquement.
Le dernier « essai » de la vie ne peut être que la mort. Montaigne n'aurait cure d'un rinforzando final. Mais ces considérations
sur l'étroite union de l'âme et du corps résument bien sa philosophie d'un bout à l'autre du livre. Il avait écrit en 1572 : Notre
vie c'est notre être. (II, 31, A.) Il conclut à la fin : « De nos
maladies la plus misérable est de mépriser notre être. » (III, 443
B.) Ne le méprisons pas cet être ; sachons reconnaître le don de
Dieu et sachons que nous en devrons rendre compte « jusqu'à

un poil ». Nous en rendrons « grâces condignes » dans la mesure
où nous en aurons joui et nous rendrons compte de la manière
dont nous en aurons joui. Sur ces hautes pensées se clôt le chapitre et toutes se résument dans l'éclat final : « C'est une absolue perfection et comme divine de savoir jouir loyalement de son
être. » Loyalement, c'est-à-dire, selon l'étymologie et selon
Pierre Villey, conformément au droit, à la raison, à la loi de
notre « condition ». Loyalement, sans tromper le corps au profit
de l'âme, sans tromper l'âme au profit du corps, car « c'est
bien raison que le corps ne suive point ses appétits au dommage
de l'esprit ; mais pourquoi n'est-ce pas aussi raison que l'esprit
ne suive pas aussi les siens au dommage du corps? » (III, 145 C.)

Port-Royal et M. Tavera, ô ironie, se rencontrent ici comme
adversaires de Montaigne ; mais c'est en deux camps opposés.
Ils ne veulent, ni l'un ni l'autre, marier le divin avec le terrestre,
mais l'un par respect du divin, l'autre par refus du divin. Montaigne répond : « La philosophie fait bien l'enfant, à mon gré,
quand elle se met sur ses ergots pour nous prêcher que c'est une
farouche alliance de marier le divin avec le terrestre. » (III, 447
C.) Cette réponse vise les stoïciens et les chrétiens imprégnés de
leur doctrine ; mais elle atteint quiconque refuse d'admettre ce
mariage du divin avec le terrestre qui est en quelque sorte la
définition du Christ et du vrai christianisme.

La santé.

La tranquillité du corps c'est la santé et le premier devoir de
l'âme est de la maintenir. Si Dieu est attentif au moindre de nos
cheveux, aussi doit l'être notre âme !

Elle doit éviter avec soin tout ce qui troublerait cet équilibre.
D'abord ses propres et inutiles agitations : « Les bêtes nous
apprennent assez combien l'agitation de notre esprit nous
apporte de maladies. » (II, 218 A.) Elle doit éviter aussi de
satisfaire, contre leur intérêt commun, les vains appétits de ce
compagnon indocile.

« Ménageons la santé, c'est le plus beau et le plus riche présent
que nature nous sache faire. » (II, 210 A.) Mais si Montaigne
a toujours apprécié ce trésor au-dessus de tous les autres, il en
estime bien plus la valeur à partir du jour où, vers l'âge de quarante-cinq ans (1578), la gravelle, « la colique » comme il l'appelle, le soumit périodiquement aux plus douloureuses tortures.
Il en est de la santé comme de tous les autres biens : il faut,
pour en juger le vrai prix, les avoir perdus. Montaigne, qui « ne
se manie que terre à terre » et ne se paie pas de vaines illusions,
s'aperçoit dès ce moment combien l'homme vaut peu quand le
corps ne vaut rien, combien les meilleurs plaisirs et les plus
légitimes deviennent, dès ce moment, insipides et combien la
vertu même devient difficile, selon le mot qu'on lit dans l'Imi-

tation : « *Pauci ex infirmitate perficiuntur.* Peu deviennent meilleurs par la maladie. »

« Qui veut écarter (*tenir à l'écart*) son âme, le fasse hardiment s'il peut, lorsque le corps se portera mal, pour la décharger de cette contagion. » (III, 442 B.) Pour lui, il s'y essaie non sans quelque succès. Mais quand la santé lui revient, il se sent mieux, moralement. Il écrit alors avec une émotion convaincue : « C'est une précieuse chose que la santé et la seule chose qui mérite à la vérité qu'on y emploie, non le temps seulement, la sueur, la peine, les biens, mais encore la vie à sa poursuite, d'autant que, sans elle, la vie nous vient à être pénible et injurieuse (*nuisible*). La volupté, la sagesse, la science, la vertu, sans elle, se ternissent et s'évanouissent... Toute voie qui nous mènerait à la santé ne se peut dire pour moi ni âpre ni chère. » (II, 583 A.)

Ce n'est pas qu'il soit disposé à dépenser sa fortune pour courir après les médecins. Il n'a aucune confiance en leur art et, précurseur de Molière, il lance contre eux des traits satiriques, trop justifiés, pense-t-il, par son expérience et par celle des autres. Ah ! s'il en trouvait un qui pût le guérir, il irait le chercher bien loin, comme il va chercher bien loin les eaux réputées dont il espère un remède. Il a plus de confiance dans la nature que dans la science des hommes toujours suspecte de présomption. Pour un qu'ils guérissent par hasard, combien ils en tuent ! Ces moqueries éparses dans tout son livre, ne sont pas l'expression d'une vanité outrecuidante, « d'un cœur enflé et venteux », mais elles sont peut-être l'héritage d'une famille où l'on s'est toujours bien porté sans médecin, et sans doute l'effet d'un espoir cruellement déçu : « Un plaisir solide, charnu et moëlleux comme la santé, je n'irais pas l'échanger pour un plaisir imaginaire, spirituel (*sans corps*) et aérien (*gonflé de vent*) » comme est celui de se moquer d'un homme qui pourrait le guérir.

« La gloire, voire celle des quatre fils Aymon, est trop cher achetée à un homme de mon humeur, si elle lui coûte trois bons accès de colique. La santé, de par Dieu ! » (II, 611 A.)

Ce cri si émouvant et si humain est celui d'un homme qui range la santé parmi les « commodités essentielles ». Mais il y a, dans ces commodités même, des degrés. Le désir si légitime d'en jouir ne doit pas troubler la tranquillité. « Jusques à la santé que j'estime tant, il me serait besoin de ne pas la désirer et m'y adonner si furieusement que j'en trouve les maladies importables (*insupportables*]. » (III, 295 B.)

A toutes les épreuves, même aux pires, il y a un souverain remède. Nous le trouverons plus loin quand, après cet éloge de la santé, nous trouverons l'éloge plus convaincu encore et plus sage de la patience, remède suprême à tous les maux.

Il faut remercier Dieu.

Le sentiment religieux qui justifie et « parfait » toute cette belle sagesse humaine n'apparaît pas beaucoup au premier abord, et d'aucuns, dédaigneusement, la trouveraient trop humaine. Mais, encore une fois, tout ce qui est bon sens est chrétien. Et, quel que soit le dessein arrêté de Montaigne de faire taire le chrétien pour ne laisser parler que l'homme, il ne peut s'empêcher çà et là de rattacher toutes ses recommandations à quelqu'un de ces grands principes religieux qui transfigurent toute la vie humaine.

Il y a un abîme entre celui qui marche les yeux toujours à terre et celui qui lève le regard au ciel, l'abîme qui sépare l'animal du chrétien.

Le premier jouit des bienfaits de Dieu ; le second les *reconnaît*.

Il reconnaît, dans les plaisirs naturels, un témoignage de la bonté divine et, dans les douleurs accidentelles, un témoignage différent de la même bonté. Il semble évident a priori qu'entre tous les sentiments religieux, cette reconnaissance soit l'un des plus agréables au bienfaiteur divin, comme il est l'un des plus agréables aux bienfaiteurs humains, mais l'Evangile nous le confirme avec insistance.

Montaigne est reconnaissant dans la mesure de sa droiture et de sa perspicacité. Les termes par lesquels il exprime sa gratitude méritent d'être médités car il est rare d'entendre à la Renaissance, sous une plume profane, un hymne à la vie qui soit en même temps un hymne au Créateur. Celui-ci, qui est des dernières années, est animé d'un accent profondément humain et religieux en même temps.

« Les autres sentent la douceur d'un contentement et de la prospérité ; je la sens ainsi qu'eux, mais ce n'est pas en passant et glissant. Si (*c'est pourquoi*) la faut-il étudier, savourer et ruminer pour en rendre grâces condignes (*proportionnées*) à Celui qui nous l'octroie... Mon âme mesure combien c'est qu'elle doit à Dieu d'être en repos de sa conscience et d'autres passions intestines (*souffrances intérieures*), d'avoir le corps en sa disposition naturelle, jouissant ordonnément et compétemment (*comme il faut*) des fonctions molles (*paisibles*) et flatteuses par lesquelles il lui plaît *compenser de sa grâce les douleurs de quoi (dont) sa justice nous bat à son tour* ; combien lui vaut d'être logée, en tel point que, où qu'elle jette la vue, le ciel est calme autour d'elle : nul désir, nulle crainte ou doute qui lui trouble l'air ; aucune difficulté passée, présente, future par-dessus laquelle son imagination ne passe sans offense (*sans heurt*)... »

La reconnaissance décuple la jouissance et en fait savourer le sentiment profond qui est ici fort bien décrit. La vue de ceux « que leur propre erreur emporte et encore de ceux qui reçoivent si lâchement et incurieusement leur bonne fortune (*distrai-*

tement et sans application leur bonheur) » ne fait que l'aviver :
« Pour moi donc, j'aime la vie et la cultive telle qu'il a plu à
Dieu nous l'octroyer... j'accepte de bon cœur et reconnaissant
ce que nature a fait pour moi et m'en agrée et m'en loue. On
fait tort à ce grand et tout-puissant Donneur de refuser son don,
l'annuler et défigurer. Tout bon il a fait tout bon... »

Ce Donneur, c'est Dieu, et c'est la Nature. Impossible de
séparer les deux choses, dans ce cerveau d'humaniste et de chrétien et dans cette phrase qui commence par Dieu et finit par
Nature. Mais tandis que le chrétien songe peut-être au mot de
la Genèse : « *Il vit tout ce qu'Il avait fait et tout était bon* »,
l'humaniste préfère citer le mot de Cicéron : « Tout ce qui est
selon la nature est digne d'estime. » (III, 447 B.) Mais qu'on
allègue l'Esprit Saint ou Cicéron, il est constant que, « de la
toute-sagesse de Dieu il ne part rien que de bon et commun et
réglé ». (II, 514 C.)

Montaigne avoue d'ailleurs ingénuement qu'il loue Dieu avec
plus d'aisance dans ces belles heures de sérénité : « Je fais plus
volontiers les doux yeux au ciel pour le remercier que pour le
requérir... Les prospérités me servent d'instruction comme aux
autres les adversités et les verges... Le bonheur m'est un singulier aiguillon à la modération et modestie. » (III, 219 B.) Et le
bonheur même est la récompense de la gratitude : « « Si une
pleine reconnaissance acquiert la faveur divine, elle (*cette faveur*)
me durera jusqu'au bout. » (II, 389 C.)

Un autre des bienfaits dont Montaigne est le plus reconnaissant à Dieu, c'est la liberté, c'est-à-dire l'absence d'obligation
envers tout autre que Dieu seul. Le meilleur don du ciel est à ses
yeux cette indépendance où l'a placé sa situation de fortune,
non éclatante mais suffisante. « Oh ! combien je suis tenu à Dieu
de ce qu'il lui a plu que j'aie reçu immédiatement de sa grâce
tout ce que j'ai, qu'il a retenu particulièrement à soi toute ma
dette. » (III, 247 B.) Ne rien attendre que de Dieu et n'avoir à
remercier que Dieu est sa constante devise.

Il faudra rendre compte.

Tout bienfait comporte une dette, et la reconnaissance du
bienfait entraîne une reconnaissance de dette. Montaigne en est
profondément pénétré. Nous lui avons entendu prononcer cette
sentence lapidaire et si pleine : « Plus nous devons et rendons
à Dieu, plus nous en valons. » La meilleure manière d'acquitter
notre dette c'est d'assurer les mutuels devoirs de l'âme envers
le corps et du corps envers l'âme.

Dieu ne nous a pas donné tant de bienfaits pour nous, mais
pour lui-même. Les dons — les talents — reçus ne sont en réalité
que confiés. Nous avons à les faire valoir et nous devons rendre
raison — *redde rationem* — non seulement des plus éminentes

facultés de l'esprit, mais des plus humbles facultés du corps si étroitement dépendantes les unes des autres.

« Pour quoi faire démembrons-nous en divorce un bâtiment tissu d'une si jointe et fraternelle correspondance ? Au rebours, renouons-le par mutuels offices (*services*). Que l'esprit éveille et vivifie la pesanteur du corps ; que le corps arrête la légèreté de l'esprit et la fixe... Il n'y a pièce indigne de notre soin en ce présent que Dieu nous a fait ; *nous en devons compte jusqu'à un poil (dans les moindres détails)*. Et n'est pas une commission par acquit (*sans importance*) à l'homme de conduire l'homme selon sa condition ; elle est expresse, naïve (*naturelle*) et très principale et nous l'a le Créateur donnée sérieusement et sévèrement... Or sus, faites-vous dire un jour les amusements et imaginations que celui-là met en sa tête et pour lesquelles il détourne sa pensée d'un bon repas et plaint l'heure qu'il emploie à se nourrir, vous trouverez... que son discours et intentions ne valent pas votre capilotade (*ragoût*). » (III, 448 B.)

CHAPITRE IV

TEMPERANCE ET LIBERTE

LES TROIS CUPIDITES

L A vertu est donc le chemin nécessaire du bonheur.

La vertu, telle que Montaigne la conçoit, s'appelle d'un nom qui exprime tout un idéal : *tempérance*. Avouons qu'à bien des chrétiens ce nom paraît un peu suspect. Volontiers ils la laisseraient aux philosophes d'avant le Calvaire, comme le fruit d'une sagesse exclusivement humaine, une vertu qui veut bien consentir à éviter les excès dans un sens, mais qui a trop peur des excès dans l'autre, qui veut bien la tranquillité mais qui refuse autant que possible l'effort.

C'est se méprendre sur le sens du mot et oublier que la tempérance est une vertu cardinale, qu'elle est étroitement apparentée aux trois autres : force, justice et prudence ; que si ces vertus ne sont pas expressément enseignées dans l'Evangile, elles y sont toujours supposées comme l'honnête homme est *supposé* au chrétien ; bref, qu'elles sont nécessaires et même fondamentales puisque toutes les vertus chrétiennes y ont été rattachées. N'en laissons pas le monopole aux païens ; mais au besoin, sachons en recueillir d'eux aussi la leçon.

C'est qu'en effet tempérance, comme son homonyme *eucrasie* qui était l'idéal des meilleurs entre les Grecs, signifie modération. La *vraie vertu* consiste à se maintenir dans le juste milieu « *in medio stat virtus* » à distance des deux excès qui sont également nuisibles au bonheur et condamnables : « rien trop ». Se maintenir, se modérer supposent une prudence toujours en éveil, une force constante.

Montaigne use sans cesse d'un autre mot : le mot *liberté*.

Encore un mot plein d'équivoque, nous le savons bien, car il peut s'entendre de la plus essentielle et aussi de la plus étonnante faculté de l'homme : celle de choisir, comme aussi d'une libération de toute contrainte intérieure ou extérieure.

Montaigne lui-même l'emploie dans un double sens ; un sens actif : le pouvoir de faire un choix, et un sens en quelque sorte négatif qui équivaut à notre mot : affranchissement.

Pour l'usage de cette liberté au sens actif, nous avons vu et nous verrons encore qu'il est très circonspect. Qu'il s'agisse de doctrine philosophique ou de règle pratique, de théorie ou d'action, il a beaucoup de peine à faire incliner la balance dans laquelle il pèse longuement le pour et le contre. Heureux animaux qui choisissent d'ordinaire le meilleur sans avoir besoin de réflexion ! La réflexion est notre force et notre infirmité, une infirmité dont Montaigne a beaucoup souffert.

Mais la liberté dont il s'agit ici, celle à laquelle il aspire, c'est l'affranchissement intérieur. Celle-ci s'apparente à la tempérance et à la modération au point de se confondre avec elles. Voici comment il la définit : « La vraie liberté c'est pouvoir toutes choses sur soi ; c'est rendre à la raison la souveraine maîtrise de notre âme. » (III, 353 B.)

Cette maîtrise suppose, encore une fois, beaucoup de force ; et nous sommes ramenés à l'aspect positif de la liberté, car cette maîtrise suppose un choix ; la raison, pour guider, doit choisir le chemin. Quelque difficile que soit le choix, une fois qu'il est fait, par la raison seule, ou par la raison éclairée de la grâce, il faut s'y tenir constamment. Le choix de Montaigne est fait et nous savons que ce n'est point par la raison seule.

Son mot d'ordre sera donc, selon les cas, se modérer ou se libérer. C'est tout un.

Mais de quoi se libérer ? C'est la question essentielle. De tout ce qui gêne au dehors notre « franchise », de la tracasserie du monde. Il s'est libéré par la retraite. Mais surtout de ce qui la gêne au-dedans, les cupidités.

Les cupidités ni naturelles ni nécessaires.

Montaigne, à la suite des Epicuriens, distingue trois sortes de cupidités. « Les cupidités sont ou naturelles et nécessaires, comme le boire et le manger ; ou naturelles et non nécessaires, comme l'accointance des femelles ; ou elles ne sont ni naturelles ni nécessaires : de cette dernière sorte sont quasi toutes celles des hommes. Elles sont quasi toutes superflues et artificielles. « Car c'est merveille combien peu il faut à nature pour se contenter, combien peu elle nous a laissé à désirer. Les stoïciens disent qu'un homme aurait de quoi se sustenter d'une olive par jour. La délicatesse de nos vins n'est pas sa leçon et la recharge (les raffinements) que nous ajoutons aux appétits amoureux.

Ces cupidités étrangères que l'ignorance du bien et une fausse opinion ont coulées en nous sont en si grand nombre qu'elles chassent presque toutes les naturelles. » (II, 191 A.) Ce sont des intruses qui ont fini par expulser les légitimes propriétaires.

Voici la distinction subtile que nous proposent les « sages » pour discerner les « désirs qui viennent de nature de ceux qui viennent du dérèglement de notre fantaisie : ceux desquels on voit le but sont siens ; ceux qui fuient devant nous et desquels nous ne pouvons joindre la fin sont nôtres. » (III, 302 B.)

Ceux-ci il faut les expulser. C'est là proprement, selon le

refrain de Montaigne, revenir à nature ; c'est la première, la plus importante libération, non la plus facile. Car nous sommes empêtrés dans ces besoins factices, nous sommes enchaînés dans ces habitudes « qui sont une seconde nature ».

Nature et Coutume.

Vouloir s'en libérer de façon totale serait tenter un effort impossible. Comment pourrait un Français du XVIe siècle se contenter du vêtement et de la nourriture des Cannibales ? Diogène, Cratès ont tenté l'expérience d'une telle libération. Ils n'ont fait preuve que de présomption et n'ont abouti qu'à une vanité plus insupportable que tous les autres excès.

Montaigne toujours modéré et surtout réaliste, moins soucieux de construire un beau système que de demander le possible et l'immédiatement réalisable, nous propose un élargissement du mot *nature* où s'inscriront certains besoins artificiels. Il convient que « ce que nature exactement et originellement nous demande pour la conservation de notre être est trop peu. Dispensons-nous donc (*accordons-nous la dispense*) de quelque chose plus outre : *appelons encore nature l'usage et condition de chacun de nous*. L'accoutumance est une seconde nature et non moins puissante. Ce qui manque à ma coutume, je tiens qu'il me manque. » (III, 303 B.) (1). Ainsi, le mot nature devrait subir un élargissement de sens et s'identifier au mot coutume. Le précepte *suivre nature* devrait se traduire pratiquement : *suivre coutume*. Conclusion énorme dont Montaigne a longuement pesé toutes les conséquences.

Les objections ne lui ont pas échappé et elles ont vivement frappé l'esprit de Pascal. La première c'est que nature est « un guide débonnaire et juste ». La coutume est « une violente et traîtresse maîtresse d'école ». (I, 137 A.)

La seconde objection est que nature est, par sa définition même, constante et universelle. La coutume change d'un climat à l'autre et nul ne s'est plu comme Montaigne à collectionner des échantillons de ses bizarreries : des chapitres entiers énumèrent les usages qui nous paraissent les plus ahurissants parce qu'il sont le plus éloignés des nôtres. Nous les appelons des « miracles », d'un sens bien impropre, comme nous l'avons vu.

La troisième objection est que nature est « sage », et plus on l'examine, plus ses lois apparaissent indiscutables. Les coutumes au contraire ont souvent les origines les plus contestables : « Elles prennent leur autorité de la possession et de l'usage ; il est dangereux de les ramener à leur naissance : elles grossissent et s'ennoblissent en roulant, comme nos rivières. Suivez-les à contre-mont jusqu'à leur source ; ce n'est qu'un petit surjeon d'eau à peine reconnaissable qui s'enorgueillit ainsi et se fortifie en vieillissant. » (II, 343 A.) Bref, plus elles se développent, plus

_____

(1) Pascal : « La coutume est une seconde nature. » (P. 372).

elles semblent s'éloigner de « l'image première de nature ». Il
en est même qui nous paraissent tout à fait contre nature.

Mais alors comment s'y reconnaître ? Si coutume est une
seconde nature, où finit celle-ci, où commence celle-là ? Ne
pourrait-on retourner l'adage et dire que nature est une seconde
coutume ? Et les critiques que l'on adresse à celle-ci ne se retour-
nent-elles pas contre celle-là ?

Pascal suit pas à pas son modèle, car il adopte de Montaigne
toutes les observations qui tendent à rabaisser l'homme. « Qui
ramène la coutume à son principe l'anéantit... j'ai grand peur
que cette nature ne soit elle-même qu'une première coutume
comme la coutume est une seconde nature. » (p. 373).

Conclusion : il faudrait donc se *libérer* de la coutume et, dans
la mesure où coutume s'identifie avec nature, il faudrait se libérer de la nature elle-même.

Si Montaigne concluait ainsi, il se mettrait en contradiction
formelle avec lui-même et aboutirait au « scepticisme » qu'on
lui impute.

Le piquant est que ce scepticisme apparaît vers 1572 environ,
donc avant la « crise sceptique », et que Montaigne ira renfor-
çant de plus en plus les objections qui le réfutent. La crise
sceptique à rebours. Comment concilier ce scepticisme avec la
fermeté de son affirmation : il faut suivre nature ? Mais Montaigne ne conclut pas ainsi. Il donne au problème une solution
qui rentre bien dans la ligne fermement adoptée par lui d'humilité.

Il faut suivre coutume.

Il rappelle le principe qui règle toute sa conduite et toute sa
vie, le principe fondamental qu'il oppose aux présomptueux et
notamment aux protestants, règle d'or qui trouve ici sa meilleure
formule : « Le *sage* doit, au-dedans, retirer son âme de la presse
et la tenir en liberté et puissance de juger librement des choses.
Mais quant au dehors, il doit suivre entièrement les façons et
formes reçues. La société publique n'a que faire de nos pensées. » (I, 151 A.)

Quoi ! *libérer* notre pensée et assujettir notre conduite ! N'est-
ce pas introduire en nous cette duplicité tant reprochée à l'auteur ? Il pense d'une manière ; il agit d'une autre. Pourtant, Pascal, si ennemi de duplicité, de casuistique et de restriction mentale, adopte docilement cette manière de voir, et en deux
endroits pour le moins : « Il faut dire comme les autres et ne
pas penser comme eux. » (p. 455) et « Il faut avoir une pensée
de derrière et juger de tout par là, en parlant cependant comme
le peuple. » (p. 484).

Ces deux penseurs, ennemis de tout esprit démagogique, distinguent les « sages » et le peuple. Il appartient aux sages

d'approfondir les coutumes, d'en rechercher l'origine, d'en comparer les manifestations, de scruter l'esprit des lois. Leur pensée doit jouir de cette liberté sous peine de s'anéantir. « Mais le demeurant, comme nos activités, notre travail, nos fortunes et notre vie même, il le faut prêter et abandonner au service de la société publique et aux opinions communes. »

Aussi bien, qui aurait la folle présomption de prétendre substituer aux coutumes reçues des coutumes meilleures, à savoir les siennes ? Le sage doit en somme suivre les coutumes établies, voire même les défendre et, autant que possible, les justifier ; mais il doit s'efforcer modestement de découvrir sous l'alluvion des coutumes le fond persistant de la vraie nature et fonder sa pensée sur ce roc. Telle est la ligne de conduite que Montaigne s'est imposée.

Quant au peuple, masse sympathique et bourdonnante qui n'a ni les moyens ni le loisir de scruter ces problèmes, qu'il se soumette, comme il fait heureusement d'instinct. N'allons pas troubler son repos sans autre profit qu'une illusoire popularité et un bouleversement dont nous serions peut-être les victimes.

Sages et peuples doivent donc suivre coutume et non s'en libérer. Ils doivent fuir avec soin cette *liberté* tant prônée qui est pour quelques-uns toute la liberté. Chimère ! la vraie liberté est au-dedans.

Car le mot *coutume* a un autre sens que nous avons distingué. A côté de ces coutumes collectives, sociales, inscrites ou non dans les lois, il y a les coutumes personnelles, ou, d'un mot plus précis, nos *habitudes* acquises. Entre les unes et les autres il peut y avoir ici ou là des interférences ; mais il est très important de ne pas les confondre, et, pour en avoir traité confusément dans le même chapitre, Montaigne a peut-être créé involontairement quelques équivoques.

Les premières, les coutumes, viennent du dehors ; il faut en général les accepter. Les secondes, les habitudes, viennent du dedans ; il faut les surveiller, et selon les cas les agréer, les maîtriser ou s'en libérer.

De la coutume au sens de loi ou d'usage on peut dire qu'elle est tyrannique et empérière (*impératrice*) du monde. Mais de la coutume au sens d'habitude personnelle on doit dire encore plus justement qu'elle est « une violente et traîtresse maîtresse d'école. Elle établit en nous, peu à peu, à la dérobée, le pied de son autorité. Mais, par ce doux et humble commencement, l'ayant rassis et planté avec l'aide du temps, elle nous découvre bientôt un furieux et tyrannique visage contre lequel nous n'avons plus la liberté de hausser seulement les yeux. Nous lui voyons forcer tous les coups les règles de nature. » (I, 137 A.)

De celle-ci, bien plus que de l'autre, on peut dire qu'elle est plus forte que nature et qu'elle finit souvent par se substituer à elle.

C'est celle-ci qui requiert notre plus grande vigilance ; car enfin la première ne dépend pas de nous ; mais celle-ci dépend de nous.

C'est contre celle-ci qu'il faut s'armer ; car cette marge que Montaigne admet aux alentours de la nature, cette extension qu'il donne au mot, où s'arrêtera-t-elle ? Jusqu'où ne va-t-elle pas s'élargir ? Elle est le vaste champ des cupidités artificielles. On peut dire peut-être que le nom même de ces cupidités non naturelles et non nécessaires, c'est celui-ci : nos habitudes, ou du moins la plupart de nos habitudes. Ce sont elles qui recouvrent la nature de la plus envahissante et parasitaire végétation.

Celles-ci, dans la mesure où elles soutiennent la nature, il faut les cultiver ; dans la mesure où elles peuvent s'accorder à la nature, il faut les tolérer ; dans la mesure où elles étouffent la nature, il faut à tout prix s'en libérer. Une telle libération est le programme de toute éducation : « Je trouve que nos plus grands vices prennent leur pli de notre plus tendre enfance et que notre principal gouvernement (*éducation*) est entre les mains des nourrices. » (I, 139 A.) Donner de bonnes habitudes, et s'il le faut, extirper des mauvaises : c'est toute l'éducation. « C'est une très dangereuse institution (*méthode d'éducation*) d'excuser les vilaines inclinations d'un enfant à la cruauté, à la suffisance, au mensonge, par la faiblesse de l'âge et la légèreté de l'objet. » Il est aussi grave de tromper pour des épingles que pour des écus : c'est toujours tromper.

Etre cruel, vaniteux, menteur, voilà les cupidités dont il faut par la coutume nous libérer.

Cupidités naturelles nécessaires.

Il s'agit surtout du boire et du manger.

Montaigne qui s'est défié de l'indulgence excessive des mamans se défie ici de leur tendresse trop attentive. Elles habituent nos estomacs à des nourritures trop délicates et, par là, compromettent à la fois notre santé et notre liberté. Ces régimes trop minutieux nous débilitent et nous enchaînent. « *Magna pars libertatis est bene moratus venter* », dit Sénèque ; c'est une grande part de notre liberté que d'avoir un estomac bien réglé, c'est-à-dire accoutumé à une nourriture simple et frugale.

Lui-même, de bonne heure, a pris d'excellentes habitudes, c'est-à-dire les plus proches possible de la nature. Il nous apprend que « le bon père que Dieu lui donna l'envoya dès le berceau nourrir (*élever*) à un pauvre village des siens et l'y tint autant qu'il fut en nourrice et au delà, le dressant à la plus basse et commune façon de vivre... « Ne prenez jamais et donnez encore moins à vos femmes la charge de leur nourriture ; laissez-les former à la fortune (*au hasard*) sous des lois populaires et naturelles. Laissez à la coutume de les dresser à la frugalité et à l'austérité : qu'ils aient plutôt à descendre de l'âpreté qu'à monter vers elle. » (III, 428 B.)

Montaigne doit à une éducation si austère de s'être maintenu toujours dans la modération et dans la liberté, à égale distance des rigueurs de Diogène et des stupides plaisirs de Xerxès. Une telle modération s'appelle, dans la langue ascétique, *détachement* : « Une particulière et obstinée affection même au pain bis et au lard ou à l'ail, c'est toujours gourmandise. » Cet odorant et frugal petit déjeuner qui consiste à frotter d'ail et à enduire de lard un croûton de pain bis était, naguère encore, sous le nom de « frotte », le régal du paysan périgourdin. L'appréciera qui le veut ; nul ne doit s'y assujettir.

Quand il est devant une table mieux servie et plus copieuse, Montaigne « ne veut pas que l'esprit s'y cloue ni qu'il s'y vautre, mais qu'il s'y applique, qu'il s'y asseye non qu'il s'y couche ». (III, 437 B.) Pour lui, il ne s'y applique même pas. « Je ne choisis guère à table et je me prends à la première chose et à la plus voisine... La presse (*la foule*) des plats et des services me déplaît autant qu'autre presse. Je me contente aisément de peu de mets. » (III, 42 B.)

Même frugalité dans la boisson : « Je n'outrepasse point les limites d'Auguste qui ne buvait que trois fois précisément par repas. » Mais ici encore, vive la liberté ! « C'est toujours vice de s'obliger » et il sait, en Allemagne, faire raison aux plus intrépides videurs de hanaps. « On se doit adonner aux meilleures règles de cet ordre-là. Mais non pas s'y asservir, si ce n'est à celles, s'il y en a quelqu'une, auxquelles l'obligation et servitude soit utile. » (III, 407 B.)

A ceux qui prétendent, avec Platon, égayer leur vieillesse par l'usage des vins abondants et choisis, cet homme sage oppose toujours la loi d'indépendance : « Ils le prennent mal. La délicatesse (*la recherche*) y est à fuir et le soigneux usage des vins ; il faut avoir le goût plus lâche (*moins tendu*) et plus libre. » (II, 17 C.)

Il se défie particulièrement des obligations et servitudes créées par les médecins : ces prescriptions qui le privent de manger des huîtres pour éviter le résultat problématique d'un accès de colique, « c'est deux maux pour un ».

Certains censeurs, à la suite de Scaliger, et aussi de Port-Royal, ont trouvé ridicules toutes ces confessions culinaires. Elles sont peut-être un peu prolixes ; mais elles sont, la plupart, instructives. Elles nous révèlent un Montaigne beaucoup moins sybarite que plusieurs l'imaginent et, s'il prêche la tempérance, il la met en pratique.

Elles nous révèlent en outre, ici ou là, un Montaigne très sympathique : à la fois très assujetti à des faiblesses humaines et très docile aux prescriptions chrétiennes. Une phrase comme celle-ci en dit long et sur son caractère pas toujours ferme et sur ses observances religieuses toujours dociles : « Quand je jeûne, il me faut mettre à part des soupeurs, et il faut qu'on me présente justement autant qu'il est besoin pour une réglée collation, car, si je me mets à table, j'oublie ma résolution. » (III, 429 B.)

Et nous cueillons avec curiosité cette allusion tout à fait accidentelle à ses abstinences religieuses. Il est plus docile à l'Eglise qu'aux médecins : « Comme je fais conscience de manger de la viande le jour du poisson, ainsi fait mon goût de mêler le poisson à la chair : cette diversité me semble trop éloignée. » (III, 432 B.)

Bref, « lui suffise de brider et modérer ses inclinations, car, de les emporter, il n'est pas en lui. » (II, 22 A.)

Cupidités naturelles non-nécessaires.

Ce sont les appétits qui tendent à assurer la perpétuité de l'espèce.

Nous sommes étonnés que Montaigne les déclare non-nécessaires. N'a-t-il pas dit que tout ce qui est naturel est juste et saint ? Ces désirs sont, dans sa pensée, nécessaires à l'espèce non à l'individu qui peut pour des raisons supérieures arriver sinon à s'en libérer, du moins à s'affranchir de leur exercice.

Il est bien éloigné de l'enthousiasme de ces poètes qui, depuis Pétrarque jusqu'à la Pléiade et jusqu'aux romantiques les plus échevelés, ont sanctifié la passion et divinisé l'amour ; de ces philosophes et de ces médecins qui sont venus à la rescousse et ont prétendu que la satisfaction des instincts sexuels était chose nécessaire à chaque individu pour son plein épanouissement.

Ajoutons-y les luthériens et les calvinistes que Montaigne doit ici viser d'accord avec son ami Maldonat : « J'ai honte, dit celui-ci, de rappeler ce que leur premier maître Luther n'a pas eu honte de professer, à savoir que l'homme ne pouvait pas plus vivre sans femme que sans nourriture et sans boisson, car chacune de ces choses est *naturelle* et *nécessaire*. » (I, c. col. 415 A.) Voilà l'homme qu'il faut, selon Maldonat, renvoyer au troupeau d'Epicure. « *Porci, si loqui scirent, dicere non auderent*. Les porcs, s'ils savaient parler, n'oseraient s'exprimer ainsi. »

Calvin renchérit en quelque sorte. Non seulement les statuts de Genève autorisent l'épouse, si son mari est absent trop longtemps, à prendre un autre époux, mais Calvin va jusqu'à dire : « Prendre femme est non seulement chose *nécessaire de sa nature*, mais c'est un précepte divin ; rester célibataire n'est pas, selon lui, un conseil, mais suppose une dispense particulière de Dieu. » (ib ; col. 415 E.)

En fait, l'un et l'autre n'éprouvent que mépris pour ceux qui professent la virginité ; « il n'appellent jamais impies ceux qui jettent partout le trouble par leurs adultères ». (ib. 415 A.)

Montaigne admire au contraire ceux qui ont appliqué leur effort à réprimer le plus possible ces cupidités et il décoche aux adversaires de cet idéal ascétique un de ces traits acérés qui est bien dans sa manière drue et réaliste : « On démontre mal l'honnêteté et la beauté d'une action par son utilité, et conclut-on mal d'estimer que chacun y soit obligé et qu'elle soit honnête à chacun si elle est utile. Choisissons le plus nécessaire et le plus utile de l'humaine société ; ce sera le mariage. Si est-ce (*encore est-il*) que le conseil des saints trouve le contraire parti plus honnête et en exclut la plus vénérable vocation des hommes (la profession religieuse). Nous assignons au mariage les hommes de moindre valeur, comme nous assignons au haras les bêtes qui sont de moindre estime. » (III, 25 B.) Quoi qu'on puisse penser de la raison qui déterminait alors, selon Montaigne, le choix des animaux reproducteurs, le trait est dur pour les adorateurs de l'amour-passion et même pour tous les gens mariés.

Le mariage.

Montaigne admire, selon l'Evangile, les volontaires du célibat. Les hommes qui, sur ce point, dominent les appétits réputés irrésistibles de la nature ne lui paraissent pas contraires à son précepte : suivre nature. Mais il reconnaît, toujours modéré et toujours ennemi de présomption, que le mariage est l'état normal. Il fait du mariage la description non seulement la plus sage, mais la plus éloignée du paganisme, la plus chrétienne. Cette « vacation », nous traduirions volontiers en style de saint Paul sans crainte de trahir, cette « vocation » elle aussi est sainte : « C'est une religieuse liaison et dévote que le mariage (1) : voilà pourquoi le plaisir qu'on en tire, ce doit être un plaisir retenu, sérieux et mêlé de quelque sévérité : ce doit être une volupté aucunement (*en quelque façon*) prudente et consciencieuse. Et parce que sa principale fin c'est la génération, il y en a qui mettent en doute si, lorsque nous sommes sans l'espérance de ce fruit, il est permis d'en rechercher l'embrassement. » Doute excessif que Montaigne n'approuve ni ne blâme. « Les plaisirs même que les maris ont à l'accointance de leurs femmes sont réprouvés si la modération n'y est observée, et il y a de quoi faillir en licence et débordements, comme en un sujet illégitime. » (I, 256 A.)

---

(1) Au lit de mort de La Boétie, Montaigne a pieusement enregistré cette déclaration de son ami : « Le saint nœud de mariage est l'un des plus respectables et inviolables que Dieu nous ait ordonné ici-bas, pour l'entretien de la société humaine. » Radouant, *Morceaux choisis*, p. 13.

Une addition postérieure à 1588 confirme ces graves conseils et les conclut par un aveu personnel fort instructif : « Ces enchérissements (*caresses*) déshontés que la chaleur première nous suggère... sont, non indécemment seulement, mais dommageablement employés envers nos femmes. Qu'elles apprennent l'impudence au moins d'une autre main. Je ne m'y suis servi que de l'instruction naturelle et simple. » (I, 256 C.) Et il a poussé le respect jusqu'au scrupule.

Ceux qui sourient en lisant l'aveu qu'il a fait à son ami intime, Florimond de Raymond, qu'il n'a jamais vu le sein de sa femme à découvert, témoignent qu'ils n'ont pas lu Montaigne ou ne l'ont pas compris.

Ce n'est point par l'amour, entendez l'amour-passion, que l'on se prépare à un « si sage marché ». Un homme prudent ne devrait pas, selon lui, épouser sa maîtresse, et il invoque, pour le prouver, un rude proverbe populaire qu'il est impossible de citer ici. Traduisons-le : il faut d'abord respecter celle dont on fait sa femme.

Eh ! quoi, faudra-t-il donc se marier sans amour ? Oui, si par amour on entend cette passion exclusivement sensuelle qui est le point de départ de tant de mariages et la cause de leur échec : « On ne se marie pas pour soi, quoi qu'on die ; on se marie autant ou plus pour sa postérité, pour sa famille. L'usage et l'intérêt du mariage touche notre race bien plus loin par-delà nous... Aussi est-ce une espèce d'inceste d'aller employer à ce parentage vénérable et sacré les efforts et les extravagances de la licence amoureuse. » (III, 88 B.) (1).

L'amour-passion n'apporterait au mariage que le corps seul. Or, c'est avant tout une liaison d'âmes. Il avait d'abord pensé, dans son idéal juvénile quelque peu teinté de stoïcisme : c'est exclusivement une liaison des corps : « Au service de l'amour, avait-il écrit, la philosophie nous ordonne de prendre un objet qui satisfasse simplement aux besoins du corps, qui n'émeuve point l'âme, laquelle n'en doit point faire son fait, mais suivre nûment et assister le corps... » (III, 163 B.) C'était exclure l'âme. Il a compris à la réflexion que c'était là « déchirer un homme tout vif », que cette philosophie était trop orgueilleuse. « Ces préceptes ont, selon moi, un peu de rigueur... En pareil cas, est-ce par injustice d'en refroidir l'âme et dire qu'il l'y faille entraîner comme à quelque nécessité contrainte et servile ? » Ces plaisirs naturels et qui intéressent tout l'homme, « c'est à elle plutôt de les couver et fomenter, de s'y présenter et convier, car la charge de régir lui appartient. » (III, 144 C.)

La sensualité est donc aux yeux de Montaigne une profana-

---

(1) Il est intéressant de comparer à de tels préceptes les avis que donne l'*Introduction à la vie dévote* sur la sainteté de la couche nuptiale. Saint François de Sales aurait pu, ici encore, se référer à la doctrine du « docte profane ».

tion de l'amour conjugal, et celui-ci ne persiste qu'à la condition de dominer celle-là : « Je ne vois point de mariages qui faillent (*échouent*) plus tôt et se troublent que ceux qui s'acheminent par la beauté et les désirs amoureux. Il y faut des fondements plus solides et plus constants et y marcher d'aguet (*avec vigilance*)... Un bon mariage, s'il en est, refuse la compagnie et les conditions de l'amour. Il tâche à représenter celles de l'amitié. »

Pour exprimer le sentiment si élevé, si pur, qui joint deux époux, il faut trouver un autre mot que celui d'amour, si profané, si équivoque. Et Montaigne en propose un nouveau qui nous paraîtrait un peu fade mais auquel il accorde une signification chargée de respect à la fois et de tendresse, le mot *amitié*.

Si nous prenons l'amitié au sens profond que lui-même lui donne, nous voyons qu'il propose aux époux le seul idéal qui puisse amener le bonheur. Car lui-même, dans une analyse pénétrante, a comparé les deux sentiments. « Le feu de l'*amour*, je le confesse, est plus actif, plus cuisant et plus âpre. Mais c'est feu de fièvre, sujet à accès et remises et qui ne nous tient qu'à un feu téméraire (*dû au hasard*) et volage, ondoyant et divers, et qui ne nous tient qu'à un coin. En l'*amitié*, c'est une chaleur constante et rassise, toute douceur et polissure, qui n'a rien d'âpre et de poignant. Ces deux passions sont entrées chez moi en connaissance l'une de l'autre, mais en comparaison jamais ; car la première maintient sa route d'un vol hautain (*élevé*) et superbe et regarde dédaigneusement celle-ci pousser ses pointes bien loin au-dessous d'elle. (I, 238 A.)

L'amour passe et l'amitié demeure : mais rarement celle-ci est la suite de celui-là. L'époux donc qui dès l'abord donne à son épouse une amitié ainsi comprise, lui donne de beaucoup le meilleur de lui-même, et pour la vie. Et si l'amitié peut inclure un amour maîtrisé, c'est le bonheur. « S'il se pouvait dresser une telle accointance libre et volontaire, où non seulement les âmes eussent cette entière jouissance mais encore où les corps eussent part à l'alliance, où l'homme (*l'être humain*) fût engagé tout entier, il est certain que l'amitié en serait plus pleine et plus comble. »

Montaigne parle non pas de l'amour, mais de « l'amitié que nous portons à nos femmes ». (I, 255 A.) Et il la décrit ainsi : « C'est une douce société de vie pleine de constance, de fiance et d'un nombre infini d'utiles et solides offices (*devoirs*) et obligations réciproques. Aucune femme qui en savoure le goût ne voudrait tenir lieu de maîtresse à son mari. Si elle est logée en son affection comme femme, elle y est bien plus honorablement et sûrement logée. » (III, 90 B.)

S'il se rencontre si peu de très bons mariages, c'est qu'il se rencontre très peu d'âmes capables d'une telle amitié.

Il n'est point « de plus belle institution en notre société », ni de plus nécessaire. « Nous ne nous en pouvons passer et l'allons avilissant. Il en advient ce qui se voit aux cages : Les oiseaux qui en sont hors désespèrent d'y entrer et, d'un pareil soin, d'en sortir ceux qui sont au-dedans... c'est une convention à laquelle se rapporte bien à point ce qu'on dit : l'homme est pour l'homme ou un dieu ou un loup. Il faut la rencontre de beaucoup de qualités à la bâtir.

« Elle se trouve, en ce temps, plus commode (*facile*) aux âmes simples et populaires... Les humeurs débauchées comme est la mienne, qui hait toute sorte de liaison et d'obligation, n'y sont pas si propres. »

Montaigne et l'amour.

Quelle a été dans le mariage la conduite de Montaigne ? Nous venons de le voir : envers sa femme il est respectueux jusqu'au scrupule. Mais d'aucuns insinuent que son tempérament sensuel devait trouver ailleurs des compensations. Bien qu'un auteur ne soit responsable devant nous que de ses opinions, non de sa vie privée, Montaigne nous donne ici des préceptes trop précis et trop rigoureux pour que nous puissions échapper à la question : les a-t-il suivis ? C'est ici encore qu'aux yeux de certains critiques sa sincérité est suspecte et doit être mise à l'épreuve.

Aucun de ses contemporains ne nous a transmis contre lui le moindre racontar. C'est beaucoup que son compatriote Brantôme, si affriolé de scandales et qui aime tant se gausser de la prétendue vanité de Montaigne, et, plus tard, Tallemant des Réaux, collectionneur de potins égrillards, n'aient pas trouvé à mordre. Nous n'avons d'autres renseignements sûrs que ses propres aveux.

Il confesse qu'il ne s'est pas marié d'enthousiasme : « Je me mariai à trente-trois ans. » C'est, selon les grands maîtres de la sagesse, l'âge normal. « Je loue l'opinion de trente-cinq ans, qu'on dit être d'Aristote... Platon ne veut pas qu'on se marie avant les trente. » (II, 81 B.C.) Ce fut un mariage de raison auquel il ne se décida pas de lui-même. Toute décision lui coûte et celle-là méritait un long pesage du pour et du contre. L'amour de l'indépendance était d'un grand poids dans la balance.

« De mon dessein (autrement dit, si je me fusse écouté), j'eusse fui d'épouser la sagesse même, si elle m'eût voulu. Mais nous avons beau dire, la coutume et l'usage de la vie commune nous emporte... Et j'y fus porté certes plus mal préparé lors et plus rebours (*revêche*) que je suis à présent après l'avoir essayé. Et, tout licencieux qu'on me tient, j'ai en vérité plus sévèrement observé les lois du mariage que je n'avais ni promis ni espéré. » Cet aveu sans artifice porte en lui la marque de la loyauté habituelle de Montaigne. Bien des gens qui promettent beaucoup tiennent peu. Lui promet peu et tient beaucoup : « Je promets volontiers un peu moins de ce que je puis et de ce que j'espère

tenir... » (III, 323 B.) « Je suis délicat à l'observation de mes
promesses jusqu'à la superstition. » (III, 245 C.)

Il semble avoir observé envers sa femme la règle qu'il se fixe
envers la religion : « Il faut se soumettre du tout... ou du tout
se dispenser. » (I, 234 A.) « Il faut, dit-il ici, prudemment ménager sa liberté ; mais depuis qu'on s'est soumis à l'obligation, il
s'y faut tenir sous les lois du devoir commun, au moins s'en
efforcer. »

Montaigne a horreur du dicton, que les femmes « passent de
main en main entre elles, comme un oracle :

> Sers ton mari comme ton maître
> Et t'en garde comme d'un traître. »

Cette traîtrise requiert trop de finesse. « Je suis trop mol pour
dessein si épineux. A dire vrai, je ne suis pas encore arrivé à
cette perfection d'habileté et galantise d'esprit que de confondre la raison avec l'injustice. » Les maris infidèles estiment en
effet raison de ne pas tenir un engagement selon eux intenable.
« Je ne veux pas mettre en risée (tourner en ridicule) tout ordre
et règle qui ne s'accorde à mon appétit... Si on ne fait toujours
son devoir, au moins le faut-il toujours aimer et reconnaître. »
(III, 92 B.)

Et Montaigne ajoute ici, après 1588, cette distinction imprévue mais suggestive : « C'est trahison de se marier sans s'épouser. » Se marier est peut-être aux yeux de plusieurs une cérémonie ; s'épouser est un engagement. Pour son compte, voici
la confidence qu'il fait à sa propre femme dans une lettre. Il ne
veut pas être « cet habile homme qui veut bien prendre femme
mais estime que de l'épouser c'est à faire à un sot. » (1). Assurément, il ne craint pas le démenti de son épouse ; et nous n'avons
aucun fondement à le lui donner.

Ce n'est pas que, dans le mariage, Montaigne n'ait rencontré
peut-être quelques mécomptes d'ordre sentimental. Cette perfection d'amitié qui consiste dans une fusion égale des âmes et des
corps est un idéal selon lui un peu chimérique, car la femme
s'élève rarement, pense-t-il, jusqu'à l'amitié.

Mais il n'est pas si fantasque qu'il poursuive l'impossible et
soit déçu de ne pas l'atteindre. Lui, si pressé de nous faire des
confidences et des plus intimes, ne nous entretient jamais de
ces petites difficultés de ménage. Peut-être çà et là une insi-
nuation, mais toujours obscure et discutable. C'est que « les
aigreurs comme les douceurs du mariage se tiennent secrètes
par les sages », et lui-même, avoue-t-il ingénument, a quelque
mérite à s'en taire, non qu'il ait plus que d'autres à se plaindre
ou à se louer, mais parce qu'il est un « homme langager », c'est-
à-dire bavard. (III, 115 C.)

(1) Cité par Dreano, (l. c. p. 39).

Pour apprécier la conduite de Montaigne avant le mariage, nous n'avons encore que son aveu et, si nous avons envie de le fouetter, c'est lui-même qui nous fournit les verges. Apportons-y cependant quelque discernement. C'est vite fait de dire avec Nicole « qu'il reconnaît en plusieurs endroits qu'il avait été engagé en un grand nombre de désordres criminels. » Il faut examiner de plus près, sans excès d'indulgence mais sans acrimonie, le nombre de ces désordres et leur caractère criminel.

Commençons ici encore par exorciser les mots. Nous venons de l'entendre parler de « *ses mœurs débauchées* » et du fait « *qu'on le dit licencieux* ». Nous aurions là, en langage moderne, le portrait d'un garçon dépravé. Mais, pour Montaigne, *débauche* signifie désordre souvent acceptable, parfois souhaitable. Il ne prend le sens moderne que par le qualificatif qui parfois l'accompagne. « J'ai souvent imité, dit-il, cette *débauche* qui se voit en notre jeunesse... » Quelle débauche et où se voit-elle ? « au port de leurs vêtements ». Cette débauche il la loue, car elle « représente une fierté dédaigneuse des ornements superflus et un mépris de l'artifice ». Il la trouve encore mieux employée en la forme du parler (I, 221 B.) Les mœurs de Montaigne sont donc débauchées comme son style, c'est-à-dire sans artifice et franches de collier. Les mœurs sont d'ailleurs les habitudes en général et non les habitudes sexuelles, au sens étroit d'aujourd'hui.

Atténuons aussi beaucoup le sens du mot *licencieux* si nous voulons comprendre Montaigne. « Mes censeurs de Rome, dit-il, remettaient à moi-même de retrancher en mon livre ce que j'y trouverais trop *licencieux*... » (I, 402.) Quelle licence lui a-t-on signalée ? L'emploi abusif des mots : fortune, destinée, heur, etc. Nous attendions autre chose. Le mot licencieux a pour nous un autre sens que pour le juge ecclésiastique et qualifie des fautes plus graves.

La jeunesse de Montaigne fut orageuse. Il s'en faut qu'elle ait été dévergondée.

Ecoutons la confession d'un enfant du XVIᵉ siècle, un enfant de chœur près de bien d'autres. En homme « qui ne demande point qu'on me tienne pour meilleur que je suis, je dirai ceci de mes *erreurs de jeunesse :* Je ne me suis guère adonné aux accointances vénales et publiques ; j'ai voulu aiguiser ce plaisir par la difficulté, par le désir et par quelque gloire... » (III, 56 B.)

Il plaide les circonstances atténuantes ; ce n'en sont pas moins des « erreurs ». D'autres considérations témoignent à sa décharge. D'abord, il a résisté autant qu'il a pu : « Etant jeune, je m'opposais aux progrès de l'amour que je sentais trop avancer sur moi et étudiais qu'il ne me fût si agréable qu'il vînt à me forcer enfin et captiver du tout à sa merci... Je me penche à l'opposite de l'inclination de ma volonté. » (III, 309 B.)

C'est ainsi qu'il a su éviter toute liaison ; ce furent simples passades dont il n'est pas fier.

Ensuite, il a fait son profit de ces faiblesses : la conversation des belles et honnêtes femmes (*distinguées*) est « un commerce où il se faut tenir un peu sur ses gardes, et notamment ceux en qui le corps peut beaucoup, comme en moi. Je m'y échaudai en mon enfance et y souffris toutes les rages que les poètes disent y advenir à ceux qui s'y laissent aller sans ordre et sans jugement. Il est vrai que ce coup de fouet m'a servi depuis d'instruction. » (III, 54 B.)

Il s'est en outre imposé pour règle de ne pas s'exposer à la tentation. « Socrate ne dit point : ne vous rendez pas aux attraits de la beauté ; soutenez-la (*résistez-lui*), efforcez-vous au contraire. Fuyez-la, fait-il, courez hors de sa vue et de sa rencontre, comme d'un poison puissant qui s'élance et frappe de loin... Et le saint Esprit de même : *ne nos inducas in tentationem*. Nous ne prions pas que notre raison ne soit combattue et surmontée par la concupiscence, mais qu'elle n'en soit pas seulement essayée (*mise à l'épreuve*) ; que nous ne soyons conduits en état où nous ayons seulement à souffrir les approches, sollicitations et tentations du péché ; et supplions Notre Seigneur de maintenir notre conscience tranquille, pleinement et parfaitement délivrée du commerce du mal... (1). Je me trouve bien de cette recette, me rachetant des commencements au meilleur compte que je puis, et me sens avoir échappé par ce moyen beaucoup de travail et de difficultés. » (III, 312 B.)

« De combien il est plus aisé de n'y entrer que d'en sortir !... Les passions me sont autant aisées à éviter comme elles me sont difficiles à modérer. »

Le repentir selon Montaigne.

Enfin, il s'est repenti. On pourrait le conclure des réflexions qui précèdent. Pourtant, il va jusqu'à écrire, à professer même avec insistance « qu'il se repent rarement ». Voilà le grief qui attire sur lui les plus terribles foudres de Port-Royal. Avec quelle indignation ces âpres solitaires pour qui tout repentir est suspect doivent-ils regarder un homme qui refuse même de se repentir ! « Il ne faut point d'autres preuves pour juger de son libertinage que cette manière même dont il parle de ses vices. Car reconnaissant en plusieurs endroits... ses désordres criminels, il déclare néanmoins en d'autres qu'il ne se repent de rien et que, s'il avait à revivre, il revivrait comme il a vécu... Ni je ne plains le passé, dit-il, ni je ne crains l'avenir. Paroles horri-

---

(1) Maldonat : « Conscients de notre infirmité, nous recevons ce commandement de demander à Dieu non seulement de surmonter les dangers mais de ne pas même y entrer, car il y a beaucoup plus de sécurité à ne pas lutter qu'à être vainqueur. » (l. c. col. 623 E).

bles, s'écrient les censeurs Nicole et Arnaud, et qui marquent une extinction entière de tout sentiment de religion ! » (1).

Disons plutôt paroles étranges et qui nous choquent nous aussi, proférées par un homme que nous avons vu si humble et si ennemi de présomption. Serait-il, sur la fin de sa vie, victime d'une nouvelle « crise » de stoïcisme, car les stoïciens déclarent aussi qu'il n'y a jamais lieu de se repentir ? Mais une telle crise est inconcevable dans ce troisième livre où il se montre, de l'aveu de tous, si complètement dégagé de tout orgueil stoïcien. Trouverons-nous ici Montaigne pour la première fois en contradiction avec lui-même ?

Nous soupçonnons une équivoque, et quiconque sera guidé par le souci de chercher la cohérence dans un esprit si logique et si cohérent, la découvrira comme nous.

L'équivoque est dans le mot *repentir* qui nous paraît à nous si simple et si clair. Il ne l'est pas. Même dans notre langue actuelle, il prend un sens très différent selon que nous parlons d'un repentir de peintre ou du repentir de l'Enfant Prodigue. Dans le premier cas, il exprime un regret, mais *sans aucune idée morale ;* la peine que nous éprouvons de voir une chose mal faite et, par dérivation, la correction que nous y apportons, quand il est possible, la retouche. Dans le second cas, il exprime un *sentiment moral :* la peine, la *contrition* que nous éprouvons d'avoir péché par notre faute.

Or, si nous omettons, comme il est nécessaire en saine méthode, le chapitre visé par Port-Royal, qui s'intitule *Du repentir,* et qu'il est justement nécessaire d'éclairer, jamais dans aucun autre passage des *Essais* le mot repentir n'est employé par Montaigne pour exprimer un sentiment moral. Il signifie toujours ce qu'indiquent les synonymes fort heureusement ajoutés par l'auteur à savoir : un *changement* de méthode ou de projet, un « *ravisement* ». (2).

Pour exprimer le regret moral, ce que nous nommons la contrition, vocable inconnu de lui, Montaigne se sert des mots *repentance* et *pénitence.* Ce dernier terme exprime, nous l'avons vu, le brisement de l'âme et aussi du corps (3).

En somme, le *repentir* est le regret d'un état de choses que l'on peut modifier. Si la modification est impossible, l'auteur se contente d'ordinaire du mot *regret.*

La *repentance* est une reconnaissance de ses fautes, pleine d'amertume et de bon propos. Le verbe se repentir est nécessairement équivoque, car il correspond aux deux substantifs *repen-*

_____

(1) Cité par Dreano (l. c. p. 463).
(2) Nous renvoyons le lecteur curieux de pousser notre enquête aux passages les plus suggestifs. II, 375 A ; II, 83 A ; III, 375 B.
(3) Ici encore nous signalons au lecteur, entre autres textes, II, 202 B ; II, 321 C.

tir et *repentance*. A la lumière de ces définitions, les textes incriminés nous apparaissent beaucoup moins révolutionnaires.

On ne peut d'abord se repentir d'être ce que l'on est, d'être fait comme on est fait, physiquement et moralement. « Excusons ici ce que je dis souvent, que je me repens rarement. » (III, 29 B.) Il ajoute après 1588 l'explication de ce texte apparemment si hardi : « et que ma conscience se contente de soi, non comme de la conscience d'un ange ou d'un cheval, mais comme de la conscience d'un homme. » (III, 29 C.)

Il se rend compte que l'analyse qu'il va tenter rend un son un peu nouveau et risque d'étonner des oreilles chrétiennes : « J'ajoute toujours ce refrain, non un refrain de cérémonie, mais de naïve et essentielle soumission ; que je parle en quérant et ignorant, me rapportant de la résolution (*conclusion*), purement et simplement, aux croyances communes et légitimes. Je n'enseigne pas, je raconte. » (III, 29 B.)

Mais on ne peut rien objecter à la subtile critique qu'il fait du sentiment qu'il nomme repentir et qui n'est qu'un absurde et stérile regret. « Je puis désirer en général être autre ; je puis condamner et me déplaire de ma forme (*manière d'être*) universelle, et supplier Dieu pour mon entière réformation et pour l'excuse de ma faiblesse naturelle. Mais cela, je ne le dois nommer repentir, ce me semble, non plus que le déplaisir de n'être ni ange ni Caton. (Cf. II, 31 A.) Mes actions sont réglées conformément à ce que je suis et à ma condition. Je ne puis faire mieux. Et le repentir ne touche pas proprement les choses qui ne sont pas en notre force, mais oui bien le *regretter*. J'imagine infinies natures plus hautes et plus réglées que la mienne ; je n'amende pas pour autant mes facultés, comme ni mon bras ni mon esprit ne deviennent plus vigoureux pour en concevoir un autre qui le soit. » (III, 38 B.)

Il faut même se défier d'un prétendu repentir de ce que l'on a fait. « Ah ! si c'était à refaire ! » disons-nous souvent, et nous sommes naïvement convaincus que nous ferions tout autrement. En réalité, par une illusion presque inévitable à qui n'y regarde de très près comme Montaigne, nous projetons sur le passé nos dispositions actuelles, les lumières qui résultent de l'expérience ou de la réflexion, les dures leçons de l'échec. Mais si nous pouvions nous remettre absolument dans toutes les considérations ou toutes les passions qui ont déterminé notre conduite, nous reconnaîtrions que nous ferions aujourd'hui comme autrefois.

Montaigne, en tout cas, doit de toute force reconnaître, lui, qui n'a jamais agi à la légère, qui a toujours pesé le pour et le contre : « Je fais coutumièrement tout entier ce que je fais et marche tout d'une pièce ; je n'ai guère de mouvement qui se cache et dérobe à ma raison et qui ne se conduise à peu près par le consentement de toutes mes parties (*facultés*) sans division, sans sédition intestine : mon jugement en a la coulpe ou la louange entière... En matière d'opinions universelles, dès l'enfance je me logeai au point où j'avais à me tenir. » (III, 37 B.) Voilà encore un propos qui dément d'avance les prétendues crises.

En conséquence, « lorsque je compare les déportements (la conduite) de ma jeunesse avec ma vieillesse, je trouve que je les ai communément (dans l'ensemble) conduits avec ordre selon moi ; c'est tout ce que peut ma résistance. Je ne me flatte pas : à circonstances pareilles je serais toujours tel. Ce n'est pas une mâchure, c'est plutôt une teinture universelle qui me tache. » (III, 38 B.)

Notre illusion la plus commune, l'illusion des jeunes, est de croire qu'il suffit de s'imaginer autre pour l'être ; illusion d'autant plus tenace que nous faisons plus d'effort pour nous changer ; illusion de fervents novices qui se croient si vite saint Louis de Gonzague : « on n'extirpe pas les qualités originelles, bonnes ou mauvaises, on les couvre, on les cache... nature se sourdant (jaillissant) et s'exprimant avec force à l'encontre d'un long usage contraire. » (III, 35 B.) Il faut se prendre comme on est.

A cette illusion succède une autre non moins décevante, l'illusion des vieux : nous projetons dans le passé notre faiblesse et notre impuissance actuelle, et appelons vertu ce qui n'est qu'incapacité de mal faire. « Je hais cet accidentel repentir que l'âge apporte. Celui qui disait anciennement qu'il était obligé aux années de l'avoir défait de la volupté avait autre opinion que la mienne... Nos appétits sont rares en la vieillesse ; en cela je ne vois trace de conscience. Le chagrin et la faiblesse nous impriment une vertu lâche et catarrheuse... Pour voir ma raison hors de combat je ne l'estime pas plus valeureuse. » Sur ce thème la verve de Montaigne s'excite volontiers : « Misérable sorte de remède, devoir à la maladie sa santé ! Ce n'est pas au malheur de faire cet office, c'est au bonheur de notre jugement. » (III, 42 C.)

A l'opposé de ce repentir, voici la repentance. Elle est faite de deux sentiments qui doivent se compléter et, pour ne les avoir pas bien distingués, il semble que Montaigne lui-même ait confondu, sous le même mot, le remords, terme peu employé de lui, et la repentance proprement dite.

Le remords est le sentiment amer qui naît toujours de la faute ou du vice dont on se sent coupable. Il devient repentance quand à ce sentiment s'ajoute la volonté ferme de s'en corriger.

C'est le remords que Montaigne semble décrire dans les lignes suivantes : « Il n'est vice véritablement vice qui n'offense (ne blesse) et qu'un jugement, s'il est entier, n'accuse (ne condamne).

« La malice (méchanceté) hume la plus grande partie de son propre venin et s'en empoisonne. Le vice laisse, comme un ulcère en la chair, une *repentance* en l'âme qui toujours s'égratigne et s'ensanglante elle-même. Car la raison efface les autres tristesses et douleurs, mais elle engendre celle de la *repentance* qui est la plus griève, d'autant qu'elle naît au-dedans. » (III, 29 B.)

Il est pourtant des âmes si enfoncées dans le vice, qu'elles paraissent tout à fait insensibles au remords ; ce sont les consciences épaisses ou endurcies que décrit la morale. » Ce qu'on dit, que la *repentance* suit de près le péché, ne semble pas regarder le péché qui est en son haut appareil, qui loge en nous comme en son propre domicile. » (III, 31 B.)

Le signe sensible, le signe indiscutable, le seul vrai signe de la *repentance*, ce n'est pas cette morsure intérieure que personne ne voit, c'est l'amendement extérieur qui en est l'apparent témoignage. Cet homme se dit touché de repentance et il retombe sans cesse dans les mêmes vices, et il court satisfaire les passions dont il vient de faire l'aveu contrit et humilié ! Les éloquentes invectives de Montaigne contre cet homme partent vraiment du cœur : « Un homme de qui la paillardise sans cesse régente la tête et qui la juge très odieuse à la vue divine, que dit-il à Dieu quand il lui parle ? Il se ramène (au bien), mais soudain il rechoît. Si la présence de la justice divine frappait, comme il dit, et châtiait son âme, pour courte qu'en fût sa *pénitence*, la crainte même y rejetterait si souvent sa pensée qu'incontinent il se verrait maître de ces vices qui sont habitués et acharnés en lui.

« *La repentance consistant en une réparation visible et maniable* (c'est-à-dire qu'on peut voir des yeux et toucher de la main)... *sont-ils si hardis de demander pardon sans satisfaction et sans repentance ?* » (I, 406 C.) « La pénitence demande à se charger (à expier). » (I, 35 C.)

Que peuvent désirer de plus les Solitaires de Port-Royal ? Ils ont ici les deux éléments requis par le sacrement de pénitence : la repentance ou contrition et la satisfaction ou réparation.

Comme les Solitaires eux-mêmes Montaigne réclame avec insistance la réparation pour preuve de la contrition : « Ils nous font accroire qu'ils ont au-dedans grand regret et remords de leurs vices ; mais d'amendement et correction ni d'interruption, ils ne nous en font rien apparoir. Pourtant n'est-ce pas guérison si on ne se décharge du mal. Si la repentance pesait sur le plateau de la balance, elle emporterait le péché ! » (III, 38 B.)

Et lui-même qu'a-t-il fait ? Nous ne dirons pas qu'il se soit retiré dans la solitude pour faire pénitence, selon la formule consacrée ; il a fait mieux peut-être : il y est allé pour se rendre meilleur, ce qui est le fruit le plus « maniable » de la pénitence au sens où il l'entend, c'est-à-dire de la repentance.

Finissons par des réflexions d'une dense et parfaite théologie qui résume tout. Pascal nous dit : « Il inspire une nonchalance du salut sans crainte et sans repentir. » (p. 344).

Voici la réponse de Montaigne : « Il faut que Dieu nous touche le courage (*le cœur*). » Pas de repentance sans la grâce divine. « Il faut que notre conscience s'amende d'elle-même par renforcement de notre raison non par l'affaiblissement de nos appétits. » (III, 43 B.) Pas de preuve de repentance sans l'effort humain. Et Montaigne réfute d'avance le reproche de Pascal par un aveu qui égale ou dépasse les plus émouvantes confidences de Pascal : « *Je ne connais pas de repentance superficielle, moyenne ou de cérémonie. Il faut qu'elle me touche de toutes parts avant que je la nomme ainsi et qu'elle pince mes entrailles et les afflige aussi profondément que Dieu me voit et aussi universellement.* » (III, 38 B.)

Mais il faut, dit Pascal qui pense aux protestants, une autre marque de la contrition : la confession. « La contrition n'est point véritable si elle ne cherche le sacrement. » (p. 747). Montaigne qui pense aussi aux protestants écrit tout bonnement : « Nous, catholiques, nous nous disons religieusement à Dieu et à notre confesseur, comme nos voisins (les protestants) à tout le monde. Mais nous n'en disons, m'en répondra-t-on, que les accusations. Nous disons donc tout, car notre vertu même est fautière et *repentable*. » (II, 66 C.) Tel est l'homme dont, après Nicole, tant de critiques ont souligné, pour les regretter ou pour s'en prévaloir, l'absence de repentir et le « libertinage ».

« La licence de mes écrits. »

Il est regrettable que cet auteur si édifiant ne soit pas « à mettre entre toutes les mains ». Lui-même avoue sans détour qu'il est licencieux et, tout en rappelant les réserves que nous avons faites sur le sens qu'avait alors ce mot, nous convenons qu'il faut parfois l'appliquer ici jusqu'à un certain point dans sa signification actuelle.

Il est donc parfois licencieux, mais bien plus, dit-il, dans ses écrits et dans ses paroles que dans sa vie. Ses propos gaillards dissimulent mal une pudeur naturelle qui sied peu, paraît-il, à un gentilhomme du XVIᵉ siècle : « Moi qui ai la bouche si effrontée, suis pourtant par complexion touché de cette honte... plus que je n'estime bienséant à un homme et surtout à un homme de ma profession de soldat. » (I, 20 B.)

Il insiste ailleurs : « Je vais dire un monstre (*une chose prodigieuse*), mais je le dirai pourtant : je trouve plus d'arrêt et de règle en mes mœurs qu'en mon opinion et ma concupiscence moins débauchée (*émancipée*) que ma raison. »

Cette affirmation ne nous surprend pas. Elle est bien d'un gascon. Elle est aussi d'un philosophe qui voit beaucoup moins d'inconvénients à lâcher les brides à son imagination qu'à sa volonté. Il se dédommage de contenir celle-ci en laissant errer celle-là. Elle nous rassure aussi, car nous nous doutions que, pour lui comme pour beaucoup d'autres, voire des mystiques, il ne faut pas juger les libertés de conduite sur les libertés de langage.

On l'accuse donc et il s'accuse d'être licencieux. Commençons par préciser le grief et le délimiter. Sa fille adoptive, Mlle de Gournay, qui avait entendu formuler ce reproche et qui veut défendre « son père » sur toute la ligne, esquisse un plaidoyer dont on s'est moqué, mais qui est cependant d'une valeur profonde et décisive : « On reprend mon père de la licence des paroles contre la cérémonie (*la bienséance*)... Ce ne sont pas les discours (*raisonnements*) francs et spéculatifs sur l'amour qui sont dangereux ; ce sont les mols et délicats, les récits artistes et chatouilleux des passions amoureuses qui se voient aux romans, aux poètes et en telles espèces d'écrivains. » (1).

Montaigne qui se plaît tant à fouiller le cœur de l'homme, ne s'attarde jamais à analyser les passions de l'amour ni à décrire complaisamment ses faits et gestes. Il n'aime pas raconter les scandales en quoi cette époque est fertile et dont il a dû, comme Brantôme, être le témoin. Il offense souvent les oreilles prudes ; il inquiète parfois les oreilles chastes. Il ne trouble jamais les cœurs.

On connaît la condamnation de Pascal : « Les défauts de Montaigne sont grands. Mots lascifs. Cela ne vaut rien malgré Mlle de Gournay. » (p. 343).

Puisqu'il s'agit de mots, beaucoup plus que de descriptions, essayons de distinguer, pour faire la part des griefs tendancieux et des justes reproches.

Montaigne ne recule pas devant le mot propre qui est souvent un mot réputé sale. Il n'a certes pas la verve débridée ni l'audace voulue d'un Rabelais. S'il emploie le mot juste et précis, souvent inconvenant, c'est que ce mot lui vient à la plume comme à la bouche. « Soldat et gascon sont qualités un peu sujettes à l'indiscrétion. » (III, 407 B.) « Il faut laisser aux femmes cette vaine superstition des paroles. » C'est la première excuse qu'il invoque. La seconde c'est qu'il ne faut pas rougir de nommer les choses que Dieu n'a pas rougi de créer ni les actions qu'Il n'a pas rougi de commander à la nature humaine. « Ce n'est pas moi, dit-il, qui suis impudent, c'est nature. » (III, 139 C.)

Il se rencontre avec Clément d'Alexandrie qui professe pour les mêmes raisons une franchise analogue (2). L'abbé Esprit teinté de jansénisme, et que son nom prédestinait sans doute à mépriser le corps, lui fait ce reproche : « Il dit qu'il n'y a point de paroles sales : cette affirmation est directement opposée à l'enseignement de l'Ecriture. » L'abbé fait sans doute allusion au mot de saint Paul souvent cité à contre-sens : *Nec nominetur*

---

(1) Préface de l'édition de 1595. L'auteur avait trente ans quand elle écrivait ce plaidoyer dont maints passages naïfs paraîtraient fort scabreux aujourd'hui sous la plume d'une jeune fille. Et pourtant...
(1) Patrologie grecque. *Le Pédagogue*, col. 453. 500.

in vobis. Chacun sait que cette parole doit se traduire : qu'on n'entende même pas dire qu'il y ait parmi vous d'adultère. (Eph. VI, 5.)

Les mots les plus hardis de Montaigne sont écrits en latin et chacun sait aussi depuis Boileau que cette langue brave volontiers l'honnêteté. Ce sont des citations dont il laisse à l'auteur toute la responsabilité. Il ne traduit pas. Il n'a pas à craindre d'offenser les oreilles du lecteur ignorant. Il écrit pour les doctes lecteurs habitués aux libertés de Martial, de Catulle ou d'Horace. Les dames savantes ne seront pas elles-mêmes offusquées. Après avoir cité une épigramme intraduisible, il dit à la princesse à qui est dédiée l'*Apologie* de Sebond : « J'use en liberté de conscience de mon latin avec le congé que vous m'en avez donné. » (II, 195 A.)

Montaigne aime aussi couper çà et là ses graves spéculations parfois un peu tendues par des allusions ou des anecdotes légères empruntées aux auteurs du passé ou aux récits des voyageurs contemporains.

Il écrit enfin tout un chapitre où, à bon escient, il laisse son esprit et sa plume errer à l'aventure sur des terrains scabreux. Il se livre *sur quelques vers de Virgile* à une exégèse très « artiste » ; il se grise de leur charme pénétrant et « chatouilleux » que nul n'a comme lui fait valoir ; il se repaît des « mots lascifs » qui fouettent et ravigotent son imagination devenue catarrheuse. Mais quoi ! des « mots lascifs »? Ceux-ci ne le sont point du tout ; ce sont les mots de tout le monde ; ils sont même discrets ; et c'est là justement le secret de Virgile d'évoquer avec des mots si ordinaires mais si savamment enlacés des images si voluptueuses.

Et nunc, poetae, erudimini. Car ce commentaire se termine en conseils moqueurs à tous ces laborieux auteurs de priapées immondes qui foisonnent alors et qui foisonneront toujours. Ils ignorent l'art des arts qui est celui de Virgile et qui consiste à suggérer. Mais Montaigne n'en fait pas son art, comme dit justement Mlle de Gournay ; et si son esprit s'arrête parfois, trop souvent à notre gré, sur des images sensuelles, il part aussitôt et s'élève vers les problèmes humains les plus hauts qui sont l'objet constant de sa méditation.

Ici même, les vers de Virgile ne sont qu'une occasion de se livrer aux réflexions les plus pénétrantes et les plus importantes aussi que pose le problème de l'amour. C'est ici que nous avons cueilli ses pensées les plus graves sur le mariage et sur les conditions vraies du bonheur dans cette « sainte liaison ». Nous y trouvons les remèdes les plus pertinents contre la jalousie, le pire des tourments.

C'est la meilleure excuse de Montaigne. Pouvait-il omettre

de traiter à fond une question qui passionne tout le monde ? « Tout le mouvement du monde se résout et tend à cet accouplage ; c'est une matière infuse partout ; c'est un centre où toutes choses regardent. » (III, 98 B.)

Il ajoute une autre excuse, aussi imprévue que significative. L'âme doit assister le corps ; elle doit donc compenser la froideur des sens par la chaleur de l'imagination afin de maintenir toujours le juste équilibre. « De l'excès de la gaieté, je suis tombé en celui de la sévérité, plus fâcheux. Par quoi je me laisse à cette heure aller un peu à la débauche (*liberté d'imagination*) par dessein, et emploie quelquefois l'âme à des pensements folâtres et jeunes où elle se séjourne (*se repose*)... Je me défends de la tempérance comme j'ai fait autrefois de la volupté... La sagesse a des excès et n'a pas moins besoin de modération que la folie. » (III, 76 B.) L'argument est spécieux, mais discutable car si les pensées légères ne risquent plus de l'engager désormais aux actes... légers, il peut induire en tentation des lecteurs moins assagis par l'âge. Mais il ne croit guère à ce danger de son livre, dont l'allure et le but sont si éloignés du souci de « chatouiller » les sens et du danger de corrompre les cœurs. Tout au plus veut-il éveiller tel lecteur somnolent et aguicher tel autre. L'appât est très à la mode et les lectrices même n'en sont pas toujours rebutées... « Je m'ennuie, dit-il, que mes *Essais* servent aux dames de meubles seulement et de meubles de salle. Ce chapitre me fera du cabinet (*du boudoir*). » (III, 85 B.)

Certains ont supposé que la censure ecclésiastique avait interdit la lecture des *Essais* à cause de certains passages jugés trop licencieux.

Cette conjoncture ne nous paraît pas avoir beaucoup de fondement, car une telle censure ne frappe que les livres qui « traitent *ex professo* de sujets lascifs ou obscènes ». Tel n'est pas, il s'en faut de beaucoup, le cas des *Essais* et si les censeurs ecclésiastiques de 1676 ont estimé dangereux un livre que ceux de 1581 avaient jugé anodin, c'est pour d'autres raisons.

Quoi que nous puissions penser aujourd'hui de la valeur des excuses alléguées par Montaigne, tous les contemporains n'étaient pas choqués par ces libertés de langage ; ou du moins la plupart n'y attachaient que peu d'importance. C'était un assaisonnement requis par les palais de cette époque, et, dans un livre écrit par un homme du monde, on comptait trouver ce piment. Ne soyons pas plus sévères que l'évêque de Belley, ou tâchons du moins de nous placer à son point de vue, car Montaigne ne pouvait écrire que pour ses lecteurs et quel lecteur plus respectable qu'un évêque ? « Si nous voulons passer par-dessus la liberté de sa condition (*de laïque*) qui, selon le train du monde, semble prêter un peu à la débauche (*liberté excessive*), il a traité de l'amour sur le sujet (*à propos*) de certains vers de Virgile, comme par forme de diversion, excellemment,

et puisé ses raisonnements des plus belles sources de l'ancienne
philosophie platonique... » (I).

Le bon évêque estime qu'on peut être de tempérament très
sensuel et néanmoins de cœur très chrétien. Il a bien vu le tempérament de Montaigne : « Qu'il n'eût de la sensualité, il en
avait sans mentir baucoup, comme homme qui voulait vivre et
se sentir vivre, aimant mieux être moins longtemps vieil que
d'être vieil avant que de l'être ; mais pour cela, qu'il en oubliât
le devoir envers Dieu et le prochain, il ne s'y peut remarquer... »
Ce tempérament sensuel peut même être une des causes de ce
beau talent d'écrivain : l'essentiel est de le maîtriser. Ne con-
fondons pas, en tout cas, sensuel et irréligieux. « Quand il eût
été... plus *sensuel*, trouvez-moi un peu quantité de gentilshommes beaucoup plus *spirituels* ; eux de qui les exercices ordinaires, je dis et sérieux, ne sont que danser, jouer, voltiger, chasser,
escrimer, courtiser, bref, tout chair et sang. Et vous ne priserez
pas celui qui, comme notre homme, se retire de cette presse
pour se ranger par l'étude à une vraie et solide vertu et se garnir (se prémunir) contre tous les accidents des désastres et infortunes ? »

N'oublions pas son aveu : ses mœurs sont plus réglées que
son langage et sa conduite moins débridée que son imagination ;
n'oublions pas que cet excès, si habituel et réputé si véniel à
cette époque, était le résultat d'une griserie provoquée par la
découverte capiteuse du paganisme et de l'art italien ; peut-
être aussi une réaction normale de sensualité dans une période
de sang, de haine et de mort.

« Nous nous sommes beaucoup plus jetés à la paillardise que
nos pères, dit quelque part Montaigne... C'est merveille des
contes que j'ai ouï faire à mon père de la chasteté de son siècle... » Regrettons que ce père qui « jurait saintement être venu
vierge à son mariage » (II, 19 C) n'ait pas veillé de plus près sur
les tendres années de son fils, et lui ait laissé une liberté excessive ! Mais reconnaissons qu'en dehors de quelques passades de
sa jeunesse et de quelques pages de son livre ce fils n'en a pas
trop abusé.

Pour entrer dans l'état d'âme des hommes de ce temps-là et
illustrer d'un vif coloris ce mélange de « licence » et de piété,
cet entrelacs de style Renaissance qui nous surprend et nous
choque, dépouillons-nous des préjugés plus ou moins jansénistes qui, depuis le grand siècle, assombrissent notre piété, et
regardons par exemple cette belle imagerie d'Arnaud de Mole
qui décore la cathédrale d'Auch. Elle venait d'être achevée
quand naquit Montaigne. Elle a survécu par miracle à la rage
iconoclaste des huguenots et des révolutionnaires. Nous voyons
défiler sur ces verrières éblouissantes non seulement l'antiquité

(1) Cité par Villey, *Montaigne devant la postérité*, p. 188.

judaïque avec les Patriarches et les Prophètes et l'antiquité chrétienne avec les douze Apôtres, mais l'antiquité païenne personnifiée dans les Sibylles, les Génies enfantins pareils à des Amours, les Muses, les Grâces, Vénus elle-même, dont les nudités hardies et potelées n'offensaient pas le regard des chanoines. Toute l'humanité, et tout ce que l'humanité a conçu de gracieux, de noble et de fort, défile dans un cortège aux couleurs éclatantes. Et le cortège aboutit au Christ qui est venu sauver « tout ce qui avait péri ». De ces trésors antiques, la Renaissance n'a rien voulu laisser perdre. Tout ce qui était saint, tout ce qui était beau, tout ce qui était vrai portait à ses yeux une empreinte divine. Et c'était un bel humanisme celui qui estimait que rien d'humain n'est étranger au Christ.

Classements des vertus et des vices.

Si nous voulons aller plus au fond du problème que pose la doctrine morale de Montaigne, il nous faut, une fois pour toutes, lui demander quelle est, dans son esprit, la hiérarchie des vertus, car toute appréciation dans ce domaine se réduit à une question de classement.

Nous trouvons dans l'Evangile même une classification des vertus. Nous ne la découvrons pas tout de suite, car elle n'est pas exprimée méthodiquement. Mais elle y est : elle ne peut manquer d'y être. Il n'est besoin que d'un peu d'effort pour la trouver. Toutes les vertus s'y enchaînent et l'une entraîne l'autre. Mais il n'est pas besoin de beaucoup de sagacité pour s'apercevoir que toutes n'ont pas aux yeux du Maître la même importance. S'il ne faut rien omettre, il est utile de savoir par où il faut commencer.

Pour Montaigne aussi il y a un classement des vertus, ou des vices, ce qui revient au même ; et lui-même, réfutant sans le dire la théorie des stoïciens, nous montre l'intérêt primordial de ce classement. « Les vices sont tous pareils en ce qu'ils sont tous vices... Mais, encore qu'ils soient également vices, ils ne sont pas égaux vices. La confusion de l'ordre et mesure des péchés est dangereuse. Les meurtriers, les traîtres, les tyrans y ont trop d'acquêt (*de bénéfice*) ; chacun pèse sur le péché de son compagnon et élève (*allège*) le sien. Les instructeurs même les rangent souvent mal à mon gré. » (II, 13 A.)

Nous avons tendance en particulier à mettre au premier plan ce que nous nommons les péchés de la chair. Le mot même de *morale*, surtout depuis Port-Royal, a pris un sens restreint. Quand Montaigne parle de ses *mœurs*, il entend exprimer toute sa conduite et son caractère. Pour nous, bonnes ou mauvaises mœurs, règlement ou dérèglement des mœurs, signifie à peu près exclusivement continence ou incontinence, comme si nous n'avions à « contenir » que les appétits de la chair.

La tendance est ancienne et Montaigne l'avait déjà observée...
« Inique estimation des vices ! Nous sommes capables de mille
corruptions plus dommageables et dénaturées que n'est la lasci-
veté. Mais nous faisons et pesons les vices non selon nature,
mais selon notre intérêt, par où ils prennent tant de formes iné-
gales. » (III, 103 C.)

Comment Montaigne classe-t-il les vices ? A vrai dire, il ne
propose explicitement aucune classification méthodique et le
lecteur superficiel constate qu'il donne tour à tour à chacun la
première place.

« *L'ivrognerie* est le pire état de l'homme. » (II, 17 A.)

« Le *mentir* est un maudit vice... Il n'en est aucun qui témoigne tant de lâcheté et bassesse de cœur. » (II, 429 A.)

« La *cruauté* est l'extrême de tous les vices. » (II, 134 A.)

« La *présomption* est la mère nourrice des plus fausses opinions. » (II, 412 A.) « Tous les abus du monde s'engendrent de
la présomption. » (III, 331 B.)

« Il n'est passion qui ébranle tant la sincérité (*pureté, justesse*)
des jugements que la *colère*. » (II, 516 A.)

« La plus vaine et tempétueuse maladie qui afflige les âmes
humaines, c'est la *jalousie*. Celle-là, et l'envie, sa sœur, me
semblent les plus ineptes de la troupe. » (III, 106 B.)

Chaque vice apparaît donc le pire de tous, selon le point de
vue. Nous voilà fort embarrassés. Mais Montaigne va nous offrir
le fil conducteur : « Tout lâche et stupide que soit le vice d'ivrognerie, je le trouve moins malicieux et dommageable que les
autres *qui choquent quasi tous de plus droit fil la société publique.* » (II, 17 A.)

Nous retrouvons ici l'opposition fondamentale des deux conceptions de la vertu : celle des Grecs qui fait consister la vertu,
areté, dans l'harmonie et l'adaption, et celle des Romains qui
ont fourni les plus fameux stoïciens, pour qui vertu est synonyme d'effort.

Pour les Grecs, et pour Montaigne qui est de leur école, le
vice est donc un manque d'adaptation de l'homme avec lui-
même d'abord, et ensuite avec la société. Le pire vice sera le
plus antisocial.

L'ivrognerie, la colère, la jalousie troublent la raison et, dans
un ordre progressif mais restreint, la société.

Le mensonge ébranle les bases des relations sociales, car
« nous ne sommes hommes et nous ne tenons les uns aux autres
que par la parole. Celui qui fausse la parole trahit la société
publique... De combien est le langage faux moins sociable que
le silence ! » (II, 455 A.)

Mais le plus redoutable de tous les vices, celui qui aveugle
l'homme sans excuse, celui qui trouble le plus l'ordre intérieur
et l'ordre social, celui qui « engendre tous les abus », c'est la

présomption, car l'orgueil n'est aux yeux de l'auteur qu'un mensonge et le plus dangereux de tous.

Où placer la lascivité ? Montaigne ne s'est guère arrêté à envisager les conséquences sociales de la fornication. Il ne paraît la considérer que comme un vice individuel ; elle peut troubler la raison mais momentanément à moïns qu'elle ne dégénère en paillardise, auquel cas elle envahit toute la conscience, en chasse la religion vraie pour lui substituer l'hypocrisie.

Même dans ce cas, elle est moins grave que le mensonge : « Mentir est encore pire que la paillardise. » (III, 83 B.) parce que la paillardise, si elle corrompt l'individu, n'a pas d'aussi graves répercussions sur la vie sociale que le mensonge.

Exécrable quand elle prétend s'allier avec la religion, la licence des mœurs l'est bien plus encore, et plus redoutable, quand elle s'appuie de façon systématique sur l'irréligion, car alors on l'empêche difficilement de se généraliser.

Curieuse évolution du mot *libertinage !* Ce mot, inconnu de Montaigne a commencé par signifier incrédulité religieuse et il a fini par vouloir dire dérèglement des mœurs. Il n'est peut-être pas de preuve plus éloquente que ceci est la conséquence de cela. Mais l'ordre est souvent renversé. Montaigne qui a prévu l'exécrable athéisme comme suite de la présomption n'a pas assez prévu qu'il pouvait avoir comme suite l'immoralité. Il n'a pas assez souligné le lien étroit qui les enchaîne l'un à l'autre. Il ne pouvait prévoir en tout cas que lui, si religieux et si attaché à « régler sa vie », il serait un jour accusé de *libertinage,* dans l'un et l'autre sens... par un janséniste, il est vrai.

Pour un stoïcien ,pour un janséniste et pour tous ceux qui, plus ou moins consciemment, s'inspirent de leur point de vue, le classement se présente de façon toute différente. Pour eux, vertu signifie effort et combat. La première vertu sera celle qui nécessite le plus de combat ; ce sera donc la chasteté.

Pour Montaigne il ne fait aucun doute que la chasteté ne soit la vertu la plus rude. Il a d'abord hésité un temps et pesé, ici comme ailleurs, le pour et le contre : « Rien n'entretient les appétits charnels que l'usage et exercice. » (I, 315 C) ; on peut donc jusqu'à un certain point s'en libérer si l'on se libère de cet exercice. Autre considération : « Entre les appétits, ceux qui jugent qu'il n'y en a point de plus violents que ceux que l'amour engendre, ont cela pour leur opinion qu'ils tiennent au corps et à l'âme et que tout l'homme en est possédé, en manière que la santé même en dépend. Mais au contraire on pourrait dire que le mélange du corps y apporte du rabais et de l'affaiblissement : car tels désirs sont sujets à satiété et capables de remèdes matériels. » (II, 533 A.)

Affaiblissement illusoire ; remèdes inefficaces : « Les haires de nos aïeux ne rendent pas toujours hères (*débiles*) ceux qui les portent. » En vérité, « il n'est passion plus pressante que celle-ci... Ceux d'entre nous (les religieux) qui ont essayé d'en venir à bout ont assez avoué quelle difficulté ou plutôt impossibilité il y avait, en usant de remèdes matériels, à mater, affaiblir et refroidir le corps. » (III, 95 B.)

Les dames ont-elles moins de peine à vaincre ? Elles le laissent volontiers entendre, mais Montaigne ne le croit pas : « Il n'est pas en elles, ni à l'aventure (peut-être) en la chasteté même, puisqu'elle est femelle, de se défendre des concupiscences et du désirer. » (III, 109 B.) Cette phrase, estimée injurieuse, a fait contre Montaigne surgir de galants champions des dames. Mais c'est le mal prendre, car où il y a plus d'effort, il y a plus de gloire, et le vrai champion des dames c'est Montaigne lui-même : « Il n'est passion plus pressante que celle-ci, à laquelle nous voulons qu'elles résistent seules, non simplement comme à un vice de sa mesure, mais comme à l'abomination et exécration, plus qu'à l'irréligion et au parricide ; et nous nous y rendons cependant sans coulpe ni reproche... » (III, 95 B.)

Mais si ce combat est le plus difficile, ce sont elles les plus valeureuses et si vertu est synonyme de courage, elles nous dépassent en vertu : « Je ne sais si les exploits de César et d'Alexandre surpassent en rudesse la résolution d'une belle jeune femme nourrie (élevée) à notre façon... battue de tant d'exemples contraires, se maintenant entière au milieu de mille continuelles et fortes poursuites. Il n'y a point de faire si épineux que ce non-faire, ni plus actif... Le vœu de la virginité est le plus noble de tous les vœux comme étant le plus âpre : *diaboli virtus in lumbis est*, dit saint Jérôme, la puissance du diable est aux rognons. » (III, 104 B.) *Virtus*, de vir, est ici bien paradoxal ! Qui ne voit que ce champion est un discret et délicat prêcheur ? Sous couleur d'éloges, il leur donne des conseils et des encouragements qui, pour n'être pas de style ecclésiastique, n'en sont ni moins éloquents ni moins persuasifs : « Le plus ardu et le plus vigoureux des devoirs humains nous l'avons résigné aux dames et leur en quittons la gloire. Cela leur doit servir d'un singulier aiguillon à s'y opiniâtrer ; c'est une belle matière à nous braver et à fouler aux pieds cette vaine prééminence de valeur et de *vertu* que nous prétendons sur elles. »

A ces femmes, idoles des salons et des cours, vers qui monte l'encens des poètes, les flatteries des gentilshommes et les assauts des verts-galants qui foisonnent, il suggère le secret de rester vertueuses tout en étant aimables, le secret de la mesure qu'il ne faut jamais dépasser : « Elles peuvent reconnaître nos services jusques à certaine mesure (*certaine* veut dire : bien déterminée) et nous faire sentir honnêtement qu'elles ne nous dédaignent pas. » (III, 104 B.)

Curieuse page qui nous livre le climat d'une cour au XVIe siècle et qui nous révèle les sentiments d'un gentilhomme exceptionnellement discret. Il attend de sa « poursuite » non un facile consentement qui le décevrait, mais un aimable et ferme nenni qui le contente ; d'autant plus sûr d'une vertu qu'il la trouve plus simple et moins « renfrognée ». « Il n'est point de pareil leurre », ni, dans la société, de plus grand charme.

Mais prenez-y garde, mesdames, tous les galants ne sont pas aussi courtois. Ce siècle est corrompu. Les gentilshommes sont dangereux aussi parce qu'ils sont fanfarons ; et si la pensée de Dieu n'y suffit pas soyez retenues par la crainte de leur forfanteries : « Outre la crainte de Dieu et le prix d'une gloire si rare qui doit inciter les dames à se conserver, la corruption de ce siècle les y force et, si j'étais en leur place, il n'est rien que je ne fisse plutôt que de commettre ma réputation en mains si dangereuses. » (III, 105 B.)

Montaigne apprécie donc très haut la chasteté et, s'il ne songeait qu'à la difficulté vaincue, il serait tenté lui aussi de lui donner, au moins dans son estime, la première place. Mais si la religion exige du courage, le courage n'est pas la religion. Le paganisme admirait ses martyrs de la chasteté, comme Lucrèce, et ses vierges, les Vestales, et l'inhumain renoncement des prêtres de Cybèle.

Le christianisme seul enseigne l'humilité. Le Christ est plus indulgent pour la femme repentie que pour l'orgueilleux pharisien. Si Montaigne estime à sa valeur la virginité, il place au premier rang l'humilité.

CHAPITRE V

L'HUMILITE

Nul ne met en doute que l'humilité ne soit une vertu fondamentale du christianisme. Le lecteur qui nous a suivi ne met pas
en doute non plus que l'humilité ne soit la vertu la plus chère à
Montaigne et il souscrira au mot pénétrant de Léon Daudet :
« Montaigne, ou l'école de l'humilité. » (1).

Cette identification hardie et si élogieuse se justifie à mesure
que l'on tâche d'approfondir davantage et de préciser la notion
d'humilité.

Car le mot prête lui aussi à interprétations diverses comme
tant d'autres que nous avons rencontrés. Il en est beaucoup,
parmi les admirateurs de Montaigne, qui n'aiment guère lui voir
attribuer l'humilité. Cette vertu est, selon eux, une vertu passive : elle signifie ou du moins elle implique, disent-ils, une
certaine abdication de la personnalité, un effacement du moi
qui ne cadre guère avec la fierté du philosophe, avec son goût
de la liberté et la préoccupation si évidente qu'il a de son moi.
Elle ne concorde pas avec l'admiration qu'il a longtemps, nous
dit-on, professée pour les stoïciens.

Mais il y a dans cette notion plus ou moins confuse de l'humilité une erreur radicale. Cette vertu n'est point passive ni négative. Elle n'est pas un renoncement à s'affirmer, mais au contraire une volonté de s'affirmer tel qu'on est. Elle n'est donc pas
une impuissance à se connaître, mais une attention à se connaître tel qu'on est. Elle ne consiste pas à se mettre au-dessous de
sa place, mais à sa place. Elle n'est pas un refus de gloire mais
un refus de vaine gloire.

Seulement, cette gloire peut être réputée vaine pour des raisons bien différentes. D'une part on peut la considérer comme
sans proportion avec les efforts, les sacrifices qu'elle coûte à
conquérir. D'autre part, on peut la considérer comme illégitime
en elle-même et sans aucun fondement dans nos mérites personnels.

D'une part, l'homme compare la gloire et la tranquillité ; il
préfère la tranquillité.

(1) Léon Daudet : *Flambeaux*, 16e éd., p. 149.

D'autre part, l'homme compare la gloire et la vérité : il préfère la vérité.

Montaigne est humble de ces deux manières. Il est évident
que la seconde est la meilleure et qu'elle mérite seule le nom
d'humilité. Mais il est non moins évident qu'elles sont étroitement solidaires.

Par laquelle des deux Montaigne a-t-il commencé ? C'est là
un problème qu'il est difficile de résoudre maintenant : peut-
être pourrons-nous le faire en conclusion. Mais la première compare l'homme à lui-même et à son seul intérêt humain : c'est
donc une sagesse humaine. La seconde compare l'homme à
Dieu ; c'est donc une sagesse divine.

Commençons par la sagesse humaine.

Le refus d'ambition.

La recherche de la gloire est une de ces cupidités que Montaigne déclare ni naturelles ni nécessaires. Il faut donc s'en
libérer ou, s'il n'est tout à fait possible, la modérer autant que
l'on peut. Notre philosophe, pour sa part, s'est retiré dans la
solitude, afin de se dérober aux sollicitations de cette charmeuse, car elle fait partie de ces tentations qu'il est bien plus
prudent de fuir que d'affronter. « Le premier enchantement que
les sirènes emploient à piper Ulysse est de cette nature... Chry-
sippe et Diogène ont été les premiers auteurs et les plus fermes
du mépris de la gloire. Entre toutes les voluptés, ils disaient
qu'il n'y en avait point de plus dangereuse ni plus à fuir que
celle qui nous vient de l'approbation d'autrui... Ces philoso-
phes-là disaient que toute la gloire du monde ne méritait pas
qu'un homme d'entendement étendît seulement le doigt pour
l'acquérir. » (II, 391 A.)

Montaigne a recueilli parmi les dogmes d'Epicure ce grand
précepte : « *Cache ta vie.* » Pourquoi la cacher ? Pour fuir la
gloire qui est une « approbation du monde ».

« Celui qui nous ordonne de nous cacher et de n'avoir soin
que de nous et qui ne veut pas que nous soyons connus d'autrui,
il veut encore moins que nous en soyons honorés et glorifiés. »
(II, 392 A.)

Mais quoi ! fuir la gloire, n'est-ce pas un précepte inhumain ?
Ce besoin de bonne réputation, on a vite dit qu'il n'est pas naturel en nous, mais ne fait-il point partie de cet amour-propre
légitime dont il est aussi présomptueux qu'inutile de prétendre se
dépouiller complètement ? N'est-il pas nécessaire, comme le
stimulant le plus efficace de la vertu ?

Le philosophe Carnéade était de cette opinion. Il disait que la
gloire était pour elle-même désirable. « Cette opinion n'a pas
failli d'être communément suivie, comme sont volontiers celles
qui s'accommodent le plus à nos inclinations. » (II, 393 A.)

Pour Montaigne, sa conviction est faite. Lui, le partisan de toute légitime volupté, est l'adversaire inflexible de cette volupté. Lui si modéré toujours et ennemi de toute extrémité, il refuse d'écouter sur ce point la voix d'Aristote qui lui crie : « Evite, comme deux extrêmes vicieux, l'immodération et à la rechercher et à la fuir. » Il la fuit tant qu'il peut. Et il accumule contre les séductions de la sirène tous les arguments puisés dans ses solitaires méditations.

Dirons-nous qu'elle est un stimulant nécessaire de la vertu ? Irons-nous jusqu'à prétendre avec Cicéron « que la vertu même n'était désirable que pour l'honneur qui se tenait toujours à sa suite ». Montaigne répond : « C'est là une opinion si fausse que je suis dépit qu'elle ait jamais pu entrer en l'entendement d'homme qui eut cet honneur de porter le nom de philosophe. Si cela était vrai, nous ne devrions être vertueux qu'en public et les opérations de l'âme, où est le vrai siège de la vertu, nous n'aurions que faire de les tenir en règle et en ordre. »

C'est « de nous-mêmes que nous devons prendre la loi de bien faire », c'est-à-dire de la voix de notre conscience et non pas de « la voix de la tourbe, mère d'ignorance, d'injustice et d'inconstance. La vertu est chose bien vaine et frivole si elle tire sa recommandation de la gloire ».

Mais au moins la gloire est-elle le stimulant nécessaire de ce courage guerrier qui est la « vertu » d'un soldat et d'un gentilhomme. Guerrier rime toujours avec laurier. Autre illusion que Montaigne s'attache à détruire. « Ceux qui apprennent à la noblesse de ne chercher en la vaillance que l'honneur, que gagnent-ils par là que de les instruire de ne se hasarder jamais si on ne les voit. » Et qui les voit ? Leurs plus hauts faits ne frappent aucun regard ou, en tout cas, ne demeurent que dans peu de mémoires. « De tant de millions de vaillants hommes qui sont morts depuis quinze cents ans en France les armes à la main, il n'y en a pas cent qui soient venus à notre connaissance. La mémoire, non des chefs seulement, mais des batailles et victoires, est ensevelie... »

Laisser un nom ! Quel nom ? « Je demanderais volontiers à qui touche l'honneur de tant de victoires, à Guesquin, à Glesquin, à Guedquin ou à du Guesclin ? » (I, 355 A.) Les lettres même du nom sont incertaines. Mais il y a la gloire littéraire ! « De mon temps je suis trompé si les pires écrits ne sont ceux qui ont gagné le dessus du vent populaire. » (III, 242 B.)

Non, décidément, aucune considération, même des plus spécieuses et des plus séduisantes, ne saurait justifier la recherche de la gloire. Qui la cherche ne la trouve pas et si, par hasard, il la trouve, il y perd la vraie gloire : Il faut revenir au mot de la sagesse antique : *Cache ta vie* ; ou au mot de la sagesse chrétienne « *Ama nesciri* ». (Imitation.)

« Il faut attendre cette récompense qui ne peut faillir à toutes belles actions, pour occultes qu'elles soient, non pas même aux vertueuses pensées : c'est le contentement qu'une conscience bien réglée reçoit en soi de bien faire. » (II, 397 A.)

Les païens, objecte-t-on, en ont dit autant. Sans doute, et Montaigne ne manque pas de les alléguer. Lucrèce : « la récompense d'une bonne action c'est de l'avoir faite. » Mais il n'en faut pas pour autant ranger Montaigne parmi les partisans avant la lettre de l'autonomie de la conscience. Car, il pourrait aussi bien alléguer l'Imitation : «(La gloire d'un homme de bien est le témoignage de sa bonne conscience. » (II⁶) qui ne fait que traduire saint Paul : *Gloris nostra testimonium conscientiae nostrae* (II, Cor. I 12.) Et l'Evangile lui-même : « Gardez-vous de faire vos bonnes œuvres devant les hommes, pour être vus d'eux ; autrement, vous n'aurez pas de récompense auprès de votre Père qui est dans les cieux. » (Math. VI¹.)

Montaigne préfère citer les anciens, mais il pense en chrétien. Les meilleurs d'entre nous survivent au plus trois ans dans la mémoire des hommes. « Et pour trois ans de cette vie fantastique et imaginaire, allons-nous, perdant notre vraie vie et essentielle, nous engager à une mort perpétuelle ? Les *sages* se proposent une plus belle et plus juste fin à une si importante entreprise. » (II, 404 A.)

Et si quelqu'un doutait encore ; s'il estimait que délibérément Montaigne sépare Dieu de la conscience, qu'il écoute le sage conseil que notre philosophe ajoute ici pour les dames : « Je ne leur conseille aussi d'appeler honneur leur devoir... (1) l'offense et envers Dieu et envers la conscience serait aussi grande de désirer le mal que de l'effectuer. » (II, 406 A.)

Toutefois Montaigne, avec la modération et la malice dont jamais il ne se départit, consent « si les hommes, par leur insuffisance, ne se peuvent assez payer d'une bonne monnaie, qu'on y emploie encore la fausse... Si cette fausse opinion de gloire sert au public à maintenir les hommes et les femmes en leur devoir... qu'elle s'accroisse hardiment et qu'on la nourrisse entre nous le plus qu'on pourra ».

Se mettre à sa place.

Mais ce refus d'une vaine gloire n'est que le moindre aspect de l'humilité. Elle consiste à fuir toute gloire. Elle puise sa force non dans ces considérations de la sagesse humaine toujours hésitante et incertaine, elle puise sa force inébranlable en la méditation de Dieu. La religion, a dit Montaigne, « parfait » la sagesse des hommes ; mais on doit dire ici surtout que celle-ci ne saurait se maintenir constante sans celle-là. Et Montaigne l'avoue implicitement puisqu'il fait précéder les réflexions qu'on

(1) Confusion fréquente sous la plume de Marguerite de Navarre, dans l'*Heptaméron*.

vient de lire d'une haute méditation chrétienne où se résume l'*apologie*. « La gloire n'appartient qu'à Dieu », dit Sebond (S. 200 v).

Le disciple docile commente profondément cette parole du maître : « C'est à Dieu seul à qui gloire et honneur appartient : et il n'est rien si éloigné de raison que de nous en mettre en quête pour nous, car, étant indigents et nécessiteux au-dedans, notre essence étant imparfaite et ayant continuellement besoin d'amélioration, c'est là à quoi nous nous devons travailler. Nous sommes tous creux et vides : ce n'est pas de vent et de voix que nous avons à nous remplir, il nous faut de la substance plus solide à (*pour*) nous réparer. Un homme affamé serait bien simple de chercher à se pourvoir plutôt d'un beau vêtement que d'un bon repas ; il faut courir au plus pressé. Comme disent nos ordinaires prières : *gloria in excelsis Deo et in terra pax hominibus.* »

L'exégèse que fait Montaigne de ce texte fameux est aussi pénétrante qu'originale. Dieu seul a pour son partage la gloire ; notre bien à nous c'est la paix .Et la paix, de quoi est-elle faite? « Nous sommes en disette de beauté, santé. sagesse, vertu et telles parties essentielles ; les ornements externes se chercheront après que nous aurons pourvu aux choses nécessaires. » (II, 391 A.)

L'humilité est une vertu théologale : c'est-à-dire qu'elle a Dieu pour objet. Elle consiste à nous mettre à notre place devant Lui. Il est le tout, nous sommes le néant : voilà notre vraie place. N'avons-nous pas lu dans l'*Apologie* : « C'est à la Majesté divine seule qu'appartient la science et la sapience, elle seule qui peut estimer de soi (*s'estimer elle-même*) quelque chose et à qui nous dérobons ce que nous nous comptons et ce que nous nous prisons, car *Dieu ne veut pas qu'un autre que Lui s'enorgueillisse.* » (II, 160 A.)

Il considère cette pensée, où Hérodote se rencontre avec Isaïe, comme si fondamentale, si essentielle, qu'il l'a inscrite, nous l'avons vu, sur les travées de sa librairie à côté de celle-ci : « Bourbe et cendre, qu'as-tu à te glorifier ? Dieu a fait l'homme semblable à l'ombre... Ce n'est rien à la vérité que de nous. » (II, 228 A.)

L'humilité, c'est reconnaître que Dieu sait tout et que sans lui nous ne savons rien. Il n'y a pas d'orgueil plus répandu que l'opinion de science ni d'aveu plus difficile que l'aveu d'ignorance. Si Montaigne doute, c'est par humilité et défiance de soi. L'humilité, c'est reconnaître que Dieu nous dépasse infiniment et celui-là commence d'être humble qui commence à éprouver le sentiment de cette distance infinie qui sépare le néant et le tout. La plus grande folie, la source de toutes les erreurs c'est de rabaisser Dieu au niveau de l'homme et le plus grand orgueil c'est d'élever l'homme au niveau de Dieu. (II, 443 A.)

Nous ne nous tenons pas à notre place. Nous traitons Dieu comme « un des nôtres, comme un compagnon ». Nous ne le respectons pas ; nous ne le craignons pas. C'est trop peu dire : parce qu'il est bon, nous l'offensons ; parce qu'il est patient nous le bravons : « Que peut-on imaginer plus vilain que d'être couard à l'endroit des hommes et brave à l'endroit de Dieu ? (1) » (II, 455 A.)

L'humilité, c'est se reconnaître impuissant et se commettre à Dieu.

L'humilité, c'est se soumettre à Dieu. « Seules l'humilité et la soumission peuvent faire un homme de bien. » (II, 213 A.)

L'obéissance.

La meilleure manière, la seule à vrai dire, de rendre gloire à Dieu, c'est de lui obéir. Le Christ l'a bien indiqué quand il a fait suivre la première demande du Notre Père : que votre nom soit glorifié, de celle-ci : que votre volonté soit faite.

Voici en quels termes Montaigne qui a longuement médité le patenôtre commente ce premier vœu : « Dieu qui est en soi toute plénitude et le comble de toute perfection, il ne peut s'augmenter et accroître au-dedans ; mais son nom se peut augmenter et accroître par la bénédiction et louange que nous donnons à ses ouvrages extérieurs. Cette louange, puisque nous ne la pouvons incorporer en Lui, d'autant qu'il n'y peut avoir accession de biens, nous l'attribuons à son nom qui est la pièce hors de Lui la plus voisine. » (II, 390 A.)

Ce que nous bénissons et louons dans les ouvrages extérieurs c'est leur parfaite conformité à l'ordre établi par Dieu. Nous devons nous associer à cette conformité et suivre exactement nous aussi les ordres de Dieu, n'étant qu'une pièce de la nature.

Obéir, c'est donc soumettre notre volonté à celle de Dieu. Mais Dieu attend davantage de la créature raisonnable : il attend la soumission de la raison elle-même. L'obéissance ne suppose pas seulement l'abdication de toute volonté personnelle, elle implique abdication de toute raison personnelle.

Un supérieur, quel qu'il soit, quand il commande, n'entend pas subordonner ses ordres au jugement de celui qu'il a sous son autorité, et une exécution purement matérielle non seulement ne satisferait pas à l'obéissance, mais elle exclurait l'obéissance, telle du moins que Montaigne la conçoit. Et il est sur ce point en parfait accord non seulement avec la logique, mais avec la doctrine traditionnelle de tous les grands ascètes chrétiens, depuis Cassien et saint Bernard jusqu'à saint Ignace de Loyola, sur l'*obéissance de jugement*.

---

(1) Pascal en écho : « Rien n'est plus lâche que de faire le brave contre Dieu. » (p. 422). Inutile d'ajouter que rien n'est plus sot. S'il est vrai que « outrecuidance et bêtise sont vices toujours conjoints », (I, 26 C) intelligence et humilité sont vertus toujours inséparables.

« La liberté d'ordonner, juger et choisir demeure au maître »,
écrit-il vers 1572. Il commente lui-même après 1588 : « Nous
nous soustrayons si volontiers du commandement sous quelque
prétexte et usurpons sur la maîtrise ; chacun aspire si naturellement à la liberté et autorité, qu'au supérieur nulle utilité ne doit
être si chère venant de ceux qui le servent, comme lui doit être
chère leur naïve et simple obéissance. On corrompt l'office du
commander quand on lui obéit par discrétion (*discernement*) non
par sujétion. » (I, 90 C.) « L'obéissance, dit-il ailleurs, n'est ni
pure ni tranquille en celui qui raisonne et qui plaide. » (II, 441 C.)
« Gens qui jugent et contrôlent leurs juges ne s'y soumettent
jamais dûment. »

Combien plus devons-nous à Dieu cette parfaite soumission
de notre jugement ! Il a marqué, dès l'origine, que c'est de cette
sorte qu'il voulait être obéi : « La première loi que Dieu donna
jamais à l'homme, ce fut une loi de pure obéissance ; ce fut
un commandement nu et simple où l'homme n'eût rien à connaître et à causer (*discuter*). » Il ajoute après 1588 ce commentaire qui, loin d'atténuer la rigueur d'une telle observation, la
confirme et la justifie : « D'autant que l'obéir est le principal
office d'une âme raisonnable, reconnaissant un céleste supérieur
et bienfaiteur. De l'obéir et céder naît toute autre vertu, comme
du cuider (*raisonner*) tout péché. » (II, 213 C.)

Il n'y a pas de meilleur usage de notre raison que de la soumettre à la divine Raison, ni de pire abus que d'entrer en discussion avec Elle.

La foi exige précisément, dans les « hauts mystères » qu'elle
nous propose une abdication de ce genre. Il est aussi présomptueux de vouloir soumettre à notre raison les enseignements de
Dieu que ses ordres : c'est la même désobéissance de jugement.
La foi d'Abraham qui, tout en acceptant de sacrifier son fils unique, croit cependant aux promesses d'une nombreuse prospérité
est le type de cette parfaite obéissance. Il faut obéir sans comprendre, à conditions de comprendre ceci : que Celui qui nous
enseigne ou nous commande dépasse notre raisonnement d'une
distance infinie. « C'est aux chrétiens une occasion (*un motif*)
de croire que de rencontrer une chose incroyable. Elle est d'autant plus selon raison qu'elle est contre l'humaine raison. »
(II, 228 A.)

La théorie que Montaigne nous propose de l'obéissance s'inté-
gre avec une logique parfaite dans sa théorie de la foi, à moins
que ce ne soit l'inverse, car l'obéissance est bien « la première
loi ». Il faut croire à la parole de Dieu, sans raisonner, comme
eût dû faire Adam, comme a fait Abraham. Il suffit que Dieu
parle.

Mais cette analyse de l'obéissance qui s'applique aux lois
divines doit s'appliquer aussi à toutes les lois humaines. On *obéit*
non pas quand on conforme sa conduite à son propre raisonne-

ment, mais quand on conforme sa conduite au raisonnement d'autrui.

Montaigne, nous l'avons vu, avait, dans un de ses premiers *Essais*, vers 1572, accumulé contre la docilité aux coutumes toutes les objections d'un cerveau capiteux. Ces objections se ramènent à une : ces coutumes sont généralement absurdes. Et comme, par ailleurs, elles nous saisissent et nous « empiètent » (*prennent dans leurs serres*) de telle sorte qu'à peine soit-il en nous de nous ravoir de leur prise » (I, 146 A), le bon sens autant que notre goût légitime d'affranchissement semblent nous faire un devoir de nous en libérer.

Il s'était répondu à lui-même : l'expérience nous montre qu'il ne se trouve presque jamais « évident profit au changement d'une loi reçue ». Mieux vaut ne rien changer que risquer de tout ébranler.

Mais la réflexion lui a appris que, même si telles ou telles lois sont discutables ce n'est pas une raison de leur désobéir. L'obéissance par elle-même est un bien qui compense le mal de la loi ; l'uniformité de tous à recevoir la loi vaut infiniment mieux que l'ingéniosité de chacun à la discuter, étant sous-entendu que la loi ne se trouve pas contraire aux principes essentiels de la morale.

« Les lois se maintiennent en crédit non parce qu'elles sont justes, mais parce qu'elles sont lois. C'est le fondement mystique de leur autorité (1) ; elles n'en ont point d'autres, qui bien leur sert : elles sont souvent faites par des sots... toujours par des hommes, auteurs vains et irrésolus. Quiconque leur obéit parce qu'elles sont justes ne leur obéit pas justement par où il doit. » (III, 390 B.)

Pascal, en transcrivant, commente : « Qui leur obéit parce qu'elles sont justes, obéit à la justice qu'il imagine, mais non pas à l'essence de la loi. »

Cette essence de la loi c'est sans doute d'être un principe d'ordre mais elle ne l'est qu'à condition d'être reçue. Il faut donc faire abstraction de son jugement propre, du sentiment personnel que l'on a de la justice. Autant cette abdication est légitime et nécessaire quand il s'agit d'obéir à la loi divine, autant elle est difficile à justifier quand il s'agit d'obéir à des lois faites par des hommes, à moins de voir, avec saint Paul, dans le commandement de l'homme la volonté de Dieu.

Pour saint Paul, il faut obéir aux « maîtres charnels ». Les

---

(1) Pascal : « La coutume fait toute l'équité par cette seule raison qu'elle est reçue ! C'est le fondement mystique de son autorité. » (p. 467). « Expression ironique », dit Brunschwig. Nous ne le croyons pas. Ce mot qui ne se trouve qu'ici dans Montaigne et que Pascal transcrit docilement, semble bien n'être qu'un équivalent de mystérieux. L'obéissance qui soumet le supérieur à notre raisonnement n'est plus obéissance ; la véritable obéissance doit se fonder sur un principe supérieur, religieux, mystique, qui dépasse la seule raison et atteint Dieu.

ordres d'un Néron sont « lourdement et largement fautiers ».
Il faut néanmoins s'y soumettre, non évidemment parce qu'ils
sont justes, mais parce qu'ils émanent d'un homme qui tient de
Dieu son pouvoir de commander. « Que toute âme soit soumise
aux autorités supérieures, car il n'y a point d'autorité qui ne
vienne de Dieu, et celles qui existent ont été instituées par lui. »
(Rom. XIII 1.) C'est ce qu'il appelle « obéir » non par crainte
seulement mais aussi par motif de conscience » et encore :
« Obéir dans la simplicité de son cœur », sans enquête, « en
serviteurs du Christ qui font de bon cœur la volonté de Dieu ».
(Eph. VI 6.)

Montaigne traduit cette pensée en sa langue où, sous le vernis
profane, transparaît l'inspiration chrétienne : « Je me laisse ignoramment et négligemment manier à (par) la loi générale du
monde... La bonté et capacité du gouverneur nous doit à peu
et à plein décharger du soin de son gouvernement. » (III, 391 C.)

Nous savons quel est ce Gouverneur. C'est ici une fois de
plus le lieu de rappeler le grand principe qui guide la vie de
Montaigne : « Suffit à un chrétien croire toutes choses venir
de Dieu. »

Et si cette obéissance à la fois « aveugle » et clairvoyante à
des maîtres fautiers entraîne pour nous des conséquences pénibles, nous avons pour nous encourager et nous éclairer l'exemple de la Sainte Eglise : « La religion chrétienne a toutes les
marques d'extrême justice et utilité, mais nulle plus apparente
que l'exacte recommandation de l'obéissance au magistrat et la
manutention des polices (le maintien des formes du gouvernement). Quel merveilleux exemple nous en a laissé la sapience
divine qui, pour établir le salut du genre humain et conduire
cette sienne glorieuse victoire contre la mort et le péché, ne l'a
voulu faire qu'à la merci (selon le caprice) de notre ordre politique, et a soumis son progrès et la conduite d'un si haut effet
et si salutaire à l'aveuglement et injustice de nos observations
(lois) et usances, y laissant courir le sang innocent de tant d'élus
ses favoris et souffrant une longue perte d'années à mûrir ce
fruit inestimable. » (I, 153 B.)

Dieu lui-même s'est soumis à César. Quel exemple en effet et
quelle leçon pour ces réformateurs qui attaquent le trône du
roi très chrétien, qui troublent l'Etat, bouleversent l'ordre public
et pour quel motif ! « Dieu seul pourrait savoir, en notre présente querelle... combien ils sont qui se puissent vanter d'avoir
exactement reconnu les raisons et fondements de l'un et l'autre
part. C'est un nombre, si c'est nombre, qui n'aurait pas grand
moyen de nous troubler. Mais toute cette autre presse (foule)
où va-t-elle ? Sous quelle enseigne se jette-t-elle à quartier (à
l'écart des lois) ? (I, 155 B.)

Que les sages se soumettent ; le peuple suivra et tout rentrera
dans l'ordre, pour le plus grand bien de tous et de chacun.

CHAPITRE VI

LA CHARITE

L E Christ a dit : « A ce signe on reconnaîtra que vous êtes mes disciples si vous vous aimez les uns les autres. » (Jean, XIII 35.)

Montaigne a bien compris que l'essence du christianisme c'est la charité et il a traduit à sa manière le mot divin. « La marque particulière de notre vérité devrait être notre vertu. » Quelle vertu ? « On devrait dire : sont-ils si justes, si charitables, si bons ? Ils sont donc chrétiens. Toutes autres apparences sont communes à toutes religions : espérance, confiance, événements, cérémonies, pénitence, martyres. » (II, 151 B.)

La phrase que nous venons de citer exprime les deux éléments de la charité. Le mot *charitable* placé entre *juste* et *bon*, nous rappelle. que l'auteur y ait pensé ou non, que la charité naît de la bonté et produit la justice. La bonté d'abord : c'est l'élément affectif. Le mot signifie à la fois cette émotion que nous éprouvons devant les souffrances d'autrui ; la *compassion* ; cette indulgence que nous ressentons pour ses faiblesses morales : la *miséricorde* ; ce désir de lui être agréable ou utile, de lui faire plaisir : la *bienveillance*.

La justice diffère en théorie de la charité : elle implique le paiement d'une dette. Mais nous sommes tous les débiteurs du prochain. Tout homme, par le fait qu'il est homme, a droit à notre estime, à notre amour, à notre aide. Il a droit à recevoir de nous tout ce que nous avons droit d'attendre de lui.

       Il se faut entr'aider, c'est la loi de nature,

dit La Fontaine. De cette loi de nature Jésus a fait une loi divine. Il nous a rappelé que nous sommes tous fils du même Père et donc frères. Le précepte naturel est devenu un précepte positif : « *Tu aimeras ton prochain comme toi-même.* » Cela veut dire, selon le commentaire du Christ : tu feras pour les autres ce que tu voudrais que les autres fassent pour toi-même (1). Voilà le contrat social établi par l'Evangile.

Montaigne a pensé nous rappeler notre principal devoir de

(1) « Tout ce que vous voulez que les hommes vous fassent, faites-le leur ». dit Jésus (Mt, VII[12]). Maldonat sur ce texte : « A bon droit les philosophes ont pensé que c'était là le premier principe de la nature et de la philosophie morale. » (l. c. col. 172 D.)

charité en nous rappelant le devoir de justice ainsi comprise :
« *Nous devons justice aux hommes* » (II, 141 A), écrit-il dans
phrase lapidaire qui pourrait servir d'épigraphe à ce chapitre.

Jésus a placé devant les siècles comme modèle de cette charité l'image inoubliable du bon Samaritain. Le Samaritain est
un hérétique, ou du moins un schismatique. C'est ainsi qu'il est
qualifié par les prêtres, les lévites et les zélés observants de la
loi. Il n'est donc pas censé agir par des motifs surnaturels, puisque le Dieu qu'il sert et qu'il va honorer sur le mont Garizim
n'est pas le « vrai Dieu » de Sion.

Le sentiment qui le force à s'arrêter, à se pencher sur le blessé,
à l'entourer des soins les plus délicats, c'est la compassion : « *misericordia motus est* ». Mais ce n'est là, dira-t-on, qu'un sentiment
naturel. Justement, Jésus part du naturel, du naturel qui n'a pas
été étouffé en cet homme, comme il l'a été dans le prêtre et le
lévite, par l'opinion de science, par les préjugés et les fiertés de
race, par les haines de religion, par les routines pieuses vides
d'âme et d'humanité, par toutes ces passions partisanes qui
étouffent ou dénaturent la doctrine. Le Samaritain commence
par être *humain* : c'est la route pour arriver à être divin. Et au
fond, ce qu'il accomplit n'est que juste : la pitié a été la route
vers la justice. Quelque zélées, quelque tendres que soient les
prévenances qu'il prodigue au malheureux, il sait bien que cet
homme, tout juif qu'il est, est homme et il le traite comme il
voudrait lui-même être traité, ou plutôt comme il se traiterait
lui-même.

Voilà la vraie charité. Le bon Samaritain semble le premier
type des vrais chrétiens. Et pourtant, dans son émouvante histoire, Dieu n'est pas nommé. Etait-ce nécessaire ? Il est présent partout dans la pensée du Christ et dans celle de ses auditeurs. Dieu n'est pas nommé, mais les actions de l'homme le
révèlent.

Ces réflexions préliminaires étaient utiles pour prévenir la
même objection. Dans les propos de Montaigne sur la justice,
la charité, la bonté, Dieu n'est pas nommé ou du moins il l'est
peu. Sans doute, mais nous savons combien il est présent à la
pensée de l'auteur et nous verrons comment les actes, sans
s'y référer, le révèlent.

Charité bien ordonnée commence par soi-même...

Nous avons à dissiper un préjugé qui, s'il n'est pas nettement
formulé, se présente cependant à l'esprit de bien des lecteurs
de Montaigne. Nous opposons la solitude à la charité comme
nous opposons l'inaction à l'action. Dans notre siècle qui a pour
mot d'ordre : *action*, les anachorètes sont mal vus. Dans ce
monde moderne trépidant, Montaigne apparaît un peu comme
le dernier ermite du Moyen Age, un homme qui se désintéresse

du salut des autres pour ne penser qu'à son propre salut. Nous songeons au rat de La Fontaine qui

...las des soins d'ici-bas
Dans un fromage de Hollande
Se retira loin du tracas.
Le gîte, le couvert, que faut-il davantage ?

Plaisante moquerie, que réfute La Fontaine lui-même :

Il sait bien que ce n'est pas vrai et le loup exprime bien sa vraie pensée :

Vous ne courez donc pas où vous voulez ?

Nous n'aimons pas nous retirer. Nous aimons courir en liberté, courir encore. Peu aiment, selon le conseil de l'Evangile, s'asseoir et réfléchir (Luc XIV 28). Nous ne manquons pas de modèles d'action ; nous manquons davantage de modèles de méditation.

Montaigne considère comme son premier devoir, nous l'avons vu, de s'occuper de soi. C'est de beaucoup la tâche la plus importante : « C'est pourquoi nous sommes ici (-bas). » (III, 300 B.) Autant que je puis, je m'emploie tout à moi... Aux affections (*passions*) qui me distraient de moi et attachent ailleurs, à celles-là certes m'opposé-je de toute ma force. » (III, 295 B.)

...et finit par les autres.

Mais cet attachement qui a pour but l'introspection et la correction, n'est pas égoïsme ; Montaigne a pour maxime : « Mon opinion est qu'il se faut prêter à autrui et ne se donner qu'à soi-même. » Encore faut-il se prêter. On ne saurait d'ailleurs se donner à soi sans se prêter à autrui, car la connexion est si étroite entre nous et les autres qu'en se servant soi-même on sert les autres : « Qui sait les devoirs de l'amitié que chacun se doit à soi-même et les exerce, celui-là est vraiment du cabinet (*du commerce intime*) des Muses ; il a atteint le sommet de la sagesse humaine et du bonheur. Celui-ci, sachant exactement ce qu'il se doit, trouve dans son rôle qu'il doit appliquer à soi l'usage des autres hommes et du monde et, pour ce faire, contribuer (*apporter en contribution*) à la société publique les devoirs et offices qui le touchent... « Qui ne vit aucunement à (*pour*) autrui ne vit guère à soi. » (III, 299 B...C.) Et réciproquement « Qui ne vit aucunement à soi ne vit guère à autrui. »

Le mot *se prêter* à autrui va loin, bien plus loin que nous ne penserions : « Je ne veux pas qu'on refuse aux charges qu'on prend l'attention, les pas, les paroles, et la sueur et le sang au besoin. Mais c'est par emprunt et accidentellement, l'esprit se tenant toujours en repos et en santé, non pas sans action, mais sans vexation (*trouble et agitation*), sans passion. » (III, 300 B.)

Servir.

Se prêter, en définitive, c'est *servir* et ce mot lui paraît la meilleur devise : « Je suis de cet avis que la plus honorable vacation (*profession*) est de SERVIR au public et être utile à beaucoup. » (III, 225 B.) Mais c'est en se perfectionnant qu'on se rend plus utile et on n'a jamais fini de se « parfaire ».

Ces maximes ne sont pas pour Montaigne purement théoriques et le mot *servir* n'est pas pour lui un vain mot.

Bien que les fonctions publiques ne soient pas « du gibier » de Montaigne et qu'il « s'en départe » tant qu'il peut, il n'a pas refusé de répondre à l'appel des jurats de Bordeaux : il s'est arraché à sa solitude pour assumer la mairie de cette ville.

Ce que fut Montaigne dans l'exercice de cette magistrature nous le savons peu jusqu'ici par les documents. Mais il est intéressant de le savoir par lui. Fidèle à ses principes, il « a pu se mêler des charges publiques sans se départir de soi de la largeur d'un ongle et se donner à autrui sans s'ôter à soi » (III, 300 B). Il ne veut pas être de ceux qui s'engagent dans leur fonction et « se prélatent (*sont prélats*) jusques au foie et aux intestins » (III, 306 B). Ce calme et cette modération ont paru déplacées dans un chef. « Aucuns disent de cette mienne occupation de ville que je m'y suis porté en homme qui s'émeut trop lâchement (*faiblement*) et d'une affection languissante. J'essaie à tenir mon âme et mes pensées en repos... Ils disent aussi cette mienne vacation s'être passée sans marque et sans trace. » « Il est bon, ajoute-t-il avec ironie, on accuse ma cessation (*inaction*), en un temps où tout le monde était convaincu de trop faire... S'ils n'oyent du bruit, il leur semble qu'on dorme... Je n'accuse pas un magistrat qui dorme, pourvu que ceux qui sont sous sa main dorment quand et lui (*dort*) : les lois dorment de même. Pour moi, je loue une vie glissante, sombre et muette (*sans éclat et sans bruit*). » (III, 319 B.) Il a préféré à l'agitation et à l'ostentation, la bonté, la modération, l'égalité d'humeur, la constance « et telles qualités quiètes et obscures qui ne se sentent pas ».

Il ne lui a pas trop mal réussi. Ce magistrat n'a pas d'histoire parce que sa magistrature n'a pas eu d'histoires. Ses sujets ne se sont pas plaint puisque, contre son gré, ils l'ont réélu. Ce n'est donc pas sans fondement qu'il « s'assure n'avoir laissé ni offense ni haine ». C'est trop peu dire.

Modestement, il attribue ce succès à son heureuse chance. « Qui ne me voudra savoir gré de l'ordre, de la douce et muette tranquillité qui a accompagné ma conduite, au moins ne peut-il me priver de la part qui m'en appartient par le titre de ma bonne fortune. » Que le censeur ne fronce pas trop les sourcils à ce mot païen de bonne fortune, car Montaigne n'oublie jamais « toutes choses venir de Dieu ». « Je suis ainsi fait, ajoute-t-il ici, que j'aime autant être heureux que sage et devoir mes succès

à la grâce de Dieu plutôt qu'à l'entremise de mon opération. »
(III, 323 B.) La confiance en Dieu est pour lui le plus mol oreiller
et la plus sûre garantie d'un bon gouvernement.

Et c'est sans doute cette confiance, source de paix et de modération, qui a été le grand secret de son « succès ». Cette apparente inaction a été la condition la plus sûre d'une action aussi
efficace.

Mais, à côté de cette prélature d'une grande ville, fonction
éminente quoi qu'il en dise, Montaigne a exercé une autre action
politique bien plus profonde et bien plus étendue ; cet anachorète a été, comme d'autres solitaires avant lui, un conseiller et
un meneur de princes. La France entière a bénéficié de cette
charité qu'il avait d'abord pour lui-même.

En attendant une étude qui nous est promise (1) sur « Montaigne politique », nous trouvons dans les *Essais* des traces précieuses du rôle d'intermédiaire qu'il a joué entre le roi de France
Henri III et Henri de Navarre, le futur Henri IV. Ce n'est pas
lui qui cherche à faire valoir ce rôle dont il ne parle qu'avec
réserve et par de fugitives allusions. Et pourtant, s'il était le vaniteux qu'on a prétendu, quelle occasion de se pavaner ! Mais il
nous dit bien dans quel esprit il l'a assumé : « En ce peu que j'ai
eu à négocier entre nos Princes, en ces divisions et subdivisions
qui nous déchirent aujourd'hui, j'ai soigneusement évité qu'ils
ne se méprissent en moi et s'enferrassent en mon masque. »
(III, 8 B.)

Toujours le même principe de la charité bien ordonnée :
« Tendre négociateur et novice qui aime mieux faillir à l'affaire
qu'à moi ! »

Ici encore il se félicite du succès qu'il attribue toujours à sa
bonne fortune. Il écrit entre 1585 et 1588 qui est le moment le
plus important de ces négociations : « Ç'a été jusques à cette
heure avec tel heur (car certes la fortune y a principale part) que
peu ont passé de main à autre avec moins de soupçon, plus de
faveur et de privauté. »

Libéré des recherches d'ambition et de fortune, il avait l'avantage de « besogner sans aucun intérêt ». Mais sa suprême habileté était de manquer délibérément d'habileté. « Je ne dis rien
à l'un que je ne puisse dire à l'autre, l'accent seulement un peu
changé... Il n'y a point d'utilité pour laquelle je me permette de
leur mentir. » Il a fait avec ses interlocuteurs ce marché « qu'ils
me confient peu, mais qu'ils se confient hardiment de ce que je
leur apporte ».

Montaigne ne dit pas dans les *Essais* vers qui penchent ses
préférences. Le roi de France avait reçu son serment de sujet
loyal ; il était le chef du « bon parti », le parti de l'Eglise catholique et des vieilles traditions. Le roi de Navarre, par ses qua-

(1) Par M. Alexandre Nicolaï.

lités personnelles, par son jugement sûr et, en particulier, par
« une grande nonchalance et liberté d'actions et de visage au
travers de bien grandes affaires et épineuses » (III, 301 B) avait
conquis son estime et même son admiration. Il était aimé de l'un
et l'autre Prince et, pour des raisons diverses, il les aimait l'un
et l'autre. Il était le négociateur idéal. Il est bien vraisemblable
que, voyant le roi de Navarre appelé à devenir roi de France, il
ait usé sur lui de son influence discrète pour l'amener au catholicisme. C'était le seul moyen de réprimer la faction ligueuse et
la faction huguenote qui lui étaient également odieuses. On peut
juger de son influence et des conseils qu'il lui a donnés au
moment critique par les lettres qu'il lui écrivit après son accession au trône, où il lui prêche avec tant de pressante autorité
la modération et le pardon des injures.

Quoi qu'il en soit, il était d'autant plus puissant qu'il s'oubliait
davantage lui-même ; il était d'autant plus préparé à son grand
rôle qu'il le recherchait moins. C'est par la paix intérieure soigneusement cultivée que ce solitaire est devenu dans une mesure
difficile à apprécier, mais assurément très grande, le pacificateur
d'Henri IV et, par là, le pacificateur de la France. Les silencieux
sont les plus éloquents. Charité bien ordonnée qui commence
par soi-même finit toujours par autrui.

La miséricorde.

La première condition pour être charitable, c'est d'avoir un
cœur bon et compatissant. Une telle qualité peut être naturelle,
elle est le propre d'une « âme bien née », d'une « bonne
nature ». Mais elle peut se développer comme elle peut se perdre. Les meilleurs, s'ils s'analysent, découvrent en eux cette
semence de cruauté dont parle Virgile : *Suave mari magno...* ; il
y a en nous je ne sais quelle affreuse satisfaction de voir les
autres dans le péril ou dans la douleur, et cette satisfaction, il
faut soigneusement la réprimer. C'est là une des tâches qui
incombent aux éducateurs et que trop souvent ils négligent. Loin
d'étouffer le mauvais instinct pour faire épanouir le bon, ils
regardent sans inquiétude l'éclosion de la maudite graine :
« C'est passe-temps aux mères de voir un enfant tordre le col à
un poulet. » (I, 139 C.)

Montaigne est naturellement enclin à la compassion, et de
cette « passion » il ne se défend pas, encore qu'elle soit
« vicieuse aux stoïques », c'est-à-dire considérée par les stoïciens comme une faiblesse indigne de leur sage. Il est aux antipodes du stoïcisme par l'humilité, mais aussi par la pitié, sentiment naturel et humain incompatible avec l'orgueil. Il connaît
par expérience la souffrance et il compatit à celle des autres
comme à la sienne propre — *haud ignara mali miseris succurrere
disco,* l'expérience de la douleur m'apprend à secourir les mal-

heureux. — La connaissance perfectionne l'instinct, comme la religion parfait la connaissance.

« J'ai une merveilleuse (*prodigieuse*) lâcheté (*faiblesse*) vers la miséricorde et la mansuétude. Tant y a qu'à mon avis, je serais pour me rendre plus naturellement à la compassion qu'à l'estimation (*l'estime*). Les stoïques veulent qu'on secoure les affligés, mais non qu'on fléchisse et compatisse avec eux. » (I, 6 B.) Insupportable arrogance, aussi ignorante du cœur de l'homme que du sens des mots, comme si on pouvait compatir sans patir et secourir sans compatir. Combien plus vrai et plus humain le Christ : *misericordia motus est !* C'est bien contre les stoïciens qu'il a introduit dans le monde la divine pitié, selon le mot juste d'Anatole France. Quand la foi sanctionne cette pitié, c'est le christianisme.

« La naturelle compassion » de Montaigne va si loin qu'elle prendrait le pas sur « l'estimation » ; et, par exemple, il serait enclin à sympathiser avec le parti des rebelles quand il les voit malheureux et vaincus. (III, 428 B.) On a voulu voir dans cet aveu de « lâcheté » la preuve que Montaigne est de cœur avec les protestants ! Telle est, ici encore, la force du parti-pris qu'une phrase détachée d'un livre est interprétée contre le sens de tout un livre.

Donc, tout ce qui souffre conquiert la sympathie de Montaigne. « Je me compassionne fort tendrement des afflictions d'autrui et pleurerais aisément par compagnie si, par occasion que ce soit, je savais pleurer. Il n'est rien qui tente mes larmes que les larmes. » (II, 135 A.) Les bêtes même provoquent sa pitié : « Je n'ai pas su voir seulement sans déplaisir poursuivre et tuer une bête innocente qui est sans défense et de qui nous ne recevons aucune offense. » Les larmes du cerf l'ont ému. Cette sympathie procède d'un sentiment religieux : « La théologie considérant qu'un même Maître nous a logés en ce palais pour son service et que les bêtes sont, comme nous, *de sa famille,* elle a raison de nous enjoindre quelque respect (*égard*) et affection envers elles. » Il n'est pas jusqu'aux plantes qui ne méritent nos égards : « Il y a un certain respect qui nous attache, et un général devoir d'humanité, non aux bêtes seulement qui ont vie et sentiment, mais aux arbres même et aux plantes. » Il semble avoir entendu, comme Ronsard, gémir les arbres de la forêt de Gastine : « Les arbres même semblent gémir aux offenses qu'on leur fait. » (I, 66 A.)

Que dire de la compassion pour les hommes ? Montaigne ne peut se rappeler sans frémir les excès de cruauté inouïe dont le Périgord est témoin « par la licence de nos guerres civiles ». La bête n'est jamais cruelle : elle tue pour repaître son estomac affamé. L'homme est atrocement cruel, et surtout l'homme fanatisé par une ardeur de nouvelleté, une fureur de « partisan » (1). Il torture pour repaître ses yeux. Notre philosophe a beau constater tous les jours ces exploits sanguinaires, « cela, dit-il, ne m'y a nullement apprivoisé..., hacher et détrancher les membres d'autrui, aiguiser son esprit à inventer des tourments inusités et des morts nouvelles, sans inimitié, sans profit, et pour cette seule fin de jouir du plaisant spectacle des gestes et mouvements pitoyables, des gémissements lamentables d'un homme mourant en angoisse ! » (II, 138 A.)

Celui qui ne peut sans compassion voir souffrir une bête, comment tolèrerait-il qu'on fasse volontairement, sans profit, pour le plaisir, souffrir un homme ? L'humanité élémentaire le défend, et qui nierait ici l'accord de la divinité ?

Montaigne a eu pitié et cette pitié lui a dicté les accents les plus chaleureux, les plus nouveaux, les plus hardis contre les supplices infligés au nom de la justice. « Nous devons la justice aux hommes. »

La vraie justice est inséparable de la pitié, et, répétons-le, de l'union de ces deux sentiments naît la charité.

Plus de « supplices », plus de « géhennes » !

Montaigne ose proclamer, et par deux fois, ce principe d'une audace alors inouïe, ce principe « licencieux », de l'avis de Pasquier : « En la justice même, tout ce qui est au-delà de la mort simple me semble pure cruauté. » (II, 498 A), (II, 136 A.)

Dans l'intention louable d'inspirer au peuple la crainte de certains crimes plus odieux, les païens avaient imaginé une variété atroce de supplices : la roue, le pal, le chevalet, le feu, l'écartèlement, la croix... où s'arrêter, surtout quand la haine se pare du nom de justice ? On l'a bien vu au supplice du Christ. Pourtant les disciples du Christ, héritiers des codes antiques, avaient recueilli ces cruels accessoires. Le génie de Dante avait accoutumé les esprits à cette idée que *le châtiment doit être proportionné à la faute.* Rien de plus juste, apparemment, et voilà de quoi justifier tous les supplices. L'idée était tellement ancrée dans les esprits, la notion de supplice tellement liée à la notion de justice, que le censeur romain avait frémi devant une nouveauté si dangereuse : supprimer les supplices ! Il avait discrètement invité l'auteur à une rétractation.

Montaigne ne s'est pas rétracté. Et le fait est bien étrange au premier abord, car, en se rétractant, il se serait mis d'accord avec lui-même. N'est-il pas l'ennemi acharné de toute nouvelleté, de toute ingérence personnelle, et ne dit-il pas que le sage, s'il ne pense comme les autres, doit au moins se taire ? N'a-t-il pas proclamé « qu'il ne faut rien changer à une coutume reçue »; n'a-t-il pas affirmé, à l'applaudissement de Pascal, que nous

(1) « Les premières cruautés engendrent les revanches, d'où se produit une enfilure de cruautés. » (II, 496 C.)

devons obéissance aux lois, « non parce qu'elles sont sages, mais parce qu'elles sont lois ».

Or, s'il est une coutume passée en loi, vénérable par son antiquité, consacrée par le patronage des législateurs les plus estimés, par l'usage des tribunaux les plus augustes, par l'autorité des rois, par le consentement au moins tacite de l'Eglise, c'est bien la coutume des supplices.

Pourtant Montaigne n'a pas rétracté le principe qui choquait le censeur romain, et il s'est contredit lui-même sur ce point.

Car aux yeux d'un humaniste, comme lui entend l'être, cette loi choque l'humanité. Mais surtout, aux yeux de ce chrétien, cette loi choque notre sainte religion. Eh ! peut-on, à vrai dire, « choquer » l'humanité sans « choquer », c'est-à-dire renverser la vraie religion ?

Laissons à Dieu le soin de proportionner le châtiment au crime, car lui seul connaît vraiment le crime, et lui seul connaît le châtiment. Estimons que la mort est le plus affreux châtiment qui soit entre nos mains, mais, pour Dieu ! la mort simple, qui est le passage d'une âme à l'éternité. Ne nous exposons pas à sacrifier en même temps que le corps, l'âme.

Vous dites : il faut un exemple au peuple. Mais cet exemple doit-il être payé du prix infini d'une âme ? Il faut un exemple pour le peuple ? Eh bien soit ; abandonnons-lui le corps, sauvons l'âme.

Comment avons-nous l'inconscience d'entourer de cruautés la mort par elle-même si cruelle « nous qui devrions avoir respect (souci) d'en envoyer les âmes en bon état ; ce qui ne se peut, les ayant agitées et désespérées par tourments insupportables ? » (II, 136 A.)

Sauvez l'âme, je vous quitte des corps ; je vous laisse les cadavres ; torturez-les après le départ de l'âme, « car de les voir priver de sépulture, de les voir bouillir et mettre à quartiers, cela toucherait quasi autant le vulgaire que les peines qu'on fait souffrir aux vivants ». (II, 137 A.)

Il vaut bien mieux un corps privé de sépulture qu'une âme privée du ciel, car le corps saura toujours rejoindre l'âme au jour de la « restauration ». Les bourreaux ne pourraient l'en empêcher, « comme Dieu dit : ils tuent le corps et après ils ne peuvent rien de plus ». (Luc XII 14) (II, 137 C.)

Les supplices, et les pires, ont encore un semblant de justification quand ils châtient des crimes avérés. Mais que dire de ceux qu'on inflige d'avance et à l'aveugle pour des crimes présumés ? Et pourtant la coutume, la tradition vénérable a consacré ceux-ci autant que ceux-là, et les géhennes, autrement dit les tortures de la question imposées aux prévenus, passent depuis toujours elles aussi pour des accessoires nécessaires de la justice.

Montaigne, ici encore, s'insurge hardiment contre la coutume, car elle contredit trop évidemment la justice idéale ; elle n'exprime que trop « la *forme* de cette justice qui nous régit : qui est un vrai témoignage de l'humaine imbécillité, tant il y a de contradiction et d'erreur ». (III, 387 B.)

Par son audace il dresse contre lui tous les juristes attachés à ces *formes* que la coutume cesse de faire paraître injustes et inhumaines. Ses arguments, partis du cœur et de la raison, sont aussi modérés qu'invincibles : Les cruelles géhennes (que le mot gêne est affadi !) sont « plutôt une épreuve de patience que de vérité... Que ne dirait-on, que ne ferait-on pour fuir à si grièves douleurs ? d'où il advient que celui que le juge a torturé pour ne le faire mourir innocent, il le fasse mourir et innocent et torturé ». (II, 51 A.)

— Mais, dit-on, c'est « le moins mal que l'humaine faiblesse ait pu inventer...

— Bien inhumainement pourtant et bien inutilement.

Ni l'aveu ne prouve rien, ni le silence non plus.

Les éloquentes protestations de Montaigne ont à coup sûr inquiété des consciences et provoqué d'utiles réflexions.

Le cas des sorciers.

Nous devons la justice aux hommes en n'aggravant pas de supplices la mort simple, s'ils sont coupables ; en ne les pressant pas d'horribles tortures pour savoir d'eux s'ils sont coupables.

Mais nous la leur devons surtout en ne les condamnant pas aux pires châtiments sur de simples conjectures.

Il y a toujours eu dans la chrétienté, mais il y avait particulièrement en France au XVI° siècle des hommes qu'on appelle *sorciers.*

Ces hommes et surtout ces femmes, connues encore en Périgord sous le nom de *facilières*, passent pour avoir des relations avec le diable, relations évidemment criminelles : dis-moi qui tu hantes... L'esprit du mal auquel ces gens sont liés par des contrats réels ou imaginaires ne peut que leur communiquer un pouvoir malfaisant. Ils jettent des *sorts* sur les sources, les récoltes, les animaux, les hommes. C'est ce que le peuple voit de plus clair, d'où leur nom de sorciers. La profession est lucrative, car on les redoute, on les consulte, on les apaise ; on essaye de se mettre par eux en relation avec les puissances occultes. Bref, on préfère les avoir pour soi que contre soi. La police les traque et la juridiction civile est inflexible à leur égard.

Pour Montaigne, la question ne fait pas de doute : il y a des sorciers. « La divine parole nous en offre des exemples très certains et irréfragables. » (III, 332 B.) Mais qui est sorcier, qui est lié aux puissances surnaturelles ? Voilà la difficile question que les juges ont à trancher, question d'autant plus délicate qu'il y va de la vie ou de la mort d'un homme. Et quelle mort ! les délinquants sont brûlés vifs. Dieu seul, pense Montaigne, peut savoir de science certaine qui est sorcier. « Il appartient à l'aventure à ce seul très-puissant témoignage de nous dire : celui-ci en est et celle-là et non cet autre. Dieu en doit être cru, c'est vraiment bien raison ; mais non pourtant un d'entre nous qui s'étonne (*reste confondu*) de sa propre narration, et nécessairement il s'en étonne, s'il n'est hors de sens. »

Les juges sont donc invités, en pareille matière où entrent en jeu des forces surnaturelles, à user de la plus grande circonspection. C'est ici qu'une hâte téméraire serait à la fois présomption et cruauté, deux vices très odieux à Montaigne. Il insère ses réflexions dans ce chapitre des *Boiteux* où nous sommes rappelés, avons-nous dit, à ce lumineux principe de critique : « Ils commencent ordinairement ainsi : comment est-ce que cela se fait ? Mais se fait-il ? faudrait-il dire. »

On imagine aisément un dialogue entre Montaigne et son ami le jurisconsulte Bodin, particulièrement acharné contre les sorciers.

Ce dialogue est facile à reconstituer par des extraits même du fameux chapitre.

— Je suis lourd et me tiens un peu au massif et au vraisemblable... Dieu merci, ma croyance ne se manie pas à coups de poing... A tuer les gens, il faut une clarté lumineuse et nette...

— Mais ils emploient drogues et poisons...

— Quant aux drogues et poisons, je les mets hors de compte : ce sont homicides et de la pire espèce. Toutefois en cela même, on dit qu'il ne faut pas toujours s'arrêter à la propre confession de ces gens-ci, car on les a vu parfois s'accuser d'avoir tué des personnes qu'on trouvait saines et vivantes. Telle est, entre parenthèses, la valeur des aveux obtenus par la torture.

— Quel tribunal humain pourrait juger s'il faut s'en rapporter au témoignage de Dieu ?

— J'accepte le témoignage d'un homme, mais à condition « qu'il soit cru de ce qui est humain ; de ce qui est hors de sa conception et d'un effet surnaturel il en doit être cru lors seulement qu'une approbation surnaturelle l'a autorisé... J'ai les oreilles battues de mille tels contes : trois virent le sorcier un tel jour à l'orient ; trois le virent le lendemain en occident, à telle heure, ainsi vêtu. Certes, je ne m'en croirais pas moi-même. Combien trouvé-je plus naturel et plus vraisemblable qu'un homme ment... que d'admettre qu'un de nous soit envolé sur un balai, le long du tuyau de sa cheminée, en chair et en os... Je suis de l'avis de saint Augustin qu'il vaut mieux pencher vers le doute que vers l'assurance ès choses de difficile preuve et dangereuse croyance.

— Mais alors, si la preuve n'est pas possible, on ne condamnera plus aucun sorcier et la profession sera prospère pour le grand dam de la chrétienté.

— S'ils sont de mauvaise foi, qu'on les condamne de peines proportionnées à leur faute, ces exploiteurs de la crédulité publique. Mais ceux que j'ai vus, « une vieille entre autres, vraiment bien sorcière en laideur et difformité, très fameuse de longue main en cette profession... je leur eusse plutôt ordonné de l'ellébore que de la ciguë ». Ils étaient plus fous que coupables.

Pour moi, sur des preuves si fragiles, je ne chargerais pas ma conscience d'une telle condamnation : « Après tout, c'est mettre ses conjectures à bien haut prix que d'en faire cuire un homme tout vif. » (III, 335 B.) Il faut être bien prévenu pour voir dans cette boutade célèbre autre chose que la condamnation cinglante d'un homme qui pousse la présomption et la confiance en lui-même jusqu'à condamner au feu un autre homme sans preuve évidente.

Qui voudra, avec le Dr Armaingaud, détourner le mot *conjecture* de son sens obvie et précis d'opinion sur un fait judiciaire pour lui donner celui de croyance religieuse ?... (1).

Le lecteur verra sans doute avec nous, dans cette phrase, la preuve d'un véritable esprit critique, d'un souci remarquable d'objectivité ; la preuve d'un grand cœur épris de justice et de bonté ; le témoignage aussi d'une courageuse sincérité.

Hommage aux adversaires.

« Nous devons la justice aux hommes », fussent-ils comme le protégé du bon Samaritain, nos contradicteurs ou même nos adversaires. La chose la plus difficile sans doute est de porter sur les choses et en particulier sur les hommes des jugements exempts de passion : on le voit bien par la variété, la contradiction même de ceux qu'on a portés sur Montaigne. Tout le but et tout l'art de notre philosophe est de juger avec sérénité. Il s'efforce, à cet effet, d'être « insensible ».

Il entend par là non une dureté du cœur devant les souffrances d'autrui, car il est, en ce sens moderne du mot, très sensible, nous venons de le voir ; il entend un raidissement de l'esprit contre les surprises de l'imagination, de la passion, de la sensibilité.

Il s'émeut des souffrances des autres ; il ne se passionne pas pour ses idées propres. La réflexion l'a rendu si défiant de lui-même qu'elle a émoussé toutes ces pointes d'amour-propre si piquantes, si blessantes souvent pour autrui. Cette défiance en quelque sorte innée, il l'a cultivée de son mieux. « J'ai grand soin d'augmenter par étude et par discours (*raisonnement*) ce privilège d'insensibilité qui est naturellement bien avancé en

---

(1) Dr Armaingaud (l. c. p. 181) : « Ce texte suffirait à lui seul pour établir l'incrédulité de Montaigne ! » Espérons que le bon Docteur n'a pas été toujours aussi malheureux dans ses diagnostics médicaux !

moi. J'épouse et me passionne par conséquent de peu de choses. Je m'engage difficilement. » (III, 295 B.)

Cet homme épris de liberté, ce qu'il veut sauvegarder avant tout c'est la liberté de son jugement. Sur les idées, sur les coutumes, nous l'avons vu ; sur les hommes aussi, nous allons le voir.

On juge les autres d'après sa caste à soi, son *parti*, son groupe. Rien n'enchaîne le jugement comme l'esprit partisan. C'est de cet esprit-là que Montaigne est parvenu à se libérer.

« Quand ma volonté me donne à un parti, ce n'est pas d'une si violente obligation que mon entendement s'en infecte. Aux présents brouillis de cet Etat, mon intérêt ne m'a pas fait méconnaître ni les qualités louables en nos adversaires ni celles qui sont reprochables en ceux que j'ai suivis. »

Il s'attache à distinguer entre les hommes et les doctrines. Intransigeant sur les doctrines, il est bienveillant ou du moins il tâche d'être juste pour les hommes. La sévère condamnation qu'il porte contre la présomption des meneurs ne l'aveugle pas sur leurs mérites personnels. « Hors le nœud du débat », qui est la question religieuse où il réprouve, nous l'avons vu, toute compromission, « je me suis maintenu en équanimité (*égalité d'âme*) et pure indifférence ». En dehors du combat, il sait rendre justice à l'ennemi : « De quoi je me gratifie d'autant que je vois communément faillir au contraire. »

Pour admirer la grâce de M. de Guise, on n'est pas forcément de la Ligue ; pour « s'étonner » de l'activité du roi de Navarre, on ne doit pas être qualifié huguenot ; et on n'est pas séditieux parce qu'on « trouve ceci à dire » aux mœurs du Roi. On n'est pas hérétique pour apprécier à leur valeur de jolis vers composés par un hérétique. « Je ne concédai pas au magistrat même (au censeur romain) qu'il eût raison de condamner le livre (les *Essais*) pour avoir logé entre les meilleurs poètes de ce siècle un hérétique. »

Montaigne avait écrit : « Nous avons foison de bons artisans de ce métier-là (la poésie latine) : Aurat, Bèze, Buchanan, L'Hôpital, Montdoré, Turnèbe. » (II, 448 A.) Or, Bèze était un protestant. Un catholique pouvait-il admirer les vers latins d'un protestant ? Louer un calviniste, n'était-ce pas exalter le calvinisme ? Et le censeur romain avait brandi ses foudres. Pas du tout, réplique Montaigne. « N'oserions-nous dire d'un voleur qu'il a une belle grève (*jambe*) ? » (III, 308 C.)

Si peu de gens sont capables d'une telle liberté d'esprit, c'est que « leur sens et entendement est entièrement étouffé en leur passion... Mais certes, on fait tort aux parties justes quand on les veut recourir de fourberies. J'y ai toujours contredit. Croit-on servir la cause catholique en soutenant que les vers de Bèze sont méchants ? On la soutient mieux en disant : « il fait méchamment ceci et vertueusement cela. »

Dans son souci de justice, Montaigne « faudrait plutôt vers
l'autre extrémité, tant il craint que son désir le suborne ». Il est
de ceux qui « se défient des choses qu'ils souhaitent ». Il ne
tombera pas néanmoins dans cet autre excès devenu si fréquent,
de ne trouver de talent, voire de vertu, que chez les adversaires.
Il n'a souci que d'équanimité et d'équité.

Ce souci l'amène à discerner les erreurs des anciens au milieu
de leurs vertus. Il sait condamner ici la dureté de Caton, là les
utopies de Platon, ailleurs même le démon de Socrate, sans cesser pour autant de rendre hommage aux mérites de ces grands
hommes. Cet humaniste ne craint pas de déplorer la destruction
systématique des livres païens au temps de Constantin, « de quoi
les gens de lettre souffrent une merveilleuse perte ». (II, 457 A.)
Il ose reprocher aux anciens écrivains ecclésiastiqus « de prêter
aisément des louanges fausses à tous les empereurs qui faisaient
pour nous et condamner universellement toutes les actions de
ceux qui nous étaient contraires ». Il a même estimé juste de
tenter une sorte de réhabilitation de Julien l'Apostat, et cette
tentative, malgré bien des nuances et des réserves, ne fut guère
du goût, elle non plus, du censeur romain.

Plusieurs de ses contemporains lui en ont fait un grief, et
beaucoup de critiques « tolérants » lui en ont fait, depuis, un
mérite. Ni les uns ni les autres n'ont bien compris, semble-t-il,
la hauteur du sentiment qui l'anime, un sentiment de charité.
« Ce que je vois de beau en autrui, je le loue et l'estime très
volontiers, voire j'enchéris souvent sur ce que j'en pense et me
permets de mentir jusque là... Voire à mes ennemis je rends
nettement ce que je dois de témoignage d'honneur... Je ne con-
fonds point ma querelle avec autres circonstances qui n'en sont
point, et je suis tant jaloux de ma liberté que malaisément la
puis-je quitter pour quelque passion que ce soit. » (II, 445 A.)

Le Christ a dit : « Ne jugez pas. » Le moyen de ne pas juger ?
Cela s'entend évidemment des jugements téméraires. Mais la
plupart de nos jugements ne le sont-ils pas s'ils ont pour objet
l'âme du prochain ? Le meilleur moyen de les éviter, c'est de
pencher vers l'indulgence et de présumer plutôt le bien que
le mal.

C'est à quoi s'efforce Montaigne : « Je suis peu défiant et
soupçonneux de ma nature ; je penche volontiers vers l'excuse
et l'interprétation plus douce. Je prends les hommes selon le
commun ordre et ne crois pas à ces inclinations perverses et
dénaturées si je n'y suis forcé par grand témoignage. » (III,
373 B.) (1).

Ainsi ferme-t-il la porte à la haine : celle qu'on éprouve et

(1) Maldonat : « Un homme de bien ne condamne pas les actions
d'autrui, quelque apparence de péché qu'elles aient, tant qu'il peut
trouver une interprétation favorable. » (l. c. 283 B.) Maldonat n'est
implacable, lui non plus, que contre les présomptueux.

qui a pour pendant nécessaire celle qu'on inspire. « Je ne hais personne et suis si lâche (*peu enclin*) à offenser que, pour le service de la raison même, je ne le puis faire... » (III, 376 B.) « Mes mœurs molles (*paisibles*), ennemies de toute aigreur et âpreté, peuvent aisément m'avoir déchargé d'envies et d'inimitiés : d'être aimé, je ne dis ; mais de n'être point haï, jamais homme n'en donna plus de cause. » (III, 448 B.)

Tout ce qui souffre, tout ce qui peine, tout ce qui est dédaigné, inspire sympathie à Montaigne. Nourri parmi les humbles, il en a gardé l'amour des humbles. Son père voulait le « rallier avec le peuple », « Son dessein n'a pas du tout mal succédé : je m'adonne volontiers aux petits, soit parce qu'il y a plus de gloire, soit par naturelle compassion qui peut infiniment en moi. » (III, 428 B.)

Un trait nous permet de saisir sur le vif cette charité de Montaigne faite de défiance de soi et d'humilité. Ce trait éclaire toute son âme d'une lumière d'autant plus vive que l'opposition avec Pascal la fait ressortir davantage.

Relisons d'abord la pensée fameuse attribuée à celui-ci : « D'où vient qu'un boiteux ne nous irrite pas et un esprit boiteux nous irrite ? » (p. 361).

L'intérêt de cette question si imprévue et si pénétrante c'est qu'elle présente sous la forme la plus imagée le problème des éternels dissentiments qui séparent les hommes.

Mais cette question n'est pas de Pascal ; elle est, elle aussi, de Montaigne : « Pourquoi, sans nous émouvoir, rencontrons-nous quelqu'un qui ait le corps tortu et mal bâti, et ne pouvons-nous souffrir la rencontre d'un esprit mal rangé sans nous mettre en colère ? » (III, 193 B.)

La réponse de Pascal est connue : elle est admise par tous parce qu'elle favorise notre incorrigible « opinion de savoir » : « A cause qu'un boiteux reconnaît que nous allons droit et qu'un esprit boiteux dit que c'est nous qui boitons ; sans cela nous en aurions pitié et non colère. » Il y a dans cette réponse une pointe de présomption qui déplairait à Montaigne. En somme, Pascal paraît très sûr d'aller droit. Mais d'où lui vient cette assurance ? Nous disons *paraît* parce que la suite de la pensée insinue que la contradiction ébranle parfois cette suffisance. Mais l'attitude ordinaire des esprits, conforme au premier jet de Pascal, est bien d'affirmer tout de go que c'est nous qui avons l'esprit juste : c'est nous qui allons droit.

La réponse de Montaigne est toute différente, tout imprégnée de douceur et d'humilité : « Cette vicieuse âpreté (cette colère que nous ressentons) tient plus au juge qu'à la faute. » De quel droit nous irriter ? Sommes-nous si sûrs d'avoir raison ? Il faut une certaine présomption pour affirmer devant un homme qui nie. « Je crois avoir des opinions bonnes et saines ; mais qui n'en croit autant des siennes ? » (II, 443 A.) Combien de fois me suis-je trompé ! « Combien de sottises dis-je et réponds-je tous les jours, selon moi, et sans doute donc combien plus fréquentes selon autrui !... Ayons toujours en la bouche ce mot de Platon : « Ce que je trouve malsain, n'est-ce pas pour être moi-même malsain ? Ne suis-je pas moi-même en coulpe ?... Sage et divin refrain qui fouette la plus universelle et commune erreur des hommes. » (III, 193 B.)

Si nous avions un peu plus de défiance de nous-mêmes, nous aurions plus de bienveillance envers les autres. Nous conviendrions que tout le monde est plus ou moins boiteux, nous comme les autres.

Au moins, nous aurions peur de l'être, et bien des disputes, bien des querelles, bien des guerres seraient évitées. Sage et divin refrain : c'est bien celui de Montaigne. Et s'il part d'un profond et sagace esprit, il témoigne plus encore d'un grand cœur.

Le cœur de Montaigne : le père.

Un passage connu des *Essais* nous donne au premier abord une idée fâcheuse du cœur de Montaigne et de ses sentiments paternels : « J'ai perdu, mais (*il est vrai*) en nourrice, deux ou trois enfants, sinon sans regret, au moins sans fâcherie. Si (*cependant*) n'est-il guère accident qui touche plus au vif les hommes. » (I, 73 C.) La phrase paraît d'autant plus dure qu'on a perdu le sens des mots : *fâcherie* signifiait désolation et *accident* voulait dire événement. Elle est dure néanmoins pour nos oreilles : quel père n'éprouverait de la mort de ses enfants, même en nourrice, un grand chagrin, et quel père surtout en oublierait le nombre ? Cet homme n'a pas de cœur !

Avant de conclure trop vite, essayons de nous rendre compte si l'expression « avoir du cœur » offrait pour Montaigne le même sens que pour nous. La phrase incriminée éclairera peut-être un trait essentiel de sa psychologie que nous avons déjà observé, et précisera l'image que nous devons nous faire de lui non d'après nous, mais d'après lui.

« Il faut suivre nature. » Beaucoup, nous l'avons vu, entendent par là : il faut suivre les instincts. La confidence étrange nous confirme au contraire que Montaigne ne l'entend pas ainsi. Il faut suivre nature, mais sous le contrôle de la raison, et il faut soumettre tous les instincts à la maîtrise de la raison. Les événements même qui provoquent en nous les plus vives émotions doivent être contrôlés par la raison. « Si les maux n'ont entrée en nous que par notre jugement, il semble qu'il soit en notre pouvoir de les mépriser ou contourner à bien. » (I, 59 A.) Si Montaigne place l'amitié si haut par rapport à l'amour, c'est que l'amitié est un sentiment raisonné.

Que la disparition d'enfants morts en nourrice éveille en son

âme une vive sensibilité, on n'en saurait douter puisqu'il ne peut
assister impassible à l'égorgement d'un poulet. Qu'il éprouve
du *regret*, lui-même l'avoue. Mais d'engager son cœur en ce
regret, jusqu'à en faire une « fâcherie », il n'y saurait consentir,
car alors l'instinct deviendrait le maître de la raison. Il s'efforce
de n'engager son cœur qu'à bon escient et envers des êtres
capables de le comprendre et de l'aimer comme il les aime.

Cet homme raisonnable qui veut « que la seule raison ait la
conduite de nos inclinations » et qui n'entend *aimer* que d'une
« affection soumise à l'ordonnance et entremise de notre jugement » n'aime ses enfants que raisonnables ou, du moins,
attend qu'ils le soient pour leur témoigner son amour. « Je ne
puis recevoir pour mon compte cette passion de quoi (*avec laquelle*) on embrasse les enfants à peine encore nés, n'ayant ni
mouvements en l'âme ni forme reconnaissable au corps, par où
ils se puissent rendre aimables... Une vraie affection et bien
réglée devrait naître et s'augmenter avec la connaissance qu'ils
nous donnent d'eux ; et alors, s'ils le valent, la propension naturelle marchant en proportion de la raison, les chérir d'une *amitié*
vraiment paternelle ; et en juger de même s'ils sont autres, nous
rendant toujours à la raison, nonobstant la force naturelle. Il en
va souvent tout au rebours... Le plus communément, nous nous
sentons plus émus des trépignements, jeux et niaiseries puériles
de nos enfants que nous ne faisons auprès de leurs actions toutes
formées, comme si nous les avions aimés pour notre passe-
temps, comme des guenons, non comme des hommes. » (II,
76 A.)

Une fois que l'enfant est devenu capable de comprendre, de
vouloir et d'aimer, c'est alors qu'un père raisonnable doit d'avoir
du cœur et le lui montrer. « Il faut se rendre respectable par sa
vertu et par sa suffisance et aimable par sa bonté et la douceur
de ses mœurs. » (II, 79 A.) Il faut surtout se rendre aimable, et
le seul moyen c'est d'aimer. « J'accuse (*je condamne*) toute
violence en l'éducation d'une âme tendre qu'on dresse pour
l'honneur et la liberté. Il y a je ne sais quoi de servile en la
rigueur et en la contrainte, et je tiens que ce qui ne se peut faire
par la raison et par la prudence ne se fait jamais par la force. »

Ces formules sont nouvelles et d'autant plus hardies que la
férule passait alors pour l'outil indispensable des pédagogues.
Le père de Montaigne a été plus sage, « un si bon père » que
Montaigne s'est proposé d'imiter : « On dit qu'à mon premier
âge je n'ai tâté des verges qu'à deux coups (*deux fois*) et mollement. J'aurais dû la pareille aux enfants que j'ai eus. Ils me
meurent tous en nourrice ! » Voilà le cri du cœur. Poignant en
sa brièveté il révèle une émotion que la raison, malgré sa
vigueur, n'a pas complètement maîtrisée. Et voici un autre cri
du cœur non moins éloquent pour qui sait lire. Il ne lui reste
qu'une fille, Léonor, « la seule qui ait échappé à cette infor-

tune. Elle a atteint six ans et plus sans qu'on ait employé à sa
conduite et pour le châtiment de ses fautes puériles autre chose
que paroles, et bien douces, l'indulgence de sa mère s'y em-
ployant aisément ». Quel cœur paternel ne percevrait une discrète douleur dans cette allusion aux disparus : « J'eusse été
beaucoup plus religieux (*scrupuleux*) encore en cela envers les
mâles, moins nés à servir et de condition (*naturel*) plus libre :
j'eusse aimé à leur grossir le cœur d'ingénuité et de franchise. »

Beau rêve qu'il ne peut plus faire que pour les autres, mais
qu'il fait tout haut : « Voulons-nous être aimés de nos enfants,
dit-il dans un émouvant pluriel... accommodons (*fournissons*)
leur vie raisonnablement de ce qui est en notre puissance...
J'essayerais par une douce conversation (*intimité*), de nourrir en
mes enfants une vive amitié et une bienveillance non feinte en
mon endroit, ce qu'on gagne aisément en une nature bien née. »

Montaigne, un père égoïste et dur ! Il tranche singulièrement
sur son époque par la tendresse de son cœur ; nul n'a mieux
que lui commenté avant la lettre le mot de Lachelier : l'éducation c'est l'amour. C'est surtout par le cœur qu'il est, en éducation, révolutionnaire. Il faut développer le sens de l'amour. La
plupart des gentilshommes ne vont-ils pas jusqu'à « interdire aux
enfants l'appellation de père ? » Montaigne « veut mal à cette
coutume ». « Nous appelons Dieu tout-puissant notre père et
dédaignons que nos enfants nous en appellent. C'est injustice de
priver les enfants qui sont en âge, de la familiarité des pères et
de vouloir maintenir en leur endroit une morgue austère et dédaigneuse espérant par là les tenir en crainte et obéissance... *quand
je pourrais me faire craindre, j'aimerais encore mieux me faire
aimer.* » (1).

Toute la méthode pédagogique, disons mieux, tout le bon
cœur de Montaigne, tient en ce trait émouvant : « Feu Monsieur
le Maréchal de Monluc, ayant perdu son fils qui mourut en l'île
de Madère, brave gentilhomme à la vérité et de grande espérance, me faisait fort valoir, entre ses autres regrets, le déplaisir (*le chagrin*) et crève-cœur qu'il sentait de ne s'être jamais
communiqué (*confié*) à lui ; et, sur cette humeur d'une gravité
et grimace paternelle, il avait perdu la commodité (*l'avantage*)
de goûter et bien connaître son fils et aussi de lui déclarer (*manifester*) l'extrême amitié qu'il lui portait et le digne jugement qu'il
faisait de sa vertu (*de son mérite*). Et ce pauvre garçon, disait-
il, n'a rien vu de moi qu'une contenance renfrognée et pleine de
mépris, et a emporté cette créance que je n'ai su ni l'aimer ni
l'estimer selon son mérite. Pour qui gardais-je à découvrir cette

_____

(1) Ce mot rappelle les conseils de clémence qu'il donnera si hardiment à Henri IV : « Désirant que Votre Majesté soit plus chérie que
crainte de ses peuples... » (Radouant, p. 360.) Ce conseil ne fait que
traduire un rêve qu'il fait pour lui-même : « Si j'eusse tenu quelque
rang parmi les hommes, j'eusse été ambitieux de me faire aimer, non
de me faire craindre ou admirer. » (III, 249 B.)

singulière affection que je lui portais dans mon âme ? Etait-ce
pas lui qui en devait avoir tout le plaisir et toute l'obligation !
Je me suis contraint et gêné (*torturé*) pour maintenir ce vain masque et j'ai perdu le plaisir de sa conversation (*intimité*) et sa
volonté quand et quand (*et son attachement en même temps*),
qu'il ne me peut avoir portée autre que bien froide, n'ayant
jamais reçu de moi que rudesse, ni senti qu'une façon tyrannique. » Je trouve que cette plainte était bien prise et raisonnable. » (II, 88 A.

Mme de Sévigné qui s'y connaissait en amour maternel « ne
pouvait lire qu'avec des larmes aux yeux ce que dit le Maréchal de Monluc du regret qu'il a de ne s'être pas communiqué
à son fils... Mon Dieu, ajoutait-elle, que ce livre (*Les Essais*) est
plein de bon sens ! » (1). Le « bon cœur » était, à cette époque,
inséparable du bon sens.

Montaigne n'a pas imité le fameux Maréchal : « Je m'ouvre
aux miens tant que je puis et leur signifie l'état de ma volonté et
de mon jugement envers chacun ; je me hâte de me produire
et de me présenter, car je ne veux pas qu'on s'y mécompte, à
quelque part (*dans quelque sens*) que ce soit. »

Il s'ouvre aux siens mais tout de même avec cette modération qui le guide toujours : « Car toutes les secrètes pensées des
pères ne se peuvent communiquer aux enfants pour n'y engendrer une messéante privauté. » (I, 237 A.)

Le cœur de Montaigne : l'ami.

« Je ne sais rien si bien faire qu'être ami. » (I, 38 B.) Voilà
un mot jeté en passant qui révèle un cœur et un cœur exquis.
Nous l'avons entendu plus haut nous parler de l'amitié, précisément pour l'opposer à l'amour.

« Le feu de l'amour, je le confesse, est plus actif, plus cuisant
et plus âpre. En l'amitié, c'est une chaleur générale et universelle, tempérée au demeurant et égale, une chaleur constante et
rassise, toute douceur et polissure, qui n'a rien d'âpre et de
poignant... »

Il a, pour exprimer ses sentiments envers La Boëtie, des trou-
vailles de mots qui ne peuvent jaillir que du cœur, et d'un cœur
exceptionnel : « Nous nous embrassions par nos noms... Nos
âmes ont charrié (*marché*) si uniment ensemble, elles se sont
considérées d'une si ardente affection et, de pareille affection,
découvertes jusques au fin fond des entrailles l'une à l'autre,
que, non seulement je connaissais la sienne comme la mienne,
mais je me fusse certainement plus volontiers fié à lui de moi
qu'à moi... »

« Si on me presse de dire pourquoi je l'aimais, je sens que
cela ne se peut exprimer qu'en répondant : « Parce que c'était

(1) A Mme de Grignan, 6 octobre 1679.

lui, parce que c'était moi. En somme, ce sont effets inimaginables à qui n'en a goûté. »

Une si pure amitié, on en conviendra, ne peut entrer que dans un cœur pur, c'est-à-dire exempt d'égoïsme, un cœur que des passions toutes passagères et superficielles ont laissé intact. Le mariage idéal, serait celui qui réaliserait une telle amitié. « S'il se pouvait dresser une telle accointance, libre et volontaire, où non seulement les âmes eussent part à l'alliance, où l'homme fût engagé tout entier, il est certain que l'amitié en serait plus pleine et plus comble. »

Il conclut avec un désenchantement peut-être un peu littéraire, mais confirmé sans doute par sa propre expérience (1) : « ce sexe par nul exemple n'y est encore pu arriver, et, par le commun consentement des écoles anciennes, en est rejeté. » (I, 240 A.)

Il est cependant une femme qui, à la grande surprise de Montaigne a fait mentir les anciens et qui s'est élevée à « la perfection de cette sainte amitié où nous ne lisons point que son sexe ait pu monter encore ».

Montaigne a pris conscience d'une paternité bien supérieure à celle de la chair, la paternité de l'esprit, celle qui rattache l'écrivain à son œuvre. Il se sent plus le père des *Essais* que le père de Léonor. « Ce que nous engendrons par l'âme, les enfantements de notre esprit, de notre courage et suffisance (*de notre cœur et de notre talent*) sont produits par une plus noble partie que la corporelle et sont plus nôtres : nous sommes père et mère ensemble en cette génération ; ceux-ci nous coûtent bien plus cher et nous apportent plus d'honneur s'ils ont quelque chose de bon... Et ne sais si je n'aimerais pas mieux beaucoup en avoir produit un, parfaitement bien formé, de l'accointance des Muses que de l'accointance de ma femme. » (II, 95 A.)

Aveu révélateur et qui prouve qu'en cet humaniste, comme en bien d'autres, la vie de l'esprit l'emporte dans leur appréciation sur toute autre ; que ces sensuels sont avant tout des cérébraux ; que l'amour de la gloire littéraire, à peu près inconnu du Moyen Age, est un legs de l'antiquité pieusement recueilli par la Renaissance.

Aveu d'autant plus intéressant qu'il nous prépare à voir les affections cérébrales l'emporter sur les affections les plus instinctives et les plus naturelles. Celui qui ne voulait aimer ses enfants que sous la réserve de bien les connaître, « la propension naturelle marchant quant et (*avec*) la raison », devait être amené à considérer comme son plus cher enfant celui qui manifesterait à ses yeux le plus de raison. Et s'il s'en trouvait un qui déclarât

---

(1) Cependant, le gendre de Montaigne écrivant à sa belle-mère devenue veuve du grand homme, lui rend ce témoignage : « Encore que votre excellente beauté l'occupât souvent... néanmoins il s'employait, je m'assure, à mêler ses opinions avec les vôtres et vos esprits se mariaient à leur tour » (Dréano, p. 38.)

tenir de lui toute sa pensée, celui-là n'était-il pas son fils à un titre bien supérieur ?

Il s'est rencontré dans une jeune fille de vingt ans, Mlle de Gournay, « ma fille d'alliance », dit-il, c'est-à-dire la fille de son esprit. Comme il aime celle qu'il a « engendrée par l'âme » ! « Certes aimée de moi et beaucoup plus que paternellement, et enveloppée en ma retraite et solitude, comme l'une des meilleures parties de mon propre être. Je ne regarde plus qu'elle au monde. » (II, 448 C.)

Cette affection semble bien un peu exagérée et « plus que paternelle ». N'est-elle pas teintée d'un peu de passion romanesque ? Un engouement non raisonné n'est pas dans la manière de Montaigne. Ce qu'il aime en Mlle de Gournay, c'est doublement son œuvre : son livre que cet esprit apprécie, et cet esprit qui apprécie son livre. Il se sent compris, admiré et, ce qui est beaucoup mieux, aimé. Cet amour fait vibrer le plus intime de sa fibre paternelle. « Le jugement qu'elle fit des premiers *Essais,* et femme, et en ce siècle, et si jeune, et seule en son quartier (*sa région*) (1), *et la véhémence fameuse dont elle m'aima* et me désira longtemps sur la seule estime qu'elle en prit de moi, c'est un accident (*un événement*) de très digne considération. »

La famille naturelle ne prenait point ombrage de cette parenté spirituelle. Sans doute se reconnaissait-elle incapable de donner pleinement au philosophe les satisfactions qu'il attendait des siens. Léonor était d'ailleurs bien jeune, vingt-six ans, quand mourut son père. Avec beaucoup de confiance on laissa à la fille d'alliance le plus précieux de l'héritage paternel, les *Essais,* avec mission de le mettre en valeur, c'est-à-dire de rééditer l'ouvrage. Elle-même s'efforce, en des pièces de vers, de transmettre à la postérité les noms et les vertus de chacun des membres de sa famille adoptive.

« Son père », dont le bon cœur et peut-être un peu l'amour-propre avaient atténué la clairvoyance, avait présagé que « cette âme serait quelque jour capable des plus belles choses ». Et sans doute entendait-il parler des choses littéraires. Mais elle a réalisé la plus belle de toutes les choses à ses yeux : « la perfection de cette très sainte amitié ». « Sincérité, solidité » ; tels sont, selon Montaigne, les éléments de cette perfection. Fidèle jusqu'à la mort à exalter, à défendre la mémoire de son père, Mlle de Gournay a prouvé que si ce père s'était un peu trompé sur le talent, il ne s'était pas mépris sur le cœur de sa fille adoptive. Encore n'a-t-il pas fallu un médiocre talent pour comprendre et goûter Montaigne comme cette femme, « et si jeune », l'a compris et goûté.

(1) Mlle de Gournay est née et morte à Paris (1566-1645).

Charité envers Dieu.

L'emploi le plus nécessaire du cœur c'est d'aimer Dieu. Si charité bien ordonnée commence par soi-même, il est indispensable qu'elle passe par les autres et aboutisse à Dieu.

De la charité de Montaigne envers Dieu nous avons peu de traces dans son livre. C'est que d'abord l'auteur a entrepris une étude de l'homme, non un traité de l'amour de Dieu. C'est ensuite et pour la même raison que Montaigne qui a partout la pudeur de ses sentiments l'a plus ici encore. S'il a décrit l'amitié en formules denses et inoubliables, il n'a pas décrit l'amour. Or la charité envers Dieu se rattache plus à l'amour qu'à l'amitié, car l'amitié, selon une formule célèbre, trouve les partenaires égaux ou les rend tels ; l'amour les assujettit l'un à l'autre.

L'amour s'exprime en formules lyriques ; ainsi fait la vraie charité. Nous chercherions vainement dans Montaigne ces mots de feu qui jaillissent sous la plume de saint Paul ou de Pascal. C'est ici que l'auteur des *Essais* et celui des *Pensées* diffèrent le plus. Des critiques un peu superficiels, la mémoire pleine des traits brûlants de Pascal, et persuadés que le sentiment religieux sincère ne saurait s'exprimer que par de telles effusions, ont pris le change et se sont convaincus que Montaigne n'est pas religieux. Comment concilier cette enquête fureteuse et tout intellectuelle des *Essais* avec un état d'âme affectif ? Comment concilier scepticisme, même au sens de recherche, et religion ?

C'est peut-être ici la principale erreur dont a pâti Montaigne. Mais un livre comme le sien est vraiment plein de Dieu qui est plein de la recherche de Dieu. Aimer, ici, c'est avant tout chercher. Si nous ne savions que saint Thomas a porté la robe blanche des Jacobins, nous pourrions douter aussi de son sentiment religieux au sens affectif, car ses livres sont tout en pour et contre, en *videtur quod non* et *sed contra* et le lyrisme ne s'y fait jamais jour. Son plan est de s'éclairer et de nous éclairer, non de nous échauffer. Tel est, toute proportion gardée, le plan de Montaigne. D'autant que celui-ci exclut délibérément le souci d'apologétique qui est dans celui-là. Il n'est apologiste que de biais et sous le manteau laïque ; d'autant plus efficacement.

Les effusions lyriques de Pascal éclatent en marge de sa recherche et résultent de son tempérament. Ne demandons pas au cérébral Montaigne le même tempérament. Concluons que s'il a tant cherché Dieu c'est qu'il l'a aimé : chacun aime à sa manière. Trouvons la preuve de son amour dans ces pages dressées contre les athéistes, contre tous les orgueilleux qui refusent la soumission à Dieu ; dans cette vie courageusement fidèle aux pratiques ferventes, dans cette messe quotidienne, dans cet élan suprême vers l'Eucharistie, sacrement d'humilité et d'amour. Ne cherchons pas la charité divine de Montaigne dans ses paroles, mais dans ses actes.

Certains passages néanmoins nous surprennent par un accent de tendresse filiale envers Dieu : « Il n'est rien si aisé, si doux et si favorable que la loi divine ; elle nous appelle à soi ainsi fautiers et détestables comme nous sommes : elle nous tend les bras et nous reçoit en son giron, pour vilains, ords et bourbeux que nous soyons et ayons à être à l'avenir. » (I, 413 A.)

Et encore ces mots émus que nous avons lus plus haut : « Si nous le croyions et connaissions (Dieu)... comme l'un de nos compagnons nous l'aimerions au-dessus de toutes autres choses pour l'infinie bonté et beauté qui reluit en lui. » (II, 154 A.)

CHAPITRE VII

LA PATIENCE

LA patience est la vertu la plus recommandée aux chrétiens. C'est aussi la vertu la plus impérieusement prescrite aux stoïciens. « *Sustine* », c'est-à-dire *supporte*, était la devise d'Epictète.

« *Endure, chair, endure* », était la maxime d'un humble frère lai de la compagnie de Jésus, le frère Guillaume Sautemouche, contemporain de Montaigne, martyrisé à Aubenas par les Calvinistes.

Si l'on considère que cette vertu est la plus nécessaire dans l'humble courant de la vie quotidienne, que c'est elle qui suppose le plus de courage et le plus de constance au point qu'on peut l'identifier avec le courage et la constance même, il devient difficile de distinguer un chrétien d'un stoïcien si tous les deux s'attachent à pratiquer la même devise.

Cette confusion était fréquente au XVIᵉ siècle où la mode littéraire entraînait les humanistes à recouvrir d'un nom païen les vertus chrétiennes. Un ami de Montaigne, Florimond de Roemond, caractérise ainsi les *Essais :* « Des livres qu'il a écrits sur la philosophie stoïque et chrétienne. » (1). Les auteurs d'alors, bien loin de vouloir distinguer, mettaient une certaine coquetterie à confondre : les uns, dans un but naïf d'apologétique, s'appliquaient à ménager les rapprochements et les transitions ; les autres insinuaient tendancieusement que le christianisme n'avait rien apporté. L'ami de Montaigne, comme la plupart d'ailleurs, était des premiers sans se douter qu'il apportait des arguments aux seconds.

Car il est très important de souligner que, sous l'apparente identité des maximes, il existe un abîme entre la patience stoïcienne et la patience chrétienne et nul n'a marqué cet abîme avec plus de justesse et d'ironie que Montaigne.

Le stoïcien fait face aux maux inévitables de la vie. Il met son honneur à les braver. Même écrasé par un destin aveugle il a l'orgueilleuse conscience de n'être pas vaincu. Il reste par son courage le vainqueur du destin. L'univers pourrait l'ensevelir

(1) Cité par P. Villey. *Montaigne devant la postérité*, p. 369.

dans sa chute : il surgit des ruines, impavide : *impavidum ferient ruinae* (2).

Pascal, admirateur nostalgique de la vertu stoïcienne et, par là, sympathique à tant de sincères incroyants, se souvient du vers d'Horace quand il écrit : « L'homme n'est qu'un roseau... Quand l'univers l'écraserait, l'homme serait encore plus noble que ce qui le tue, parce qu'il sait qu'il meurt... » (p. 349).

L'attitude stoïcienne, pour fière et noble et généreuse qu'elle apparaisse, est une attitude d'orgueil : supporte et ne plie pas ! Ne t'avoue jamais vaincu ! Mais c'est une attitude illusoire, car l'orgueil est mensonge. Nous avons entendu les moqueries de Montaigne à l'adresse de Posidonius qui disait : Douleur, tu n'es qu'un mot.

Le chrétien lui aussi fait face aux maux de la vie. Il met son honneur à les accepter ; car, à ses yeux, ces maux ne sont pas l'effet d'un aveugle hasard : ils sont une épreuve bienfaisante permise par un Dieu paternel. Il ne tient qu'à lui d'en sortir purifié. Il puise lui aussi son courage en lui-même, mais non pas en lui seul. C'est une attitude d'humilité : mais elle ne saurait être illusoire, car il n'y a de sécurité que dans la confiance en Dieu et de vérité que dans l'humilité. Le chrétien a pour modèle le « Saint Guide » Jésus-Christ ; non un stoïcien qui a bravé la douleur, mais un Homme qui, ployant sous la douleur aux Oliviers, a imploré et obtenu de la bonté du Père la force de la supporter.

Montaigne est de l'école du Christ. Mais n'attendons pas de lui un traité de patience chrétienne. Ici, comme partout ailleurs, il nous élève insensiblement et sans système de la sagesse humaine à la sagesse divine.

N'allons pas au-devant des maux.
D'abord par l'imagination...

Le premier conseil que nous donne le bon sens est de ne pas alourdir de nous-mêmes le poids de souffrance qui peut nous charger. Nous l'aggravons par l'imagination : « Ce qui aiguise en nous la douleur et la volupté, c'est la pointe de notre esprit. » (I, 64 C.)

Il avait d'abord admiré la constance stoïque : « Tout ainsi que l'ennemi se rend plus aigre à (*par*) notre fuite, ainsi s'enorgueillit la douleur à nous voir trembler sous elle. Elle se rendra de bien meilleure composition à qui lui fera tête. Il se faut opposer et bander contre. » (I, 69 A.) Sans abandonner jamais cette manière de voir, il s'en éloignera de plus en plus, par l'effet de l'expérience et de la réflexion.

Le principal grief que fait Montaigne à la raison humaine est

(2) Horace. *Odes*, III, 3, 8.

celui-ci : elle n'est bonne qu'à nous tourmenter. C'est là, on s'en souvient, le thème des variations les plus originales et les plus brillantes de l'*Apologie* de Sebond. Nous avons sur les bêtes l'avantage de prévoir. Le bel avantage !

Nous prévoyons des biens imaginaires et des maux illusoires : voilà la source de nos plus cruelles désillusions et de nos pires inquiétudes. L'animal ne prévoit rien : ou plutôt il ne prévoit que les choses nécessaires ; l'oiseau, par exemple, prévoit les petits pour lesquels il prépare un nid moëlleux, l'hiver qu'il évite en changeant de climat. Pour le demeurant, il vit au jour le jour, insouciant de l'heure future.

On trouve paradoxal et odieux que Montaigne nous conseille de ressembler aux bêtes. Mais, au fait, le Seigneur ne nous donne-t-il pas le même conseil : « Voyez les oiseaux du ciel, ils ne sèment ni ne moissonnent et votre Père céleste les nourrit. » (Math. VI 26.) Qu'est-ce à dire, sinon qu'il faut « se commettre à Dieu » au jour le jour ? C'est là le « devoir sacré d'imprévoyance » qu'on a si joliment rappelé naguère, et si chrétiennement. Le Seigneur a lui-même formulé la règle de sagesse humaine et divine qui apporte aux fidèles qui la pratiquent tant de sérénité : « A chaque jour suffit sa peine. » (Math. VI 34.) Leçon de nature avant d'être leçon du Christ.

Montaigne ne dit pas autre chose : « du jour à la journée » ! « N'anticipons pas les accidents de fortune. » (I, 312 A.) Si nous ne chargeons pas aujourd'hui des soucis de demain ; si nous confions à Dieu cet avenir qui lui appartient, combien de souffrances nous nous épargnons ! Ne laissons pas envahir notre tête de tant de prévoyance et de calculs inutiles, injurieux à la bonté divine. Reposons-la sur le mol oreiller d'ignorance et l'incuriosité.

La sagesse de La Fontaine rejoint celle de Montaigne sur le plan humain :

> ...quand le mal est certain,
> La plainte ni la peur ne changent le destin ;
> Et le moins prévoyant est toujours le plus sage.

...ensuite par notre invention.

N'ajoutons pas non plus à nos peines ces peines de surcroît qui naissent non plus de prévoyance, mais d'une dangereuse invention. Montaigne ne condamne certes pas la mortification chrétienne et il en cite avec admiration de nombreux exemples, entre autres, celui de saint Louis et celui, plus récent, de saint Charles Borromée : « Je suis bien aise que les témoins nous sont plus à main où nous en avons plus affaire, car la chrétienté nous en fournit à suffisance. Et, après l'exemple de notre Saint Guide (Jésus-Christ) il y en a eu force qui, par dévotion, ont voulu porter la Croix. » (I, 72 A.) Il y en a aussi qui, par philosophie,

ont voulu « se priver des commodités qui nous sont en mains...
C'est l'action d'une vertu excessive ». (I, 310 A.) Par *excessif*,
Montaigne veut dire extrême, sans idée de dénigrement.

Il ne faut pas nier que, pour sa part, il juge cette vertu un
peu *excessive* au sens actuel. Sans condamner les héros de
l'ascèse chrétienne ou philosophique, il répugne à se mettre à
leur suite : « Les gens plus sages peuvent se forger un repos
tout spirituel, ayant l'âme forte et vigoureuse. Moi qui l'ai
commune, il faut que j'aide à me soutenir (*je me fasse soutenir*)
par les commodités corporelles. » « Il faut, dit-il en 1572, au
moment du prétendu stoïcisme, retenir avec nos dents et nos
griffes l'usage des plaisirs de la vie que nos ans nous arrachent
des mains les uns après les autres. » (I, 316 A.) Ces commodités
sont celles que veut la nature et que modère la raison.

De cette attitude qui nous semble bien peu héroïque, il donne
les motifs. Des motifs, d'abord, de sagesse humaine : « A parler
en bon escient, est-ce pas un misérable animal que l'homme ?
A peine est-il en son pouvoir, par sa condition naturelle, de goûter un seul plaisir entier et pur, encore se met-il en peine de le
retrancher par discours (*raisonnement*) : il n'est pas assez chétif
si, par art et par étude, il n'augmente sa misère... La sagesse
humaine fait bien sottement l'ingénieuse de s'exercer à rabattre
le nombre et la douceur des voluptés qui lui appartiennent...
Nos médecins spirituels et corporels, comme par complot entre
eux, ne trouvent aucune voie à la guérison ni remède aux maladies du corps et de l'âme, que par le tourment, la douleur et
la peine. » (I, 258 A... C... A.)

Mais voici d'autres motifs, de sagesse supérieure : « Cette
contexture naturelle de l'être humain, regarde par son usage non
seulement nous mais aussi le service de Dieu et des autres hommes : c'est injustice de l'affoler à notre escient... Ce semble être
très grande lâcheté et trahison de mâtiner (*maltraiter comme un
chien*) et corrompre les fonctions du corps, stupides et serves,
pour épargner à l'âme la sollicitude de les conduire selon raison. » (II, 260 C.)

Allons-nous imiter les païens qui croyaient être agréables à
leur dieu en mutilant son ouvrage : « C'était une étrange fantaisie de vouloir payer la bonté divine de notre affliction... C'était
une humeur farouche (*insensée*) de vouloir gratifier l'architecture de la subversion de son bâtiment et de vouloir garantir
(*épargner*) la peine due aux coupables par la punition des non-
coupables. » (II, 259 A.)

Mais ne sommes-nous pas nous-mêmes des coupables et ne
devons-nous pas nous punir ? Soit. Et voici l'argument décisif
qui tranche, selon lui, le problème des macérations volontaires :
« Ce n'est pas au criminel de se faire fouetter à sa mesure et à
son heure ; c'est au juge qui ne met en compte de châtiment que
la peine qu'il ordonne et ne peut attribuer à punition ce qui

vient à gré à celui qui la souffre. La vengeance divine présuppose notre dissentiment entier pour sa justice et pour notre peine. » (II, 260 A, B, C.)

A Dieu seul la maîtrise ; à nous la soumission.

Il n'appartient pas à l'homme de choisir son épreuve ; mais il lui incombe d'accepter docilement l'épreuve que Dieu choisit au jour, à l'heure et de la manière qui lui convient. Ce sera la plus efficace manière car elle matera, en même temps que notre chair, notre orgueil. Ce sera la mieux adaptée, car Dieu sait mieux que nous ce qu'il nous faut. « Dieu manie les fortunes ou infortunes de ce monde et les applique selon sa disposition occulte et nous ôte le moyen d'en faire sottement notre profit. » (I, 280 C.) Ce sera la plus consolante, car nous serons certains, en acceptant, de faire la volonté du maître, et Montaigne donne un sens original, une portée profonde et incalculable au mot du psalmiste : *Virga tua et baculus tuus ipsa me consolata sunt :* ta verge et ton bâton m'ont eux-mêmes consolé. » (Ps. XX 5.) (II, 335 A.)

Le chrétien « supplie Dieu *que sa volonté soit faite* »... Dieu pourrait nous octroyer les richesses, les honneurs, la vie et la santé même, quelquefois à notre dommage, car tout ce qui nous est plaisant ne nous est pas toujours salutaire.

« Si, au lieu de la guérison, il nous envoie la mort ou l'empirement de nos maux, il le fait par les raisons de sa Providence qui regarde bien plus certainement (*sûrement*) ce qui nous est dû que nous ne pouvons faire ; et le devons-nous prendre en bonne part comme d'une main très sage et très amie. » (II, 334 A.) (1).

Nous sommes toujours ramenés au lumineux refrain : « Suffit à un chrétien croire toutes choses venir de Dieu, les recevoir avec reconnaissance de sa divine et inscrutable sapience ; pourtant les prendre en bonne part en quelque visage qu'elles lui soient envoyées. Du jour à la journée. »

« Tout autre choix que celui qui vient de Dieu est de peu de prérogative. »

Les épreuves qui nous viennent de Dieu : celles de notre corps.

Les douleurs qui éprouvent l'âme sont parfois bien pénibles. Mais enfin, notre imagination débridée les crée ou les exagère ; et celles-là, dans une certaine mesure, c'est nous qui les avons choisies. Il nous appartient, par une sagesse vigilante, de les maîtriser dans une certaine mesure, sinon de les supprimer. Mon-

---

(1) Maldonat : « Dieu corrige nos prières et nous accorde non pas toujours ce que nous demandons, mais ce qu'il sait devoir nous être plus utile. » (l. c. 1463 c.)

taigne s'y efforce de son mieux et, par un contrôle sévère, il pense y parvenir.

« Les souffrances qui nous touchent simplement par l'âme m'affligent beaucoup moins qu'elles ne font la plupart des autres, partie par jugement... partie par une complexion stupide (*endormie*) et insensible... Mais les souffrances vraiment essentielles et corporelles, je les goûte bien vivement. » (II, 575 A.)

Ces souffrances-là sont indépendantes de notre volonté et ne dépendent que de la volonté divine. Ce sont d'abord les souffrances du corps qui accompagnent les maladies. Certes, beaucoup d'entre elles sont la conséquence du vice ou du défaut d'attention. L'ivrognerie, la gourmandise, la luxure portent en elles leur châtiment. L'imprudence, la légèreté peuvent avoir de redoutables conséquences. Il tient à nous d'éviter ces vices ou ces défauts. Mais beaucoup d'autres maladies sont l'effet d'une tare héréditaire ou d'une circonstance fortuite. Qu'importe ! Que nous ayons délibérément voulu la cause ou que nous l'ayons admise par irréflexion, nous n'avons certainement pas voulu l'effet.

La maladie arrive. Comment nous comporter devant cette épreuve ? Jusqu'à quarante-cinq ans Montaigne a joui d'une « longue et heureuse santé que Dieu lui a prêtée » (III, 575 A) et qu'il a soigneusement entretenue ; bienfait inestimable dont il remercie Dieu et dont il sait qu'il devra rendre compte. Mais à cet âge, en pleine force, il a senti les premières douleurs de la gravelle qu'on appelait alors colique de la vessie ou simplement *colique*.

« Les ans ne m'eussent pu faire présent que j'eusse en plus grande horreur dès mon enfance : c'était à point nommé, de tous les accidents de la vieillesse, celui que je craignais le plus... la pire des maladies, la plus soudaine, la plus douloureuse, la plus mortelle, la plus irrémédiable. » (II, 576 A.) « Je suis essayé (*éprouvé*) bien rudement pour un apprenti et d'un changement bien soudain et bien rude, étant chû tout à coup d'une très douce condition de vie et très heureuse à la plus douloureuse et pénible qui se puisse imaginer. » (II, 579 A.)

Mais Dieu qui « prête » la santé prête aussi la maladie. Il la faut recevoir d'un bon visage, quelque visage qu'elle ait. Et l'esprit de Montaigne tient à son imagination des discours pleins de mélancolique humour où s'harmonisent de judicieuse façon la philosophie divine et la philosophie humaine : sages remontrances d'*Anima* à son compagnon *Animus*.

« Vous en plaît-il un exemple ? Il dit que c'est pour mon mieux que j'ai la gravelle, que les bâtiments de mon âge ont naturellement à souffrir quelque gouttière... Ce mal se prend volontiers aux grands : il a de la noblesse et de la dignité. » (III, 414 B.) Le voilà contraint malgré lui d'être stoïcien ou mieux épicurien, mais à la manière d'Epicure dont « la vertu se monta à tel point que de non seulement mépriser la douleur mais de s'en réjouir et de se faire chatouiller aux pointes (*douleurs extrêmes*) d'une forte colique » (II, 126 A) dont il mourut. « Te souvient-il de ces gens du temps passé qui recherchaient les maux avec si grande faim pour tenir leur vertu en haleine et en exercice ? Mets le cas que nature te porte et te pousse à cette glorieuse école en laquelle tu ne fusses jamais entré de ton gré... » L'école d'Epicure, car, stoïcien, Montaigne ne veut pas l'être ; cet orgueilleux déni de nature lui répugne trop qui « ordonne si rigoureusement de tenir bonne contenance et maintien dédaigneux en la tolérance des maux... En accidents si extrêmes, c'est cruauté de requérir de nous une démarche si composée... Epicure au contraire ne permet pas seulement à son sage de crier aux tourments, mais il le lui conseille ». (II, 578 A... C.)

Autre discours plus grave de l'esprit de Montaigne : « Considère combien artificiellement et doucement (*avec quel art et quelle douceur*) la colique te dégoûte de la vie et déprend du monde... par avertissements et instructions reprises à intervalles, entremêlant de longues pauses, comme pour te donner moyen de méditer et répéter sa leçon à ton aise... Si tu n'accoles (*embrasses*) la mort, au moins tu lui touches en paume (*tu lui donnes une poignée de mains*) une fois le mois. » (III, 416 B.)

Mais voici une considération encore plus sérieuse : le chrétien « parfait » toujours en Montaigne le philosophe. Cette souffrance est un coup de fouet bien mérité et d'ailleurs bien indulgent : « *Virga tua et baculus tuus ipsa me consolata sunt.* » « C'est un mal qui te bat (*frappe*) les membres par lesquels tu as le plus failli. Tu es homme de conscience. Nous ne devons nous plaindre, dit Ovide, que d'une punition imméritée. Regarde ce châtiment ; il est bien doux au prix d'autres et d'une faveur paternelle. Regarde sa tardiveté... » (III, 415 B.) Est-il rien doux au prix de cette soudaine mutation, quand, d'une douleur extrême je viens par le vidange de ma pierre à recouvrer comme d'un éclair la belle lumière de la santé, si libre et si pleine ? » (III, 418 B.)

Ainsi va la vie de Montaigne toujours, mais surtout depuis la colique ; elle est « composée comme l'harmonie du monde, comme toute harmonie, de divers tons, doux et âpres, aigus et plats, mols et graves ». (III, 413 B.) Cette alternance des états du corps fait passer l'âme de la gratitude à la résignation, de la résignation à la gratitude. Montaigne sait, avec saint Paul, « *abundare et penuriam pati* », accepter l'abondance et la pénurie et, en toutes choses, glorifier Dieu à qui « il plaît compenser de sa grâce les douleurs de quoi (*dont*) sa justice nous bat à son tour. »

Ces alternances donnent au facétieux malade, en même temps que l'occasion de remercier Dieu, celle de se moquer une fois de plus des médecins : « J'ai maintes fois pris plaisir, étant en

sûreté et délivré de ces accidents dangereux, de les communiquer aux médecins comme naissant lors en moi. Je souffrais
l'arrêt de leurs horribles conclusions bien à mon aise et en
demeurais d'autant plus obligé à Dieu de sa grâce et mieux
instruit de la vanité de cet art. » (III, 422 B.)

Il y a là un goût de mystification bien caractéristique. Avis
aux graves cliniciens qui « prennent à certes ce qu'il dit à
gausserie » et veulent régler sur leur montre le pouls de son
« scepticisme ».

Qui s'étonnera d'ailleurs de voir Montaigne plus enclin à
remercier de la santé que de la maladie ? Il a dit, on s'en souvient : « Je me trouve plus dévot en la bonne qu'en la mauvaise
fortune... et fais plus volontiers les doux yeux au Ciel pour le
remercier que pour le requérir. » (III, 219 B.)

Les épreuves qui nous viennent de Dieu : les événements.

Il y a dans les événements, comme dans les états de l'âme
et dans les états du corps, des épreuves que nous pouvons
éviter, d'autres qui sont inévitables.

Pour les premières, fuyons-les ; les secondes suffiront bien à
l' « essai » de notre constance comme à l'expiation de nos fautes.

Mais prenons-y garde : il n'est permis de fuir les premières
qu'à la condition de ne pas tourner en même temps le dos au
devoir. Entre le devoir et le danger il ne faut jamais hésiter : il
faut toujours choisir le devoir. Beaucoup affrontent le péril
par jactance, par ambition, par témérité, et, ce qui est un défaut
tout voisin, par légèreté. Le monde souvent les admire et les
proclame des héros ; mais non pas Montaigne. Dans les dévoue-
ments extérieurs comme dans les sentiments intimes, c'est toujours à la raison qu'appartient la juridiction.

A combien la haine a été conseillère « d'héroïsme », et à
combien la peur elle-même ! (III, 251 B.) « La fermeté aux dangers (si fermeté il la faut appeler), le mépris de la mort, la
patience aux infortunes peuvent venir et se trouvent souvent
aux hommes par faute de bien juger. » Et Montaigne raconte
avec humour ces propos que tenait devant lui un seigneur italien : « La subtilité de mes compatriotes, la vivacité de leurs
conceptions sont si grandes qu'ils prévoient les dangers qui leur
peuvent advenir, de très loin. Il ne faut pas trouver étrange si
on les voit souvent à la guerre pourvoir à leur sûreté, voire avant
d'avoir connu le péril... Les Allemands et les Suisses, plus grossiers et plus lourds, n'ont pas le sens de se raviser à peine lors
même qu'ils sont accablés sous les coups. Ce n'était à l'aventure
que pour rire. » (II, 130 A.) Montaigne a bien recueilli la plaisante
excuse pour en rire lui aussi, un peu aux dépens de son inter-
locuteur. Mais « il est bien vrai, ajoute-t-il, qu'au métier de la
guerre les apprentis se jettent bien souvent aux dangers inuti-

les »... Voilà pourquoi, quand on juge d'une action particulière, il faut considérer plusieurs circonstances et l'homme tout entier qui l'a produite avant de la baptiser. » (II, 130 A.)

Il faut bien réfléchir avant de traiter quelqu'un de lâche ou de héros. La vie de Montaigne nous offre une « action particulière » qui doit être jugée en toute justice et objectivité.

On a épilogué sur son attitude peu brillante à l'occasion de la peste de Bordeaux en juillet 1585. Il était absent de la ville dont il était le maire quand éclata le fléau. Allait-il rentrer de toute urgence pour partager le péril de ses administrés, soutenir leur courage par ses visites ou tout au moins par sa présence ? A ses yeux rien n'est raisonnable s'il est inutile ; rien n'est même raisonnable s'il est inspiré uniquement par le souci du qu'en dira-t-on ou par la gloriole. Il a peu de traits communs avec le Cyrano de l'histoire. Mais ce n'est pas lui qui eût dit avec le Cyrano de la légende :

« Non ! Non ! C'est bien plus beau lorsque c'est inutile (1). »

Ces gasconnades-là ne sont pas de sa manière. C'est de son point de vue qu'il faut le juger et peser les termes de sa lettre aux jurats :

« Je n'épargnerai ni vie ni autre chose pour votre service et vous laisserai à juger si celui que je vous puis faire par ma présence à la prochaine élection vaut que je me hasarde d'aller en la ville, vu le mauvais état en quoi elle est, notamment pour des gens qui viennent d'un si bon air comme je fais. Je m'approcherai mercredi le plus près de vous que je pourrai, c'est-à-dire à Feuillas (château situé sur la colline de Cenon, séparée de Bordeaux par la Garonne), si le mal n'y est arrivé ; auquel lieu, comme j'écris à M. de la Motte, je serai très aise d'avoir cet honneur de voir quelqu'un d'entre vous pour recevoir vos commandements... »

Aucun des contemporains n'a songé à reprocher à Montaigne cette attitude que nous jugeons peu courageuse. Ils estimaient sans doute avec lui que le vrai courage consiste à s'exposer au danger quand il est utile. Montaigne qui se doit aux siens ne se laissera détourner de ce devoir que par un devoir supérieur. Il s'offre sincèrement ; il ne s'élance pas tête baissée... et vide.

Ses vrais sentiments en telle occasion nous sont exprimés ailleurs dans les *Essais*.

En cette même année, la peste ravage le Périgord. « Et dehors et dedans ma maison, je fus accueilli d'une peste véhémente au prix de toute autre... Moi qui suis si hospitalier, je fus en très pénible quête de retraite pour ma famille, une famille égarée, faisant peur à ses amis et à soi-même... Tout cela m'eût beaucoup moins touché si je n'eusse eu à me ressentir de la peine d'autrui et servir six mois misérablement de guide à cette cara-

(1) E. Rostand, *Cyrano de Bergerac*, Acte V, in fine.

vane, car je porte en moi mes préservatifs qui sont résolution et souffrance (*patience*). L'appréhension ne me presse guère, laquelle on craint particulièrement en ce mal. Et si, étant seul, je l'eusse voulu prendre (la fuite), ç'eût été une fuite bien plus gaillarde et bien plus éloignée. (Mourir de la peste) c'est une mort qui ne me semble des pires : elle est communément courte, d'étourdissement, sans douleur, consolée par (le fait d'être assujetti à) la condition publique, sans cérémonie, sans deuil, sans presse (des assistants). » (III, 355 B.)

Ce n'est donc pas à la lâcheté que Montaigne a obéi, mais, comme toujours, à la réflexion ; non au souci de sa réputation ni même à un aveugle élan du cœur, ni aux raisons que la raison ne connaît pas, mais à son devoir envers les siens.

Il n'a pas peur d'affirmer avec une ronde franchise les principes d'une sagesse qui nous paraît peu reluisante : il s'efforce de concilier autant qu'il le peut sa sécurité et son devoir : « Je ne crains point de l'avouer, je porterais facilement au besoin une chandelle à saint Michel, l'autre à son serpent, suivant le dessein de la vieille (1). Je suivrai le bon parti jusques au feu, mais exclusivement, si je puis. Que Montaigne s'engouffre avec la ruine publique si besoin est ; mais, *s'il n'est pas besoin*, je saurai bon gré à la fortune qu'il se sauve et, *autant que le devoir me donne de corde*, je l'emploie à ma conservation. » (III, 20 B.)

Mais l'épreuve vient à qui la fuit. Il faut alors s'arrêter devant cette barrière infranchissable : le devoir, et le devoir pour Montaigne se résume en un mot : ne jamais mentir, s'affirmer tel que l'on est, coûte que coûte.

Les fléaux fondent de tous côtés sur Montaigne et sur son château. En même temps que la peste, la guerre civile, « monstrueuse guerre ». « Le lieu où je me tiens est toujours le premier et le dernier à subir la batterie de nos troubles et où la paix n'a jamais son visage entier. » (II, 251 B.) Mille diverses sortes de maux accourent à moi à la file : je les eusse plus gaillardement soufferts à la foule (*tous à la fois*). — « On l'a pillé, on lui a volé jusqu'à l'espérance, lui ravissant tout ce qu'il avait à s'apprêter à vivre pour longues années. » Sa modération même est un « inconvénient » car elle le désigne aux coups des deux partis. Mais, pour aucun danger, il ne consent à s'en départir.

Dans cette extrémité à qui se fier ? Il pense à ses amis, mais après un tour d'horizon, « après avoir rôdé des yeux je me trouvai en pourpoint », *sans secours* ni protection comme un homme dépouillé.

Alors il conclut que le plus sûr était de se fier à lui-même. Il entend par là, puiser dans sa philosophie les remèdes à ce terrible mal, comme il a fait pour sa cruelle maladie. Et cette philo-

_____

(1) Allusion à l'histoire d'une bonne vieille qui voulait honorer l'archange vainqueur sans irriter l'archange terrassé.

sophie est toujours la même, humaine et divine à la fois, plus
divine ici parce que le secours de Dieu est ici, semble-t-il, plus
nécessaire.

Montaigne si prudent « pour juger des ordonnances divines »
n'hésite cependant pas à voir la verge de Dieu dans ces malheurs
publics et privés. « Je me résolus que c'étaient utiles inconvénients (*calamités*), d'autant qu'il faut avertir à coups de fouet
les mauvais disciples quand la raison n'y peut assez, comme par
le feu et par la violence des coins nous ramenons un bois tordu
à sa droiteur... A un esprit si indocile il faut des bâtonnades ;
il faut rebattre et resserrer à bons coups de mail ce vaisseau
(*ce tonneau*) qui se déprend, se décout, qui s'échappe et dérobe
de soi. » (III, 352 B.)

Le Dieu qui châtie est un Dieu qui aime et qui pardonne.
L'extrémité du malheur a ceci de bon qu'elle nous oblige à nous
tourner vers Lui, faute d'autre secours. Nous sommes acculés à
Lui par l'immense faiblesse de nos moyens, comme nous le
sommes par l'impuissance de notre raison. De tous côtés les
ponts sont coupés et c'est le saut dans la bonté divine *à corps
perdu*.

« Ainsi comme ainsi, nous faut-il souvent, comme à la dernière ancre, remettre la protection de notre vaisseau à la pure
conduite du Ciel... Quand, les bras croisés, l'honnête homme
désemparé appellera Dieu simplement à son aide, n'aura-t-il pas
à espérer que la divine bonté n'est pas pour refuser la faveur
de sa main extraordinaire à une main pure et juste ? » (III, 20 C.)

Quelque parti que l'on prenne dans ces troubles atroces, on
sera ou persécuteur ou persécuté, alternativement sans doute
l'un et l'autre, toujours malheureux. Le seul moyen de rester
juste, c'est de se commettre à Dieu. Un païen lui-même nous
l'enseigne : « Platon ne consent pas qu'on fasse violence au
repos de son pays pour le guérir... établissant que le devoir
d'un homme de bien, en ce cas, est de laisser tout là, *seulement
de prier Dieu* qu'il y porte sa main extraordinaire... J'étais pla-
tonicien de ce côté-là avant que je susse qu'il y eût Platon au
monde. » (III, 349 C.) Faut-il nous laisser instruire par un païen
d'une vérité si évidente « *combien c'est d'impiété de n'attendre de Dieu nul secours simplement sien et sans notre coopération !* »

Cette main extraordinaire, c'est-à-dire en quelque sorte miraculeuse, se tendra vers nous, n'en doutons pas, si nous l'implo-
rons. « Dieu n'envoie jamais non plus les maux que les biens
purs (*sans mélange*) aux hommes. » (III, 354 B.) Et s'il envoie
les maux il ne les envoie que proportionnés à nos faiblesses.
« Dieu est fidèle, dit saint Paul, ce qui signifie : il mérite toute
notre confiance : il ne souffrira pas que vous soyez éprouvés au
delà de vos forces. » (I, Cor. X 13.) Le peuple chrétien a traduit
pittoresquement cette belle parole : « A brebis tondue Dieu

mesure le vent. » Montaigne nous offre sa traduction non moins
pittoresque : « Dieu mesure le froid selon la robe (*le vêtement*)
et me donne les passions (*les souffrances*) selon le moyen que
j'ai de les soutenir. » (III, 154 B.)

Combien est justifié cet abandon à la Providence ! Montaigne
l'exige absolu et total. Le même renoncement exigé par la foi
est exigé par la confiance qui est la foi pratique. Nous ne voulons jamais lâcher les appuis humains : nous nous accrochons
toujours à quelque branche humaine ; nous tenons à Dieu par
nous non par lui ; nous hésitons toujours à faire le plongeon. Et
cependant, il faut le faire, non seulement dans les malheurs
extrêmes, mais toujours. Se commettre à Dieu n'est pas un acte,
c'est un état, du moins pour Montaigne. Il est passé de son raisonnement dans sa complexion, à moins que ce ne soit l'inverse.
« Je suis homme qui me commets volontiers à la fortune et me
laisse aller *à corps perdu* entre ses bras. » (III, 373 B.) Qu'on
ne le méprenne par sur le sens du mot *fortune*. Il suffit de rappeler la maxime où il se dépeint : « Je suis ainsi fait que j'aime
autant... devoir mes succès *purement à la grâce de Dieu* qu'à
l'entremise de mon opération. » Mais il se commente ici-même
dans une addition postérieure à 1588 : « Nous faillons, ce me
semble, en ce que nous ne nous fions pas assez au Ciel de nous
et prétendons plus de notre conduite qu'il ne nous appartient.
C'est pourquoi fourvoient si souvent nos desseins. Le Ciel est
jaloux de l'étendue que nous attribuons aux droits de l'humaine
prudence, au préjudice des siens, et il nous les raccourcit d'autant que nous les amplifions. » (III, 374 C.)

Montaigne qui fait consister le bonheur dans la tranquillité de
corps et d'âme a donc appris chaque jour au prix de cruelles
douleurs et d'affreuses guerres civiles que cette tranquillité ne
dépend ni des hommes ni des choses, ni de notre corps, mais
uniquement de notre âme.

Et il conclut : « Ce qui nous fait souffrir avec tant d'impatience la douleur, c'est de n'être pas accoutumés de prendre
notre principal *contentement* en l'âme, de ne nous attendre (*rendre attentifs*) point assez à elle qui est seule et souveraine maîtresse de notre condition et conduite... Elle fait son profit de
tout indifféremment : l'erreur, les songes — il pourrait ajouter
la douleur même — lui servent utilement comme une loyale
matière à nous mettre à garant (*à l'abri*) et en contentement. »
(I, 68 C.)

Contentement : le mot résume tout. Il faut pour être *content*,
non pas avoir tout ce que l'on veut, mais tirer profit de ce que
l'on a ; non pas éviter tout ce qui fait souffrir, mais « souffrir
tout ce que l'on ne peut éviter ». « Je supplie Dieu pour ma souveraine requête qu'il me rende content de moi-même et des
biens qui naissent de moi » (I, 313 A), sans vain désir de biens

étrangers. « J'aiguise mon cœur vers la patience, je l'affaiblis
vers le désir. » (III, 176 B.)

Le sage devant la mort.

La mort est le plus grand de nos maux. C'est donc celui qui
requiert de nous la plus grande patience. Mais ici le mot
patience ne paraît guère approprié, car la mort est l'affaire d'un
instant fugitif et cette chose si brève ne saurait exiger de nous
une endurance prolongée. Il faut donc préciser : ce qui requiert
de nous la constance et la fermeté ce n'est pas la mort en elle-
même ; c'est *la pensée de la mort* et *son acceptation*.

Un des griefs les plus importants de Pascal contre l'auteur des
Essais est celui-ci : « On ne peut excuser ses sentiments tout
païens sur la mort, car il faut renoncer à toute piété si on ne
veut au moins mourir chrétiennement ; or, il ne pense qu'à
mourir lâchement et mollement par tout son livre. » (p. 344).

Cette objection, souvent reprise et qui semble en effet justifiée
par certains passages de l'auteur, est une de celles qui contri-
buent le plus à laisser planer certain doute sur la sincérité religieuse de Montaigne. S'il était avéré que Montaigne envisage
la mort comme une fin sans lendemain, il ne serait ni catholique,
ni chrétien ni en aucun sens religieux ; il serait un pur athée.
Cette conclusion inéluctable contredit tellement son livre qu'elle
paraît a priori impossible. Il faut donc l'examiner attentivement
et vérifier si l'auteur des *Pensées* n'a pas été une fois de plus
aveuglé par son parti-pris.

La mort offre deux aspects qui pour nous se confondent, mais
que Montaigne a grand soin de distinguer.

La mort est une fin, la fin de la vie naturelle. Et c'est un commencement, le commencement de la vie surnaturelle. Il y a
entre ces deux aspects un abîme, l'abîme qui sépare le naturel
du surnaturel.

Systématiquement, Montaigne qui écrit en penseur profane
et considère l'immortalité de l'âme comme une vérité révélée,
donc étrangère à ses spéculations, s'en tient au premier aspect.

Cette distinction est de la plus grande importance. Elle est
nécessaire pour éclairer les pensées si nombreuses sur la mort
que l'auteur a semées tout le long de son livre. Elle suffit à
résoudre l'objection de Pascal. Les sentiments de Montaigne ne
sont point païens ; ils sont par principe exclusivement philosophiques. L'auteur des *Essais* veut mourir en chrétien. Il le dit
assez, nous le verrons, et sa fin l'a prouvé. Mais il veut mourir
aussi en homme, lâchement et mollement, ce que nous devons
traduire sans contention et paisiblement.

Montaigne a-t-il le droit de distinguer si nettement les deux
aspects et de s'arrêter au premier ? Pascal le reconnaît implicitement quand il dit, non sans exagération d'ailleurs : « Il ins-

pire une nonchalance du salut... Son livre n'étant pas fait pour porter à la piété, il n'y était pas obligé. » (p. 344). Il n'était pas obligé non plus de poser à l'occasion de la mort la question du salut. Ce sont, à ses yeux, et non sans fondement, deux questions différentes.

Montaigne part de ce fait : nous avons peur de la mort, et cette peur est le plus grand obstacle à la tranquillité dont il fait son idéal. Cette peur nous obsède, cette peur nous ronge et nous empêche de jouir de la vie. « Des principaux bienfaits de la vertu est le mépris de la mort, moyen qui fournit notre vie d'une molle tranquillité, nous en donne le goût pur et aimable, sans qui toute autre volupté est éteinte. » (I, 102 A.)

Cette peur de la mort doit être elle-même bien définie et son objet bien précisé : il avait écrit : « A la vérité ce que nous disons craindre principalement en la mort c'est la douleur, son avant-coureuse coutumière. » (I, 66 A.)

Il s'est corrigé plus tard : « Je dirai plus vraisemblablement que c'est plutôt l'impatience de l'imagination de la mort qui nous rend impatients de la douleur. » (I, 66 C.)

Or, cette « impatience » est un sentiment purement humain, une « passion » toute naturelle, instinctive. S'il est vrai que la raison doit toujours dominer l'instinct et le maîtriser, c'est en triomphant de la terreur la plus invincible qu'elle remportera sa victoire la plus glorieuse.

L'auteur va donc s'appliquer en philosophe à trouver les raisons humaines qui nous permettent d'exorciser la terreur de la mort.

Nous verrons d'ailleurs que, de son propre aveu, il n'y parviendra pas. La pensée de Montaigne passe par deux étapes dont la dernière rejoint la première car « son jugement ne tire pas toujours en avant » (II, 320 B) : il suit son expérience encore plus que ses lectures.

Première manière de dominer la terreur humaine de la mort : la regarder en face.

Montaigne, en 1572, oppose à la contenance du sage le stupide aveuglement du vulgaire et des bêtes. « Le remède du vulgaire c'est de ne point penser à la mort. Mais de quelle brutale stupidité lui peut venir un si grossier aveuglement ? Il lui faut faire brider l'âne par la queue », autrement dit, fixer les yeux à l'opposé du sens de la marche. (I, 104 A.) « On fait peur à nos gens seulement de nommer la mort et la plupart s'en signent comme du nom du diable... »

« Parce que cette syllabe frappait trop rudement leurs oreilles, les Romains avaient appris de l'amollir ou de l'étendre en périphrases. » (I, 104 B.)

Encore si l'on pouvait par l'oubli conjurer cette frayeur !

« Qu'importe, me direz-vous, comment que ce soit, pourvu qu'on ne s'en donne point de peine ? Je suis de cet avis et, en quelque manière qu'on se puisse mettre à l'abri des coups, fût-ce sous la peau d'un veau, je ne suis pas homme qui y reculasse. Car il me suffit de passer le temps à mon aise et le meilleur jeu que je me puisse donner, je le prends, si peu glorieux au reste et exemplaire que vous voudrez. » (I, 106 A.) Voilà qui n'est guère stoïcien et le prétendu épicurien éclate déjà dans cette prose de début. .

Mais l'expérience fait justice de ces vaines tentatives d'oubli : « C'est folie d'y penser arriver par là. » La mort se venge, d'autant plus cruelle qu'on a davantage essayé de l'oublier. Ils vont, ils viennent, ils trottent, ils dansent ; de mort nulles nouvelles. Tout cela est beau. Mais aussi quand elle arrive, ou à eux, ou à leurs femmes, enfants et amis, les surprenant en dessoude (*soudainement*) et à découvert (*sans défense*), quels tourments, quels cris, quelle rage et quel désespoir les accable ! »

Montaigne qualifie cette attitude de « nonchalance bestiale ». Et ces deux mots prouvent bien qu'il n'apprécie pas encore à sa valeur la *nonchalance* ; qu'il n'a pas encore tiré tout le profit qu'il recevra de l'exemple des bêtes. La peau d'un veau, c'est tout ce qu'il voudrait emprunter aux bêtes pour le moment.

Montaigne condamne donc cette couardise, non parce qu'il la trouve honteuse, peu digne d'un stoïcien, mais parce qu'il la reconnaît inefficace. Il ira demander aux stoïciens des arguments nouveaux, des armes guerrières. Il empruntera pour un temps la parole de Posidonius et se fera un devoir de l'appliquer à la mort : « Mort, tu n'es pas un mal ! Mort, tu n'es qu'un mot ! »

« Puisque cet ennemi vous attrape fuyant et poltron aussi bien qu'honnête homme (*homme de courage*)... apprenons à le soutenir de pied ferme et à le combattre. Et, pour commencer à lui ôter son plus grand avantage contre nous, prenons voie toute contraire à la commune. Otons-lui l'étrangeté, pratiquons-le, accoutumons-le, n'ayons rien si souvent en la tête que la mort. A tous instants, représentons-la à notre imagination et en tous visages... » (I, 107 A.)

Et il aligne des sentences qui sonnent comme des mots de Sénèque : « La préméditation de la mort est préméditation de la liberté... Qui a appris à mourir, il a désappris à servir... Le savoir-mourir nous affranchit de toute sujétion et contrainte. »

Il ajoute, après 1588, cette pensée où il veut ignorer, dans une fermeté tout stoïcienne, le caractère pénal de la mort. « Il n'y a rien de mal en la vie pour qui a compris que la privation de la vie n'est pas un mal... » (I, 108 C.)

Justement ; tout le problème est là. A qui fera-t-on croire que la privation de la vie n'est pas un mal ? Nous disons *croire* d'une conviction non verbale mais réelle. Qui accepte de sang-froid l'anéantissement total de son être ? Nul homme, et Mon-

taigne moins que personne. Voilà le drame de ce cœur partagé
entre un amour ardent de la vie (« J'aime la vie ! ») et le désir
sincère de se détacher de la vie, le vrai drame humain.

Il s'imagine s'être, par la pensée de la mort, familiarisé avec
la mort : « Il n'est rien de quoi je me suis dès toujours plus
entretenu que des imaginations de la mort, voire en la saison
la plus licencieuse de mon âge... Je ne ridais non plus le front
de ce pensement-là que d'un autre. » (I, 108 A.)

Il se sait gré de cette sorte d'obsession ; il s'en félicite ; il
pense arriver par là à une mort paisible et douce. Le mot nonchalance pointe de nouveau, mais avec un objectif précis. Montaigne espère que n'étant pas nonchalant de la pensée de la
mort, il se trouvera nonchalant de la mort elle-même : « Je
veux que la mort me trouve plantant mes choux, mais nonchalant d'elle et encore plus de mon jardin imparfait (*inachevé*). »
(I, 111, A.)

Beau rêve ! Mais il se fait déjà l'objection : « On me dira que
l'effet (*la réalité*) surmonte de si loin l'imagination qu'il n'y a
si belle escrime qui ne se perde quand on en vient là. » Il répond
avec le bel optimisme de la jeunesse et de la santé : « Laissez-les
dire : le préméditer donne sans (aucun) doute grand avantage.
Et puis, n'est-ce rien d'aller au moins jusque-là sans altération
et sans fièvre ? (I, 112 A.) Comme si la pensée de la mort
n'apportait ni fièvre ni altération. Sinon, pourquoi fuir cette pensée avec tant de soin ?

Cette pensée, notre instinct nous la rend redoutable ; il faut
que notre raison nous la rende acceptable. Montaigne de nouveau prête à Nature un long discours où s'entremêlent les sentences de Lucrèce, de Sénèque, de Manilius : « Notre mort est
une des pièces de l'ordre de l'univers... Si vous avez vécu un
jour, vous avez tout vu. Un jour est égal à tous les jours... Au
pis-aller, la distribution et variété de tous les actes de ma comédie se parfournit (*s'achève*) en un an (1)... Tous les jours vont
à la mort, le dernier y arrive. »

Il faut noter que, jusqu'à la fin de sa vie, Montaigne s'entretient dans ces raisonnements : les ajoutes successives ne modi-
fient en rien le ton du morceau. Il est à ce point de vue aussi
« stoïcien » à la fin qu'au début.

Le suicide.

Logique à l'extrême, Montaigne s'est demandé : puisque la
préméditation de la mort est préméditation de la liberté, le choix
du jour, de l'heure et du moyen de la mort n'est-il pas le meilleur
usage de la liberté ? N'est-ce pas ce qu'ont proclamé les plus
grands penseurs du passé ? Ils ont dit : « Que le sage vit tant

---

(1) Pascal : « La nature recommence toujours les mêmes choses, les
ans, les jours. » (p. 386).

qu'il doit non tant qu'il peut... que la mort est la recette à tous les maux ; que la plus volontaire mort, c'est la plus belle, etc. (II, 27 A.) Ils ont fait l'apologie du suicide, et ils l'ont pratiqué : « La plupart des philosophes se trouvent avoir ou prévenu par dessein ou hâté et secouru leur mort. » (I, 60 C.)

Un exemple aussi universel ne pouvait que provoquer l'admiration des grands humanistes ; mais aucun n'est allé jusqu'à l'imitation. C'est que leur enchantement un peu littéraire était exorcisé par les préceptes plus modérés de la sagesse antique elle-même. « Il y a bien plus de constance à user la chaîne qui nous tient qu'à la rompre... C'est le rôle de la couardise, non de la vertu, de s'aller tapir dans un creux (une fosse), sous une tombe massive, pour éviter les coups de la fortune... L'opinion qui dédaigne notre vie, elle est ridicule. Car enfin, c'est notre être, c'est notre tout... C'est une maladie particulière et qui ne se voit en aucune autre créature de se haïr et dédaigner. C'est de pareille vanité que nous désirons être autre chose que nous sommes. » (II, 29 A.)

Les arguments stoïciens sont pulvérisés, dès 1572, par ces considérations d'une sagesse moins orgueilleuse et par conséquent, plus orientée vers le christianisme. Dans l'*Apologie* où nous trouvons la « somme » des Essais, nous rencontrons une synthèse de tous ces arguments de modération, la réponse de la sage *Anima* aux orgueilleuses folies d'*Animus* : « Cette dernière recette que la philosophie ordonne en toutes sortes de nécessités qui est de mettre fin à la vie que nous ne pouvons supporter... qu'est-ce autre chose qu'une confession de son impuissance et un renvoi non seulement à l'ignorance pour y être à couvert, mais à la stupidité même, au non-sentir et au non-être ? » (II, 224 A.) Le suicide, du point de vue simplement humain, c'est une couardise en celui qui le pratique, mais en la philosophie qui le conseille c'est l'aveu d'une impuissance totale à procurer le bonheur : cette philosophie aboutit littéralement au *néant*.

Nous sommes conduits tout près du christianisme. Le voici qui affleure complètement : « cette contexture naturelle (du corps et de l'âme) regarde non seulement nous mais aussi le service de Dieu et des hommes. C'est injustice de l'affoler à notre escient comme de nous tuer pour quelque prétexte que ce soit. » (II, 260 C.)

Etrange pressentiment ! En 1572, en pleine santé, voici ce qu'il a lu dans ses livres : « Pline dit qu'il n'y a que trois sortes de maladies pour lesquelles éviter on ait le droit de se tuer : la plus âpre de toutes, c'est la pierre à la vessie quand l'urine en est retenue. » (II, 33 A.) C'est justement la maladie qui lui est survenue. Bien loin de profiter de la permission de Pline, il a eu le courage de dire : « *Virga tua et baculus tuus ipsa me consolata sunt.* »

Mais ce courage il l'a humblement imploré du Ciel : « J'avais déjà de ne tenir à la vie que par la vie seulement ; elle (*la colique*) dénouera encore cette intelligence ; et Dieu veuille qu'enfin, si son âpreté vient à surmonter mes forces, elle ne me rejette à l'autre extrémité, non moins vicieuse, d'aimer et désirer mourir. » (II, 576 A.)

« *Ne désirer ni craindre son dernier jour* », maxime de grande sagesse qu'il a constamment sous les yeux, car elle est inscrite sur les solives de sa librairie. « Ni fuir la vie, ni refuir à (*fuir*) la mort », avait-il écrit dans son livre. (I, 119 C.)

Deuxième manière de dominer la terreur humaine de la mort : se détacher de tout et bien vivre.

Lentement, sous l'influence de la réflexion encore plus que des lectures. Montaigne s'est éloigné de ne considérer la vertu que comme un effort, un combat, pour la considérer surtout comme une adaptation. Cette évolution s'est manifestée particulièrement dans ses méditations sur la peur de la mort. Peu à peu, sans renoncer tout à fait à ses vues anciennes, il s'est orienté vers une attitude plus paisible. Il a fait ici encore la synthèse de la sagesse antique et de la sagesse chrétienne.

Il s'est aperçu de bonne heure du vide des maximes stoïciennes et de leur inefficacité. « Or sus, pourquoi de tant de discours qui persuadent diversement les hommes de mépriser la mort et de supporter la douleur n'en trouvons-nous quelqu'un qui fasse pour nous ? Et de tant d'espèces d'imaginations qui l'ont persuadé à autrui, pourquoi chacun n'en applique-t-il à soi selon son humeur ? » (I, 82 A.)

Le voilà donc à la recherche de raisons plus efficaces, et ce qu'il ne peut trouver hors de soi, dans les livres et les préceptes, il le cherche en soi, selon sa méthode désormais bien établie, dans l'étude de sa propre nature.

Déjà, en 1572, il a posé un principe d'une portée incalculable pour établir en soi la constance et la sérénité. « Le goût des biens et des maux dépend en bonne partie de l'opinion que nous en avons. » (I, 58 A.) Ce principe s'applique à tous les maux, mais singulièrement à la mort, le plus grand de tous les maux.

« Cette mort que les uns appellent des choses horribles la plus horrible, qui ne sait que d'autres la nomment l'unique port des tourments de cette vie ?... et comme les uns l'attendent tremblants et effrayés, d'autres la supportent plus aisément que la vie. » (I, 59 A.)

« La mort est effroyable à Cicéron, désirable à Caton, indifférente à Socrate. » (I, 585 C.) Cette diversité de « goûts » dépend évidemment de la diversité des points de vue. Ni Cicéron ni Caton ne sont dans le vrai puisqu'ils ne sont pas dans la tranquillité. Il faut tendre à ressembler à Socrate ; il faut se faire de la mort une opinion telle que sa pensée n'arrive pas à nous troubler.

Le moyen le plus simple et le plus radical est de n'y point penser. Et il trouve pour exprimer cette idée paradoxale une image qui contredit sa première méthode. Il avait écrit : « Il faut regarder devant soi et ne pas brider l'âne par la queue. » Il dit maintenant : « Que l'enfance regarde devant elle, la vieillesse derrière ; n'était-ce pas ce que signifiait le double visage de Janus ? Les ans m'entraînent, s'ils veulent, mais à reculons. » (III, 77 B.)

Comprenons-le bien. Il ne s'obstine plus à regarder la mort en face, mais il ne la perd pas de vue. Il veut seulement la voir telle qu'elle est sans la charger des épouvantes que forge notre imagination. Nous avons tort d'anticiper et de nous créer des maux qui peut-être n'existeront jamais.

« A quoi nous sert cette *curiosité* de préoccuper tous les inconvénients de l'humaine nature et de nous préparer avec tant de peine à l'encontre de ceux même qui n'ont à l'aventure point à nous toucher ?... Eprouvez-vous là, disent-ils ; assurez-vous là... » (III, 359 B.) C'est justement le précepte que lui-même avait donné. Il en est revenu.

« Il est certain qu'à la plupart la préparation à la mort a donné plus de tourments que n'a fait la souffrance (*le fait de la subir*). » On se bande, on se redresse, et pour quoi faire ? « Ce n'est pas contre la mort que nous nous préparons : c'est chose trop momentanée, un quart d'heure de passion (*souffrance*) sans conséquence, sans nuisance, ne mérite pas des préceptes particuliers... » Devant une telle proposition Arnaud et Nicole éprouvent la plus vive indignation. Ils la détachent du contexte. Ils oublient ou feignent d'oublier que la mort ici considérée n'est que le bref passage de vie à trépas, que c'est contre la peur vaine de cet instant que Montaigne essaye de nous prémunir.

Il s'explique : « A dire vrai, nous nous préparons contre les préparations (*les apprêts*) de la mort. La philosophie nous ordonne d'avoir la mort toujours devant les yeux, de la prévoir et considérer avant le temps et nous donne après les règles et les précautions pour que cette prévoyance et cette pensée ne nous blesse. »

Vaine philosophie ! La vraie préparation à la mort, ce n'est pas d'y penser sans cesse et de se battre héroïquement contre des moulins à vent ; c'est de bien vivre. « *Si nous n'avons su vivre, c'est injustice de nous apprendre à mourir et de difformer (rendre différente) la fin de son tout. Si nous avons su vivre constamment et tranquillement, nous saurons mourir de même.* » (III, 360 C.)

Le voilà qui se moque à présent de la formule qui l'avait séduit : « philosopher c'est apprendre à mourir ». Oui, à condition que cela signifie non pas méditer sur la mort mais, en vivant bien, se préparer à bien mourir. Il avait écrit : « Le *but* de notre carrière, c'est la mort ; c'est l'*objet* nécessaire de notre visée. » (I, 103 A.) Il se rétracte : « Il m'est avis que la mort c'est bien le bout, *non pourtant le but* de la vie ; c'est sa fin, son extrémité, non pourtant son *objet*. La vie doit être elle-même à soi sa visée (*son objectif*), son dessein. Au nombre de plusieurs autres offices (*devoirs*) que comprend ce général et principal chapitre de savoir vivre, est cet article de savoir mourir et il serait des plus légers si notre crainte ne lui donnait poids. » (III, 360 C.)

Si vous avez su vivre, ne vous chaille, vous saurez mourir.

N'est-ce pas ici un commentaire imprévu et involontaire de l'Evangile qui ne nous dit pas : Songez sans cesse à la mort, mais qui nous dit : soyez prêts ? Au jour le jour jusqu'au dernier qui ne doit différer des autres qu'en ce qu'il est le dernier.

C'est ainsi que Montaigne, pour son compte, a pris le parti de se préparer à la mort. Il écrit à la fin de sa vie : « Je suis pour cette heure en tel état, Dieu merci, que je puis déloger quand il Lui plaira, sans regret de chose quelconque si ce n'est de la vie, si sa perte vient à me peser. *Je me dénoue partout ;* mes adieux sont à demi pris de chacun sauf de moi. Jamais homme ne *se prépara* à quitter le monde plus purement et pleinement et ne s'en déprit plus universellement que je m'applique à le faire. » (I, 110 C.)

S'il est ainsi préparé c'est qu'il s'est depuis longtemps séparé, *détaché* de toutes choses pour ne s'occuper que de lui-même. « Comme celui (*en homme qui*) continuellement me couve de mes pensées et les couche en moi, je suis à toute heure *préparé* environ ce que je suis être. Et ne m'avertira de rien de nouveau la survenance de la mort. » (I, 109 C.)

Il s'est détaché de l'ambition et des charges étrangères pour chercher dans la retraite la meilleure préparation à la mort. Il a, par cette solitude, anticipé le grand isolement, le final seul à seul : « Puisque Dieu nous donne loisir de disposer de notre délogement, *préparons-nous-y* ; plions bagage ; prenons de bonne heure congé de la compagnie ; dépétrons-nous de ces violentes prises qui nous engagent ailleurs et éloignent de nous. Il faut dénouer ces obligations (*liaisons*) si fortes et désormais aimer ceci et cela mais n'épouser rien que soi. » (I, 311 A.) Il s'est retiré dans le même dessein qui pousse les Chartreux et les Trappistes au désert : « Cette seule fin d'une vie heureusement immortelle mérite loyalement que nous abandonnions les commodités et douceurs de cette vie nôtre. » (I, 315 C.)

Certes, il n'a ni la vocation ni le courage de se détacher de toutes commodités, au moins des essentielles, mais il emploie tout son effort à s'y attacher le plus modérément possible. Dieu, au surplus, se charge de l'aider dans ce détachement, et nul mieux que Dieu ne connaît les bons moyens et ne sait les employer à propos. Il suffit pour nous d'accepter.

Dieu le détache par la colique : « Considère combien artificiellement et doucement elle te dégoûte de la vie et te déprend du monde... Par où tu as lieu d'espérer que la mort t'attrapera un jour sans menace... et que tu passeras l'eau un matin inopinément. » (III, 416 B... C.)

Dieu le détache par toutes les avanies qu'entraînent les guerres, les guerres civiles et le perpétuel danger d'être occis. « C'était utiles inconvénients... cet accident (*malheur*) me servait d'exercice pour me *préparer* à pis..., m'instruisant de bonne heure à restreindre ma vie et à la ranger pour un nouvel état. » (III, 353 B) un état de dénuement. On s'endort le soir sans aucune certitude de s'éveiller en ce monde : rude entraînement pour affronter sans crainte le dernier sommeil. « Je me suis couché mille fois chez moi, imaginant qu'on me trahirait et assommerait cette nuit-là, composant (*pactisant*) avec la fortune que ce fût sans effroi et sans langueur. » (III, 250 B), c'est-à-dire sans prolongation de souffrance.

En même temps qu'il se plonge dans le sommeil, « il lui advient d'imaginer avec quelque plaisir... qu'il se plonge la tête baissée, stupidement (*sans émoi*), dans la mort, sans la considérer et reconnaître, comme dans une profondeur muette et obscure qui m'engloutit d'un saut et m'accable en un instant d'un puissant sommeil plein d'insipidité et d'indolence (*sans saveur et sans douleur*) ». (III, 251.)

Voilà encore une phrase qui scandalise Port-Royal. Arnaud et Nicole la citent avec d'autant plus d'indignation que les mots *stupidement, insipidité, indolence* n'ont pas pour eux le même sens que pour Montaigne. Mais qu'ils lisent donc Pascal : « La mort est plus aisée à supporter sans y penser que la pensée de la mort sans péril. » (p. 405). Montaigne, en sa langue pittoresque et magnifique, ne dit pas autre chose.

Il désire « passer l'eau inopinément » ; il souhaite une mort subite et prompte qu'il n'ait pas le loisir « de considérer et reconnaître ». « Mort soudaine seule à craindre », bougonne Pascal (p. 429). Soudaine et *imprévue*, répond l'Eglise dans sa prière liturgique. Qu'importe qu'elle soit soudaine, si elle est prévue et préparée ? Soudaine, elle épargne les douleurs du corps ; prévue, elle épargne les peines de l'âme. Il est donc légitime de la désirer soudaine à qui, comme Montaigne, la prévoit et la prépare (1).

Il est légitime à celui qui s'endort le soir au crépitement tout proche des arquebuses de désirer une mort prompte et, autant que possible, sans douleur encore que brusque. Cette mort n'est pas imprévue : celui qui l'imagine « avec quelque plaisir » n'est

---

(1) Maldonat souhaitait lui aussi une mort soudaine.

pas insensible au regret « de laisser à des soldats impies des guérets si amoureusement cultivés » (1), mais il ne ferme pas les yeux sans réciter le Notre Père (III, 250 B), et Montaigne a longuement pesé les mots de cette prière : « que votre nom soit glorifié... que votre volonté soit faite... »

« Il ne songe qu'à mourir lâchement et mollement... » « Il inspire la nonchalance. » Pascal et Montaigne ne parlent pas ici la même langue.

Montaigne admire une « nonchalance de la mort » en elle-même et Pascal comprend une « nonchalance du salut ».

N'est pas nonchalant qui veut devant la mort, pas même le héros « qui meurt en la mêlée, les armes à la main ; celui-là ne la sent ni ne la considère ; l'ardeur du combat l'emporte ». (III, 66 B.) « Il n'appartient qu'à un Socrate d'avoir eu trente jours entiers à ruminer le décret de sa mort, de l'avoir digérée tout ce temps-là d'une très certaine attente, sans émoi, sans altération, d'un train d'actions et de paroles, plutôt *anonchali* que tendu par le poids d'une telle pensée. » (2) (II, 377 C.) « Certes, une si *nonchalante et molle* considération de sa propre mort méritait que la postérité considérât d'autant plus cette mort. » (III, 364 B.) Montaigne exalte la nonchalance et la mollesse devant la mort, Pascal les flétrit. Encore une fois, ils ne parlent ni la même langue ni de la même chose.

Montaigne s'estime pour sa part incapable d'une nonchalance aussi « ruminée » : il est « d'un degré au-dessous ». Mais il se sent tout à fait capable de la nonchalance du soldat mourant au champ d'honneur. « Il n'est occupation plaisante comme la militaire... la mort est plus abjecte, plus languissante et pénible dans un lit qu'en un combat ; les fièvres et les catarrhes autant douloureux et mortels qu'une arquebusade. » (III, 423 B.) Il se contente d'admirer Socrate, mais il se mire tout à fait dans Thorius Balbus, « galant homme, beau, savant, sain, entendu et abondant en toute sorte de commodités et plaisirs, conduisant une vie tranquille et toute sienne, l'âme bien préparée contre la mort, la superstition (3), les douleurs et autres encombrements de l'humaine nécessité, mourant enfin en bataille, les armes à la main pour la défense de son pays. » (III, 176 C.)

Quel chemin parcouru ! Il s'était moqué en 1572 de cette « nonchalance bestiale » qui ne pouvait loger en la tête d'un homme d'entendement et il s'extasie après 1580 devant cette

---

(1) Virgile, *Bucoliques*, I v. 71, cité ici par Montaigne.
(2) « Je ne cherche qu'à m'anonchalir et avachir. » (III, 227 c) doit donc se traduire : Je ne cherche qu'à éviter toute inquiétude et tout souci superflu. *Avachir* ne vient pas de vache, comme on pourrait le croire ; il signifie : assouplir.
(3) La superstition, nous l'avons vu, n'est pas pour Montaigne ce qu'elle est pour le Dr Armaingaud. Elle est « *ce qu'on ajoute* » à la religion traditionnelle et qui au lieu de la réformer, la déforme. « La superstition suit l'orgueil. » (II, 227 A) cf. plus haut.

nonchalance de Socrate, le plus sage entre les hommes. Il est vrai que celui-ci finit par arriver à force de réflexion où la bête arrive tout droit à force de stupidité... « Il fait beau voir que notre sapience apprenne des bêtes même... comme il nous faut vivre et mourir ! » (III, 358 B.)

Mais les paysans y arrivent aussi. « Je ne vis jamais paysan de mes voisins entrer en cogitation de quelle contenance il passerait cette heure dernière... Et lors, il y a meilleure grâce qu'Aristote. » (III, 361 B.)

Montaigne a donc été déçu par les maximes des philosophes et la constance même du premier d'entre eux ne dépasse guère les possibilités d'un paysan périgourdin.

Le détachement qu'il pratique avec tant de soin a pu le libérer de bien des choses, mais non pas de lui-même. Tous les biens lui paraissent négligeables, hormis un seul : la vie. Rappelons-nous la confidence qu'il a glissée après coup dans le chapitre tout flambant de belle philosophie : « ...je puis déloger *sans regret de chose quelconque si ce n'est de la vie...* » Lourde et précieuse confidence qui donne de son ascétisme une idée prodigieuse, mais qui renferme l'aveu d'un gros échec. En mourant, il ne regrettera rien sauf la vie ; mais que peut-on en mourant regretter de plus cher que la vie ?

Nous voici ramenés au point de départ ou à peu près. La doctrine des stoïciens n'est qu'une vaine parade, et le pénible et long détachement de lui-même aboutit à peu de chose. La peur de la mort est un sentiment invincible et qui résiste à tout effort de la raison et de la volonté humaine. Le suicide, la mort même du héros ne sont que de fausses victoires. Il y a Socrate ; mais ce personnage de l'histoire n'est-il pas devenu, tout comme Pyrrhon, un être idéal et mythique, création du cerveau de Montaigne ?

Notre penseur, devant la mort, écarte délibérément le problème religieux de l'au-delà. Et il en a le droit, quoi qu'en dise Pascal. Il a le droit encore une fois de s'en tenir à la peur de la mort et de chercher un moyen humain de maîtriser cet instinct humain. Mais puisqu'il n'en trouve pas et qu'on n'en saurait en effet trouver, il est étrange que ce pénétrant psychologue n'ait pas découvert ici une preuve nouvelle de l'impuissance de la raison seule, ou plutôt il est étrange que cet homme religieux n'ait pas vu et démontré que la raison devait ici plus qu'ailleurs nous acculer à la foi.

Il a écrit en 1572 : « Notre religion n'a point eu de plus assuré fondement humain que le mépris de la vie. » C'est un mot de jeunesse, un mot littéraire, un mot stoïcien : un mensonge. Il a appris depuis que le mépris de la vie n'existe pas. Il le sait mieux chaque jour et il termine son livre par un hymne à la vie dont seul Port-Royal peut se scandaliser, car c'est, au talent près, l'hymne de toute homme sincère :

« J'aime la vie et la cultive telle qu'il a plu à Dieu nous

l'octroyer... Je passe le temps quand il est mauvais et incommode : quand il est bon je ne le veux pas passer, je le retâte, je m'y tiens (*arrête*)... » (III, 444 B.) Nul ne peut mépriser la vie, car nul ne peut comme il dit « mépriser son être » et aspirer au néant, voire l'accepter sans terreur. Il aime la vie comme les bêtes ne sauraient l'aimer : elles ne peuvent plus ici nous servir d'exemple.

L'animal mange, boit, dort, se reproduit selon des règles admirables ; peu importe qu'il sache ces règles, il importe seulement qu'il les suive fidèlement et il est en cette constance notre modèle. Mais si l'animal n'a pas peur de la mort c'est qu'il ne sait pas qu'il meurt. L'homme le sait. L'homme seul aime vraiment la vie et de cet instinct il ne peut aucunement se défaire. Il n'y a pas lieu d'admirer la mort du loup.

Les martyrs n'ont pas affronté la mort par « mépris de la vie » mais par l'assurance d'une autre vie. Le Christ n'a pas prêché le mépris de la vie mais la promesse de la vie et l'Eglise, dans sa liturgie, affirme bien nettement les deux choses : d'une part la peur inévitable de mourir, d'autre part l'assurance certaine de vivre ; celle-ci seule peut détruire celle-là : « *quos contristat certa moriendi conditio eosdem consoletur futurae immortalitatis promissio.* » (1).

Les moines, de l'aveu même de Montaigne, n'abandonnent « les commodités et douceurs de cette vie nôtre que pour cette seule fin d'une autre vie heureusement immortelle ».

C'est donc en vain que l'auteur s'efforce de se tenir ici sur le plan purement rationnel et de confondre la constance nécessaire devant la mort avec l'impossible mépris de la vie. Les condamnés, « ces pauvres gens qu'on voit sur un échafaud remplis d'une ardente dévotion... les yeux et les mains tendus au ciel, la voix à des prières hautes, avec une émotion âpre et continuelle... on les doit louer de dévotion mais non proprement de constance. Ils fuient la lutte ; ils détournent de la mort leur considération... Nous pensons *toujours* ailleurs : l'espérance d'une vie meilleure nous arrête et appuie... et telles autres circonstances nous amusent, divertissent et détournent de la considération de la chose en soi. » (III, 65, 66 B.)

Montaigne, logique, aurait dû conclure : parce que nous ne pouvons ici-bas ne pas « penser ailleurs » ; parce qu'un esprit rassis et pleinement maître de sa pensée ne peut accepter la considération de « la mort en soi » comme d'une chose conforme à son aspiration à la fois la plus instinctive et la plus réfléchie ; il aurait dû appliquer ici son principe : « tout ce qui est naturel est juste, nécessaire et bon » ou encore, « nul être ne peut désirer, ni même accepter sa propre destruction ». (I, 65 A.)

Mais quelle que soit la persistance d'un stoïcisme inconscient sur ce point précis, et son désir de trouver à un mal humain

(1) Préface de la Messe des Morts.

un remède exclusivement humain, notre philosophe sait bien par son expérience, et par celle de son ami La Boétie, qu'on ne peut trouver la constance pleinement rationnelle que dans l'assurance d'une autre vie. « Tout au commencement de mes fièvres et des maladies qui m'atterrent, entier encore et voisin de la santé, je me réconcilie à Dieu par les derniers offices (*les suprêmes devoirs*) chrétiens et *m'en trouve plus libre et déchargé*, me semblant en avoir d'autant meilleure raison de la maladie... » « Ce que nature ne peut en moi, je ne veux pas qu'un bolus (*médicament*) le fasse. » (III, 266 B.) Il court au-devant de cet autre « bolus », le seul efficace pour décharger l'âme de sa terreur, et souvent par contre-coup, le corps.

Mais un chrétien, si religieux, si croyant, si attaché soit-il « à cette si juste et claire persuasion de l'immortalité de nos esprits » est toujours, parce qu'il est homme, « attristé par la certitude de mourir », comme dit la sainte liturgie. *Animus*, ici surtout, n'est pas d'accord avec *Anima*; et comme il est difficile à celle-ci de faire taire celui-là ! *Ad multos annos* est le vœu que l'on adresse aux cinquantenaires vénérables et décrépits. Un tel souhait n'est pas très logique. « Ces grandes promesses de la béatitude éternelle, si nous les recevions de pareille autorité qu'un discours philosophique, *nous n'aurions pas la mort en telle horreur que nous avons*. « Je veux être dissous, dirions-nous, et être avec Jésus-Christ. » (Philipp. I 23) (II, 154 A.)

On ne saurait dire plus nettement : si nous avons tant peur de quitter cette vie, c'est que nous n'avons pas assez de foi en l'autre vie.

Concluons que Montaigne, comme tous les humanistes pieux d'alors, habitué à mêler la sagesse antique et la sagesse chrétienne, cherchait dans l'une et dans l'autre les moyens de s'affermir contre le plus grand de nos maux et ne croyait pas rabaisser la foi en appelant à son aide les « outils » de la raison. Il nous en donne un exemple typique. Après la mort de leur premier enfant, il écrit à sa femme en 1570 : « Parce que je n'ai, ce crois-je, nul ami plus privé que vous, je vous envoie la lettre consolatoire de Plutarque à sa femme traduite par La Boétie en français, bien marri que la fortune vous a rendu ce présent si propre (*si opportun*)... *Je laisse à Plutarque la charge de vous consoler* et de vous avertir de votre devoir en cela, car il vous découvrira mes intentions et ce qui se peut alléguer en cela, beaucoup mieux que je ne ferais moi-même. » (1).

Montaigne savait combien sa femme avait la foi. Il croyait cependant lui rendre un service apprécié en lui permettant de joindre les pensées humaines de Plutarque aux promesses divines de Jésus-Christ.

(1) La lettre de Montaigne à sa femme et la lettre de Plutarque traduite par La Boétie se trouvent dans les *Œuvres complètes d'Estienne de La Boétie*, Paul Bonnefon, Paris, 1892, p. 285 et suivantes.

CHAPITRE VIII

« VIVRE A PROPOS »

« Notre grand et glorieux chef-d'œuvre c'est vivre à propos. » Montaigne est de plus en plus convaincu que la vertu consiste à s'adapter et le dernier chapitre de son livre est tout entier consacré à l'expression de ce rêve hellénique.

Ce qui fait la grandeur et la gloire de l'homme ce n'est pas d'accomplir des actions grandes et glorieuses, mais de s'accommoder simplement aux hommes et aux choses qui l'entourent, de vivre non selon un plan grandiose qu'on s'est tracé d'avance, mais selon les exigences de la vie quotidienne. Il pense avant Sully Prud'homme que

« Le vrai devoir dans l'ombre attend la volonté. »

On avait cru jusqu'à saint François de Sales que la dévotion, c'est-à-dire la pratique fervente du devoir religieux, était réservée « à des personnes fort retirées du commerce du monde ». Mon intention, dit le saint évêque, est d'instruire ceux qui vivent ès villes, ès ménages, en la cour et qui, par leur condition, sont obligés de faire une *vie commune* quant à l'extérieur... Je leur montre que... une âme vigoureuse et constante peut vivre au monde sans recevoir aucune humeur mondaine. » (1).

Oui, à condition d'être vigoureuse et constante, car « voler entre les flammes des convoitises terrestres sans brûler les ailes des sacrés désirs... cela est malaisé ».

Montaigne, « docte profane », ne poursuit pas un dessein si élevé que d'enflammer les âmes des sacrés désirs. Mais il a, dans l'ordre de la sagesse humaine, accompli la même révolution que saint François de Sales dans l'ordre de la sagesse divine, et il n'est pas téméraire de penser avec Raymond Nave (2) que le solitaire de Montaigne a eu ici encore quelque influence sur le pieux moraliste de Genève.

« La dévotion, dit celui-ci, doit être différemment exercée par le gentilhomme, par l'artisan, par le valet, par le prince, par la fille, par la mariée. »

---

(1) Préface de l'*Introduction à la vie dévote*.
(2) Raymond Nave (*L'Aventure de Prométhée*) reconnaît « un écho de Montaigne, mais c'est un de ses échos les plus fondamentaux et les plus riches de vertu prochaine : Bien faire l'homme ; vivre à propos » (p. 77).

« Il faut *accommoder* la pratique de la dévotion aux forces,
aux affaires et aux devoirs de chaque particulier... » (1). Une
morale accommodée n'est pas une morale accommodante.

Il suffit de remplacer le mot *dévotion* par le mot *vertu* pour
trouver en ces lignes l'expression même de la pensée de Montaigne. Et comme, selon notre auteur, la vertu naturelle (la
prud'homie) est nécessaire pour préparer la dévotion, et la dévotion nécessaire pour « parfaire » la vertu naturelle, on peut dire
que Montaigne a préparé saint François et saint François a
« parfait » Montaigne.

Vivre à propos, c'est d'abord s'accommoder à son entourage.

Montaigne s'adapte de son mieux, nous l'avons vu, à tous les
hommes, mais avec le souci constant de ne jamais « hypothé-
quer » sa liberté. Il s'adapte aux humbles sans déchoir : « Nous
vivons et négocions avec le peuple ; si sa conversation nous
importune, si nous dédaignons de nous appliquer aux âmes
basses et vulgaires, et les basses et vulgaires sont souvent aussi
réglées que les plus déliées, il ne nous faut plus entremettre ni
de nos propres affaires ni de celles d'autrui... » (III, 47 B.) Il
aime et loue volontiers « *une âme à divers étages* » qui sache
descendre et monter ; qui soit bien à tous les niveaux ; qui
puisse « deviser avec un voisin de son bâtiment, de sa chasse,
de son procès, entretenir avec plaisir un charpentier et un jar-
dinier ». Quand Platon conseille « de parler toujours d'un langage de maître à ses serviteurs, sans jeu, sans familiarité »...
Montaigne n'est plus avec Platon. Il trouve que « les régimes
de maison où il se souffre le moins de disparité entre les valets
et les maîtres sont les plus équitables ». (III, 49 C.)

Il s'adapte aux ignorants. « C'est, à son gré, faire bien le sot
que de faire l'entendu parmi ceux qui ne le sont pas, de parler
toujours bandé... Il faut se démettre au train de ceux avec qui
vous êtes et parfois affecter l'ignorance. »

Il s'adapte chez lui à ses parents, à ses amis, à ses hôtes, sans
les astreindre à ses habitudes, sans s'astreindre aux leurs. « Chacun s'y gouverne à sa mode... En nos propos, tous sujets me
sont égaux : il ne me chaut qu'il n'y ait ni poids ni profondeur ;
la grâce et la pertinence y sont toujours ; tout y est teint d'un
jugement mûr et constant, tout y est mêlé de bonté, de franchise, de gaieté et d'amitié... S'il plaît à la science de se mêler
à nos devis, elle n'en sera point refusée, à condition qu'elle ne
soit ni magistrale ni impérieuse, mais suffisante et docile. »
(III, 53 B.)

(1) *Introduction à la vie dévote*. Livre I, ch. 3.

Vivre à propos. c'est s'accommoder aux incommodités quotidiennes.

On peut s'être lié à une certaine uniformité de vie soit par un plan arrêté soit par une coutume bien ancrée. Montaigne qui a horreur ˙de tout lien artificiel, qui prétend que « c'est toujours vice de s'obliger », n'accepte de s'assujettir ni à un régime ni à une coutume tyrannique passée dans son tempérament. « Il ne faut pas se clouer si fort à ses humeurs et complexions. Notre principale suffisance est de savoir s'appliquer à divers usages. » Vivre, c'est être libre. « C'est être, mais ce n'est pas vivre, que de se tenir attaché et obligé par nécessité à un seul train. Les plus belles âmes sont celles qui ont le plus de variété et de souplesse... Ce n'est pas être ami de soi, et moins encore maître, c'est en être esclave de se suivre incessamment et d'être si pris à ses inclinations qu'on n'en puisse fourvoyer, qu'on ne les puisse tordre. » (II, 45 B.) « Les belles âmes, ce sont les âmes universelles, ouvertes et prêtes à tout. » (II, 436 A.)

Montaigne, pour sa part, essaye de s'adapter aux circonstances les plus diverses sans cesser de rester lui-même et d'être libre. Il n'y a qu'une chose à quoi il ne saurait s'adapter, ce sont les fantaisies des médecins, parce quelles sont hors nature sinon contre nature. « Ma forme de vie est pareille en maladie comme en santé : même lit, mêmes heures, même nourriture me servent et même breuvage. Je n'y ajoute que la modération. » (III, 400 B.)

La coutume est une seconde nature et qui peut modifier la première nature. Mais la nature bien menée peut modifier la coutume. On arrive à se passer de matelas, de lit de plume, de foyer, de manger chose qui ait eu vie, de boisson. « L'accoutumance peut nous duire (*habituer*) non seulement à telle forme de vie, mais au changement aussi et à la variation, ce qui est le plus noble et le plus utile de ses apprentissages. » Montaigne s'est imposé la coutume de n'avoir pas de coutume : « La meilleure de mes complexions corporelles est d'être flexible et peu opiniâtre. »

Le rôle d'un précepteur conscient de son rôle est d'entraîner le jeune homme et de l'accoutumer à se libérer de toute coutume tyrannique : « Un jeune homme doit troubler ses règles pour éveiller sa vigueur, la garder de moisir et s'apoltronir. Il n'est train de vie si sot et si débile que celui qui se conduit par ordonnance et discipline... La plus contraire qualité à un honnête homme (*un homme de race*) c'est la délicatesse et obligation à certaine façon particulière si elle n'est ployable et souple. » (III, 404 B.) « Le corps encore jeune, on le doit plier à toutes façons et coutumes. Et, pourvu qu'on puisse tenir l'appétit et la volonté sous boucle (*en laisse*), qu'on rende hardiment un jeune homme commode (*adapté*) à toutes nations et compa-

gnons... Qu'il puisse faire toutes choses et n'aimer faire que
les bonnes... Je veux qu'en la débauche même il surpasse en
vigueur et en fermeté ses compagnons et qu'il ne renonce à
faire le mal ni faute de force ni faute de science, mais faute de
volonté (*de le vouloir*). » (I, 214 A.)

Nous retrouvons là le principe que nous avons déjà entendu
énoncer : l'ignorance n'est pas une vertu, non plus que l'impuissance. On a reproché cette phrase à Montaigne. Mais le contexte même nous force d'entendre une fois de plus le mot *débauche* au sens où l'entendait Montaigne ; exception à l'ordre cou-
tumier. Car là où la raison a soin de « tenir l'appétit et la volonté
sous boucle », il n'y a pas débauche au sens où nous l'entendons.

Montaigne ne fait en somme que transposer sur le plan de la
sagesse humaine le divin mot de saint Paul : « *Je me fais tout
à tous.* » Et, qu'il s'agisse de serviteurs ou de compagnons de
jeunesse, l'expérience montre que c'est bien là le meilleur
moyen de les gagner tous, à condition de tenir l'appétit en
laisse et d'être toujours maître de soi.

Mais vivre à propos c'est surtout s'adapter aux humbles devoirs de la vie commune.

C'est ici que saint François de Sales rejoint tout à fait Montaigne et, à travers Montaigne, l'un des courants les plus précieux qui vont de la sagesse antique à la sagesse chrétienne. Un
peu avant l'*Introduction à la vie dévote* paraissait en Espagne
en 1606 un *Traité de la perfection chrétienne* appelé lui aussi à
une grande célébrité. Il était l'œuvre d'un Jésuite, Alphonse
Rodriguez. Le deuxième traité de la première partie pose en
principe « que notre avancement et notre perfection consistent
à bien faire nos actions ordinaires » et il ajoute, dans un style
qui montre que lui et François de Sales ont puisé leur inspiration à la même source, « que la perfection consiste en des choses si aisées que cela doit nous encourager extrêmement à
l'acquérir. »

Montaigne se reproche d'être, par nonchalance, une nonchalance qu'il réprouve, assez mal adapté aux humbles tâches
de la vie domestique. « Il n'est point d'âme si inepte et si ignorante que la mienne de plusieurs choses vulgaires et qui ne se
peuvent sans honte ignorer. » (II, 436 A.) Il ne sait pas compter ;
il sait à peine distinguer les monnaies ; il ne distingue pas un
grain d'orge d'un grain de froment, à peine un chou d'une lai-
tue ; il ne s'entend à « médiciner » ni un cheval ni un chien.
Il a attendu quarante ans pour apprendre que le levain sert à
faire lever la pâte. Il ne s'intéresse ni au bâtiment ni à la chasse,
ni aux jardins, ni aux « autres plaisirs d'une vie retirée ». (III,
224 B.)

Ce sont des confidences où Nicole voit un trait de vanité plutôt que d'humilité. D'autres censeurs avant lui avaient fait à Montaigne le même reproche. Mais ils se trompent : « Ceux qui, en m'oyant dire mon insuffisance aux occupations du ménage, vont me soufflant aux oreilles que c'est dédain et que je laisse de savoir les instruments du labourage, ses saisons, son ordre, comment on fait mes vins, comment on ente et de savoir le nom et la forme des herbes et des fruits... pour avoir à cœur quelque plus haute science, ils me font mourir. Cela c'est sottise et plutôt bêtise que titre de gloire. Je m'aimerais mieux bon écuyer que bon logicien. »

Son devoir d'état c'est de vivre, non d'argumenter ; c'est d'abord de diriger un « ménage ». Il voudrait le bien diriger ; mais qu'y faire ? Il n'a pas reçu le don. Il s'y emploie tout de même de son mieux et il n'a pas laissé le château ni la ferme en trop mauvais état, non plus qu'il n'a laissé en trop mauvais état la mairie de Bordeaux ; nous le savons par d'autres témoignages que le sien.

Une autre infirmité qui le rend impropre aux devoirs de sa charge, c'est d'être « inquiet et irrésolu, ses deux maîtresses qualités », entendons ici défauts.

Un chef doit savoir choisir, trancher, décider. Il s'en déclare incapable. « Je ne sais prendre parti ès entreprises douteuses ; je sais bien soutenir une opinion, mais non pas la choisir. » Les hommes de raisonnement sont rarement des hommes d'action. Il voit trop également les raisons pour et les raisons contre : il est l'âne de Buridan. « De quelque côté que je me tourne, je me fournis toujours assez de cause et de vraisemblance pour m'y maintenir. Ainsi j'arrête chez moi le doute et la liberté jusqu'à ce que l'occasion me presse. » Volontiers il s'en rapporterait à « la décision du sort et des dés ». Ne peut-il arguer d'un illustre et divin précédent dans le choix de saint Mathias dont le nom fut tiré au sort « *Sors cecidit super Mathiam* ». (II, 439 A.)

Cet homme né contemplatif ne s'adonnait à la vie active qu'avec répugnance et inaptitude ; le résultat n'était pas plus mauvais, car Dieu, pensait-il, suppléait, ne refusant jamais sa grâce à qui fait ce qu'il peut.

Mais il est des obligations de la vie privée beaucoup plus importantes auxquelles il s'est consacré avec d'autant plus de soin qu'elles étaient privées : il a mis tous ses soins à bien pratiquer les humbles vertus de la vie domestique : l'ordre, la modération, la constance, la constance surtout. « A cette cause, disent les sages, il faut, pour juger bien à point d'un homme, principalement contrôler ses actions communes et le surprendre en son « à-tous-les-jours ». (II, 503 B.)

Il y a grande différence entre « les boutées et les saillies de l'âme et une résolue et constante habitude ». (1).

« Ceux qui se dérobent aux devoirs communs et à ce nombre infini de règles épineuses en tant de façons qui lient un homme d'exacte prud'homie, font, à mon gré, une belle épargne... C'est aucunement mourir pour fuir la peine de bien vivre. » (II, 542 C.) Ils peuvent avoir d'autre mérite, mais ils n'ont pas celui de la difficulté vaincue. Devançant l'opinion de saint François de Sales, il estime « qu'en malaisance il n'y a rien au delà de se tenir droit parmi les flots de la presse du monde, répondant et satisfaisant loyalement à tous les membres (*parties*) de sa charge ».

« C'est une vie exquise celle qui se maintient en ordre jusques en son privé. » Chacun peut jouer un rôle brillant sur la scène. « Mais au-dedans et en sa poitrine où tout nous est loisible, où tout est caché, d'y être réglé, c'est le point. Le voisin degré c'est de l'être en sa maison, en ses actions ordinaires desquelles nous n'avons à rendre raison à personne... Tel a été miraculeux au monde auquel sa femme et son valet n'ont rien vu de remarquable. Peu d'hommes ont été admirés par leurs domestiques. » Le difficile, le rare, c'est d'être un grand homme pour son valet de chambre ; c'est pour lui cependant qu'il faudrait l'être d'abord.

Et Montaigne trace une délicieuse esquisse dont la manière inspirera La Bruyère : « Le peuple reconvoie celui-là d'un acte public avec étonnement (*profonde admiration*) jusqu'à sa porte. Il laisse avec sa robe ce rôle ; il en retombe d'autant plus bas qu'il s'était plus haut monté ; au dedans, chez lui, tout est tumultuaire et vil. » (III, 32 B.)

Admettons que, dans cet intérieur de l'homme ou de la famille, tout soit rangé, tout soit en ordre, le peuple n'en conçoit pas d'admiration, car il ne le voit pas. Rien ne frappe ses regards que ce qui brille : « Il faut un jugement vif et bien trié pour apercevoir le règlement, la constance en ces actions basses et privées : l'ordre est une vertu morne et sombre (*sans éclat*). Gagner (*conquérir*) une brèche, conduire une ambassade, régir un peuple, ce sont actions éclatantes. Tancer un domestique, rire avec des amis, vendre au prix exact, payer à terme, aimer, haïr et vivre avec les siens, vivre avec soi-même doucement et justement, ne relâcher point (*ne pas se laisser aller*), ne se démentir point (*ne pas revenir sur une parole donnée*), c'est chose plus rare, plus difficile et moins remarquable. Les vies retirées soutiennent par là, quoi qu'on dise, des devoirs autant sinon plus âpres et tendus que ne font les autres vies. » (III, 33 B.)

Les grandes actions, les actions justement appelées extraor-

---

(1) Pascal : « Ce que peut la vertu d'un homme ne se doit pas mesurer par ses efforts, mais par son ordinaire. » (p. 489).

dinaires, ne sont qu'un épisode très court et sans importance
dans une vie humaine.

Vivre ! est la devise de Montaigne : il entend par là régler
les actions communes de la vie quotidienne. Le bon Rodriguez
nous raconte que lorsque le prêtre païen accomplissait à l'autel
les rites de son culte un héraut était chargé de lui redire sans
cesse à l'oreille : *Age quod agis !* Il tient ce détail de Plutarque.
Montaigne met dans la bouche de Platon le même précepte :
fais ton fait (I, 16 C), autrement dit, fais bien ce que tu fais.
« Nous sommes de grands fols ! Je n'ai rien fait d'aujourd'hui,
disait cet empereur romain (Titus). — Quoi ? n'avez-vous pas
vécu ? C'est non seulement la plus fondamentale, mais la plus
illustre de vos occupations. — Si on m'eût mis au propre (*à
l'épreuve*) des grands maniements, dit cet autre, j'eusse montré
ce que je savais faire. — Avez-vous su méditer et manier votre
vie ? Vous avez fait la plus grande besogne de toutes... Composer nos mœurs est notre office, non pas composer des livres ;
notre devoir est de gagner non pas des batailles et des provin-
ces, mais l'ordre et la tranquillité de notre conduite. Notre glorieux chef-d'œuvre c'est vivre à propos. » (III, 440 B.)

Montaigne termine son livre par ces longues considérations de
sagesse pratique, la sagesse de tous les jours et de toutes les
heures. S'il admire Epaminondas et Scipion ce n'est pas pour
leurs éclatantes victoires, c'est pour la bonne grâce avec laquelle
le premier se mêle à la danse des garçons de sa ville, le second
« baguenaude » à amasser et choisir des coquilles. Et Socrate
ne se montre jamais plus grand que lorsqu'il consent à « jouer
aux noisettes avec les enfants et à courir avec eux sur un cheval
de bois ».

« Le peuple se trompe : on va bien plus facilement par les
bouts, où l'extrémité sert de borne et de guide, que par la voie
du *milieu*, large et ouverte (1), mais bien moins noble aussi...
L'âme montre mieux sa hauteur à aimer les choses moyennes
que les éminentes. » « Il n'est rien de si beau et de si légitime
que de *faire bien l'homme*... ni science si ardue que de bien
savoir vivre cette vie, et, de nos maladies, la plus sauvage c'est
de mépriser notre être. » (III, 443 B.)

Il avait mis la patience bien au-dessus de la modération. Il
avait admiré, non sans réserves toutefois, le précepte stoïque :
« Supporte et abstiens-toi. » L'usage et la réflexion l'ont amené
peu à peu à un avis différent. Il y a moins d'âpreté à s'abstenir
de quelque bien que ce soit qu'à en user selon la raison. « La
modération est vertu bien plus affaireuse que n'est la souffrance (*patience*). » (II, 542 C.)

---

(1) Pascal : « C'est sortir de l'humanité que de sortir du *milieu*.
La grandeur de l'âme humaine consiste à savoir s'y tenir. » (p. 501).
« On ne montre pas sa grandeur pour être à une extrémité, mais bien...
en remplissant tout l'*entre-deux*. » (p. 491, Ch. P. 483.)

En résumé, pour Montaigne, comme pour saint François de Sales, le seul témoignage authentique d'une vertu véritable c'est le soin d'accomplir à la perfection chacune de nos actions les plus ordinaires, parce que ces actions composent toute la vie ; elles sont tout l'homme, les autres n'intervenant que comme des accidents exceptionnels, passagers, sans lendemain. Si nous n'appliquons tout notre effort à les régler, où l'appliquerons-nous ? Notre vertu portera sur le vide et sera vide.

Mais une raison domine à ses yeux toutes les autres : le souci de cette perfection ne peut partir que de la conscience et c'est en la conscience seule que réside la vertu.

Les actions d'éclat peuvent avoir un tout autre mobile, en particulier l'ambition.

Ces actions-ci ne peuvent avoir qu'un seul mobile, l'impératif de la conscience. « Nous nous préparons aux actions éminentes plus par gloire que par conscience. La plus courte façon d'arriver à la gloire, ce serait de faire par conscience ce que nous faisons pour la gloire. » (III, 33 C.)

Arriver à la gloire. Quelle gloire ? S'agit-il de la gloire humaine ? Non, évidemment, car Montaigne vient de nous dire que le mérite d'une vie privée sagement réglée échappe aux yeux de la foule. L'honneur même qui s'attache aux grandes victoires ne laisse qu'un souvenir éphémère, témoin le nom incertain de du Guesclin. Il s'agit de la gloire d'une bonne conscience, au sens où saint Paul a dit : « Ma gloire est le témoignage de ma conscience. » Mais cette gloire-là ne mérite d'être ambitionnée en cette vie qu'à la condition d'être continuée dans l'autre. « Pour trois ans de cette vie fantastique et imaginaire, allons-nous perdant notre *vraie vie* et essentielle et nous engager à une mort perpétuelle ? » (II, 404 A.) Cette vie vraie (la *vita vera* de saint Jean) est « le but final et dernier arrêt des chrétiens désirs, seul plaisir constant, incorruptible. » (III, 449 C.) Et Montaigne, par un détour laïque, rejoint les auteurs ascétiques qui disent tout d'un jet : « Nous devons bien faire nos actions ordinaires parce que nous devons faire à chaque instant ce que Dieu veut que nous fassions. » (I).

Montaigne, en des termes différents, ne dit pas autre chose : « La principale charge que nous ayons, c'est à chacun sa conduite », affirme-t-il en 1580. Et il commente dans l'édition suivante : « Et est-ce pour quoi nous sommes ici-(bas). » (III, 300 B, C.)

(1) Rodriguez, l. cit. II, 1.

CHAPITRE IX

LE LAÏQUE

LAÏCITÉ DE MONTAIGNE

Essayons maintenant, pour porter un jugement d'ensemble aussi objectif que possible, de méditer de nouveau le texte si important où Montaigne à la fin de sa vie expose sa méthode et délimite son dessein : « Je propose les fantaisies (*idées*) humaines et miennes, simplement comme humaines fantaisies et séparément considérées, non comme arrêtées et réglées par l'ordonnance céleste, (comme) incapables de doute et d'altération : matière d'opinion, non matière de foi, ce que je discours selon moi non ce que je crois selon Dieu, comme les enfants proposent leurs essais, instruisables, non instruisants ; d'une manière laïque, non cléricale, mais très religieuse toujours. » (I, 410 C.)

L'épithète laïque nous arrête, car elle s'est chargée, depuis le XVIᵉ siècle, de toute une philosophie négative et agressive. Montaigne ne pouvait prévoir les combats burlesques qui se livreraient un jour autour du mot *laïque*. Quel sens avait ce mot pour lui, quel sens a-t-il pris pour certains d'entre nous ? La réponse à cette question résume tout le débat.

Pour Montaigne, un *laïc* est tout bonnement un homme du peuple, du peuple chrétien s'entend, par opposition à un homme du clergé qui est, sans aucune nuance laudative ou péjorative, un clerc. L'adjectif clérical répond à clerc comme l'adjectif laïque répond à laïc.

Montaigne précise. Dans l'ordre des vérités « arrêtées par l'ordonnance céleste », le clerc est instruisant, le laïc est instruisable.

Dans l'ordre des fantaisies ou opinions humaines, le penseur laïque revendique un droit, qui est de les considérer séparément, de discourir, c'est-à-dire de raisonner « selon lui », selon les capacités et dans les limites de son esprit humain. Il ne veut pas abandonner au clerc le monopole de la pensée : à d'autres la pensée religieuse, à lui la pensée « profane ». Aux uns le livre de l'Ecriture, à lui le livre de la nature.

Cette séparation s'appuie sur deux motifs étroitement solidaires. D'abord une raison de « révérence ». Nous avons vu le profond respect de Montaigne pour la parole divine inscrite en

la Bible. Si la lecture des Saints Livres doit être préparée par
le recueillement et entourée des plus grands égards, combien
plus leur interprétation. « La doctrine divine tient mieux son
rang à part comme reine et dominatrice ; elle doit être principale partout, point suffragante et subsidiaire. » (I, 409 B.) Nous
devons éprouver un tel respect pour chacun de ces mots émanés
ou inspirés de Dieu ⸺ c'est tout un pour Montaigne ⸺ que
celui-là commet une profanation qui tire « d'une si sainte matière » les exemples de la grammaire, les modèles de la rhéto-
rique ou de la logique. C'est une irrévérence d'emprunter à la
Bible « les arguments (sujets) des théâtres, jeux et spectacles
publics ».

Le second motif est un souci de compétence, ou plutôt une
crainte d'incompétence. « Ne dirait-on pas sans apparence que
l'ordonnance de ne s'entremettre que bien réservément d'écrire
de la religion à tous autres qu'à ceux qui en font expresse profession, n'aurait pas faute de quelque image d'utilité et de justice ? » (I, 410 B.) Bref, à chacun son métier ; celui des théologiens est de « réciter » Dieu, et plût à Dieu qu'ils ne le fassent
pas trop humainement ! Celui de Montaigne est de « faire un
homme et de réciter un homme », et plût à Dieu que lui-même
et ses pareils, les humanistes, ne le fassent pas trop théologalement. « Montaigne connaît le danger de ces humanistes impro-
visés théologiens, de ces théologiens trop soucieux d'humanisme
qui ont tout brouillé, tout confondu, et ils se sont rejoints dans
l'hérésie.

L'écrivain laïque, en tant que tel, s'interdit toute intrusion
dans le domaine du clerc qui est la doctrine divine ou révélée.
Mais il n'exclut pas Dieu. Il prend pour thème les problèmes
de la raison non les révélations de la foi. Mais Dieu est objet
de raison et de foi, et Dieu n'est-il pas l'objet essentiel de la
religion ? On peut donc écrire « d'une manière laïque, mais
très religieuse toujours », à propos de tout, car partout on trouve
Dieu. On ne peut même décrire l'homme à fond et se décrire
soi-même sans parler de Dieu car, si l'on va au fond de soi-
même, on trouve Dieu.

Laissant à d'autres plus qualifiés le livre de l'Ecriture, Montaigne nous dit qu'on découvre Dieu à toutes les pages, à toutes
les lignes, à tous les mots quand on feuillette attentivement le
livre de la nature. Il sait y lire la toute-puissance de Dieu ; il
admire les merveilles quotidiennes qui le préparent aux miracles exceptionnels ; il revendique les droits de Dieu et ses prérogatives ; il abaisse l'homme pour exalter Dieu. Il faut, dit-il,
se soumettre à Dieu, se commettre à Dieu, remercier Dieu, tout
attendre et tout recevoir de Dieu. Sans se permettre de commenter les paroles de Dieu, il nous renvoie fréquemment aux
paroles de Dieu. Voilà comment Montaigne est un écrivain
laïque.

Le laïcisme de Montaigne.

Mais l'épithète a évolué et nous trouvons déjà indiqué dans Pascal le sens inévitable de cette évolution.

M. de Saci est choqué. « Montaigne met dans *tout* ce qu'il dit la foi à part. » (p. 155). Nous avons vu combien l'accusation est injuste, car nul écrivain laïque « n'a pénétré comme lui ce que c'est que croire » et nul n'a établi la foi sur des fondements plus solides de raisonnement, d'observation et d'humilité.

Mais Pascal précise avec une apparence de plus grande justesse : « Il a voulu chercher quelle morale la raison devrait dicter sans la lumière de la foi. » (p. 10). Nous avons vu aussi qu'en réalité Montaigne estime la raison incapable de fonder une morale absolue et universelle. Néanmoins, il est bien vrai que Montaigne pose des principes de conduite pratique fondés sur la seule raison ; qu'il nous propose sans cesse pour modèles des sages et des héros antiques. La morale qui se dégage de son livre semble avoir une parfaite cohésion en dehors de Jésus-Christ et, à première vue, elle paraît se suffire.

Enfin, Pascal nous ébranle et nous émeut quand il dit : « On ne peut excuser ses sentiments tout païens sur la mort. » (p. 344). Quelque atténuation qu'il faille apporter au mot *païen*, Montaigne nous semble réaliser une véritable gageure quand il prétend se consoler de la pensée de la mort sans recourir à la pensée de l'au-delà. Comment peut-il, dans une épreuve si décisive, isoler si parfaitement « ce qu'il discourt selon lui de ce qu'il croit selon Dieu » ?

Si nous voulons comprendre un parti-pris aussi net et aussi affirmé, nous devons faire un effort sincère pour sortir de nos idées à nous, pour rompre momentanément avec des manières de voir qui, sous diverses influences, ont prévalu et qui nous paraissent meilleures. Nous devons prendre Montaigne tel qu'il est, et, avant de le juger, nous placer à son point de vue, essayer de comprendre ses raisons. Toutes ne nous paraissent pas également valables ; elles ont pu l'être en son temps, car il n'est pas un isolé, et ce qui peut nous choquer n'a pas étonné ses contemporains. Ne simplifions pas un problème qui est complexe. Prenons Montaigne tout entier sans rien isoler, comme a eu tort de le faire Pascal, d'un ensemble qui fait bloc. La cohérence du système est une garantie de plus de la sincérité de l'auteur. Ses analyses pénétrantes nous aideront peut-être ici encore, sinon à réviser, du moins à nuancer, nos propres idées.

Nous sommes donc surpris que Montaigne ne fasse pas, dans la partie morale de son œuvre, la part plus large à la religion, qu'il paraisse raisonner comme si Jésus-Christ n'existait pas. Ces humanistes nous déconcertent et nous aurions vite dit qu'ils ne sont pas chrétiens. Nous avons peine à concevoir qu'on puisse être humaniste à son heure, chrétien à son heure. C'est pourtant ce qu'ils sont.

Ce que Montaigne exclut de son livre, ce n'est pas Dieu qui y tient une si large place ; ce qu'il exclut c'est la révélation. Par respect de Dieu, par sentiment de son incompétence, par crainte d'erreur et de profanation, bref par souci de rester dans le rôle de laïc tel qu'il l'entend, il refuse le plus souvent de chercher ses principes moraux dans la Bible. Tout au plus y cherche-t-il çà et là des confirmations.

Il a choisi l'étude de l'homme. Il s'en tient à l'homme et aux documents humains. Ni le but ni le moyen n'apparaissent déraisonnables.

Il pose en principe qu'un humaniste, par opposition à un théologien, doit s'en tenir à l'homme et ne pas empiéter sur la « divinité ».

Il n'admet pas qu'on emprunte à la Bible le sujet d'une tragédie. Ce point de vue se défend. L'Ecriture Sainte est d'un bout à l'autre une tragédie ou plutôt, au sens de Dante, une divine comédie dont l'acteur principal, qui tient la scène du commencement à la fin, c'est Dieu. La Création d'abord, la Rédemption ensuite sont un drame continu, fort bien enchaîné, dont nous contemplons le spectacle jamais interrompu. Nous aussi sommes acteurs et fort engagés dans l'intrigue, très anxieux du dénouement. Nous ne devons pas nous muer en spectateurs. Ce sont événements d'un pathétique poignant que nous devons craindre et révérer, non pas mimer. La Bible n'est pas pour nous distraire, mais pour nous faire méditer et prier. « C'était autrefois mystères, dit Montaigne ; ce sont à présent déduits et ébats. » (I, 407 C.)

Montaigne n'ignore pas les *Mystères* du Moyen Age. C'était autrefois spectacles remplis, selon le cas, de terreur ou de douceur, toujours de simplicité. Les mots de la Bible y étaient rapportés fidèlement et pieusement récités. La scène se jouait dans l'église et le peuple y venait pénétré d'avance de « la religieuse horreur (*émoi sacré*) et du frisson » que doit toujours inspirer le saint lieu. Tant valait la foi unanime des acteurs et des spectateurs, tant valait le spectacle. Les humanistes sont venus, férus de Sophocle et d'Euripide. Ils n'ont plus la même foi ni la même simplicité. Qu'ils essayent d'imiter Euripide et Sophocle mais non pas Isaïe ni saint Luc ! Un bon point à Jodelle pour sa *Cléopâtre* et à tel autre pour son *Antigone ;* il n'y a pas d'inconvénient à créer des fictions autour d'êtres fictifs ou à demi légendaires. Mais ce qu'on ajoute à la Bible est de trop. Il y a presque la même profanation de transporter la Bible au théâtre que de la transporter dans l'office ou dans la cuisine.

Tels sont les raisonnements implicites de Montaigne. Ils sont peut-être discutables ; mais on ne peut leur refuser d'être inspirés par une solide logique et par un religieux respect. Boileau,

qui adopte ces préceptes, involontairement les caricature. Il est,
lui, le bourgeois de Paris qui veut s'égayer et qui s'épouvante
d'une religion que le jansénisme a rendu terrible :

> De la foi d'un chrétien les mystères terribles
> D'ornements égayés ne sont pas susceptibles.

Boileau est inexcusable, ayant connu *Athalie*. Mais il n'y a
qu'une *Athalie*, œuvre d'un Racine recueilli et solitaire, comme
fut Montaigne lui-même. Les autres tragédies de Racine et celles
de Corneille et les comédies de Molière et, en remontant, les
poésies de Ronsard, les récits gargantuesques n'ont qu'un but :
tantôt égayer, tantôt émouvoir, toujours *plaire*. Le mot revient
sans cesse dans les préfaces. Pour eux, l'art d'écrire est un art
de plaire, comme l'art de sculpter, de peindre ou de bâtir ;
c'est un jeu, un divertissement, un gagne-pain et aussi un gagne-
gloire. Ils ne s'engagent pas tout entiers ; ils livrent leur expériences, leurs observations, leurs souvenirs personnels ou livres-
ques ; leur religion peut, et encore moins la Religion.

« Quand je danse, je danse », dit Montaigne. De même,
quand je mange, je mange, quand j'écris, j'écris et quand je
prie, je prie. « Aux vices leur heure, son heure à Dieu, comme
par compensation et composition. » (I, 405 B.) Ainsi, selon Montaigne, pensent les hypocrites et les faux dévots. Et il s'irrite
« de voir continuer (*juxtaposer*) des actions diverses (*opposées*)
d'une si parfaite teneur qu'il ne s'y sente point d'interruption
ni d'altération ». Mais il trouve très naturel et légitime de dire :
à la charrue ou à l'enclume, ou à la plume son heure, et
à l'église ou au prie-Dieu son heure. C'est toujours la même
pensée qui le guide : « Il ne faut mêler Dieu en nos actions
qu'avec révérence et attention pleine d'honneur et de respect. »
(I, 407 A.) Si on lui objectait la parole de Jésus : « Il faut toujours prier » ; il répondrait sans doute par cette autre parole de
Jésus : « Pour toi, quand tu pries, entre dans ta chambre et, ta
porte fermée, prie ton Père qui est dans ce lieu caché. » (Math.
VI, 6.) Il y a prière et prière : celle des mains et celle des lèvres.
Pour les humanistes chrétiens, ils passent de l'oratoire à l'écritoire. Il n'y a pas continuité d'attitude ; l'essentiel c'est qu'il n'y
ait pas contradiction. Ils sont tous ainsi, et Ronsard, par exemple, accuse une bien plus apparente opposition entre le chrétien et l'artiste. A l'oratoire, le chrétien fait sa prière du matin :

> M'éveillant au matin, devant que faire rien
> J'invoque l'Eternel, le père de tout bien,
> Le priant humblement de me donner sa grâce,
> Et que le jour naissant sans l'offenser je passe...

A l'écritoire, l'artiste rivalise dans le jeu des syllabes avec
Horace et Catulle au grand scandale des réformateurs qui crient
à l'athéisme :

> Vivez, si m'en croyez, n'attendez à demain,
> Cueillez dès aujourd'hui les roses de la vie !

A l'oratoire, la prière de midi :

> ...Puis sentant mon esprit de trop lire assommé
> J'abandonne le livre et m'en vais à l'église ;
> Au retour, pour plaisir, une heure je devise.
> De là je viens dîner, faisant sobre repas ;
> Je rends grâces à Dieu...

A l'écritoire, le poète s'applique de nouveau à pétrarquiser.
A l'oratoire, enfin, la prière du soir :

> Puis, quand la nuit brunette a rangé les étoiles...
> Sans souci je me couche ; et là, levant les yeux
> Et la bouche et le cœur vers la voûte des cieux,
> Je fais mon oraison, priant la bonté haute
> De vouloir pardonner doucement à ma faute... (1)

Voilà comme ils entendent vivre d'une manière laïque mais religieuse toujours. Combien plus religieuse chez Montaigne que chez Ronsard !

Mais de nos jours chacun ne l'entend pas ainsi ; et peu à peu *laïque* est devenu incompatible avec religieux et Montaigne, s'il est laïque, comme il le dit, ne peut être qu'antireligieux. On suit aisément les étapes de ce glissement... à gauche, de ce gauchissement. Si Montaigne « met la foi à part », cela revient à dire, assure-t-on, qu'il met la foi de côté comme source d'information négligeable, fantaisiste, inexistante : il laïcise la pensée.

Si Montaigne « cherche quelle morale la raison doit dicter sans la lumière de la foi », cela signifie que la raison sans la foi peut seule bâtir une morale pleinement humaine et pleinement suffisante, il démontre que « la vertu chrétienne, la vertu religieuse est dénuée de toute valeur morale » (Tavera, p. 263) ; il laïcise la morale.

Si Montaigne s'attache à considérer la mort, abstraction faite de l'au-delà, c'est qu'il dénie toute valeur aux réalités de l'au-delà : il laïcise la destinée humaine.

Et nous avons en lui le glorieux précurseur de la pensée laïque au sens moderne. Il est l'homme qui prétend se suffire et qui n'a nul besoin de religion.

Et si la religion est représentée par le clergé, ce penseur est,

---

(1) Ronsard, *Réponse aux injures...* (1563).

avant la lettre, de toute nécessité, quoi qu'il dise, un « anticlérical ».

Nous ne nions pas qu'un système comme le laïcisme, aux
termes duquel l'homme est censé se suffire, ne puisse se concevoir et satisfaire certains esprits peu exigeants.

Ce que nous nions c'est qu'un tel système puisse loyalement
se réclamer de Montaigne.

En bref, et pour résumer cette étude, nul n'est plus *laïque* que
lui si, comme lui, on entend par ce mot le partisan d'une raison
qui cherche par elle-même et qui explore librement toutes les
régions de son propre domaine, sans intrusion dans la théologie.
Nul penseur n'est plus libre.

Mais nul n'est moins *laïque* au sens nouveau, car nul n'a
démontré avec plus de méthode et d'acharnement l'insuffisance
de la raison seule à pénétrer les vérités essentielles et même
toute vérité ; nul n'a mieux mis en lumière la nécessité d'une
révélation commentée par l'Eglise. Nul n'a été moins libre-penseur, moins anticlérical.

Le tort de certains critiques qui ont suivi Montaigne a été de
ne pas le suivre jusqu'au bout. Pour ceux qui ne le suivent que
jusqu'à mi-chemin, cet auteur est pernicieux. Il ne propose que
des « opinions humaines... séparément considérées ». Si on s'en
tient là, on peut être rationaliste. Car ces opinions scrutent tous
les problèmes. Mais si on va plus loin on s'aperçoit que ces
opinions humaines toujours flottantes, hésitantes et incertaines,
ne résolvent, selon Montaigne, aucun des problèmes essentiels.
Et on est, comme l'auteur lui-même, acculé à la foi... à moins
de préférer le vide et le néant.

Si quelques lecteurs prétendent qu'un penseur si libre n'a
pu être qu'un libre-penseur, que Montaigne est sincère quand
il dit ce qu'il *pense* et qu'il cesse de l'être quand il dit ce qu'il
croit, ceux-là tombent sous l'impitoyable verdict de Montaigne :
« Ils infectent de leur propre venin la matière innocente. »

Montaigne nous montre comment on pouvait être, au XVI°
siècle, à la fois laïque et très religieux.

Il est peu pertinent, si l'on se place à son point de vue et si
l'on accepte son dessein si nettement exprimé, de lui reprocher
de ne point parler de Jésus-Christ. Il s'en tient, répétons-le, à la
morale humaine et n'a pas la prétention de nous exposer la
morale évangélique. Il parle néanmoins du Christ en trois
endroits qui prennent une importance d'autant plus grande qu'ils
sortent de son plan général. Le Christ est notre modèle en toutes
choses. L'Evangile nous assure qu'il croissait en âge et en
beauté. Il a dû, en l'un et en l'autre, atteindre la perfection. En
âge : « Il est plein de raison et de piété, dit Montaigne, de
prendre exemple de l'humanité même de Jésus-Christ : or, il
finit sa vie à trente-trois ans. Le plus grand homme, simplement

homme, Alexandre, mourut aussi à ce terme. » (I, 105 A.) En
beauté : « Notre grand Roi divin et céleste, duquel toutes les
circonstances doivent être remarquées avec soin, religion et
révérence, n'a pas refusé la recommandation corporelle : « *spe-
ciosus forma prae filiis hominum* » (Ps. XLV, 3) (II, 421 B).
Enfin et surtout, Jésus-Christ est le modèle des pénitents et des
martyrs. Après avoir rappelé bien des souffrances endurées pour
des motifs de gloire humaine ou même de gloriole, Montaigne
conclut : « Je suis bien aise que les témoins nous sont plus à
main où nous en avons plus affaire, car la chrétienté nous en
fournit à suffisance. Et, après l'exemple de notre Saint Guide,
il y en a eu force qui, par dévotion, ont voulu porter la croix. »
(I, 72 A.) Allusion transparente au mot de l'Evangile : « Si quelqu'un veut me suivre, qu'il porte sa croix. »

Ces évocations du nom de Jésus-Christ paraîtront nombreuses
et l'on se souvient que les auteurs spirituels d'alors, des prêtres,
des religieux, mènent leurs lecteurs au Christ par Démocrite,
par Socrate ou par Plutarque. Les *Vies illustres* de Plutarque,
traduites par un prêtre devenu bientôt évêque, Jacques Amyot,
étaient le vade-mecum d'excellents chrétiens. Dans l'*Introduction à la vie dévote* et dans le *Traité de l'amour de Dieu* de
saint François de Sales, le Christ est à peine nommé. Le Saint
Docteur croyait pouvoir prêcher la pure morale évangélique
sans se référer expressément à l'Evangile. Affaire d'époque et
d'ambiance. Le temps va bientôt venir où le Verbe de Dieu
tiendra dans les pieux écrits la place qui lui revient, la place
centrale.

Combien était admissible cette respectueuse réserve chez
un laïque qui se défendait de prêcher l'Evangile ! André
Gide dit de Montaigne : « Il s'occupe souvent de la religion ; jamais du Christ. Pas une fois il ne se reporte à ses paroles : c'est à douter s'il a jamais lu l'Evangile. » (p. 30). Le reproche est étourdi. Mais plût à Dieu que le critique eût pratiqué
lui-même cette sage discrétion, et que cet immoraliste, fourvoyé
parfois dans l'exégèse, eût accepté pour guide un autre Maldonat !

CONCLUSION

SAGESSE CHRETIENNE

LE titre que Charron a mis à son livre, qui est un très mauvais plagiat de Montaigne et une involontaire trahison, conviendrait beaucoup mieux au livre de Montaigne ; en tout cas, il le résume et nous ne pouvons mieux conclure que par ce mot : *sagesse*.

Le livre des *Essais* est le code et le bréviaire de la sagesse française, qui était alors une sagesse chrétienne.

Comme les premiers Pères grecs, et, notamment, Clément d'Alexandrie, témoins et représentants de la Première Renaissance qui eut lieu au second siècle ; comme saint Thomas d'Aquin, inspirateur de la Deuxième Renaissance qui eut lieu au treizième siècle, Montaigne a montré que la sagesse chrétienne enrichissait, vivifiait la sagesse antique.

Les protestants prétendaient remonter aux pures origines du Christianisme. Mais le premier traité de morale chrétienne est assurément le *Pédagogue* de Clément d'Alexandrie (1) et ce traité se réfère expressément, lui, à la doctrine du Christ, puisque ce pédagogue ou éducateur n'est autre que Jésus-Christ.

Or, nous trouvons que les préceptes de cet hellène du deuxième siècle sont beaucoup plus d'accord avec ceux de Montaigne qu'avec ceux de Calvin. Il nous assure que l'éducation donnée par Jésus consiste à nous placer dans le juste milieu et son aide à nous y maintenir. « Sa caractéristique est d'être ni trop austère,

(1) *Un éducateur optimiste, Clément d'Alexandrie*, par C. Sclafert, *Etudes*, 1923, t. 175, pp. 532-599.

ni relâché par excès de bonté. » Se dépeignant admirablement, il s'est comparé au grain de sénevé... ; il purge les passions, il est la vraie santé de l'âme, l'indéfectible équilibre du tempérament, *l'eucrasie.*

Il n'est question dans cette doctrine ni de réprimer, ni de tuer, ni de renier ; il est question d'*harmoniser.* Le mot revient sans cesse : « Commençons par nous-même et voyons comment nous harmoniser. » Les conseils donnés par ce divin Pédagogue ont un parfum d'Académie que nous retrouverons en Montaigne : « *La vertu, dit-il, consiste à maintenir l'âme en parfaite harmonie sous la raison... Partout le manque de mesure est un mal.* » « *Les extrêmes sont périlleux, le milieu est bon.* » « La vie tout unie n'a, comme le nom l'indique, ni renflement ni dépression ; elle est toute entière plane, lisse, égale, nivelée et par suite bien *adaptée. La parfaite adaptation* est un état bien orienté vers le but, sans excès ni défaut... » « En toutes choses, il faut rechercher la mesure... ne vivons pas pour la volupté ni pour le contraire, mais prenons le juste milieu, la vie harmonieuse, sobre, pure de chacun des deux excès : le luxe et la parcimonie... »

Ainsi, dès l'origine, un chrétien assimilait la doctrine païenne sans répudier le christianisme...

Certes, le ton de Clément est plus doctrinal et il lance contre les « païens », au sens péjoratif, les traits les plus acérés. Quand il rapporte leurs textes les plus intraduisibles, il ne le fait, lui, que pour les couvrir de honte. A la différence de Montaigne qui admire les anciens de loin, il attaque avec véhémence les païens qu'il a sous les yeux, parmi lesquels il vit.

Mais, outre la hardiesse de style, ces deux moralistes ont en commun deux traits essentiels : la confiance dans la nature et l'admiration de la sagesse antique.

Montaigne, comme Clément, n'a rien voulu laisser perdre de ce beau patrimoine d'humanité et c'est dans ce sens très élevé qu'il a eu conscience d'être humaniste.

Le caractère essentiel de cette sagesse, c'est la modération, le tempérament, *l'eucrasie,* c'est-à-dire le juste milieu.

Montaigne déclare qu'en sa vie il a « encouru les inconvénients qu'apporte la modération... au Gibelin j'étais Guelfe, au Guelfe j'étais Gibelin ». (III, 350 B.) Il encourt après sa mort un inconvénient analogue : aux uns il est « rationaliste », aux autres il est « fidéiste ». Il est même victime d'une pire mésaventure : il a pour « amis » ceux qu'il a pourfendus et pour ennemis ceux qu'il a défendus. Tant il est dangereux de se maintenir à égale distance des extrêmes et de se préserver d'un excès sans encourir le reproche de tomber dans l'autre.

Sebond avait rencontré les mêmes contradicteurs et Montaigne a fait son apologie. Il est juste que l'on fasse l'apologie de Montaigne.

La balance est bien l'arme parlante de cet homme et il ne pouvait mieux choisir. Instrument des justes *pesées*, elle symbolise les justes *pensées*, car ces deux mots n'en sont qu'un. Sa qualité fondamentale c'est l'équilibre. Les plateaux oscillent sans cesse et d'aucuns ne retiennent chez Montaigne que ce perpétuel balancement. Mais les oscillations sans fin ne sont pas une fin. La destinée de la balance n'est pas le mouvement mais le repos, et c'est par le mouvement qu'elle arrive au repos ; elle tend à établir la valeur exacte des choses confrontées, à fixer l'aiguille dans le juste milieu.

C'est à ce juste milieu que s'attache Montaigne tout le long des *Essais* — nous pouvons traduire maintenant, des *pesées* ; et nous pouvons dire que le penseur, autant qu'il est possible, est parvenu à son but.

Il oscille sans cesse ; mais il oscille autour d'un même point, autour de Dieu.

Il tient le juste milieu entre le dogmatisme qu'il a personnifié dans Aristote et l'agnosticisme qu'il prête à Platon, entre la présomption de tout savoir et la désespérance de ne jamais bien savoir.

Il tient le juste milieu entre les stoïciens qui ne se fient que dans leur seul effort et les épicuriens dégradés qui se défient de tout effort, entre la prétention de se suffire sans Dieu et l'accablement de ne jamais suffire à Dieu.

Il tient le juste milieu entre l'absence et l'excès de la critique, entre la crainte et la recherche de la mort, entre la fuite et le désir de la volupté, entre l'inertie et l'embesognement, entre la forfanterie et la lâcheté...

Son idéal est Pyrrhon, l'homme qui sait ignorer, mais qui ne désespère pas de savoir ; l'homme qui sait attendre, mais qui ne désespère pas d'atteindre ; l'homme confiant qui espère peu de lui-même mais espère tout de Dieu... au jour le jour.

La sagesse de Pyrrhon est d'être une « carte blanche » que les hommes n'ont point barbouillée, une page où s'inscrivent au jour le jour les leçons et les préceptes de la Sagesse divine. Or, leçons et préceptes se réduisent à un : RENONCEZ-VOUS. Ne nous trompons pas sur le juste milieu.

On ne s'y maintient en quelque sorte qu'à condition d'en sortir. Dieu seul est notre Juste Milieu.

La Sagesse chrétienne, dit saint Paul, est folie aux yeux des hommes. Celle de Montaigne, si elle est vraiment chrétienne, doit être aussi folie.

Nous pourrons, à la manière des *Essais*, partager l'humanité en trois groupes, qui répondent à trois sortes de sagesses.

Les uns se fient tellement à eux-mêmes qu'ils prétendent se passer de Dieu. C'est la sagesse purement humaine.

D'autres ne se fient à Dieu que sous la réserve de se fier à eux-mêmes. Ils ne sont pas assez sûrs de l'appui divin pour renoncer à tout appui humain. Ils ont d'abord confiance, dit le psalmiste, « dans les chevaux et dans les chars », dans « le blé, l'huile et le vin ». C'est la sagesse entachée de prudence humaine.

Les derniers, défiants et détachés de tout secours, n'attendent que de Dieu seul le secours. Cette sagesse apparaît folie et c'est la vraie sagesse.

C'est la sagesse de Montaigne. Elle s'exprime tout le long du livre en formules hardies qui résument la pensée de l'auteur et marquent le point de repos où s'est fixée son âme religieuse. Recueillons-en quelques-unes en un bouquet final : « Nous ne devrions tenir à Dieu que par Dieu seul... » « Combien c'est d'impiété de n'attendre de Dieu nul secours *simplement sien* et sans notre coopération !... » « J'aime autant devoir mes succès *purement à la grâce de Dieu* qu'à l'entremise de mon opération... » « Tout autre choix que celui qui vient de la main expresse de Dieu est choix de peu de prérogative... » Enfin, la maxime ajoutée en dernière édition qui résume le mieux tout son idéal : « Plus nous donnons et devons et rendons à Dieu, nous en faisons d'autant plus chrétiennement. » Si quelqu'un juge cette attitude trop passive et trop « nonchalante » au sens moderne du mot, c'est peut-être qu'il n'a pas eu lui-même l'occasion ou l'audace d'en faire l'essai ; c'est qu'il n'a sans doute pas, comme Montaigne, « pénétré ce que c'est que croire ».

A corps perdu, sur son lit de mort, Montaigne s'est élancé vers l'Hostie. Il est allé, tout le long de sa vie, comme à l'extrémité de trois promontoires : la réflexion la plus hardie, la maladie la plus cruelle, la guerre civile la plus implacabe. Au bout, il a toujours pris le parti le plus fou et le plus sage : se jeter en Dieu à *corps perdu*.

Ceux qui l'auront suivi pas à pas seront étonnés d'être amenés au contentement par le renoncement, et par des sentiers de sagesse humaine à ce terme de suprême sagesse.

Dans ce livre le Christ est à peine nommé. Mais son image est transparente partout en filigrane. Beaucoup ont peine à l'y découvrir aujourd'hui. Mais les contemporains ne s'y sont point trompés. Et comment mieux conclure que par l'épitaphe en vers grecs gravée par l'un d'eux sur le tombeau de Montaigne ?

« ...Rejeton divin, je suis descendu du ciel sur la terre française. Je ne suis pas le huitième sage de la Grèce, ni le troisième de l'Ausonie (l'Italie) ; mais, à moi seul, j'égale tous les autres, et par la profondeur de ma sagesse et par les charmes de mon langage ; moi qui à la doctrine chrétienne ai joint la recherche pyrrhonienne. »

Nous dirions, avec plus de justesse :

Moi qui, par les interrogations inquiètes et les prudentes défiances de la recherche pyrrhonienne, vous ai doucement conduits à la sagesse chrétienne.

FIN

TABLE DES MATIÈRES

PREMIÈRE PARTIE

LA FOI CHRETIENNE DE MONTAIGNE

SECONDE PARTIE

LA MORALE CHRETIENNE DE MONTAIGNE

ACHEVÉ D'IMPRIMER LE
20 DÉCEMBRE 1951, SUR LES
PRESSES DE GUILLEMOT ET
DE LAMOTHE, IMPRIMEURS
A PARIS ET A LIMOGES.

—

N° d'Editeur 234
N° Imprimeur 8
Dépôt légal 4e trimestre 1951